古代歷史文化研究輯刊

三二編

王明蓀 主編

第25冊

兩宋時期台淨合流研究

駱海飛 著

國家圖書館出版品預行編目資料

兩宋時期台淨合流研究／駱海飛 著 -- 初版 -- 新北市：花木
蘭文化事業有限公司，2024〔民 113〕
序 2+ 目 4+254 面；19×26 公分
（古代歷史文化研究輯刊 三二編；第 25 冊）
ISBN 978-626-344-888-9（精裝）
1.CST：天台宗 2.CST：淨土宗 3.CST：佛教宗派
4.CST：佛教史 5.CST：宋代
618   113009493

ISBN-978-626-344-888-9

9 786263 448889

古代歷史文化研究輯刊
三二編 第二五冊   ISBN：978-626-344-888-9

兩宋時期台淨合流研究

作　　者 駱海飛
主　　編 王明蓀
總 編 輯 杜潔祥
副總編輯 楊嘉樂
編輯主任 許郁翎
編　　輯 潘玟靜、蔡正宣　美術編輯　陳逸婷
出　　版 花木蘭文化事業有限公司
發 行 人 高小娟
聯絡地址 235 新北市中和區中安街七二號十三樓
　　　　 電話：02-2923-1455／傳真：02-2923-1452
網　　址 http://www.huamulan.tw 信箱 service@huamulans.com
印　　刷 普羅文化出版廣告事業
初　　版 2024 年 9 月
定　　價 三二編 28 冊（精裝）新台幣 84,000 元
版權所有 · 請勿翻印

兩宋時期台淨合流研究

駱海飛 著

作者簡介

駱海飛，女，江蘇南通人。南京大學哲學博士，蘇州大學哲學系教師。主要從事中國佛學、道教以及佛道二教的融合研究，主持市廳級、國家級課題各一項，在《北京社會科學》《雲南社會科學》《理論月刊》《中國社會科學報》等學術刊物上發表論文十數篇，出版《天台宗史略》《月西法師評傳》《天台止觀與唐宋道教修持》（合著）等著作三部。

提　　要

　　兩宋時期，天台宗與淨土宗的合流是天台宗發展史上的大事。台淨合流肇端於天台智顗時代，智顗在創宗立派的過程中吸納淨土宗理論助推自宗行者修行以啟實相的做法蘊含著台淨融通的因子，並由此奠定了以台為主、以淨為次的合流基調。沿著智者大師指示的路向，四明知禮、慈雲遵式、孤山智圓等人基於天台宗的本位立場，從理論交融與宗教實踐兩個維度積極探討、論證天台宗與淨土宗合流的可能性與可行性，正式拉開台淨合流的帷幕。四明三家雖能祖述知禮之學，積極提倡並踐行台淨合流，皆未能系統而圓滿地承繼知禮學說。台淨合流的模式也由知禮、遵式時代的攝淨歸台一變而為導台向淨。及至石芝宗曉、大石志磐所處的南宋中晚期，台淨合流達到高潮，教宗天台、行歸淨土的互參模式形成。元明以降，隨著僧俗兩界對彌陀淨土信仰的全面皈依，天台宗最終融入淨土宗。知禮、遵式等人為台淨合流用心打造的攝淨歸台、以台導淨的融合模式如空花水月，歸於失敗。

　　兩宋時期，天台宗與淨土宗的合流是在三教合一成為時代潮流的背景下，在文化轉型與寺院經濟的共同作用下，天台宗僧人因應時代之發展、宗教之現狀以及信眾之需求做出的歷史性選擇，也是佛教演進歷程中內在邏輯與自身規律作用的必然結果。

序　言

賴永海

　　《兩宋時期台淨合流研究》是駱海飛的博士論文，該論文著重探討兩宋時期天台宗與淨土宗的交融合流問題。

　　天台宗與淨土宗的交會合流肇始於天台智顗時代，由北宋初年的法智知禮、慈雲遵式與孤山智圓等人正式開啟，經由四明三家之推演，於石芝宗曉、大石志磐所處的南宋中晚期達到高潮，形成「教宗天台、行歸淨土」的格局。元明已降，隨著僧俗兩界對彌陀淨土信仰的全面皈依，天台宗最終融入淨土宗。

　　論文的第一、二、三章主要對兩宋時期發生在教苑之中、由天台宗僧人引領主導的台淨合流思想及其發展脈絡進行梳理。而兩宋時期天台宗與淨土宗的交會融通自然也少不了居士們的參與以及僧俗之間的互動，論文第四章即以居士佛教與結社念佛視域下的台淨合流作為研究對象。

　　五、六兩章分別就兩宋時期台淨合流發生、發展的時代背景、理論根源、融合模式以及深層原因等角度展開分析與探討。台淨合流是在三教合一成為時代潮流的背景下，在文化轉型與寺院經濟的共同作用下，天台宗僧人因應時代之發展、宗教之現狀以及信眾之需求作出的歷史性選擇，也是佛教演進歷程中內在邏輯與自身規律作用的必然結果。天台宗與淨土宗在理論建構與宗教修行上雖有諸多差異，但在佛性論、佛國論、解脫論和實踐論等方面並無根本分歧。基本理論上的相近為台淨二宗的合流奠定了基礎，具體內容及表述各異則為彼此的融合提供了必要和可能。

　　兩宋時期的台淨合流主要有攝淨歸台、導台向淨、台淨互參等模式。所謂攝淨歸台模式是以天台宗的性具理論與觀心理論對淨土宗的教義與念佛法門

加以融貫，導台向淨模式表現為台淨二宗觀行法門的此消彼長，台淨互參模式是「教宗天台，行歸淨土」，是天台宗之教法與淨土宗之行門交融互參的模式。而台淨二宗之所以在兩宋時期走向合流，是因為在三教合一成為時代潮流的背景下，天台宗內有門人弟子之反叛，外有禪賢諸宗之爭競，處境堪虞，危機四伏。天台宗與淨土宗雖分屬不同的宗派，但彼此在基本理論上並無根本分歧，這就為台淨二宗的融合提供了可能與契機。為鞏固自宗並求得發展，天台宗在特定的歷史情境下選擇與淨土宗融合。簡言之，台淨合流有其理論必然性和歷史必然性。

以往學術界對台淨二宗的探討多側重在分而治之，缺乏整合二者的研究，駱海飛的博士論文既縱向梳理台淨合流發生、發展的歷史脈絡與內在邏輯，又橫向比較不同歷史節點上特定社會文化所帶來的各具特色的融合模式，這也許是該論文的一個亮點與特點。

論文對台淨二宗的交會合流進行了比較全面且深入的研究，在宋代天台宗與淨土宗交會融通方面，做出了比前人更為深入、具體的詮釋與探討，對於進一步推進宋代佛學的研究，具有重要意義。畢業之後，作者對論文進行了進一步的修訂，擬提交出版，付梓之前，隨喜寫上幾句，是為序。

賴永海

2024 年 1 月於南京大學

目次

緒　論

一、選題緣起

　　天台宗與淨土宗〔註1〕同屬中國佛教八大宗派之列，然而，天台宗義學理論之博大精深、修行理論之完備周全，實禪、淨諸宗所難比肩。較之於天台宗的止觀並重、定慧雙修，淨土宗無論在義學理論還是在修行實踐等諸多方面均

〔註1〕關於淨土宗的屬性問題，學術界是有爭論的，比如，日本學者望月信亨在《中國淨土教理史》一書中指出：「宋代三百年間，一般說來，淨土教頗為興隆，特別是淨土信仰漸漸深入民間。然而，淨土多依附天台及禪宗等諸宗而流行，因此其教旨形成台淨融合、禪淨雙修之一種思潮，看來不過是名副其實的『寓宗』而已。」（望月信亨著，印海譯：《中國淨土教理史》，台北：華宇出版社，1987 年，第 258 頁。）國內學者湯用彤先生也認為「淨土是否為一教派實有問題」（湯用彤：《湯用彤學術論文集》，北京：中華書局，1983 年，第 370 頁。），原因即在於淨土宗的傳法世系晚出且該宗歷代祖師為後人推尊而成，不似其他宗派有前後相承的關係。基於此，湯先生指出：「至於淨土則只有志磐為其『立教』，但中國各宗均有淨土之說，而且彌陀、彌勒崇拜實有不同，亦無統一之理論。」（湯用彤：《湯用彤學術論文集》，北京：中華書局，1983 年，第 370 頁。）受此影響，《中國淨土宗通史》中也以「寓宗」來看待淨土宗，所謂「淨土宗只是學派意義上而不是宗派意義上的『宗』，即『寓宗』。它始終沒有自己的組織和法嗣相傳的制度。」（陳揚炯：《中國淨土宗通史》，南京：江蘇古籍出版社，2001 年，第 2 頁。）對於淨土宗的屬性問題，我們的觀點是「唐代的佛教宗派實際上是『學派』基礎上『專業』分工強化的必然結果」，而且隨著宗派性的固化，「隋代之後的僧人學有所長、修有專攻」，「以『專業分工』的角度言之，以信仰西方極樂世界、念阿彌陀佛為修行法門的僧人或僧團」理所應當歸屬於佛教宗派。（楊維中：《「宗派」分野與「專業分工」——關於隋唐佛教成立宗派問題的思考》，《河北學刊》，2020 年第 5 期。）因此，本文中與天台宗交會融通的淨土宗是就宗派佛學的角度給出的。

不足以與天台宗相提並論。但淨土宗卻以其「下手易而成功高,用力少而得效速」的最大特色贏得了台、賢、禪、律等諸宗大德高僧和廣大信眾的關注與重視,各宗紛紛吸納淨土宗思想及其行持模式以充實自宗。兩宋時期,中國歷史上第一個佛教宗派天台宗開始了與淨土宗互動融合的歷程,台淨合流成為這一時期天台宗僧人面臨的一大時代主題。

需要交代的是兩宋時期天台宗與淨土宗的合流並非無本而為,而是踵武賡續自慧思、智顗等祖師大德。陳隋兩朝,天台宗三祖慧思(515~577)、四祖智顗(538~597)〔註2〕在提倡並力行自宗止觀法門之際並不排斥淨土宗的相關理念,積極予以吸收。師徒二人不僅信仰彌陀、願生淨土〔註3〕,而且,智顗在臨終之際親證往生彌陀淨域〔註4〕。智者留存於世的文獻資料中就有不

〔註2〕 論及智顗及其恩師慧思之淨土信仰,需要說明的是此二人都是彌勒淨土與彌陀淨土之雙重信仰者。慧思夜夢彌勒、彌陀說法而得開悟,遂造二像一併供養。而作為彌勒淨土與彌陀淨土的雙重信仰者,智顗往生後的去向就有兩種說法,一是往生彌勒淨土,一是前赴彌陀樂邦。如《續高僧傳·灌頂傳》中就認為智顗歿後往生彌勒淨土,其文曰:「(灌頂)常有同學智晞,顗之親度,清亮有名。先以貞觀元年卒,臨終云:『吾生兜率天矣,見先師智者,寶座行列,皆悉有人,惟一座獨空,云卻後六年灌頂法師升此說法。』焚香驗旨,即慈尊降迎,計歲論期,審晞不謬矣。」(道宣:《續高僧傳》卷十九,《大正藏》第50冊,第585頁上。)而在《續高僧傳·智顗傳》《天台國清寺智者禪師碑文》《隋天台智者大師別傳》《佛祖統紀》等文獻資料中,智顗則是往生彌陀淨土的。如在《隋天台智者大師別傳》一文中,智顗弟子智朗問道:「歿此何生?」智顗答曰:「汝問何生者,吾諸師友、侍從、觀音皆來迎我。」(灌頂:《隋天台智者大師別傳》,《大正藏》第50冊,第196頁中。)慧思、智顗師徒彌勒淨土與彌陀淨土之雙重信仰有其特定的時代背景,南北朝時期,道安崇信彌勒,慧遠尊崇彌陀,二人之影響皆不容小覷。「慧思對二者兼收並蓄,並同信仰」,而「作為慧思門下的智顗也染上了師門遺風,並同信仰彌勒和彌陀。」(文海編著:《靈峰派佛學》,北京:宗教文化出版社,2012年,第166頁。)本文中有關慧思、智顗師徒淨土觀念者,若無特別說明,均指彌陀淨土。

〔註3〕 在《南嶽慧思大師立誓願文》中,慧思自言:「願得身心證,般若波羅蜜,……未來賢劫初,得見彌勒佛。」(慧思:《南嶽慧思大師立誓願文》,《大正藏》第46冊,第790頁下。)智顗在《發願文》中就曾直言:「弟子比丘某甲稽首和南,一心歸命盡十方三世一切諸佛,……願彌陀世尊、三世諸佛、觀音勢至諸大菩薩、一切聖眾不捨本誓,悉現在前,……於一念頃上品上生西方阿彌陀佛極樂世界。」(智顗:《天台智者大師發願文》,《卍續藏經》第99冊,第114頁上~115頁上。)

〔註4〕 根據灌頂《隋天台智者大師別傳》一文所載智顗臨入滅之際,右脅西向而臥,頌彌陀、觀音佛號,唱《法華》《無量壽》等經,聽《無量壽》畢,贊曰:「四十八願,莊嚴淨土,華池寶樹,易住無人,火車相現,能改悔者尚復往生,況

少文字與篇章涉及到淨土思想與淨土修行。他以凡聖同居土、方便有餘土、實報無障礙土和常寂光土指分佛國淨土，又強調四土「永寂如空，不可說示」，把佛性歸於心性，主張自性彌陀，唯心淨土。他以常坐三昧與常行三昧召請阿彌陀佛，將實相念佛、觀想念佛、持名念佛等淨土宗的修持法門融攝於自宗，構建起天台宗博大而圓融的止觀體系。他將淨土思想引入自宗，其對淨土理念的吸收在一定意義上開啟了天台宗與淨土宗合流的先河，對後世影響深遠。兩宋時期，四明知禮、慈雲遵式、孤山智圓以及四明三家等智顗的後繼者們承續這一思想，最終在南宋形成了教宗天台、行歸淨土的台淨二宗平分秋色的格局。

　　儘管台淨合流是天台宗發展史上的大事，但學術界對台淨關係〔註 5〕加以專門探討、深入研究的著述尚不多見，只是在佛教通史、佛教專題中對此有所涉及，但多是宏觀把握，從整體上勾勒出台淨合流的歷史脈絡，按照時間的先後順序對二宗的融合展開線性考察；或是就微觀層面探究台淨合流這一文化現象在某一點上的具體問題。然而，此類研究並非台淨合流的專題研究，故與這一專題相關的諸如歷史進程、理論根源、融合模式、深層原因等等一系列問題仍有拓展的空間與深入的必要。

二、研究綜述

　　目前國內外與台淨合流相關的研究主要分佈在通史研究與專題研究等領域。在通史研究方面，賴永海先生主編的《中國佛教通史》指出四明知禮基於

戒慧薰修耶？行道力故，實不唐捐；梵音聲相，實不誑人。」（灌頂：《隋天台智者大師別傳》，《大正藏》第 50 冊，第 196 頁上。）又復言道：「吾諸師友、侍從、觀音皆來迎我。」（灌頂：《隋天台智者大師別傳》，《大正藏》第 50 冊，第 196 頁中。）

〔註 5〕大乘佛教主張十方世界有十方佛，十方佛所處之十方佛國皆為淨土。佛經中所言淨土有多種分類，其中，以阿閦佛妙喜淨土、藥師佛琉璃淨土、彌勒佛兜率淨土和阿彌陀佛極樂淨土最具代表性。縱觀中國佛教發展史，彌勒淨土信仰與彌陀淨土信仰在中國擁有廣泛的信眾。魏晉南北朝、隋唐時期，較之於彌陀淨土信仰，彌勒淨土信仰更為流行，道安、僧叡、智嚴、玄奘、窺基等大德高僧皆為彌勒信仰者。而彌陀淨土信仰經由慧遠、曇鸞、道綽、善導、少康等人的努力實踐與大力弘揚在兩宋愈演愈盛，蔚為大觀。這一時期，彌陀信仰與禪宗、律宗、賢首宗、天台宗等諸多佛教宗派合流，形成了諸宗與彌陀淨土信仰合一的局面。本文中所述之淨土，若無特別說明，皆指西方極樂世界之阿彌陀佛淨土。

天台宗的本位立場對淨土宗的義理與行持加以融攝，石芝宗曉則以「天台教理統攝淨土，最終完成了台淨的合流。」〔註6〕潘桂明、吳忠偉兩位教授合著的《中國天台宗通史》認為天台宗與淨土宗的交融在理論與實踐兩個維度展開，兩宋時期天台宗僧人多以自宗性具理論為基點對淨土宗加以兼收並蓄，台淨二宗的交融體現出性具唯心論的特徵。

　　而在專題研究領域，董平教授的《天台宗研究》一書認為知禮學派在後續發展中與淨土宗多有交融。吳忠偉教授在其新近出版的專著《宋代天台佛教思想研究》中強調對於西方極樂世界教主阿彌陀佛是報身還是應身的問題，知禮的觀點是佛之法身為體，報化二身為用，而法身之體性具常住，與報應二身並無根本區別。山東大學陳堅教授的《天台學研究》則主張宗曉的《樂邦文類》從文本結構和佛學內容兩方面很好地體現了宋代以後天台宗「教宗天台、行歸淨土」的佛教宗風。聖凱法師在其專著《晉唐彌陀淨土的思想與信仰》一書中指出智顗制定的各種懺法與三昧懺儀以觀想念佛與持名念佛相結合，旨在藉由淨土宗之念佛法門證悟諸法實相。而在《慈雲遵式的懺法實踐與思想》一文中，聖凱認為遵式將其一生傾入淨土與懺法的實踐中，又將二者有機結合起來，以淨土往生作為其懺法之旨趣，將天台懺法推進向前。其淨土理念雅俗兼具，既有曲高和寡的向上門，也有適應民眾的向下門。

　　方立天教授在《彌陀淨土理念：淨土宗與其他宗派的共同基礎》一文中指出淨土宗以其極樂往生與念佛往生的基本特質贏得了各宗派的垂青，「即以較小的心力（念誦南無阿彌陀佛）而得到極大的收穫（進入西方極樂世界），符合行為學的基本要求。」〔註7〕阿彌陀佛因此成為中國佛教各宗派佛教徒普遍崇拜的對象。李四龍教授的論文《民俗佛教的形成與特徵》則主張中國佛教在五代北宋之際於氣質上發生嬗變，由學理型佛教一變而為民俗型佛教。前者通過格義與叛教創宗立派，聚焦於意義空間的探索；後者則強調神靈的權威，注重於秩序結構的營建。兩宋以降，中國佛教進入轟轟烈烈的民俗佛教階段。陳永革研究員在《從智慧到信仰：論晚明淨土佛教的思想轉向》一文中以憨山德清、雲棲袾宏、無盡傳燈與藕益智旭作為晚明佛教的典型代表，通過對他們佛

〔註6〕賴永海主編：《中國佛教通史》第九冊，南京：江蘇人民出版社，2010年，第464頁。

〔註7〕方立天：《彌陀淨土理念：淨土宗與其他宗派的共同基礎》，《學術月刊》，2004年第11期。

學主張的梳理指出他們在思想上轉向對淨土信仰的全面皈依，表明晚明佛教從智慧走向了信仰。

　　台灣學者黃啟江先生對兩宋時期的彌陀淨土信仰著力頗多，他的《兩宋時期兩浙的彌陀信仰》一文主要探討了趙宋一朝兩浙地區僧俗兩界彌陀信仰者的信仰方式、彌陀信仰的理論來源，認為彌陀淨土信仰之所以在入宋之後成為主流信仰是兩浙地區僧俗集體合作努力、從理論與實踐上鼓吹推動的結果。他的另一篇文章《淨土決疑論——宋代彌陀淨土的信仰與辯議》則以兩宋時期的淨土決疑論作為研究對象，通過對相關文獻的梳理認為宋人之辯議具有信仰至上論的傾向。他們一方面把彌陀淨土「解釋成一種譬喻性的理念或象徵，而另一方面又強調其為確切存在的實體實境。」〔註8〕他們對彌陀淨域以及念佛往生的解說看似理性，實際上仍以非理性之信仰來做辯疑的工夫。

　　此外，曾其海老師在《淨土思想對天台的影響》一文中指出智顗通過對龍樹思想的繼承以及對淨土宗經典的注疏「把淨土宗思想納入天台宗，提出觀心念佛與心觀念佛。」〔註9〕宋代以後，台淨關係尤為密切，從四明知禮至藕益智旭無不大弘淨土念佛法門。宗通則在《淨土宗與各宗的關係》一文中就天台宗宗依的典籍探討了天台宗與淨土宗之間的關係，認為天台宗之建立「教義依《法華》，觀行依《中論》」〔註10〕，而《法華》《中論》皆與淨土思想不無關係。

　　至於國外的研究狀況，高雄義堅、重松俊章等日本學者合著的《宋代佛教史研究》以及 Peter N.Gregory（彼得‧N‧格雷戈里）和 Daniel A.Getz（丹尼爾‧A‧蓋茨）主編的《宋代佛教》（Buddhism in the Sung）兩書對兩宋佛教作了全面而又具體的研究。前者認為兩宋佛教是應宋代社會之機的結果。唐末五代以來佛教處於轉折期，由義理佛學向實踐佛學轉變，民眾化的佛教成為時代主流。南宋初年慈照子元創建的白蓮社便是新興民眾佛教的典型代表，但這樣一個「半僧半俗」性質的蓮社團體不僅遭到了天台宗僧人的批判，而且還被朝廷打壓與制裁。後者則對四明知禮與慈雲遵式領銜下的蓮社組織展開深入細緻的研究，認為知禮的念佛施戒會走民眾路向，遵式的淨土懺儀會則以精英

〔註 8〕黃啟江：《淨土決疑論——宋代彌陀淨土的信仰與辯議》，《佛教研究中心學報》，1999 年第 4 期。

〔註 9〕曾其海：《淨土思想對天台的影響》，《台州師專學報》，1996 年第 5 期。

〔註10〕宗通：《淨土宗與各宗的關係》，張曼濤主編《現代佛教學術叢刊》，台北：台灣大乘文化出版社，1979 年，第 230 頁。

人物為主。師兄弟二人組建的念佛機構成為其後蓮社組織擬照的範本，對兩宋時期淨土社會的形成影響巨大。因其影響巨大，知禮與遵式倡建的蓮社機構也為天台宗的發展埋下了隱患。

上述研究為本課題的開展指明了方向，提供了借鑒。在此基礎上，本文以人物為著眼點梳理溯源台淨合流的歷史發展與思想演變，從文化轉型、三教合一、諸宗交涉等角度對台淨合流加以研究，以便能對這一選題作全面而深入的探討。

三、研究方法

本文以兩宋時期天台宗與淨土宗的合流為研究對象，以思想史的方法為主要研究方法，通過對不同歷史節點上不同歷史人物台淨合流思想的梳理與溯源實現對台淨合流這一歷史事件的全面關注。「個人往往不單具有個體意義，更是社會文化演變的標誌。」〔註11〕本文希望藉助於相關人物思想的呈現以實現研究的初衷。

對於任何一個研究者而言，研究方法的重要性自不待言，而研究方法背後的指導思想則同等重要，研究者以何種態度進入到研究中去，對其研究工作將產生較大的影響。在求學與研究的過程中，有幾種指導思想對本人影響較大，在本文的寫作過程中亦以此為指導，茲分列如下：

1.「把佛學放到特定的社會、文化背景中去進行研究」

賴永海先生認為中國佛學中的許多重大問題的研究，如果只停留在佛教內部，用佛教來解釋佛教，那是行不通的，必須「跳出佛教本身，把佛教放到所處的時代大背景中，放到時代的思想文化背景中去進行考察。」〔註12〕這對本人頗有啟發，兩宋時期的台淨合流不只是天台宗與淨土宗之間的互動，更是佛教各宗派關係的博弈，還與當時社會的宗教政策和文化結構緊密相關。

2.「本義」與「我義」

洪修平先生在《中國佛學研究與現代社會人生》一文中強調佛學研究應當處理好「本義」與「我義」之間的關係〔註13〕。所謂「本義」，顧名思義，就是佛法本來的含義；所謂「我義」，則是指研究者結合自己的人生閱歷及其所

〔註11〕顧偉康：《禪淨合一溯源》，上海：上海社會科學院出版社，2012 年，第 15 頁。
〔註12〕賴永海：《要把佛學放到特定的社會、文化背景中去進行研究》，麻天祥主編：《百年佛學》，漢口：武漢大學出版社，2008 年，第 32 頁。
〔註13〕洪修平：《中國佛教與儒道思想》，北京：宗教文化出版社，2004 年，第 188 頁。

處的社會現實賦予佛學以新的意義，從而將佛學發揚光大，服務大眾。在佛學研究中，「本義」的闡發與「我義」的發揮不可有所偏廢。若只注重「本義」而缺乏「我義」，則佛學研究意義不大；若只偏重於「我義」而無「本義」，則為捨本逐末，非佛學研究也。遵循這一原則，在展開本文寫作的過程中，本人儘量做到二者之間的合宜得當。但就本人的學養而言，對台淨二宗的理解與把握並不均衡。

　　佛學研究有其特定的方法，面對不同的研究對象，必然會採取不同的研究方法，而研究方法的使用將決定研究的路向，影響到研究的重心與研究的成果。吳汝鈞先生在《佛學研究方法論》一書中將佛學研究方法歸納為考據學方法、文獻學方法、哲學方法、思想史方法、實踐修行法等五種方法〔註14〕。而任何研究方法其實都只是進入研究對象的路徑，有其特定的作用，亦有其不足之處。因此，為更好地研究文本，須要綜合運用多種研究方法。湯用彤先生強調在「文字考證」之外必須有「同情之默應」和「心性之體會」〔註15〕，這是值得我們深思，也是值得我們參考的。

〔註14〕吳汝鈞：《佛學研究方法論》上冊，台北：學生書局，1996 年，第 94 頁。
〔註15〕湯用彤：《漢魏兩晉南北朝佛教史》下冊，北京：中華書局，1983 年。

第一章 知禮、遵式與智圓的台淨合流思想

第一節 四明知禮的台淨合流思想

　　四明知禮（960～1028），俗姓金，字約言，四明（今浙江寧波）人。七歲出家，十五歲受具，二十歲隨寶雲義通受天台教觀。初至義通門下，首座謂之曰：「法界次第，汝當奉持。」知禮問曰：「何謂法界？」對曰：「大總相法門圓融無礙者是也。」知禮對曰：「既圓融無礙，有何次第？」上座無對。居一月，自講《心經》，聽者無不信服，後常代寶云講經說法。雍熙元年（984），慈雲自天台求學於寶雲門下，知禮待以益友，義同手足。淳化二年（991），受請主理祥符寺，綿歷四載。至道元年（995），徙居保恩院，後院主居明、顯通捨此院與知禮，以安僧修道、傳演台教。咸平三年（1000），郡大旱，知禮與遵式共同修懺祈雨，約三日無應，當燃一手以供佛，懺未竟而雨已大浹。大中祥符三年（1010），重建保恩院成，三年後朝廷賜額延慶寺。大中祥符五年（1012），與作《戒誓辭》，以五德自警自律。五德者「一曰舊學天台勿事兼講，二曰研精覃思遠於浮偽，三曰戒德有聞正己待物，四曰克遠榮譽不屈吾道，五曰辭辯兼美敏於將導。何哉？兼講則畔吾所囑，浮偽則誤於有傳，戒德則光乎化道，遠譽則固其至業。然後辯以暢義，導以得人。五者寧使有加，設若不及，去辯矣。」〔註1〕

〔註1〕宗曉：《四明尊者教行錄》卷六，《大正藏》第 46 冊，第 908 頁上中。

　　祥符六年（1013）二月十五日，始建念佛施戒會，親為疏文以寓勸意，自此歲以為常。天禧元年（1017）謂其徒曰：「半偈亡軀，一句投火，聖人之心為法如是，吾不能捐舍身命以警發懈怠，胡足言哉？」〔註2〕乃與異聞等十人同修法華懺，相約三載期滿，即焚身以供《妙經》。後在秘書監楊大年、郡守李夷庚、駙馬李尊勗及法侶慈雲遵式等人的勸阻下沮其前志。為酬夙願，復結十僧修大悲懺法，歷時三載。天禧五年（1021），皇帝聞知禮為道至勤，遣內侍俞源清至延慶寺，命修法華懺三日，為國祈福。源清欲知懺法旨趣，為述《修懺要旨》。天聖六年（1028）正月歸寂，臨行前，結跏趺坐，召大眾說法畢，驟稱阿彌陀佛數百聲，奄然而逝。世壽六十九，僧夏五十四，為天台宗第十七祖。

　　根據《四名尊者教行錄》《佛祖統紀》的記載，知禮一生以天台學說之敷揚為己任，《法華文句》《法華玄義》《摩訶止觀》等天台典籍講說不輟。又燃指供佛，起造寺宇，鑄造佛像，追薦祖師，竭力盡心營建天台道場，誓願流通天台教觀。還與錢塘奉先源清、梵天慶昭、孤山智圓數人為書設問，往復辨析，雖歷數載而不屈。

　　為捍衛天台義理，破斥異端，知禮筆耕不輟，著述頗豐，從內容上大致可分為義解、護教、修懺以及雜錄等四類。義解類著作是知禮專門用來闡發天台教說的，護教類著作主要展現了知禮為維護天台正統學說而與山外一系展開的爭論始末，修懺類著作從懺儀懺法的角度介紹修行法門，雜錄類著作則是書信、問答等資料的彙編。其著述內容豐富，思想深刻，尤以《四明十義書》《十不二門指要鈔》《觀經疏妙宗鈔》等典籍最具代表性。為維護和弘揚天台教說，知禮盡其所能，不遺餘力，終使沈寂有年的天台佛學在北宋初年一度中興，他也因此被尊為天台宗中興之祖。

　　宋人胡昉在《明州延慶寺傳天台教觀故法智大師塔銘並序》一文中對知禮讚譽甚高：「古師所未諭，今學所未詳者，師必炳然而記釋之；往哲所難履，來裔所難繼者，師必確然而進趨之」〔註3〕，視知禮為天台宗的「繼往開來者」。志磐則以為知禮因中興天台之功，「宜陪位列祖」。在《佛祖統紀》中，志磐如是寫道：「四明法智以上聖之才，當中興之運，東征西伐，再清教海，功業之盛，可得而思。……自荊溪而來，九世二百年矣，弘法傳道，何世無

〔註2〕宗曉：《四明尊者教行錄》卷一，《大正藏》第46冊，第858頁上。
〔註3〕宗曉：《四明尊者教行錄》卷七，《大正藏》第46冊，第919頁上。

之？備眾體而集大成，闢異端而隆正統者，唯法智一師耳。是宜陪位列祖，稱為中興。」〔註4〕「天上無雙月，人間只一僧」〔註5〕，四明知禮無愧於天台宗中興之祖的讚譽。

一、性具三千與宗分權實

作為繼荊溪湛然之後再度中興天台宗的義學大師，知禮的佛學思想與祖師大德一脈相承，也有突破與發展，其對台淨合流的提倡與踐履便是標誌性事件之一。在堅持和維護天台學說的前提下，知禮把淨土宗的相關理論及修行模式納入自宗體系之中，力圖彌合彼此間的分歧與殊異，從理論與實踐兩個維度探索天台宗與淨土宗的合流。

（一）性具三千

性具三千是天台宗的核心思想，也是台淨合流的理論基礎，知禮台淨合流的主張正是以此為基點推演展開的。

1. 色心皆具三千

智者大師「介爾一念心即具三千」的一念三千學說把作為一念之心與作為三千之境的心與境統一起來。「此三千在一念心。若無心而已，介爾有心，即具三千。亦不言一心在前，一切法在後；亦不言一切法在前，一心在後。……只心是一切法，一切法是心故。非縱非橫，非一非異，玄妙深絕，非識所識，非言所言，所以稱為不可思議境。」〔註6〕若就心而言，一念心具十法界，心境統一，圓融無礙；若就境而論，十界互具，彼此相即。一念與三千、心與色之間是彼此對立的關係，實際上卻是圓融相即的。此乃法爾自然的諸法實相，是一種「言語道斷，心行處滅」的不可思議的境界。

知禮在繼承智顗一念三千學說的基礎上，在堅持心具三千的同時，強調色亦具三千。在《四明十義書》中，知禮指出若就色、心相對而言，則有色、心之別；若論其體性，則離心無色、離色無心，色、心皆是法性之體現；若就色、心相即而論，二則俱二，一則俱一，論唯心，則色、心皆唯心；談唯色，則心、色皆唯色。如此一來，非但萬法唯心，而且色、聲、香、味、觸等亦復如是。即如所言：「若色心相對，則有色有心。論其體性，則離色無心，

〔註4〕志磐：《佛祖統紀》卷八，《大正藏》第49冊，第194頁上中。
〔註5〕宗曉：《四明尊者教行錄》卷七，《大正藏》第46冊，第918頁下。
〔註6〕智顗：《摩訶止觀》卷五上，《大正藏》第46冊，第54頁上。

離心無色。若色心相即，二則俱二，一則俱一。故圓說者，亦應得雲唯色、唯聲、唯香、唯味、唯觸等。」〔註7〕

　　既然心具三千、色亦具三千，那麼，心、色之間又是什麼關係？「若內若外，若心若色，趣觀一境，皆具三千，以互具互收故也。」〔註8〕此之謂心色、內外等諸法皆具三千，心具色、收色，色亦具心、收心。就現象而言，有色心之別；從本質而論，皆為實相之體現。因此，「性具三千，雖有依正、色心、己他，而皆融泯，舉一全收，無始迷故。」〔註9〕

　　基於色、心等諸法皆為實相之體現，知禮指出：「法界圓融，不思議體，作我一念之心，亦復舉體，作生作佛、作依作正、作根作境，一心一塵至一極微，無非法界，全作而作。既一一法，全法界作，故趣舉一，即是圓融法界全分。既全法界，有何一物不具諸法？……是故今家立於唯色唯香等義。」〔註10〕正因為法界圓融，涵攝諸法，生佛、依正、根境、心塵乃至極微都是整個法界的體現。如此一來，任何一種色法自然圓具法界全分。既然法性具三千，那麼，色、心等法亦具三千，正所謂「三千之體隨緣起三千之用，不隨緣時三千宛爾。」〔註11〕

2. 理具融即事造

　　知禮在堅持色、心各具三千的基礎上，主張理與事、心與色彼此相即互融，提出「理具融即事造」的觀點，以避免理事、色心之間的二元對立。關於理、事及其關係，智顗早有論述，理、事分別為實相與諸法之指稱，在《法華文句》中，智顗指出：「諸法實相即是理，所謂諸法如是相者即是事」〔註12〕，並進而強調「若非理無以立事，非事不能顯理，事有顯理之功，是故殷勤稱歎方便。」〔註13〕而行者一旦理事融通，則能自在無礙，任運流注，從阿至荼入薩婆若海。依於此，智顗的後繼者們提出了「理具融即事造」的主張。

　　論及「理具融即事造」，何謂「造」？荊溪湛然在《摩訶止觀輔行傳弘訣》

〔註7〕知禮：《四明十義書》卷上，《大正藏》第46冊，第836頁下。

〔註8〕知禮：《四明十義書》卷上，《大正藏》第46冊，第837頁上。

〔註9〕知禮：《四明十義書》卷上，《大正藏》第46冊，第836頁中。

〔註10〕知禮：《佛說觀無量壽佛經疏妙宗鈔》卷一，《大正藏》第37冊，第197頁下～198頁上。

〔註11〕知禮：《十不二門指要鈔》，《大正藏》第46冊，第715頁中。

〔註12〕智顗：《法華文句》卷三下，《大正藏》第34冊，第38頁中。

〔註13〕智顗：《法華文句》卷三下，《大正藏》第34冊，第37頁下。

中給出如下界定：「造有二義：一者約理，造即是具；二者約事，乃論過造於現，過現造當，現造於現。」〔註14〕在湛然，「造」的含義可以從兩個方面加以把握，約理而言，造、具相即；就事而論，所謂「造」就是過去造於現在。「而所以會有此事造，全在於理之本具，若理本不具，何論事造？因有理具，方有事造。」〔註15〕

基於理具與事造相即的原則，知禮首先指出理、事諸法互具互攝，心、佛、眾生三無差別。在《十義書》中，知禮寫道：「以我一念心法，及一切眾生，十方諸佛，各各論於事造，人人說於理具，而皆互具互攝，方名三無差別。」〔註16〕知禮的意思是心、佛、眾生三法不僅應各各論於事造，而且應各各說於理具。換言之心法既屬事造，亦為理具，佛法與眾生法亦復如是。理具與事造如一體之兩面，互具互攝。正因為如此，理事、色心等法無有差別。

其次，知禮從真如隨緣不變的角度對理事、色心關係加以論證。「予昨於《詰難書》內立心、佛、眾生，依正諸法，隨緣則諸法皆事，不變則諸法皆理，故引《金錍》云：真如是萬法，由隨緣故；萬法是真如，由不變故。」〔註17〕此之謂心、佛、眾生及依正諸法，若就真如隨緣的角度而言，諸法皆屬事；若就真如不變的角度而論，諸法皆屬理。論事，則心、佛、眾生及依正諸法皆事；談理，則心、佛、眾生及依正諸法皆理。心、佛、眾生等諸法「理則俱理，事則俱事，就理則高下無差，就事則高下差別。」〔註18〕理事相融、色心相即，都是實相的體現。

最後，知禮還就性修、能所兩方面闡發理具與事造的關係。「此之二造，各論三千。理則本具三千，性善性惡也；事則變造三千，修善修惡也。論事造，乃取無明識陰為能造，十界依正為所造。若論理造，造即是具，既能造所造一一即理，乃一一當體皆具性德三千。」〔註19〕此之謂理具與事造各具三千，理具三千者，性善性惡也；事造三千者，修善修惡也。若就能造、所造而言，理具與事造之別其實只是人們從不同的角度觀察和論述問題而得出的不同結論而已。之所以取無明識陰為能造、十界依正為所造，此是就事造的角度而言。

〔註14〕轉引自知禮：《四明十義書》卷上，《大正藏》第 46 冊，第 841 頁上。
〔註15〕賴永海：《湛然》，台北：東大圖書公司印行，1993 年，第 165 頁。
〔註16〕知禮：《四明十義書》卷下，《大正藏》第 46 冊，第 846 頁中。
〔註17〕知禮：《四明十義書》卷下，《大正藏》第 46 冊，第 846 頁上。
〔註18〕知禮：《四明十義書》卷上，《大正藏》第 46 冊，第 844 頁下～845 頁上。
〔註19〕知禮：《四明十義書》卷上，《大正藏》第 46 冊，第 841 頁上。

若就能造、所造一一即理而論，則無明識陰亦為所造、十界依正亦為能造。至於理造，造即是具，理具三千實為事造三千。總之，不論是理具還是事造，不論是能造還是所造，一一當體皆具性德三千。

綜上所述，在知禮，「皆由理具，方有事用。」在《四明十義書》中，知禮以灸病伐根為喻，認為一旦抓住根本，問題即可迎刃而解。同樣的道理，因有理具，方有事用。若但觀理具三千，皆空、皆假、皆中，則事用所造亦皆空、皆假、皆中。即如知禮所言：「良由灸病得穴故，百病自差；伐樹得根故，千枝自枯。故云任運攝得，權實所現，以皆由理具方有事用故。只觀理具三千俱空、假、中，故事用所造自然皆空、假、中。」〔註20〕如果說理具三千側重於從本質上強調三千諸法依循真如之理本來一一具足，那麼，事造三千則從隨緣的角度指陳三千諸法因緣而生。知禮理具融即事造的觀點「意在強調世間與出世間的一切事物，雖然森羅萬象，千差萬別，但又互相融攝，彼此統一，當下即是真實的理性，即一切事相都是理體所具有的。」〔註21〕而知禮台淨合流的主張正是建立在色心各具三千與理事融即事造的基礎之上。

（二）教分權實

天禧元年（1017），年屆六旬的知禮仿傚聖人為法捐軀的做法，與十僧同修法華懺，相約懺滿後共焚。消息傳開後，在緇素中影響非凡。此時的知禮年高德劭，聲名在外，以至於朝廷也甚為關注。以翰林學士楊億（974～1020）為代表的士大夫去書知禮，堅請住世。楊億在給知禮的書信中寫道：「惟極樂之界，蓋覺皇之示權；而大患之軀，非智人之所樂」〔註22〕，認為彌陀極樂世界不過是佛陀教法中的一種權宜設施，若信以為真，焚身而往，實非明智之舉。「倘存忻厭，即起愛憎，既萌取捨之心，乃至能所之見。」〔註23〕若為求生樂邦而棄此穢土，則不但心有愛憎，且又見分能所，這對於像知禮這樣的一宗之大師而言委實不該。

知禮在接信之後，對於楊億視西方淨土為示權之論表示贊同。在回信中，四明直言：「極樂本由示權，修道須忘忻厭者，誠哉是言也！」〔註24〕「言極

〔註20〕知禮：《四明十義書》卷上，《大正藏》第 46 冊，第 841 頁中。
〔註21〕方立天：《〈法華經〉與一念三千說》，《世界宗教研究》，1998 年第 2 期。
〔註22〕宗曉：《四明尊者教行錄》卷五，《大正藏》第 46 冊，第 898 頁中。
〔註23〕宗曉：《四明尊者教行錄》卷五，《大正藏》第 46 冊，第 898 頁中。
〔註24〕宗曉：《四明尊者教行錄》卷五，《大正藏》第 46 冊，第 898 頁下。

樂之界，蓋覺皇之示權者，經論既以淨土之教為勝方便，驗知是如來善巧權用也。」〔註25〕誠如楊億所示，在知禮，淨土之教確是為度眾生所設之權宜方便，其目的無非是導引眾生趨向菩提，得以解脫。

在肯定「淨土之教為勝方便」的同時，知禮指出權宜方便有體內體外之分。依據性具理論，三千諸法、心佛眾生、穢邦淨國無不攝歸心性，由心發明，但此心性須隨緣發現，應量而知，故彌陀取極樂之土，釋迦示往生之門，無非是以「善巧之權方」攝眾生出沉淪、免生死，令懼退者不退，使不善觀者能觀，眾生應心而感則真實無外。因此，「體外之權須破，體內方便須修。離事之理則粗，即權之實方妙。」〔註26〕

既然如此，則淨土之權巧方便，若約圓論，「即與《法華》微妙方便無二無別。」〔註27〕也就是說淨土之權巧方便與《法華》之微妙方便等同，歸依淨土亦能證悟實相，在此意義上法華宗與淨土宗是一致的。而要真正實現天台宗與淨土宗的融合，求生安養，須用一心三觀為舟航。一心三觀者，空觀破相，假觀立法，中觀皆中，「以一切法空故，捨穢必盡；一切法假故，取淨無遺；一切法中故，無取無捨。」〔註28〕三觀相即互具，經由觀心法門即得唯心之淨土，本性之彌陀。一心三觀導一切行，辦一切事，如來同證，菩提共修。知禮坦承自己之所以「所求安養而生，所欲燃盡而死，憑此三觀，遣彼百非也。」〔註29〕

總之，在知禮看來，若僅就淨土一宗而言，此教確是如來之善巧方便，是為權教；若據性具實相而論，淨土教開權顯實，亦能證悟實相。知禮通過一心三觀將淨土宗與天台宗融通起來，權實相即，如此一來，「淨土世界即是實相境界，西方彌陀便在唯心淨土。從這個意義上講，知禮是要在觀心層面上統一唯心淨土與西方淨土。」〔註30〕

知禮通過觀心法門將唯心淨土與西方淨土統一起來，主張唯心淨土、自性彌陀，就此而言，所謂的西方極樂世界不過只是為化他之方便而施設的一種權

〔註25〕宗曉：《四明尊者教行錄》卷五，《大正藏》第46冊，第899頁上。
〔註26〕宗曉：《四明尊者教行錄》卷五，《大正藏》第46冊，第899頁上。
〔註27〕宗曉：《四明尊者教行錄》卷五，《大正藏》第46冊，第899頁上。
〔註28〕宗曉：《四明尊者教行錄》卷五，《大正藏》第46冊，第900頁上。
〔註29〕宗曉：《四明尊者教行錄》卷五，《大正藏》第46冊，第899頁上。
〔註30〕賴永海主編：《中國佛教通史》第九冊，南京：江蘇人民出版社，2010年，第461頁。

說，是方便淨土，而通過自修自證所悟之自性彌陀方是實說，性具論意義上的唯心淨土才是實際淨土。基於大乘佛教自行即化他的原則，西方淨土與唯心淨土便統一了起來。由此，「宋代天台宗人就在淨土與實相間建立起一種等同性，往生淨土就是實證涅槃，同樣，證悟實相就是了達西方之境。」〔註31〕因此，淨土的權實與否應從修證的角度加以把握，「即真正體證了達，則淨土為實，未達則屬權，所以，淨土不僅是在化他意義上給出的，而更是自行的呈現，談淨土之實不廢其權。」〔註32〕

二、約心觀佛與從行觀法

淨土法門之要義，一言以蔽之，莫過於念佛求生西方。念佛之法多種多樣，要而言之，不外乎持名念佛、觀想念佛、觀像念佛和實相念佛四種。觀像念佛為觀想念佛之前方便，而實相念佛強調的乃是徹悟諸法實相，從而即事修而成理修。如此，四種念佛之法又可歸結為兩種，即持名念佛與觀想念佛。淨土三經中，《彌陀經》倡導持名念佛，《觀經》則高揚觀想念佛。

《觀經》中詳細說明了觀想念佛之法，即十六觀法，分別是日觀、水觀、地觀、樹觀、池觀、總觀、華座觀、佛菩薩像觀、佛身觀、觀音觀、勢至觀、普往生觀、雜相觀、上品生觀、中品生觀和下品生觀。其中，自第一日觀至第六總觀，主要觀想西方極樂世界之依報莊嚴；第七華座觀至第十三雜想觀主要觀想西方極樂世界之正報莊嚴；第十四上品生觀、第十五中品生觀以及第十六下品生觀側重介紹三輩往生。此十六觀法，觀有淺深，事有先後，循序而進，方可一朝成就。

知禮以天台圓教對《觀經》加以詮釋，視十六種觀法為圓教不思議之妙觀：「觀者，總舉能觀，即十六觀也。無量壽佛者，舉所觀要，攝十五境也。且置能說，略明所說。能觀皆是一心三觀，所觀皆是三諦一境。……是故今觀若依若正，乃法界心觀法界境，生於法界依正色心，是則名為唯依唯正、唯色唯心、唯觀唯境。故釋觀字，用一心三觀；釋無量壽，用一體三身。體、宗、力用，義並從圓，判教屬頓。」〔註33〕依循五重玄義，從釋名、顯體、明宗至論用、

〔註31〕潘桂明，吳忠偉：《中國天台宗通史》，南京：江蘇古籍出版社，2001 年，第 585 頁。

〔註32〕潘桂明，吳忠偉：《中國天台宗通史》，南京：江蘇古籍出版社，2001 年，第 585 頁。

〔註33〕知禮：《佛說觀無量壽佛經疏妙宗鈔》卷一，《大正藏》第 37 冊，第 195 頁上中。

判教，《觀經》皆屬圓頓，其十六觀法皆以一心三觀而為修證，故為天台圓教不思議之妙觀。既然《觀經》的十六觀是緣極樂世界之依正而修一心三觀，那麼，這不思議之妙觀又應如何修證？知禮認為須從兩方面著手，即約心觀佛與從行觀法。

（一）約心觀佛

知禮認為《觀經》中所說之十六觀旨在導引行人緣彼彌陀淨土之依正莊嚴而修之以一心三觀，此即知禮約心觀佛、託境顯性的主張。《觀經疏》以為《觀經》「以心觀為宗」，知禮《妙宗鈔》〔註34〕在解釋這句話時指出「心觀者，《經》以觀佛而為題目，《疏》今乃以心觀為宗，此二無殊，方是今觀」〔註35〕，視「心觀」與「觀佛」同儔為一，其原因在於「大乘行人，知我一心具諸佛性，託境修觀，佛相乃彰。今觀彌陀依正為緣，薰乎心性；心性所具極樂依正，由薰發生；心具而生，豈離心性？全心是佛，全佛是心；終日觀心，終日觀佛。」〔註36〕正因為一心具足萬法，彌陀依正皆由薰習而生，依境而修觀法，佛相自現。而一心具諸佛性，心即是佛，佛即是心，因此，觀心即是觀佛。「今之心觀，非直於陰觀本性佛，乃託他佛顯乎本性；故先明應佛入我想心，次明佛身全是本覺。故應佛顯，知本性明；託外義成，唯心觀立。二釋相假，是今觀門。」〔註37〕約心觀佛就是在心佛同體的前提下對佛予以觀照。

知禮以「約心觀佛」為原則，貫徹於十六觀法之始終，略舉數例，說明如下：

1. 日觀

《妙宗鈔》詮釋《觀經》第一日觀時寫道：「先作日觀，意令繫心。凡心

〔註34〕《觀經疏》全稱《觀無量壽佛經疏》，關於這部典籍的作者是誰頗有爭議，日本學者望月信亨經過考證認為它是唐人之偽作，託名於智顗，但在天台後學諸多門人弟子的心目中《觀經疏》乃智顗之著述，知禮的《觀經疏妙宗鈔》便是對祖師前賢遺作的疏解。《觀經疏》的作者或非智者，但《觀經疏妙宗鈔》出自知禮之手筆卻是毋庸置疑的，因此，《妙宗鈔》中呈現出來的思想歸屬於天台宗當無疑義。此外，需要說明的是本文中有關知禮《觀經疏妙宗鈔》相關內容的寫作參考了台灣吳聰敏先生的《知禮〈觀經疏妙宗鈔〉探微》一書。

〔註35〕知禮：《佛說觀無量壽佛經疏妙宗鈔》卷一，《大正藏》第 37 冊，第 197 頁下。

〔註36〕知禮：《佛說觀無量壽佛經疏妙宗鈔》卷一，《大正藏》第 37 冊，第 197 頁下。

〔註37〕知禮：《佛說觀無量壽佛經疏妙宗鈔》卷四，《大正藏》第 37 冊，第 220 頁上中。

暗散，何能明見淨土妙境？故令專想落日之形。一事繫心，想之不已，其心則定。心若靜細，種種觀法皆可造修。」〔註38〕此為《觀經》十六觀之第一觀，初學心粗，先令觀日，落日之形繫之於心，觀想不已，修行之心即能初定。其心若定，則種種觀法皆可修可造。

2. 佛、菩薩像觀

知禮通過對「是心作佛」「是心是佛」之詮釋，進一步展示了「約心觀佛」的內容。首先，知禮對「是心作佛」與「是心是佛」二句中的「作」與「是」給出界定。在知禮，「是心作佛」之「作」字有二義：其一，「淨心能感他方應佛」，如來法身無有色相，本來是無，但眾生心淨，依於業識薰佛法身，故能見勝應妙色身相，是為「初作他佛」。其二，「三昧能成己之果佛」，所謂依循念佛之心能成果佛，是為「次作己佛」。又，「是心是佛」之「是」（第二個「是」）字亦有二義：其一，「心即應佛」，此謂心外無佛，心即是應佛，是為「初是應佛」；其二，「心即果佛」，此謂眾生心中本俱如來智慧德相，已有如來結跏趺坐，豈待當來方成果佛？是為「心是果佛」。

其次，知禮通過天台宗之一心三觀對「是心是佛」與「是心作佛」作了一番新的解讀。「若論『作』『是』之義者，即不思議三觀也。」〔註39〕在知禮，「是心作佛」之「作」與「是心是佛」之「是」就是圓教不思議三觀，行者若能於一念心妙觀「作」妙觀「是」，便能「絕乎思議」「顯於三觀」。具體而言行者若能妙觀「是心作佛」，則泯滅一切自然之性，全性成修；行者若能妙觀「是心是佛」，則泯滅一切因緣之性，全修即性。即如所言：「若論『作』『是』之義者，即不思議三觀也。何者？以明『心作佛』故，顯非性德自然有佛；以明『心是佛』故，顯非修德因緣成佛。應知外道諸句、三教四門，所有思議，不出因緣及自然性。……今於一念妙觀『作』『是』，能泯性過：即『是』而『作』，故全性成修，則泯一切自然之性；即『作』而『是』，故全修即性，則泯一切因緣之性。」〔註40〕

「作」「是」之義，既是不思議三觀，此就總體而言；若分別而論，「作」「是」與空觀、假觀、中觀三觀之間又是什麼關係？在《妙宗鈔》中，知禮如是寫道：「以若破若立，皆名為『作』，空假二觀也；不破不立，名之為『是』，

〔註38〕知禮：《佛說觀無量壽佛經疏妙宗鈔》卷四，《大正藏》第37冊，第217頁中。
〔註39〕知禮：《佛說觀無量壽佛經疏妙宗鈔》卷四，《大正藏》第37冊，第220頁中。
〔註40〕知禮：《佛說觀無量壽佛經疏妙宗鈔》卷四，《大正藏》第37冊，第220頁中。

中道觀也。全『是』而『作』，則三諦俱破、三諦俱立，名一空一切空，名一假一切假也。全『作』而『是』，則於三諦俱非破非立，名一中一切中也。」〔註41〕知禮視空觀、假觀為「作」，視中觀為「是」，行者若妙觀「是心作佛」，則空、假、中三諦一時俱破，一時俱立；行者若妙觀「是心是佛」，則空、假、中三諦非破非立。因此，作為即中之空、假的「作」，能破見思、塵沙、根本無明之惑，能立真性、觀照、資成之法，所以，能感他佛三身之圓應，能成我心三身之當果；作為即空、假之中的「是」，不僅全惑即智，而且全障即德，所以心非但是應佛，亦是果佛。

最後，知禮指出「作」「是」須於一心中修：「故知『作』『是』一心修者，乃不思議三觀，十六觀之總體，一《經》之妙宗。文出此中，義遍初後，是故行者當用此意修淨土因。」〔註42〕

總之，不論是「是心作佛」抑或是「是心是佛」皆不出「約心觀佛」的總則。這一總則既是圓教之不思議三觀，也是《觀經》十六觀之總體，還是《觀經》之妙宗。因此，求生安養者當依此修行。

此外，對於《觀經》所倡導之觀想念佛，究竟應以「觀心」為重還是應以「觀佛」為重，天台宗僧人有不同的看法。知禮之高徒淨覺仁岳力主「攝佛歸心」，將佛攝歸於一心而觀之，名曰「觀佛」。知禮的另一位弟子廣智尚賢則主張「攝心歸佛」，將一心攝歸於佛而觀之，名曰「觀心」。二人爭論不已，委決不下，求教於知禮，知禮示之以「約心觀佛」之談，謂「據乎心性，觀彼依正」。

虎溪懷則在《淨土境觀要門》中曾就仁岳、尚賢二人之是非加以評述。在懷則看來，淨覺仁岳主攝佛歸心，然後用觀，則境在東土，與《觀經》之送想西方、觀彼依正迥異。境觀既差，何由生彼？況且，仁岳觀佛之舉亦有混濫止觀於心之嫌。廣智尚賢主攝心歸佛，此乃直觀於佛，與智顗、知禮「心觀為宗」正相違背。「若據二師所見，必須先了萬法唯心，方可觀心；先了萬法唯佛，方可觀佛。」〔註43〕這種直觀心、直觀佛的做法與知禮的約心觀佛說迥相異趣。

〔註41〕知禮：《佛說觀無量壽佛經疏妙宗鈔》卷四，《大正藏》第 37 冊，第 220 頁中下。

〔註42〕知禮：《佛說觀無量壽佛經疏妙宗鈔》卷四，《大正藏》第 37 冊，第 220 頁下。

〔註43〕懷則：《淨土境觀要門》，《大正藏》第 47 冊，第 290 頁中。

　　仁岳與尚賢同出自知禮門下，二人之教理何以有如此之差異？懷則指出：
「一家所論境觀，永異諸說，直觀真心真佛，唯屬佛界。是故，凡曰觀心、觀佛，皆屬妄境，意在了妄即真，不須破妄，然後顯真。諸家直觀真者，妄必須破，真理方顯，此乃緣理斷九之義，正是破九界修惡，顯佛界性善，是斷滅法，乃屬偏前別教，非是圓頓妙觀。」〔註44〕蓋仁岳之攝佛歸心說非是圓頓妙觀，而是偏前別教。仁岳後來之出走及與知禮之間有關生身尊特之爭皆與仁岳之思想偏向於別教有關。牟宗三先生就此評論道：「淨覺之背叛實不在其不了解寂光有相、（蛣蜣究竟、生身尊特）等三義，乃在其對於天台教義全部不了解也。是故，諸如三千、三諦、事理、權實、體用、互具、別圓、六即諸基本義理，淨覺所解皆歸於別教之思路，是則乃墜陷，非進升也，對於圓實根本未有了悟也。」〔註45〕先生之論，誠可謂一針見血、入木三分。

（二）從行觀法

　　天台佛學歷來注重教觀並重，解行相應，以藏、通、別、圓四教判攝釋迦一代時教，與之相應，則有析空觀、體空觀、次第三觀與一心三觀之四種觀法。若就觀法而言，為門不同，個人見解亦異。在《摩訶止觀》中，智顗有常坐三昧、常行三昧、半行半坐三昧和非行非坐三昧等四種劃分，此就修行之形式而言；若就行法之實質而論，又可分為次第止觀、不定止觀和圓頓止觀三種。荊溪湛然在《止觀義例》中又有三種觀法之分，所謂從行而觀、附法而觀、託事而觀；在《摩訶止觀輔行傳弘訣》中尚有事觀與理觀之論。知禮以《妙宗鈔》詮釋《觀經疏》，對於《觀經》中的十六種觀法，知禮又是如何判屬的呢？作為台淨合流的倡導者與力行者，又當如何修行？

　　知禮認為《觀經》中的十六種觀法當屬從行而觀。在《觀經融心解》中，當有人問起《觀經》十六觀法於今家託事等三種觀門為屬何耶時，知禮答曰：「既非借於事義立觀立境，不名託事；又非攝乎法相，入心成觀，何關附法？韋提特請正受之門，善逝直談修證之法，雖託彼依彼正，皆了唯色唯心，以法界身入心想故，約行明矣。」〔註46〕此中明言十六觀法屬於「從行」。後來，知禮撰寫《妙宗鈔》時，對湛然《止觀義例》中所述之三種觀法詳加辨

〔註44〕懷則：《淨土境觀要門》，《大正藏》第47冊，第290頁中下。
〔註45〕牟宗三：《佛性與般若》下冊，長春：吉林出版集團有限責任公司，2010年，第931頁。
〔註46〕宗曉：《四明尊者教行錄》卷二，《大正藏》第46冊，第865頁下～866頁上。

析、指陳殊異之後，對《觀經》之觀法給出判屬，其文如下：「《義例》云：
『夫三觀者，義唯三種：一者從行，唯於萬境觀一心，萬境雖殊，妙觀理等，
如觀陰等，即其意也。二約法相，如約四諦、五行之文，入一念心以為圓觀。
三託事，如王捨耆闍，名從事立，借事為觀，以導執情，如《方等》《普賢》，
其例可識。』問：『今十六觀於三種中屬何義耶？』答：『既不攝乎法相，入
心成觀，信非附法；又非借彼事義，立境立觀，驗非託事明矣。如來直談十
六觀行修證之門，正當從行也。』」〔註47〕此中知禮之判屬與《觀經融心解》
如出一轍，完全一致。

　　湛然《止觀義例》中之從行、附法、託事三觀皆為理觀，《觀經》中之十
六觀法乃就彌陀境界依正之事而言，台淨二宗之觀法又當如何對接融通呢？
知禮主張從行三觀歷依正之事而修理觀。「託事、附法二種三觀，有理有事，
且置未論。從行三觀以何義故不得歷事？既言從行，必四種行：常坐一種，縱
直觀理；餘三三昧，豈不兼事？」〔註48〕託事三觀與附法三觀姑且不論，從行
三觀之中，除常坐三昧直觀中道實相外，其餘三種三昧均皆兼事。其中，依《般
舟三昧經》所立之常行三昧專念阿彌陀佛，「歷念佛事」；依《法華經》與《方
等陀羅尼經》所立之半行半坐三昧，前者兼誦《法華》，「歷誦經事」，後者兼
持陀羅尼咒，「歷持咒事」；依《請觀音經》與《大品般若經》所立之非行非坐
三昧，前者「歷數息事」，後者「歷三性事」。「此等歷事，若非從行，攝屬何
耶？」〔註49〕常行三昧、半行半坐三昧與非行非坐三昧皆歷事而修，均屬「從
行」。

　　而「《般舟》三昧，初觀足下千輻輪相，次第逆緣至肉髻相；彼觀相時，
即用三觀；彼是從行，今那獨非？」〔註50〕依《般舟三昧經》所立之常行三昧，
唱彌陀名，觀彌陀相，其修行方式與《觀經》觀彌陀依正二報極為相似，《般
舟》既是從行，《觀經》又豈能例外？「況《義例》云『唯於萬境觀一心』，豈
今依正不唯一心？《經》文具列十六境相，大師但於首題示圓三觀。今將此觀
觀十六境，正是萬境雖殊，妙觀理等。」〔註51〕《止觀義例》早已明言萬境存

〔註47〕知禮：《佛說觀無量壽佛經疏妙宗鈔》卷四，《大正藏》第37冊，第216頁下
　　　　～217頁上。
〔註48〕知禮：《佛說觀無量壽佛經疏妙宗鈔》卷四，《大正藏》第37冊，第217頁上。
〔註49〕知禮：《佛說觀無量壽佛經疏妙宗鈔》卷四，《大正藏》第37冊，第217頁上。
〔註50〕知禮：《佛說觀無量壽佛經疏妙宗鈔》卷四，《大正藏》第37冊，第217頁上。
〔註51〕知禮：《佛說觀無量壽佛經疏妙宗鈔》卷四，《大正藏》第37冊，第217頁上。

乎一心，須於一心觀乎萬境，如此則十六境相亦不過為一心所攝，因此，知禮以圓教一心三觀釋《觀經》之十六觀。以圓教之一心三觀觀淨土宗之十六境相，則十六境相一一無非一境三諦，正所謂萬境雖殊，妙觀其理則平等一如。此即為知禮從行歷事觀理的修行方法。

在此基礎上，知禮指出理、事雖一念同修，但理、事之間難易不等，故有「事易故先現，理難故後發」〔註52〕的先後次序。知禮以《般舟三昧經》為例，指出該經「以三十二相為事境，以即空、假、中為理觀」〔註53〕，境觀雖同時而修，理事雖一併運作，理事之間，境必先成。境既已成，「託境進觀，藉觀顯境，更進更顯，從凡入聖。」〔註54〕因此，《觀經》中所倡導的十六種觀境應以圓教一心三觀為觀想之法，先以三觀觀落日、清水，待三觀觀力增進，再觀寶地、寶樹等，循序漸進，最終觀想佛身。

知禮以自宗的理論解釋《觀經》的做法遭到了律師靈芝元照的反對。元照，餘杭人，俗姓唐氏，律宗之英才偉器。元照雖為律宗大師，卻與天台宗淵源深厚。曾與德藏擇英一道從學於神悟處謙，神悟囑以「近世律學中微，汝當明《法華》以弘四方。」〔註55〕終以律法為其所歸。處謙是神照本如的嗣法弟子，本如又是知禮的高足。元照曾就學於處謙，可算是知禮一系之門人，而元照對知禮以天台教觀融攝淨土宗十六觀經的做法卻持異議。在《芝苑遺編》《觀無量壽佛義疏》等著作中明確指出十六觀經中的觀法與天台止觀是不同的修持方法，不應將二者混為一談。「以十六妙觀混同止觀觀法，故有觀心觀佛之爭，約心觀佛之漫耳。」〔註56〕在《上樞庵法師論十六觀經所用觀法書》中，元照認為大乘觀法能觀之心雖一，所觀之境卻因隨機而有差異。他列舉了其中的兩種情況：一是以心為所觀，此種觀法視現前覺心體性為淨土，即以理體為淨土，此土惟佛一人居之，眾生雖稟具此清淨體性卻未能證得開顯。天台宗倡導的止觀便是此類觀法。二是以諸佛菩薩修成功德依正色像為所觀，《觀經》中所展示的十六種觀法便是此類修行的典型代表。元照強調《觀經》十六觀以送想西方彌陀依正莊嚴求生淨土，其第一日觀指示修行之開端，至第三地想觀已然破疑除障，心念已至彼方。在元照這裡，以佛為觀照的對象，一旦所觀之境與能

〔註52〕知禮：《佛說觀無量壽佛經疏妙宗鈔》卷二，《大正藏》第37冊，第202頁中。
〔註53〕知禮：《佛說觀無量壽佛經疏妙宗鈔》卷二，《大正藏》第37冊，第202頁中。
〔註54〕知禮：《佛說觀無量壽佛經疏妙宗鈔》卷二，《大正藏》第37冊，第202頁中。
〔註55〕志磐：《佛祖統紀》卷二十九，《大正藏》第49冊，第297頁中。
〔註56〕道詢集：《芝苑遺編》卷下，《卍續藏經》第105冊，第564頁下。

觀之心一體和融，心、佛之間便無差別。知禮以十六觀為陰境，將西方清淨境界視同於眾生之生死陰顯然是不對的。其次，兩土觀法不同，此方倡導之理觀唯上根達理者可修，而西土十六觀非理觀，既非理觀，自然不能以天台之三觀加以詮釋。此外，知禮又講以心想佛，想佛之心乃取捨生死之心，如何能生淨土？

《上櫨庵法師論十六觀經所用觀法書》一文是元照寫給櫨庵有嚴法師的書信，有嚴出自神照本如門下，四明知禮的再傳弟子。接到元照如此批駁乃至否定自宗祖師學說思想的書信，有嚴的態度如何，限於史料有限已不得而知。不過，另一位天台宗僧人草庵道因則在宣和年間於四明延慶寺寫下《觀經輔正解》，對靈芝元照的《觀無量壽佛義疏》予以駁斥問難。元照之弟子戒度挺身而出，著《觀經扶新論》一卷，對道因的《觀經輔正解》加以破斥，彰顯元照之意。後又續撰《觀經義疏正觀記》以補前書之不足，挺護元照的主張。

《釋門正統》的作者吳克己對元照的律學才華給予了很高的評價，認為他「以英才偉器，受神悟弘四分之記，斯可矣。」〔註57〕對於其所作之《觀經》新疏則不予苟同，在鎧庵看來，元照之新疏「抗分事理，專接鈍機，廢棄格言，唯任臆說，此草庵《輔正》不得已而條攻之也。至於律家《扶新》之出，適足以扶不義以抗義，戒之哉！」〔註58〕顯然，律師元照及其弟子戒度對淨土修持法門的理解與以知禮為代表的天台宗僧人之間存在著較大的分歧，此類分歧一直延續到石芝宗曉、大石志磐所處的南宋中晚期。宗曉所集《樂邦文類》《樂邦遺稿》與志磐所著《佛祖統紀》等相關文獻均表明在諸宗皆與淨土宗合流的時代背景下，各宗派的修行理論如何與淨土宗的念佛法門相結合在二人所處的時代依然眾說紛紜、莫衷一是。知禮以天台宗一心三觀融攝淨土宗十六觀法的觀心法門也只是這一時期眾多觀法中頗具代表性的一例。

三、染淨四土與性修三身

（一）染淨四土

淨土信仰的一個重要特徵便是求生「但受諸樂，無有眾苦」的佛國淨土，因此，佛國淨土的性質及其所在方位便成為淨土信仰中十分重要的議題。大乘類經論中較有影響的佛國淨土有藥師佛淨土、阿閦佛淨土、彌勒淨土、彌陀淨

〔註57〕志磐：《佛祖統紀》卷二十九，《大正藏》第 49 冊，第 297 頁下。
〔註58〕志磐：《佛祖統紀》卷二十九，《大正藏》第 49 冊，第 297 頁下。

土、文殊淨土以及唯心淨土。天台宗僧人信奉並誓願往生的是與彌陀淨土相融通的唯心淨土，而唯心淨土又有《維摩詰經》宣說的塵世淨土、《妙法蓮華經》演說的靈山淨土以及《華嚴經》《梵網經》演繹的華藏世界。塵世淨土、靈山淨土與華藏淨土中，天台宗推崇備至的是前兩種淨土。

《維摩詰經》中明確提出心淨土淨的唯心淨土觀，此中之淨土非在遙不可及的他方世界，而在當下之塵俗世間，在人心之染淨與否。所謂「若菩薩欲得淨土當淨其心，隨其心淨則佛土淨。」〔註59〕這就是說要將眾生所處的現實世界變為淨土，就要先使眾生之心得到清淨，換言之人心之淨化是現實世界獲得清淨的前提與保證。至於佛國淨土之建設，《維摩詰經·佛國品》中指出：「隨其直心則能發行，隨其發行則得深心，隨其深心則意調伏，隨其調伏則如說行，隨如說行則能迴向，隨其迴向則有方便，隨其方便則成就眾生，隨成就眾生則佛土淨，隨佛土淨則說法淨，隨說法淨則智慧淨，隨智慧淨則其心淨，隨其心淨則一切功德淨。」〔註60〕淨土的建設以「直心」的「發行」為起點，經由「得深心」「意調伏」「如說行」「能迴向」「有方便」等漸次用功、遞進累修的過程「成就眾生」，從而實現「佛土淨」的修行境界。此為淨土建設的第一個階段，即由菩薩行「成就眾生」，建立清淨佛土。而淨土建設的第二個階段則是以淨土為依託確保眾生之心的質直無諂，清淨無染，即如經典中所言一旦佛土清淨，則說法清淨；說法清淨，則淨智慧生；淨智慧生，則淨心隨起。一旦心淨無雜，便與佛同儔，成就佛法。《維摩詰經》中心淨土淨、土淨心淨的修行過程「始終貫徹的是心的轉變，菩薩淨心成就眾生淨心，建成淨土，淨土保證眾生淨心而成佛。」〔註61〕

與《維摩詰經》明確提出心淨土淨、土淨心淨的唯心淨土觀稍有不同的是《妙法蓮華經》，該經雖未曾言及釋迦牟尼佛住持說法的耆闍崛山（靈山淨土）就是唯心淨土，但「常在靈鷲山」的如來「壽命無量阿僧祇劫，常住不滅」〔註62〕，惟有「深心信解」〔註63〕者才能見佛，也就是說只有內心對佛法（即《法華經》）起信而得勝解者才能親見佛面。這表明靈山淨土也即唯心淨土，而此中之唯心淨土實即為智顗提出的染淨四土中的常寂光土。

〔註59〕鳩摩羅什譯：《維摩詰所說經》卷上，《大正藏》第14冊，第538頁下。
〔註60〕鳩摩羅什譯：《維摩詰所說經》卷上，《大正藏》第14冊，第538頁中下。
〔註61〕陳揚炯：《中國淨土宗通史》，南京：江蘇古籍出版社，2002年，第48頁。
〔註62〕鳩摩羅什譯：《妙法蓮華經》卷五，《大正藏》第9冊，第42頁下。
〔註63〕鳩摩羅什譯：《妙法蓮華經》卷五，《大正藏》第9冊，第45頁中。

中國僧人對淨土的理解可謂眾說紛紜，自兩漢至兩宋，各種淨土說層出不窮，要而言之，大致有如下幾種：鳩摩羅什（344～413）主張淨土唯佛所得，眾生無土。竺道生（355～434）認為「照體獨立，神無方所」，故佛無淨土。僧叡則將佛土分為淨土、穢土、不淨淨土、淨不淨土、雜土等五類。淨影寺慧遠（523～592）以為可就事、相、真三個方面對淨土加以區分，事淨土乃凡夫所居，相淨土是「修習緣觀，對治無漏」的聲聞、緣覺及諸菩薩所得之境界，真淨土是初地以上菩薩及諸佛所得之土。嘉祥吉藏（549～623）或以二土、或以三土、或以四土、或以五土、或以十土判分淨土，其凡聖同居土、大小同居土、獨菩薩所住土、諸佛獨居土之四土說與智顗的四土說頗相類似。

智顗在《維摩經略疏》卷一中提出了三身四土說。三身者，化身、報身、法身；四土者，凡聖同居土、方便有餘土、實報無障礙土和常寂光土。同居土、有餘土乃化身佛所居之處，故名應土；實報土為報身佛所居，名報土；常寂光土為法身佛所居，故名真淨土。智顗的四土說側重於從「諸佛利物差別之相」的角度加以分別，「十方諸佛，湛若虛空，無有增減，為成眾生，起四土因」﹝註64﹞，諸佛菩薩隨順眾生之不同而示現不同的國土，體現了大乘佛教下化眾生、慈悲為懷的特質。知禮在秉承智顗四土說的前提下，以圓教理論為指導，指出《觀經》一經之宗旨乃在以一心三觀觀極樂世界之依正莊嚴，從而感召四種淨土，其文曰：「修心妙觀，能感淨土，為《經》（《觀經》）宗也。」﹝註65﹞

1. 凡聖同居土

所謂凡聖同居土「同居約人，淨穢約土，謂凡人、聖人同居穢土也，淨土亦有凡聖同居。而出凡聖，凡即是實，聖通權實，始證為實，應來為權。」﹝註66﹞對於染淨凡聖同居土的界定，知禮與智顗並無不同。娑婆穢惡，安養清淨，一穢一淨，天壤之別。娑婆穢土，四惡趣所居，荊棘瓦礫，不淨充滿，多受眾苦；安養淨土，人天二善與權實二聖同住，池流八彩，樹列七珍，但受諸樂。

穢土眾生如何才能往生淨土？知禮指出：「若如此土博地凡夫，屬邪定聚；發心修行，未不退者，屬不定聚；得不退者，屬正定聚。若生安養，不論高下，

﹝註64﹞ 智顗：《維摩經略疏》卷一，《大正藏》第38冊，第565頁中。
﹝註65﹞ 知禮：《佛說觀無量壽佛經疏妙宗鈔》卷三，《大正藏》第37冊，第211頁下。
﹝註66﹞ 知禮：《佛說觀無量壽佛經疏妙宗鈔》卷三，《大正藏》第37冊，第210頁下。

五逆罪人，臨終十念，得往生者，亦得不退，故云皆正定聚。《起信論》明初心生彼，住正定，故《小彌陀經》云生彼皆得阿鞞跋致，同居淨中，極樂當其上品土也。」〔註67〕此之謂眾生之修行有三聚之差別，三聚者正定聚、邪定聚和不定聚也。娑婆世界中，未聞佛法、不作佛事之具縛凡夫，均屬邪定聚；聽聞佛法、發心修行，未能證位者，為不定聚；圓滿十信，入初住位，得不退轉者，為正定聚。娑婆眾生不論修證之高下，煩惑之多少，縱然就是犯下五逆十惡之重罪者，臨終十念往生者，亦不退轉，屬正定聚。而且，這一極樂淨土是十方同居淨土中最上最勝者。

基於此，知禮指出若以圓教三觀觀彌陀淨土之依正莊嚴，感同居淨土，此土之依正最淨。國土淨穢之判分依存於五濁之輕重，五濁重，故有娑婆世界；五濁輕，故有極樂世界。雖然五濁輕為同居淨者，此中尚有分別：「四教凡位皆悉能令五濁輕薄，感同居淨，而圓觀輕濁，感同居淨，依正最淨。」〔註68〕對於博地凡夫而言，修藏、通、別、圓四教雖都能往生淨土，唯修圓教者所得依正最勝。

2. 方便有餘土

方便有餘土是修行有成而未能圓滿但證方便道之眾生所居之土，共有九種行人生於此土。其中，藏教之阿羅漢與辟支佛，通教之七地、八地、九地三人，別教之十住、十行二人皆修空、假二觀，證方便道。此外，別教之十迴向與圓教之十信二人修真實行，為中觀道，猶居似道，判屬方便。正所謂「不生分段，蓋除四住；約此修斷，得名方便；斷通餘別，故曰有餘。」〔註69〕

若就此土之淨穢而言，因眾生根機有利有鈍，所見之土亦有淨有穢。若在此土未修中觀者，往生為鈍；若修中觀者，往生為利。即如所言：「若在此土，已修中觀，生彼則利，佛乃為說不次第法。若在此土，未修中觀，生彼則鈍，佛乃為說次第法也。……利根所見，同彼實報，故名為淨；鈍根所見，相劣於上，故名為穢。」〔註70〕

3. 實報無障礙土

實報無障礙土是「行真實道者」所居之土，「圓人初從，別人十向，能於

〔註67〕知禮：《佛說觀無量壽佛經疏妙宗鈔》卷三，《大正藏》第37冊，第210頁下。
〔註68〕知禮：《佛說觀無量壽佛經疏妙宗鈔》卷三，《大正藏》第37冊，第210頁中。
〔註69〕知禮：《佛說觀無量壽佛經疏妙宗鈔》卷三，《大正藏》第37冊，第211頁上。
〔註70〕知禮：《佛說觀無量壽佛經疏妙宗鈔》卷三，《大正藏》第37冊，第211頁上。

諸法稱實觀中也。」〔註71〕在知禮，此土乃是破一分無明、證一分中道之圓教初住、別教初地以上法身菩薩所居之土。至於此土之淨穢，依頓見而分上下，也就是說別教之人修次第三觀證入者為穢，圓教之人修一心三觀證入者為淨。

4. 常寂光土

常寂光土又名法性土，惟妙覺極智佛一人所居。對於此土，知禮引《金光明經》和《普賢觀經》中的相關經文，對此作出了如下解釋：「《金光明》云：『如來遊於無量甚深法性諸佛行處，過諸菩薩所行清淨。』無量即寂，甚深即光，法性即常。又，《普賢觀》云：『釋迦牟尼名毗盧遮那，此佛住處名常寂光，常波羅蜜所攝成處、我波羅蜜所安立處、樂波羅蜜離身心相處、淨波羅蜜滅有相處。』故知此土乃從四德處立，以四彼岸顯於三德。常、我即法身，樂即解脫，淨即般若，三德互具，一一論三。故法身等各具四德，雖云三四，實非十二。學者知之，如是方名不縱不橫秘密藏也。」〔註72〕此之謂常寂光土若就本體之三德立名，則常即法性，寂即無量，光即甚深；若就涅槃四德立名，則常、我即法身，樂即解脫，淨即般若。此中之三德，不縱不橫，名秘密藏，諸佛如來所遊居處，真常究竟極為淨土。

若論此土之淨穢，則依修行之果位而有上下之分別：「言分證究竟寂光淨穢者，若就別人同圓證實論寂光者，唯約真因對圓極果而分淨穢；今論教道詮於極果，但斷無明一十二品，寂光猶穢，圓知須斷四十二品，名究竟淨。」〔註73〕知禮的意思是若從證道的角度而言，別教初地、圓教初住破一分無明，證一分三德，得一分淨土；若就教道的角度而論，別教雖斷一十二品無明，其土為穢，惟圓教果佛四十二品無明斷盡，其土清淨無染。此所謂分證究竟則感寂光樂邦淨域。

此處，知禮主張寂光有相，此論與經文中寂光無相之說大不相同。因此，當有人以凡聖同居土、方便有餘土和實報無障礙土三土「既皆有相，則可論於金寶等事，寂光之淨，已全無相，如何可說金寶、華池及以瓊樹」〔註74〕問難於知禮時，知禮引經據典，回應道：「經論中言寂光無相，乃是已盡染礙之相，

〔註71〕知禮：《佛說觀無量壽佛經疏妙宗鈔》卷三，《大正藏》第37冊，第211頁上。
〔註72〕知禮：《佛說觀無量壽佛經疏妙宗鈔》卷三，《大正藏》第37冊，第211頁下。
〔註73〕知禮：《佛說觀無量壽佛經疏妙宗鈔》卷三，《大正藏》第37冊，第210頁下。
〔註74〕知禮：《佛說觀無量壽佛經疏妙宗鈔》卷一，《大正藏》第37冊，第196頁上。

非如太虛，空無一物，良由三惑究竟清淨，則依正、色心究竟明顯。故《大經》云：『因滅是色，獲得常色，受想行識，亦復如是。』《仁王》稱為『法性五陰』，亦是《法華》『世間相常』，《大品》『色香無非中道』。是則名為究竟樂邦、究竟金寶、究竟華池、究竟瓊樹。」〔註75〕原來經論中所謂的寂光無相強調的是此土眾生斷盡染礙之相，這並不是說常寂光土空無一物。知禮認為正因為常寂光土三惑已破，依正色心等清淨之相才得彰顯。知禮的寂光有相說與湛然的「一性無性，三千宛然」說如出一轍，是對湛然學說的繼承與發展。

此外，知禮還就橫豎的角度各論淨土。所謂橫論淨土者是指行者證一土而具四土，如湛然《法華文句記》云：「豈離伽耶，別求常寂，非寂光外，別有娑婆。」草堂處元《摩訶止觀義例隨釋》云：「體即用故，故有實報、方便、同居三土之殊；用即體故，一一無非常寂光土。」〔註76〕此就依圓教修圓觀而言，若從託佛加持而論，博地凡夫橫具三土，如《維摩詰經》中釋迦牟尼佛以足指按地，即轉同居穢土為實報淨土，與會大眾一時悉見；又如《阿彌陀經》云眾生生彌陀淨土者皆是阿鞞跋致並與「諸上善人俱會一處。」

至於豎論淨土者，此約行人修行次第而論，行人依次修行，分別證入四土。凡夫與小乘三果聖者居於凡聖同居土，而不見上三土；二乘與三教菩薩居方便有餘土，而不見上二土；斷一品乃至四十一品無明之別教、圓教之法身大士居實報無障礙土，分證常寂光土；斷盡四十二品無明之妙覺果佛居常寂光土。

關於橫豎各論淨土，知禮指出：「須知四土有橫有豎，仍知橫、豎只在一處，如同居土，趣爾一處，即是實報。若破無明轉身入者，斯是法身，同佛體用，稱實妙報，則六根淨人，亦莫能預，豈居二乘？此則一處豎論實報。若未破無明，即身見者，此乃諸佛及大菩薩，為堪見者，加之令見實報土也。蓋有機緣，雖未破惑，已修中觀，如華嚴會及諸座席雜類之機，感見身土難思者是。……此等皆是一處橫論實報土相，故八部二乘，機熟皆見也。今以劣喻，顯於勝土。如其鬼趣，居人境界，有人捨報墮彼趣者，即同彼類，非他人共；有人即身能見彼趣，不妨他人同見其相。墮譬豎入實報土者，見譬橫論實報土也。實報既爾，方便、寂光橫論同處，亦復如是。於同居處，論三土橫豎；於方便處，論二土橫豎；於實報處，論一土橫豎；至寂光處，無橫無豎，當處亦

〔註75〕知禮：《佛說觀無量壽佛經疏妙宗鈔》卷一，《大正藏》第37冊，第196頁上。
〔註76〕處元：《摩訶止觀義例隨釋》卷三，《卍續藏經》第99冊，第880頁上。

無。」〔註77〕此之謂淨土有橫有豎，若就豎論四土而言，則同居土、有餘土、實報土及常寂光土四土次第有序，不能躐等。因此，對於破無明得法身者，與佛同儔，居實報土，而對於色、聲、香、味、觸、法六根清淨之人而言，實報土也是難以企及的。對於此類未破無明、曾修中觀者，託佛加持，機熟眾生，諸如天龍八部、聲聞、緣覺二乘皆可同見實報土。此就橫論淨土而言。至於橫論淨土與豎論淨土之不同，知禮以世人見鬼趣眾生為例，認為世人墮彼趣方見鬼者，恰如豎論入實報土者，世人即身能見鬼者，恰如橫論入實報土者。實報土如此，方便土、寂光土亦復如是。要而言之，於同居土處，當論方便、實報、寂光三土之橫豎；於方便土處，當論實報、寂光二土之橫豎；於實報土處，當論寂光土之橫豎；至於常寂光土，則無橫無豎。

（二）性修三身

《觀經》主要宣講十六種觀法，十六種觀法中又以第九佛身觀尤為重要，知禮於此中發揮也多。僅就內容而言，知禮除闡釋本觀外，《妙宗鈔》卷一五重玄義釋名時就曾對無量壽之三身壽量義展開過較為詳細的解讀，後又撰文細辨生身與尊特之間的關係；若就思想而論，知禮對於佛身觀之闡發實與天台宗之思想密切相關。此外，對於佛身觀的不同理解還引發了知禮與其弟子仁岳之間的一場論爭。

論及佛身，教界多以法身、報身、應身三身論之。法身指佛之法性之身，此身無形無相，不可思議，知禮《妙宗鈔》云：「總示法性三義，非陰聚身、非報得壽、非長短量，不可思議。」〔註78〕報身指酬報因位修行所顯之果報，可細分為二，即自受用報身與他受用報身。自受用報身是指自受內證理智，如法樂之身；他受用報身是為初地以上菩薩示現之身。自受用報身亦無形相，一如法身；他受用報身身相無量、相好無量、壽量無邊。應身亦名應化身，指為度化眾生而隨機應化之身，有勝應身與劣應身之分。勝應身是為初地以上菩薩示現之身，相當於他受用報身；劣應身是為凡夫、聲聞、緣覺二乘示現之身，如釋迦牟尼即是此身。

知禮《妙宗鈔》中論及的生身、尊特所指為何？此二者與佛之法身、報身及化身之間又是什麼關係？生身是指佛或以三十二相或以丈六之身示現，以為小乘根機者說法；尊特是指佛或以八萬四千相好之身或以微塵數相好之身

〔註77〕知禮：《佛說觀無量壽佛經疏妙宗鈔》卷三，《大正藏》第 37 冊，第 211 頁中。
〔註78〕知禮：《佛說觀無量壽佛經疏妙宗鈔》卷二，《大正藏》第 37 冊，第 210 頁中下。

示現，以為大乘根機者說法。此之謂應身中之劣應身為生身，而應身中之勝應身與報身中之他受用報身為尊特身。

《觀經疏》云：阿彌陀佛「本無身無壽，亦無於量，隨順世間而論三身，亦隨順世間而論三壽，亦隨順世間而論三量。」〔註79〕此之謂若就第一義諦而言，佛非但無身無壽而且無量，為度化眾生，隨順世間而立名相，遂有三身、三壽、三量之說。言佛無身、無壽、無量者，但無有相隨情之三身壽量，非無性具微妙之三身壽量也。《妙宗鈔》中知禮指出：「須知性中三德，體是諸佛三身，即此三德三身，為我一心三觀。」〔註80〕性中三德與諸佛三身為一心三觀所觀之境，若不然者，則觀外有佛，境不即心，不名圓宗絕待之觀。

顯然，知禮以圓教性具思想對佛之三身做出了解讀。在知禮，三身之間「即一而三，即三而一」，法是本有，報約修成，應論現住，法身、報身、應身表面上是一種縱向關係，實則不然。「須知報應二種之修，性德本具，雖是性德，修相宛然。全性起修，全修在性，三一冥泯，思說莫窮。」〔註81〕若循圓教而論性具，法、報、應三身之間「即一而三」「即三而一」，不可思議，即如知禮所言便是：「若言性具，三身壽量顯非別異；若作並別一異之解，即乖所詮圓常法體。即一而三，故不橫；即三而一，故不縱。非縱非橫，不可思議。如此解者乃會能詮玄妙之文也。」〔註82〕

基於性具理論，法身、報身、應身之間相即互具，圓融無礙，如此一來，生身即是尊特，報、應二身亦可稱法身。《妙宗鈔》中，知禮在詮釋第九佛身觀時就曾這樣發揮道：「然此色相〔註83〕是實報身應同居土，亦名尊特，亦名勝應，而特名法身者，為成行人圓妙觀也。良以報應屬修，法身是性。若漸教說，別起報應二修，莊嚴法身一性。若頓教詮，報應二修全是性具；法身一性，舉體起修，故得全性成修，全修在性；三身融妙，指一即三。」〔註84〕在此基礎上，知禮進一步指出唯有了然報、應二身之為法身方能顯示妙宗，得見旨歸：

〔註79〕 智顗：《觀無量壽佛經疏》，《大正藏》第37冊，第187頁下。
〔註80〕 知禮：《佛說觀無量壽佛經疏妙宗鈔》卷二，《大正藏》第37冊，第210頁上。
〔註81〕 知禮：《佛說觀無量壽佛經疏妙宗鈔》卷二，《大正藏》第37冊，第208頁中。
〔註82〕 知禮：《佛說觀無量壽佛經疏妙宗鈔》卷二，《大正藏》第37冊，第208頁中。
〔註83〕 「色相」指《觀經》經文「無量壽佛有八萬四千相，一一相中各有八萬四千隨行好。」（畺良耶舍譯：《佛說觀無量壽佛經》，《大正藏》第12冊，第343頁中。）
〔註84〕 知禮：《佛說觀無量壽佛經疏妙宗鈔》卷五，《大正藏》第37冊，第221頁下。

「今以報應名為法身，即顯三身皆非修得。故今家生身、應身、報身、法身對藏、通、別、圓，行者應知圓宗大體，非唯報應稱為法身，亦乃業惑名為理毒，三觀十乘名性德行，慈悲與拔性德苦樂。今之勝應稱為法身，顯示妙宗，其旨非淺，須祛滯想，方見旨歸。」〔註85〕

　　法、報、應三身之間既然融妙互具，那麼，西方極樂世界之教主無量壽佛應屬三身之中的哪一種？關於無量壽佛佛身的歸屬問題，自古以來，教界就有不同的聲音。三論宗吉藏明確指出阿彌陀佛為應化身，淨土宗善導則以為阿彌陀佛是報身而非化身。智者大師以三諦圓融的實相理論對法、報、應三身加以圓通，指出阿彌陀佛本來無身無壽無量，隨順世間而有三身三壽三量之說，並未明確指出彌陀佛身的判屬。

　　知禮在承續智顗思想的基礎上，以性具理論為依託，得出三身相融的結論。基於三身融即的觀念，知禮認為《觀經》中的無量壽佛既是報身，又是應身。對於這一論斷，有人難以信服，以《華嚴經》與《觀經》相比較，問難道：「此經（即《觀經》）觀佛，止論八萬四千相好。若《華嚴》說相好之數，有十華藏世界微塵。二經所說，霄壤天殊。彼經正當尊特之相，此經乃是安養生身。凡夫小乘常所見相，《鈔》中何故言是尊特？」〔註86〕

　　知禮認為判斷佛身歸屬的標準不在於相好數量的多寡，而在於「就真中感應而辯」。「真」者法身也，所謂「真中感應」指的是法身因應當機之不同而示現不同的色身。知禮答曰：「一家所判丈六尊特，不定約相多少分之，克就真中感應而辨。如通教明合身之義，見但空者，唯睹丈六；見不空者，乃睹尊特。生身本被藏、通之機，尊特身應別、圓之眾。今經教相，唯在圓頓。」〔註87〕

　　知禮接著指出，佛教典籍中判釋佛身是從「增勝而說」，卻不曾就「相起之本」而論。不論是華藏微塵世界抑或是八萬四千相好都只是現起之相而非相起之本。「其本乃是權實二理，空中二觀，事業二識」〔註88〕，依於此「本」，則生身即是尊特。若就權理而言，生身不即尊特，原因在於「權理但空，不具心色，故使佛身齊業齊緣，生已永滅，故曰生身，名應名化，體是無常。」〔註89〕若就實理而言，「實理不空，性具五陰，隨機生滅，性陰常然，名法名

〔註85〕知禮：《佛說觀無量壽佛經疏妙宗鈔》卷五，《大正藏》第37冊，第221頁下。
〔註86〕知禮：《佛說觀無量壽佛經疏妙宗鈔》卷五，《大正藏》第37冊，第223頁中。
〔註87〕知禮：《佛說觀無量壽佛經疏妙宗鈔》卷五，《大正藏》第37冊，第223頁中。
〔註88〕知禮：《佛說觀無量壽佛經疏妙宗鈔》卷五，《大正藏》第37冊，第223頁下。
〔註89〕知禮：《佛說觀無量壽佛經疏妙宗鈔》卷五，《大正藏》第37冊，第223頁下。

報，亦名尊特，體是常住。」〔註 90〕正因為佛體常住，佛雖應機而化，隨機生滅，三身之間彼此融通無礙。而之所以有報身與應身之別，則在於事識與業識之分。「須知依事識者，但見應身，不能睹報，以其粗淺不窮深故。依業識者，不但睹報，亦能見應，以知全體起二用故，隨現大小，彼彼無邊，無非尊特，皆酬實因，悉可稱報。」〔註 91〕此之謂依於事識，凡夫、二乘但見生身不見尊特；依於業識，菩薩於生身、尊特俱可得見。

知禮的三身佛說以天台宗圓教性具理論為指導，以法身為體，以報身、化身為用，因佛體常住，法、報、化三身之間相即互具，沒有根本性的差別。「知禮實際上把報身也理解為一種應身，其不同於一般意義上的應身概念，不在於相好多少，而在感應之機制。前者應別、圓之眾，後者應藏、通之人，由此生身與尊特之別由化他自行的關係轉化為化他內部的關係，所以在面對華藏微塵世界與生身三十二相巨大反差時，知禮有足夠的信心堅持不定以相數多方為尊特。」〔註 92〕

要之，知禮承繼了智顗三身相即的觀點，亦有所推進與發展。在知禮，佛之三身表面上看來是一種縱向關係，即法身本有，報身修行而成，應化身只在當下；但若從性具理論的角度加以考察，「三一冥泯」，換言之三身是無差別的，因為「報應二種之修，性德本具。」〔註 93〕如此一來，《觀經》中之無量壽佛即是應化身，又是報身，此二身與法身之間則是權實關係，因為判斷應化身、報身的標準不在其他，而在「真中感應」。「真」者法身也，法身為應不同之機而現出不同的色身，「生身本被藏通之機，尊特身應別圓之眾。」〔註 94〕此中恒久不變的惟有法身，法身為體，報、化二身為用；法身為實，報、化二身為權。再結合性具理論，「作為自行圓滿之報身與作為化他的應身並無根本區別」〔註 95〕，也就是說法身、報身和化身是相即無別的。

〔註 90〕 知禮：《佛說觀無量壽佛經疏妙宗鈔》卷五，《大正藏》第 37 冊，第 223 頁下。
〔註 91〕 知禮：《佛說觀無量壽佛經疏妙宗鈔》卷五，《大正藏》第 37 冊，第 223 頁下～224 頁上。
〔註 92〕 潘桂明，吳忠偉：《中國天台宗通史》，南京：江蘇古籍出版社，2001 年，第 507 頁。
〔註 93〕 知禮：《佛說觀無量壽佛經疏妙宗鈔》卷二，《大正藏》第 37 冊，第 208 頁中。
〔註 94〕 知禮：《佛說觀無量壽佛經疏妙宗鈔》卷五，《大正藏》第 37 冊，第 223 頁中。
〔註 95〕 潘桂明，吳忠偉：《中國天台宗通史》，南京：江蘇古籍出版社，2001 年，第 507 頁。

至於知禮與仁岳之間有關生身尊特之爭的問題，知禮在《妙宗鈔》中提出了「生身即尊特」的觀點，仁岳對此頗有微詞，曾借撰寫《三身壽量解》以批評孤山智圓相關思想的形式「微諫《妙宗》」，知禮不予採納，卻在《妙宗鈔》新版中對仁岳發起責難。此時，仁岳已經離開知禮，對於昔日恩師的責難，仁岳憤而擊之，以《十諫書》回駁知禮，知禮應之以《解謗書》，仁岳再回以《雪謗書》。知禮接到仁岳書信後未及回覆，旋即入滅，有關生身尊特之爭即告結束。

具體到二人之間的爭論，根據潘桂明、吳忠偉兩位教授的研究，仁岳對知禮的反駁主要是圍繞以下十點展開的：1.就約相多少還是就真中感應辨生身尊特；2.本起之理與本起之相不能混淆；3.劣應即法但不即尊特；4.不可以初心觀釋迦牟尼而不觀阿彌陀佛；5.補佛處為有量之無量；6.妙音菩薩之劣相非為即劣之勝；7.依正之大小不足以判定生身常相；8.娑婆穢土難以見到尊特微塵之相好；9.觀無量壽佛不是圓觀；10.生身不即尊特。〔註96〕在仁岳，雖然三身相即，但非直接相即，而是生身與法身相即，但生身不即尊特。仁岳與知禮之間就生身尊特的問題爭論不休，後因知禮離世，有關生身尊特之爭這才宣告終結。

四、理毒性惡與消迷伏惑

（一）理毒性惡

北宋初年，知禮在承續智顗性具善惡思想之際，主張理毒性惡之說。所謂性具善惡，顧名思義，就是佛性既具善性，又具惡性。智顗在《觀音玄義》中指出：「闡提既不達性善，以不達故，還為善所染，修善得起，廣治諸惡。佛雖不斷性惡，而能達於惡，以達惡故，於惡自在，故不為惡所染，修惡不得起，故佛永不復惡。」〔註97〕此之謂斷善之闡提亦具善性，只要修善，即能斷惡；斷惡之佛祖亦具惡性，只是於惡自在，故不復惡。

如果說智顗的性具善惡說強調佛性具善具惡，那麼，知禮在承續智顗這一思想的同時，則注重於從性惡的角度出發講說理毒性惡。在《觀音玄義記》中，知禮以問答的形式凸顯了他對性惡的重視。「問：九界望佛皆名為惡，此等諸

〔註96〕潘桂明，吳忠偉：《中國天台宗通史》，南京：江蘇古籍出版社，2001 年，第507 頁。

〔註97〕智顗：《觀音玄義》卷上，《大正藏》第 34 冊，第 882 頁下。

惡性本具否？答：只一具字，彌顯今宗，以性具善，諸師亦知，具惡緣了，他皆莫測。」〔註 98〕顯而易見，佛性具惡不僅是天台宗與他宗逕庭自別的分水嶺，而且也是天台宗殊勝於他宗的標誌性所在。基於此，知禮提出了理毒性惡說。

理毒這一概念並非知禮之首創，智顗在《請觀音經疏》中闡述陀羅尼神咒消伏三用時提及於此，其文曰：「用即為三：一事、二行、三理。事者，虎狼刀劍等也；行者，五住煩惱也；理者，法界無閡，無染而染，即理性之毒也。」〔註99〕在智顗，觀音為眾生消伏之毒有三，分別是事毒、行毒和理毒。對於此三毒，知禮認為「應知三種毒害捨旁從正，受名不同。」〔註 100〕「事毒在欲界，此約果報，故受事名；行毒從色界，盡別教教道，以不即理故，別受行名；理毒唯圓，以談即故也。蓋煩惱中分即不即異，故名行名理不同。」〔註 101〕知禮的意思是事、行、理三毒各有分別，行毒與理毒之差異就在於不即與即之分別，而不即與即之分別又是通過不具與具體現出來的。

「然即理之談難得其意，須以具不具簡，方見即不即殊。何者？若所迷法界不具三障，染故有於三障，縱說一性隨緣，亦乃惑染自住，毒害有作。以反本時，三障須破，即義不成，不名即理性之毒，屬前別教，等名為行毒也。若所迷法界本具三障，染故現於三障，此則惑染依他，毒害無作。以復本時，染毒宛然，方成即義，是故名為即理性之毒，的屬圓教也。」〔註 102〕此之謂法性具與不具三障是判斷毒害即與不即之依據，若法性不具見思、塵沙、無明三障，此即為行毒；若法性本具見思、塵沙、無明三障，此即為理毒。基於此，知禮指出「由性惡故，方論即理之毒」〔註 103〕，也就是說法性本惡，故有即理之毒，此即為理毒性惡之說。

既然理毒即是性惡，那麼，「欲明理消之用，要知性惡之功。」〔註 104〕「以初心人皆用見思王數為發觀之始，前之三教不談性惡，故此王數不能即性。既不即性，故須別緣真中二理破此王數。既有能緣所緣、能破所破，故毒害消伏，

〔註98〕知禮：《觀音玄義記》卷二，《大正藏》第 34 冊，第 905 頁上。

〔註99〕智顗：《請觀音經疏》，《大正藏》第 39 冊，第 968 頁上。

〔註100〕宗曉：《四明尊者教行錄》卷二，《大正藏》第 46 冊，第 872 頁中。

〔註101〕宗曉：《四明尊者教行錄》卷二，《大正藏》第 46 冊，第 872 頁中。

〔註102〕宗曉：《四明尊者教行錄》卷二，《大正藏》第 46 冊，第 872 頁下。

〔註103〕宗曉：《四明尊者教行錄》卷二，《大正藏》第 46 冊，第 872 頁下。

〔註104〕宗曉：《四明尊者教行錄》卷二，《大正藏》第 46 冊，第 872 頁下。

俱受行名。若圓頓教，既詮性惡，則見思王數乃即性之毒。毒既即性，故只以此毒為能消伏。既以毒為能消，則當處絕待，誰云能破所破，有何能緣所緣，毒害即中，諸法趣毒，遮照相即，言慮莫窮。故荊溪云非但所觀無明法性體性不二，能觀觀智即無明是。若非理毒，焉即能觀，故一心三觀、圓頓十乘，更非別修，皆理消伏也。」〔註105〕既然理毒即是性惡，則能消即為所消；既然「毒害即中，諸法趣毒」，則「通達惡際，即是實際」。由有法性之惡，故有性德之行。

（二）消迷伏惑

知禮的理毒性惡主張在承認法性本惡、理體本毒之際，認為理毒與性惡皆可消伏，從而實現由染而淨、由妄而真、由惡而善的目標。「理則本具三千，性善性惡也；事則變造三千，修善修惡也。」〔註106〕正因為性具三千，所以佛性具善亦具惡；而人性之所以有善惡之分就在於修善修惡之別。「若一切世間生死煩惱妄染之法皆是修惡，雖全性起，而違於性，故須永滅。若稱理而修，萬行功德，皆是修善，亦全性起，而順於性，即同常住。」〔註107〕修善修惡的區別就在於前者「順於性」，後者「違於性」，正因為修善「順於性」，故能常住；正因為修惡「違於性」，故須永滅，因此，行者當斷惡修善、消迷伏惑。

基於理毒性惡的主張，知禮在《觀經疏妙宗鈔》中對阿闍世王、提婆達多等人的為惡之舉作出了別樣的詮解。《觀經》中，阿闍世王因受提婆達多之教唆，幽閉其父頻婆沙羅，欲害其母韋提希。對於阿闍世王所作之極惡行徑，知禮在《觀經疏妙宗鈔》中指出：「調達、闍世、頻婆、韋提皆是大權，現逆現順，利益眾生。」〔註108〕在知禮，提婆達多破僧傷尼、出佛身血，阿闍世王囚禁其父，欲弒其母，二人皆作下重罪，此之謂逆法；頻婆沙羅因被囚而求受戒法，韋提希因厭棄娑婆穢土而請佛廣宣淨土法門，此之謂順法。而不論「現逆現順」，無非是為「利益眾生」。順逆二法中，尤以逆法引人矚目，調達、闍世雖然為惡，卻因了達於惡，故能於惡自在，此所謂「行於非道」而能「通達佛道」。換言之調達、闍世之行惡非真行惡也，乃是以權惡之法門度化眾生。

〔註105〕宗曉：《四明尊者教行錄》卷二，《大正藏》第 46 冊，第 872 頁下～873 頁上。
〔註106〕知禮：《四明十義書》卷上，《大正藏》第 46 冊，第 841 頁上。
〔註107〕宗曉：《四明尊者教行錄》卷四，《大正藏》第 46 冊，第 889 頁中。
〔註108〕知禮：《佛說觀無量壽佛經疏妙宗鈔》卷三，《大正藏》第 37 冊，第 214 頁下。

　　此外，知禮在《觀經疏妙宗鈔》五重玄義論用之時寫道：「力用何為？生善滅惡也。行者應知體、宗、用三，別明三法乃從一性起於二修。體是法身所顯性也，宗是般若能顯智也，用是解脫所起力也。二雖修成，須知本具；一雖是性，全起成修。故非縱橫，不可思議，二德在性，全指惑業，即是性具善惡二修。今體逆修，既全性具，當處融妙，乃化他德，故以此二為經宗用。用遍一切，非無惡用。以順性故，生善滅惡，故染惡用，稱性用之，最能滅惡。」〔註109〕此之謂由有性具善惡之理，故有修善修惡之行，而逆修之行實為消毒伏惡之舉，又因理毒本是性惡，「稱性用之，最能滅惡」。而「惡之重者莫過五逆，五逆是業，從於上品煩惱而起，招無間苦。此經大力，能滅此等極重三障，即生淨土。若此三障，性非三德，何能無間轉為極樂。從極鈍根且論十念，生最下品。若從利根，非不能生上之八品，以其五逆體是寂光，故可於此淨四佛土。」〔註110〕五逆之業固然是重惡，然而，正因為理毒即是性惡，五逆之體亦是寂光，此所謂「即理之毒，毒即無毒」。一旦毒害得以消伏，無間諸苦即轉化為淨土極樂。知禮對理毒性惡之強調是為將天台宗之性具理論導向宗教實踐。在知禮，對於性惡眾生而言，須以內省的方式，對日常生活中的每一俗念、每一惡事加以懺悔，從而提升其道德修養，逐步趨向佛境。這正如柏庭善月在《山家緒餘集》中指出的那樣「性惡之言出自一家，非余宗之所有也，得其旨者，荊溪之後唯四明一人耳，故所述記鈔，凡明圓旨，必以性惡為言。……以祇一修惡之言而有云斷者，斷其情也。」〔註111〕

　　總之，《觀經》之力用，以要言之，「滅五住因，除二死果」，正所謂消迷伏惑，去惡向善；而「圓宗大體，非唯報應稱為法身，亦乃業惑名為理毒。三觀十乘名性德行，慈悲與拔性德苦樂。」〔註112〕圓宗之大體雖法身與理毒兼具，三觀之法與十乘之行旨在去無明而顯法性，這與《觀經》之力用正相冥合。天台宗理毒性惡之念與淨土宗惡輩成佛之論皆主張化性起偽，棄惡向善，二宗之契合處為彼此之合流提供了可能。

〔註109〕知禮：《佛說觀無量壽佛經疏妙宗鈔》卷二，《大正藏》第37冊，第212頁上。
〔註110〕知禮：《佛說觀無量壽佛經疏妙宗鈔》卷二，《大正藏》第37冊，第212頁中。
〔註111〕善月：《山家緒餘集》卷中，《卍續藏經》第101冊，第515頁下～516頁上。
〔註112〕知禮：《佛說觀無量壽佛經疏妙宗鈔》卷五，《大正藏》第37冊，第221頁下。

五、蛣蜣六即與三位九品

（一）蛣蜣六即

天台宗在闡發自宗的修證理論時提出了六即佛說，認為自凡夫至成佛須經由理即、名字即、觀行即、相似即、分證即和究竟即六個階段。從理體性德的角度而言，眾生與佛本來一體，故「六而常即」；就實踐修行的角度而論，眾生與佛雖同然一味，然「即而常六」，自因地發心至果地成佛，先後歷經六個階段，其間因果事相，歷歷分明，迥然有異。

六即佛說乃智顗首創，其用意旨在顯明凡聖一體不二，「由此在理上確立發心學佛的必要性和可能性」〔註113〕，從而為修證成佛奠定理論基礎。在《摩訶止觀》中，就六即佛說，智顗指出：「（六即佛說）如論焦炷，非初不離初，非後不離後。若智信具足，聞一念即是，信故不謗，智故不懼，初後皆是。若無信，高推聖境，非己智分；若無智，起增上慢，謂己均佛，初後俱非。為此事故，須知六即。謂理即、名字即、觀行即、相似即、分證即、究竟即。此六即者，始凡終聖。始凡故除疑怯，終聖故除慢大。」〔註114〕在智顗，凡聖理體不二，初後皆是，明於此則六凡眾生疑怯之心可除，修道之心可立；而凡聖情智畢竟有別，由凡入聖的階次不容混濫，未得謂得、未證謂證的增上慢心須捨。因此，若知「六而常即」則不生退卻，若曉「即而常六」則不生上慢，從而始凡終聖，圓證佛果。

以六即佛說為依據，知禮在《妙宗鈔》中以六即釋覺：「此之覺義有六種即，即者是義。今釋迦文乃究竟是圓淨之覺，一切凡聖無不全體皆是此覺。雖全體是，且迷悟因果，其相不同，故以六種分別此是，所謂理是、名字是、觀行是、相似是、分證是、究竟是。」〔註115〕知禮的六即佛說承續智顗而來，其內涵則有所衍伸。知禮直言「一切凡聖無不全體皆是此覺」，此之謂天、人、阿修羅、畜生、惡鬼、地獄六凡與緣覺、聲聞、菩薩、佛四聖一一皆可論六即。作為果地之佛乘可論理即佛、名字即佛、觀行即佛、相似即佛、分證即佛、究竟即佛，作為因地九界中的任何一界亦可論六即。正所謂「六即之義，不專在佛，一切假實三乘人天，下至蛣蜣地獄色心，皆須六即辨其初後。所謂理蛣蜣，

〔註113〕王雷泉釋譯：《摩訶止觀》，高雄：佛光山宗務委員會印行，1997年，第11頁。
〔註114〕智顗：《摩訶止觀》卷一下，《大正藏》第46冊，第10頁中。
〔註115〕知禮：《佛說觀無量壽佛經疏妙宗鈔》卷一，《大正藏》第37冊，第200頁上。

名字乃至究竟蛣蜣。」〔註116〕

　　既然凡聖十界各各皆具六即之義，則若就理性而言，十界無非法界；若就果佛而論，十界皆為究竟，「故蛣蜣等，皆明六即」。這裡知禮提出了為後人推崇備至的蛣蜣六即說。蛣蜣者，一種啖食糞尿的蟲子，是一種微小而卑賤的畜生。蛣蜣雖為畜生，但是依據天台宗的性具理論，蛣蜣與佛可相提而並論六即。

　　蛣蜣六即說從理論上肯定了十界眾生皆具佛性，皆能成佛，理雖如此，若就事而論，則事有順逆。「名字等五是順修事，唯理性一純逆修事。此逆順事與本覺理體皆不二。其逆順名，自何而立？以知不二，事皆合理，名之為順；其不知者，事皆違理，故名為逆。名字等五，若淺若深，皆知皆順；若初理即，唯迷唯逆。而迷逆事，與其覺理，未始暫乖，故名即佛。」〔註117〕六即佛說中，名字即佛，聽聞佛法；觀行即佛，觀修佛事；分證即佛，破無明證法性；相似即佛，修為與佛相似；究竟即佛，成就佛果。此五者，修證之境界淺深不等，卻能了證佛法，知修佛事；唯理即佛，不知佛性，不修佛事，唯迷唯逆。

　　知禮接著指出：「此理起惑造業，輪迴生死，而全不知事全是理。長劫用理，長劫不知，不由不知，便非理佛。以全是故，名理即佛，以不知故，非後五即。然理即佛，貶之極也，以其全乏解行證即，但有理性自爾即也。」〔註118〕此之謂眾生本具佛性，本應成佛，卻因不知佛性、不修佛理，起惑造業，輪迴生死，究其原因，在於不知解行證即。於此，知禮提出障即佛的觀點，旨在強調修染修惡的重要性。知禮說：「又理即佛，非於事外指理為佛，蓋言三障理全是佛。又復應知，不名障即佛，而名理即佛者，欲彰後五有修德是；此之一位，唯理性是也。又障即佛，其名猶通，以後五人，皆了三障即是佛故。」〔註119〕三障者，惑、業、報三者，此即眾生唯迷唯逆之事，因眾生性染性惡，故須修染修惡，此之謂「全性起修，全理成事」；而眾生性德本具，更無別體，故得「全修是性，全事即理」也。

　　知禮的蛣蜣六即說建立在天台性具思想的基礎上，關於這一點，其後學柏庭善月在《山家緒餘集》卷中之「六即餘義」條有明確的論述：「夫所謂性

〔註116〕知禮：《佛說觀無量壽佛經疏妙宗鈔》卷一，《大正藏》第37冊，第200頁上。
〔註117〕知禮：《佛說觀無量壽佛經疏妙宗鈔》卷一，《大正藏》第37冊，第200頁中。
〔註118〕知禮：《佛說觀無量壽佛經疏妙宗鈔》卷一，《大正藏》第37冊，第200頁中。
〔註119〕知禮：《佛說觀無量壽佛經疏妙宗鈔》卷一，《大正藏》第37冊，第200頁中。

具十界者，無別有法，即今世出世間，究竟果覺、三乘六道，一切假實依正色心，皆理性所具，亦理性所即，一一當體，無非法界。法界無外，不出一性，性必常住，性必不改，必融攝，必周遍，是之謂理性十界，亦曰事理三千。始自理即，終至究竟，雖有迷悟真似因果之殊，莫不即此之法。即故，始終不二，無有增減，豈非十界皆論六即、六即皆具十界？既具十界，則地獄色心皆性具矣；既皆六即，則蚊蝱名相至究竟矣。若然者，所謂究竟蚊蝱、蚊蝱究竟，理固有之，不為過論也。」〔註120〕此可為知禮蚊蝱六即說的注腳。四明的六即佛說是對智顗佛學思想的延展與豐富，其三位九品之判攝正是以此為基點推演展開。

（二）三位九品

知禮用天台宗圓教的理論詮釋淨土宗思想，亦用圓教的修行位次比配淨土宗的修行階位，提出了三位九品說。淨土宗三經一論中明示修行淺深與次第者惟有《觀經》，其十六觀法與三輩九品說歷來備受大德高僧之關注，許多僧人往往依之判定行者修行之位次。如淨影寺慧遠以大小乘區分三品，大乘人中種性已上者為上品，小乘人中從凡至聖持戒無犯者為中品，大乘人中外凡有罪者為下品。上中下三品又可各自細分為三，上上品為四地以上之生忍菩薩，上中品為二三地之順忍菩薩，上下品為初地之信忍菩薩。小乘人中前三果為中上，得阿羅漢果；精持淨戒求出離者為中中，見道已前俗世凡夫修餘世福，求出離者為中下。至於下品，亦有下上、下中、下下之分，乃是大乘始學人中隨過輕重分為三品，但未有道位，難辨階次。知禮則以大乘三位比配淨土宗三位九品，其判位風格與慧遠迥然有別。

知禮的三位九品說是在詮釋《觀經疏》的基礎上提出的，先看《觀經疏》中對於三輩九品的判分。「上品之人，始從習種，終至解行菩薩；中品者，從外凡十信以下；下品即是今時悠悠凡夫。」〔註121〕《觀經疏》以三賢內凡、十信外凡、悠悠凡夫分別對應上、中、下三品。知禮於《妙宗鈔》中指出，《觀經疏》如此判位，其意有三：「雖分九品，以義定之，不出三位，即內凡、外凡及悠悠者。然習種解行及十信名，乃是別教地前凡位，以為今《經》往生位者，略有三意：一、別位次第，對品顯故；二、別具四觀，收機廣故；三、九

〔註120〕善月：《山家緒餘集》卷中，《卍續藏經》第 101 冊，第 521 頁上下。
〔註121〕智顗：《觀無量壽佛經疏》，《大正藏》第 37 冊，第 193 頁中下。

品多判所觀人故。」〔註122〕在知禮看來，《觀經》中雖有九品之分，不出內凡、外凡、悠悠者三位，而《觀經疏》之所以以別教判分《觀經》之九品，原因不外乎以下三點：一、別教階位井然有序，與三輩九品相配層次明晰；二、別教空觀、假觀、次第三觀及一心三觀等四種觀法收攝各種根機的眾生；三、從所觀人的角度判分為九品。但是，如果依圓教義理加以判分，則有大乘三位：一、相似位，此乃十信之內凡位；二、觀行位，此乃五品弟子之外凡位；三、名字位，此乃聽聞佛法但未修行之悠悠凡夫。即如知禮所言：「若以九品判今能觀圓觀位者，則以三賢對今十信，彼之十信對今五品，悠悠即對名字人也，以名字位，通修未修故。」〔註123〕

知禮又將大乘三位與淨土九品對接起來：「隨一品行，若至三賢，皆上三品；若至十信，皆中三品；全未伏惑，即下三品。」〔註124〕此之謂以伏惑之淺深有三位九品之別，若破見思二惑，至於三賢，皆屬上三品，居相似位；若能伏惑，至於十信，皆屬中三品，居觀行位；若全未伏，則屬下三品，居名字位。知禮因此小結道：「明了之位，大判有三：若相似明，當上三品；若觀行了，即中三品；名字觀解，屬下三品。論斷伏等，雖有高下，而皆了知一切善惡，迴向懺悔，皆通九品。」〔註125〕

在明了三位九品的對應關係之後，知禮接著指出九品之間，隨行者修懺之淺深，節節改行，歷於九品。「上上品善，通下下品；下下品惡，通上上品。」〔註126〕因此，對於本屬於上品上生之三心六念，若聞而修之，三惑未能敗伏，則通於下三品；而本屬於下品下生之五逆重罪，若能像《觀經》中阿闍世王殷殷懺悔，得無信根，亦通於上上品。九品階位之判釋，其關鍵在於斷惑之功、懺悔之力而非大小觀行、善惡之業。知禮如是寫道：「蓋一切善，若能迴向，皆淨土因；仍一切惡，若能懺願，亦淨土因。故種種善，修之淺深，無非九品；其一一惡，約懺功力，亦皆九品。」〔註127〕

知禮以相似即、觀行即與名字即等三位判攝淨土宗之三輩九品，不但深符

〔註122〕知禮：《佛說觀無量壽佛經疏妙宗鈔》卷六，《大正藏》第37冊，第228頁下～229頁上。

〔註123〕知禮：《佛說觀無量壽佛經疏妙宗鈔》卷六，《大正藏》第37冊，第229頁上。

〔註124〕知禮：《佛說觀無量壽佛經疏妙宗鈔》卷六，《大正藏》第37冊，第229頁上。

〔註125〕知禮：《佛說觀無量壽佛經疏妙宗鈔》卷六，《大正藏》第37冊，第230頁上。

〔註126〕知禮：《佛說觀無量壽佛經疏妙宗鈔》卷六，《大正藏》第37冊，第229頁上。

〔註127〕知禮：《佛說觀無量壽佛經疏妙宗鈔》卷六，《大正藏》第37冊，第229頁上。

《觀經》圓頓教相之旨，亦使修行階次歷歷分明。此種判釋不但能樹立行者修行之信心，也為行者進階向上提供了理論上的支撐。這恰如知禮在解釋《觀經》立三輩往生三觀緣由時所指出的那樣：「立觀所由，此中二義：初即雜觀，觀劣應者，位在中、下，今識三品，進修勝觀，登於上品。次義即是前觀勝應，及修雜想，了隨機化，在八、九信；今令此人，以妙三觀分別九品，即《大本》三輩，事理窮深，登第十信。」〔註 128〕其用意無非是用圓教三觀分判淨土宗九品之相，使行者進修勝觀，俱登上品。

此外，知禮還就三位、九品、十六觀法之間的關係做出解讀。在知禮，「十六觀人對九品位」，雖「義有多途」，但要而言之不外乎如下兩類：即專修一觀而歷九品，次第改境入於九品。專修一觀而歷九品者，顧名思義，就是於十六觀中擇其一而專門修行，以圓教三觀觀之，持之以恆，歷於九品。即如所言便是：「十六境中，宜樂何境？即用妙觀，修之不捨，乃從名字，修成觀行，入相似位，歷乎九品。」〔註 129〕「然十六中，佛境最宜，以劣觀勝，成於九品。」〔註 130〕十六觀法中，以第十三佛菩薩觀最適宜於專修。

至於次第觀境入於九品者，即是以圓教三觀修淨土宗十六觀法，自第一日觀開始，依次序先後修行，隨其功力之增進，觀境亦隨之而變更，如是輾轉而行，終至第十六觀，歷九品之位次，達大乘之三位。關於這一點，《妙宗鈔》中知禮如是寫道：「以初心人，雖了根塵，皆是法界，而心想贏劣，勝境難觀，是故如來設異方便，先觀落日，於西定心，……故知妙觀想落日成，當下下品。次以三觀想水結冰，合在下中；轉想琉璃，粗見彼地，可對下上。若得三昧，見彼寶地及寶樹、寶池，雖五品初而五住圓伏，名得三昧，品當中下。總見依報五品中心，合當中中；華座觀成五品後心，即中上品。……後修雜觀及三輩觀成，當第十信，即上上品；內外塵沙，任運除盡，故隨機應相，及差別行業，觀察明了，宣示無窮。」〔註 131〕

六、修懺禮佛與誓生安養

作為山家一系的代表人物，知禮在與山外一系論戰確立自己義學領袖地位的同時，對宗教實踐也給予了極大的熱情。終其一生，知禮修行法華三昧，

〔註 128〕知禮：《佛說觀無量壽佛經疏妙宗鈔》卷六，《大正藏》第 37 冊，第 228 頁上。
〔註 129〕知禮：《佛說觀無量壽佛經疏妙宗鈔》卷六，《大正藏》第 37 冊，第 229 頁下。
〔註 130〕知禮：《佛說觀無量壽佛經疏妙宗鈔》卷六，《大正藏》第 37 冊，第 229 頁下。
〔註 131〕知禮：《佛說觀無量壽佛經疏妙宗鈔》卷六，《大正藏》第 37 冊，第 229 頁中。

其在天台懺法方面的貢獻雖然不及其師弟慈雲遵式，但這並不意味著知禮對兩宋懺法毫無建樹。事實上，知禮本人不僅熱衷於懺法修行，而且還通過相關文章的撰寫為天台宗懺法實踐作理論上的論證。四明專門論述懺法的文章有《千手眼大悲新咒行法》《金光明最勝懺法》以及《修懺要旨》等。其中又以《修懺要旨》一文最具代表性，其文雖然不長，但言簡意賅，「可以說涵蓋了知禮懺法理論甚至宋代天台懺法理論的精髓。」〔註132〕而天台之懺法與懺儀不僅是「宋代天台僧徒的基本修行法門，而且成為溝通台淨、促成二者合流的中介。」〔註133〕「因為觀心改造了懺法的懺悔方式，而淨土則為懺悔法提供了一個實在的彼岸世界。通過觀心是要坦露罪源，觀達實相；而由有淨土，方可欣彼厭此，趨證實相世界。因此，從這個意義上講，懺法成為台淨合流的一種儀式中介。」〔註134〕因此，我們有必要對知禮的懺法要旨展開解讀，探究它在天台宗與淨土宗合流中起到了怎樣的作用。

在《修懺要旨》中，知禮一開篇就交代了大乘修行法門中常見的四種行法，分別是常坐三昧，即一行三昧；常行三昧，即般舟三昧；半行半坐三昧，即方等三昧、法華三昧；非行非坐三昧，即請觀音三昧、大悲三昧。這四種三昧攝盡一切行法，修行時間或長或短，長者如法華三昧，畢世而行；短者如十六觀法，一日至七日即成。不論選修何種行法，關鍵在於用心而不必在意時日之短長，其文曰：「夫諸大乘經所詮行法，約身儀判，不出四種，攝一切行，罄無不盡。一曰常坐，即一行三昧；二曰常行，即般舟三昧，並九十日為一期；三曰半行半坐，即方等三昧，七日為一期，又法華三昧，三七日為一期；四曰非行非坐，即請觀音三昧，四十九日為一期，又大悲三昧，三七日為一期。但諸經中有不專行、坐及相半者，一切行法並屬此三昧所攝。然限定日數者，蓋令行者克時破障，域意修真，決取功成理顯也。若欲長修，如《法華・安樂行》，畢世行之。或宜時促，如《觀無量壽經》，一日至七日。或如《普門品》，一時禮拜等。然但在用心，不必定日也。」〔註135〕

〔註132〕潘桂明，吳忠偉：《中國天台宗通史》，南京：江蘇古籍出版社，2001年，第539頁。

〔註133〕潘桂明，吳忠偉：《中國天台宗通史》，南京：江蘇古籍出版社，2001年，第539頁。

〔註134〕潘桂明，吳忠偉：《中國天台宗通史》，南京：江蘇古籍出版社，2001年，第548頁。

〔註135〕宗曉：《四明尊者教行錄》卷二，《大正藏》第46冊，第868頁上中。

　　兩宋時期，四種三昧中，法華三昧最盛，在《修懺要旨》中，知禮主要論及的便是法華三昧。法華三昧始創自智顗，智顗著有《法華三昧懺儀》一文，該文係智者彙集《法華經》《普賢觀經》及諸多大乘經典採編而成。《法華三昧懺儀》開為五科，即明三七日行法華懺法勸修第一、明三七日行法前方便第二、明正入道場三七日修行一心精進方法第三、明初入道場正修行方法第四、略明修證相第五。其中，第三一心精進修行方法、第四正修行方法是法華三昧修行的重點，尤其值得注意。先看第三一心精進修行方法。在《法華三昧懺儀》中，智顗對心之修行作了特別強調：「行者初欲入道場之時應自安心，我於今時乃至滿三七日，於其中間當如佛教一心精進。所以者何？若心異念即雜諸煩惱，名不清淨，心不淨故，豈得與三昧正道相應？是故自要其心不惜身命，一心精進滿三七日。」〔註136〕心之清淨與否是行者能否進入三昧的前提，心若不淨，異念紛紜，則不能與三昧正道相應。眾生心相隨事異緣，如何才能一心精進？智顗從事中修一心與理中修一心兩方面給出了答案：「有二種修一心，一者事中修一心，二者理中修一心。事中修一心者，如行者初入道場時即作是念：我於三七日中，若禮佛時當一心禮佛，心不異緣，乃至懺悔行道誦經坐禪悉皆一心，在行法中無分散意，如是經三七日，是名事中修一心精進。二者理中修一心精進，行者初入道場時應作是念：我從今時乃至三七日滿，於其中間諸有所作常自照了，所作之心心性不二。所以者何？如禮佛時心性不生不滅。當知一切所作種種之事，心性悉不生不滅。如是觀時見一切心悉是一心，以心性從本已來常一相故。行者能如是反觀心源，心心相續，滿三七日不得心相，是名理中修一心精進法。」〔註137〕所謂的「事中修一心」是指在諸如懺悔、行道、誦經、坐禪等具體的佛事行法中專注一心；所謂的「理中修一心」是指行者在修行時反觀心源，諦觀心性不二之理。

　　對理觀的強調，智顗在第四正修行方法中有較為具體的闡發，且看其對修行方法的規定：行者「當具足十法，一者嚴淨道場、二者淨身、三者三業供養、四者奉請三寶、五者讚歎三寶、六者禮佛、七者懺悔、八者行道旋繞、九者誦《法華經》、十者思惟一實境界。」〔註138〕此中最後一個環節坐禪實相正觀方法尤為重要，這是行者破壞罪業獲得正觀的關鍵性一步。正觀者，「觀一切法空

〔註136〕智顗：《法華三昧懺儀》，《大正藏》第46冊，第949頁下。

〔註137〕智顗：《法華三昧懺儀》，《大正藏》第46冊，第950頁上。

〔註138〕智顗：《法華三昧懺儀》，《大正藏》第46冊，第950頁上。

如實相」，一念妄心隨隨緣之境現起，如夢如幻，假有不實，其性本空；一念不起則無相無不相，是為實相。智顗把這種與正觀實相相結合的懺悔稱之為觀心實相懺悔，其文曰：「觀心無心則罪福無主，知罪福性空則一切諸法皆空，如是觀時能破一切生死顛倒，三毒妄想極重惡業亦無所破，身心清淨，念念之中照了諸法，不受不著細微陰界。以是因緣，得與三昧相應。三昧力故，即見普賢及十方佛摩頂說法。一切法門悉現一念心中，非一非異，無有障閡。譬如如意寶珠，具足一切珍寶，如是寶性，非內非外，行者善觀心性，猶如虛空，於畢竟淨心中見一切法門通達無閡，亦復如是，是名行者觀心實相懺悔。」〔註 139〕

此係智者《法華三昧懺儀》的主要內容，它對知禮影響不小，《修懺要旨》中知禮所述懺法便是法華懺，從中可以看到智者法華懺的遺痕。但知禮並不僅僅只是承續，而是在此基礎上有所衍伸、有所豐富。

在正式修懺之前，知禮首先強調了正信的重要性，而其所謂的正信是以「唯心本具」為前提的。「今所修法華三昧者，若能精至進功，豈不破障顯理？然須預識標心之處、進行之門，所謂圓常正信也。云何生信？信一切法唯心本具，全心發生。生無別理，並由本具；具無別具，皆是緣生。故世間相常，緣起理一；事理不二，色心互融。故法法遍周，念念具足。十方三世，不離剎那；諸佛眾生，皆名法界。當處皆空，全體即假；二邊叵得，中道不存。三諦圓融，一心具足。不一不異，非縱非橫，不可言言，寧容識識？斯是不思議境，入道要門。」〔註 140〕在知禮看來，法華三昧固然能夠破障顯理，但在正修之前須生正信。四明所謂的正信非他，乃是「一切法唯心本具」，也就是說大千世界三千諸法具足於一念心中。正因為一念心具足三千法，色心互融，法法周遍，這種不一不異、非縱非橫的不思議境恰為入道之要門，依此則遍破執情，圓位可登。

在正信唯心本具的基礎上，知禮交代了三種懺法，一是作法懺，二是取相懺，三是無生懺。作法懺「謂身口所作」，取相懺「謂定心運想」，此二種懺法皆屬事懺，無生懺則是理懺，其要求是通過觀察諸法實相了悟我心自空、法界圓融的真諦。三種懺法中第三無生懺最要，正所謂「法雖三種，行在一時，寧可闕於前前，不得虧於後後。」〔註 141〕可見，修懺的實質便是通過觀心去體

〔註 139〕智顗：《法華三昧懺儀》，《大正藏》第 46 冊，第 954 頁中。
〔註 140〕宗曉：《四明尊者教行錄》卷二，《大正藏》第 46 冊，第 868 頁中。
〔註 141〕宗曉：《四明尊者教行錄》卷二，《大正藏》第 46 冊，第 868 頁中。

悟諸法實相。作法、取相、無生三懺之中，作為理觀之無生懺雖然重要，但身為事觀之作法、取相二懺亦不容忽視。知禮指出：「以此理觀導於事儀，則一禮一旋罪消塵劫，一燈一水福等虛空，故口說六根懺時，心存三種懺法，如是標心方堪進行。」〔註142〕在知禮，「一禮一施、一燈一佛在理觀的指導下已不是一種純形式化的外在行為，而轉化為一種由於精神世界的根本轉化而引發的主體投入，如此事儀才能真正發揮它的效用。」〔註143〕

至於懺法儀軌，知禮依循智者《法華三昧懺儀》，認為行者初入道場應當具足十法：「一者嚴淨道場，二者清淨身器，三者三業供養，四者奉請三寶，五者讚歎三寶，六者禮佛，七者懺悔，八者行道旋繞，九者誦《法華經》，十者思惟一實境界。」〔註144〕此十法因智顗皆已言說，知禮對此十法有所取捨，於相關懺法或略而不述，如第一嚴淨道場法、第二修身方法、第四請三寶法、第五讚歎三寶法、第八行道法；或別有詮解，如第三修三業供養法、第六禮三寶法、第七懺悔法、第九誦經法及第十思惟一實境界法。知禮以「用心」為旨趣對相關懺法展開解讀。

先看第三修三業供養法，其文曰：「行者三業供養之際，須起難思之想，離於謂實之心。若香若華，體是法界；能供所供，性本真空。其量遍周，出生無盡；其性常住，互徹無遺。豈唯遍至此界他方，抑亦普入未來過去。普獻三寶，等薰眾生。雖曰施財，以財通法，是真法供。能資法身，五果皆常，四德咸顯。」〔註145〕此中知禮強調行者供養時須謹記所有供養性本真空，香花等供，體是法界，如此供養才是真法供。

再看第六禮三寶法。三寶者，佛、法、僧也。禮佛時，要深知心佛同源，佛體即是我心，我心即是佛體，悟則同體大悲，迷則強受諸幻，悲苦相對，感應則成，即如知禮所言便是：「禮佛時深知佛體不離我心，同一覺源，圓照諸法。諸佛悟，起同體悲；眾生迷，強受諸幻。悲苦相對，感應斯成。一身遍至諸佛之前，一拜普消無邊之罪，故默想禮佛偈（云云）。」〔註146〕至於禮法、禮僧者，與禮佛大同小異，禮佛時須知凡聖不二，禮僧時須了因果不異。

〔註142〕宗曉：《四明尊者教行錄》卷二，《大正藏》第46冊，第868頁下。
〔註143〕潘桂明，吳忠偉：《中國天台宗通史》，南京：江蘇古籍出版社，2001年，第541頁。
〔註144〕宗曉：《四明尊者教行錄》卷二，《大正藏》第46冊，第868頁下。
〔註145〕宗曉：《四明尊者教行錄》卷二，《大正藏》第46冊，第868頁下。
〔註146〕宗曉：《四明尊者教行錄》卷二，《大正藏》第46冊，第868頁下。

　　在此基礎上，行者要進入懺悔這一重要環節。知禮首先交代了禮懺的原因，眾生無始以來造罪不已，作業無窮，又因一切男子皆是我父，一切女人皆是我母，因此之故，行者當同體慈悲，如理懺悔。

　　其次，知禮對懺悔做出界定。「懺悔者，所謂發露眾罪也。何故爾耶？如草木之根，露之則枯，覆之則茂，故善根宜覆，則眾善皆生；罪根宜露，則眾罪皆滅。今對三寶，真實知見，照我善惡之際，窮我本末之邊。故原始要終，從微至著，悉皆發露，更不覆藏。」〔註147〕此之謂懺悔就是向佛、法、僧三寶坦露自身所犯下的罪過，要做到從微至著，追根究源，從根本上坦露罪業。如何才能做到追根究源、徹底發露？知禮認為依循逆順十心可通於迷悟兩派，心是迷悟善惡的根源。「迷真造惡，則有十心，逆涅槃流，順生死海；始從無始無明，起愛起見；終至作一闡提，撥因撥果。所以沉淪生死，無解脫期。今遇三寶勝緣，能生一念正信，先人後己，改往修來，故起十心，逆生死流，順涅槃道：始則深信因果不亡，終則圓悟心性本寂，一一翻破上之十心。不明前之十心，則不識造罪之相；若非後之十心，則不知修懺之法。故欲行五悔，先運十心。」〔註148〕此之謂順逆十心雖迷悟善惡不同，其體為一，「一一翻破上之十心」，此中「『翻』不是把『逆心』給消除，而是要讓其呈現相狀，從而得以轉『逆心』為『順心』。可見，運十心的過程其實就是了達惡緣，通達心源。當眾生通過『運心』與自己之心源（心性）連通後，懺悔才成為可能。」〔註149〕

　　再次，知禮把懺悔分為理懺與事懺兩種，理事二懺以無生理觀之懺為主，事懺為緣。所謂的理懺就是諦觀諸法實相，「諸法本來寂滅，全體靈明，無相無為，無染無礙，互攝互具，互發互生，皆真皆如，非破非立」〔註150〕，但眾生「迷情昏動，觸事狂愚」，懺悔法因此而設，其目的是為眾生開解脫門，使其了知無明即明，縛即無縛。所謂的事懺，即如知禮所言就是要做到「五體投地，如泰山頹，剋責己心，語淚俱下，挫情折意，首罪求哀。」〔註151〕知禮從六根懺與四悔兩個方面對事懺加以說明。

〔註147〕宗曉：《四明尊者教行錄》卷二，《大正藏》第46冊，第869頁上。
〔註148〕宗曉：《四明尊者教行錄》卷二，《大正藏》第46冊，第869頁上。
〔註149〕潘桂明，吳忠偉：《中國天台宗通史》，南京：江蘇古籍出版社，2001年，第543頁。
〔註150〕宗曉：《四明尊者教行錄》卷二，《大正藏》第46冊，第869頁上中。
〔註151〕宗曉：《四明尊者教行錄》卷二，《大正藏》第46冊，第869頁中。

六根懺，顧名思義，就是對眼、耳、鼻、舌、身、意六根罪加以懺悔，「懺眼根罪時，即見諸佛常色，次懺耳根罪時，即聞諸佛妙音，乃至懺悔意根，即悟剎那住處三身，一體四德宛然。」〔註152〕至於四悔則是指勸請、隨喜、迴向、發願四者。如果說六根懺旨在「坦罪現佛」，那麼，四悔的目的則在「皆能滅罪」，「勸請則滅波旬請佛入滅之罪，隨喜則滅嫉他修善之愆，迴向則滅倒求三界之心，發願則滅修行退志之過。」〔註153〕所謂滅罪，一言以蔽之，就是滅除一切罪過而「現佛」，此正與六根懺「坦罪現佛」的效用一致。如四悔之發願悔即云：「次修發願者，要誓志行也。一切菩薩通有四誓，謂未度苦者令度，未解集者令解，未安道者令安，未證滅者令證。此則通標其志，已具前門（舊本無「此則」下二句，今依悅庵所科之本，附見於此）；今則別要其心，專期淨土。蓋此堪忍之界，不常值佛，多諸惡緣，深位尚乃有退；若彼安養之土，常得見佛，唯有勝緣，初心即得不退。又彼佛願力，普攝有情，若能願求，定得生彼。況過、現積集善惡業緣，每至終身，咸來責報：臨終惡念增盛，則眾惡成功，牽生惡道；臨終善念增盛，則眾善皆成，牽生善道。今既求生安養，必須淨業莊嚴；若無願力強率，焉克臨終正念？故誠心發願，決志要期。既欲往生，宜在專切。」〔註154〕此中知禮所謂的發願並非一般意義上的四弘誓願，而是指發願專期淨土。堪忍世界多苦多難，安養國土美妙殊勝，更兼彌陀願力普攝有情眾生，若想求生安養，則須誠心發願，若不如此，何能往生？

總之，「一切罪相，無非實相，十惡五逆，四重八邪，皆理毒之法門，悉性染之本用。以此為能懺，即此為所觀。惑智本如，理事一際。能障所障皆泯，能懺所懺俱忘。終日加功，終日無作，是名無罪相懺悔，亦名大莊嚴懺悔，亦名最上第一懺悔。以此無生理觀為懺悔主，方用有作事儀為懺悔緣。」〔註155〕顯然，在知禮，「終日加功，終日無作」的無相罪懺悔才是圓教懺悔。

第七懺悔法之後是第八行道法、第九誦經法，其中，第八行道法知禮略而不記，第九誦經法則略述觀法之要，只不過這一觀法仍然建立在觀心層面上。其文曰：「然欲略知觀法之要者，但想繞佛之身、誦經之聲皆是法界，各遍虛

〔註152〕宗曉：《四明尊者教行錄》卷二，《大正藏》第46冊，第869頁中。

〔註153〕宗曉：《四明尊者教行錄》卷二，《大正藏》第46冊，第869頁中。

〔註154〕宗曉：《四明尊者教行錄》卷二，《大正藏》第46冊，第869頁下～870頁上。

〔註155〕宗曉：《四明尊者教行錄》卷二，《大正藏》第46冊，第869頁中。

空。一切眾生聞此句偈，十方三寶受我繞旋，而無能旋所旋，永絕能誦所誦。旋則步步無跡，誦乃聲聲絕聞，故曰：『舉足下足，無非道場。』又云：『其說法者，無說無示。』如此旋誦，功莫與京。」〔註156〕此中無論是繞佛、誦經，無一例外均須諦觀諸法實相，即聲色諸法本性皆空。

知禮懺法修行的最後一個階段是坐禪實相正觀法，四明認為上述諸多觀想皆為施設，雖皆稱理而帶事修，惟此中之懺法純用理觀，乃是正修。知禮從坐相與觀門兩個方面對此展開介紹。先看坐相。所謂坐相就是結跏趺坐，半跏、全跏皆可，但全跏為勝，易發禪那。坐好之後，先調身，要求是不緩不急；次調息，需要做到不澀不滑；後調心，原則是不浮不沉。三事若調，則禪那可發。

再看觀門。「觀門者，所謂捨外就內，簡色取心」〔註157〕，即進入觀心階段，其文曰：「當觀一念識心，德量無邊，體性常住。十方諸佛、一切眾生、過現未來、虛空剎土，遍攝無外，咸趣其中。如帝網之一珠，似大海之一浪。浪無別體，全水所成；水既無邊，浪亦無際。一珠雖小，影遍眾珠；眾珠之影，皆入一珠；眾珠非多，一珠非少。現前一念，亦復如是。性徹三世，體遍十方；該攝不遺，出生無盡。九界實造，佛地權施。不離即今剎那，能窮過未作用。然須知性具一切，是故能攝能生；勿謂本覺孤然，隨妄緣而方有。不明性具者，法成有作，觀匪無緣。今觀諸法即一心，一心即諸法；非一心生諸法，非一心含諸法；非前非後，無所無能。雖論諸法，性相本空；雖即一心，聖凡宛爾。即破即立，不有不無；境觀雙忘，待對斯絕。非言能議，非心可思。故強示云：『不可思議微妙觀也』。此觀非滅罪之邊際，能顯理之淵源，是首楞嚴禪，是法華三昧；亦稱王三昧，統攝一切三昧故；亦號總持之主，出生一切總持故。功德甚深，稱歎莫及。」〔註158〕此中知禮以天台性具思想為基礎，一念心隨緣則萬法畢現，雖論萬法，究其性相，象有而真空；一念心若不變，凡聖宛爾。若就懺法的角度而言，「此觀非滅罪之邊際」，而在於「能顯理之淵源。」換言之「要『懺』的三千諸法是無法破除的，就此而論『懺』是沒有盡頭的，因此懺悔的關鍵並非讓你無罪可懺，而是無相罪而懺，用天台的術語來講即是『除病不除法』。懺悔最終是要達於具法而不染於法，也就

〔註156〕宗曉：《四明尊者教行錄》卷二，《大正藏》第46冊，第870頁上。
〔註157〕宗曉：《四明尊者教行錄》卷二，《大正藏》第46冊，第870頁上。
〔註158〕宗曉：《四明尊者教行錄》卷二，《大正藏》第46冊，第870頁上中。

是體證到諸法實相之境。」〔註159〕

　　總之，知禮的懺法以觀心為主導，這與他的色心皆具三千的性具論思想是一致的。知禮的觀心論主張與其在《觀經疏妙宗鈔》中約心觀佛的修行法門並沒有什麼不同。在知禮看來，不論是修觀抑或是修懺皆能實現成佛的弘誓大願，其關鍵就在於觀心。此外，在第七懺悔法中，知禮指出要誠心發願，專期淨土，往生的關鍵亦在於觀心，這也是知禮倡導台淨合流的又一例證。

七、焚身捐軀與護教弘道

　　大宋祥符九年（1016），知禮與異聞〔註160〕偕十僧修法華懺，相約行懺三年，懺罷共焚。知禮此舉得到朝廷與地方上的高度重視，翰林學士楊億屢屢致書知禮請求延壽住世，後經朝廷下令，知禮這才打消焚身之念，行大悲懺三年以酬夙願。

　　根據文獻資料的記載，為勸服知禮，翰林學士楊億可謂絞盡腦汁，幾經波折。在錢希白所作《真宗皇帝諭旨留四明住世》一文中，錢氏寫道為請留四明住世，內翰楊大年屢屢去書知禮，知禮均不允（為勸使知禮住世，楊億先後給他寫了六份書信。其間，又去書太守李夷庚、慈雲遵式，請他們共同勸阻知禮。對於楊億的來信，知禮亦有回覆。二人書信往來的主要內容見下表。楊億寫給太守李夷庚、慈雲遵式的書信內容亦附錄於表後。）大年無奈，遂干求宰相寇準，請賜紫服以恩寵之。天禧末年，樞密使馬知節請大年為其父撰寫神道碑，知節酬以潤筆，大年不受，轉求知節奏薦知禮一師號。知節因奏真宗，真宗詔問大年，大年即奏以四明遺身之事。真宗聞之，大喜，重諭大年曰：「但傳朕意，請留住世。若師號，朕當賜之。」〔註161〕從錢希白的描述中可以看出楊億為勸阻知禮勞神而費力，鍥而不捨，最終得償所願，而知禮再三拒絕實在有些不近人情。知禮此舉，所為何故？佛教向來主張隨緣，身為一代宗師的知禮，自然深諳此中道理，在楊億的勸諫之下，知禮何以執「迷」不悟？通過知禮寫給門人崇炬的書信等相關文獻資料，我們認為，知禮焚身捐軀之舉實為弘道護教。

〔註159〕潘桂明，吳忠偉：《中國天台宗通史》，南京：江蘇古籍出版社，2001 年，第548 頁。

〔註160〕異聞乃寶雲義通之弟子，知禮之同門，浙江餘杭人，潛心天台學說。既參寶雲，盡通其旨。至道三年（997），知禮弘道於延慶寺，異聞輔贊之功頗多。與四明結十僧，行長懺三年，誓願焚軀以報佛恩。

〔註161〕宗曉：《四明尊者教行錄》卷五，《大正藏》第 46 冊，第 898 頁上。

表一　楊億請知禮住世書信主要內容表

書信編號	楊億的去書	去書內容	知禮的回信	回信內容
第一書	《楊文公請法智住世書》	伏望因承恩詔，彌廣福田；增延住壽之期，恢闡化緣之盛。	《法智復楊文公書》	仰承尊旨，合改先心，但以專誠久趣此門，鄙志莫能易轍。
第二書	《楊文公三問並法智答》	第一問：承師有言，西方淨土，風吟寶葉，波動金渠，此是何人境界？	《楊文公三問並法智答》	第一答：淨土依正，俱宣妙法，聞者合了，根塵絕跡，物我一如。
		第二問：承師有言，「燒身臂指乃是出家菩薩」，「捨身命財方名真法供養」。此語出《梵網》《法華》二經，然並是魔王所說，且非正教。		第二答：佛之與魔相去幾何？邪之與正有何欠剩？良由本理具魔、佛性，不二而一，二而不二。隨緣發現，成佛成魔。性既本融，修豈能異？
		第三問：承師有言，火光正受，是苦行法門。當劫火洞然、大千俱壞之時，則何人受於極樂？		第三答：然身之際，豈定有人受於極樂？劫燒之時，豈定無人受於極樂？……全修在性，全性成修；此時彼時，無增無減，實不可思議也。……既正助合運，乃修性一如，不離此心，而至極樂。
第三書	《楊文公謝法智答三問答》	有修有證，慮剜肉以成瘡；以心傳心，乃標指而為月。自他路絕，生佛道齊。	《法智再書上楊文公》	欲圖真化，須雲淨方，故依大乘，專修妙懺，託道場之淨境，革世務之雜緣。
第四書	《楊文公再書請法智住世》	倘取證於樂邦，孰能扶於法運？		
第五書	《又致請法智住世內簡》	智環與法智並化東南，大年託請環師勸請法智，仗法友之誠言，留大師而住世。	《法智再啟覆文公》	既承愛物之道，奚爽可復之言？
第六書	《楊文公又書留法智住世》	雖允蒙金諾，遐慰蓬心，尚慮知禮未忘夙念，猶執誓言。外雖		

		徇於籲辭，中尚存於確志。況義天初顯，化土叢依；祈壽劫之增延，誘根機而浸熟。	

表二　楊億上李夷庚、遵式同請知禮住世書主要內容表

書信名題	書信內容
《楊文公書上太守李夷庚同請住世》	得其來音，頗似相許，尚慮持於宿誓，或匪顧於幻軀，望敦外護之心，共延住壽之數。
《楊文公上天竺懺主書》	竊知懺主與之同稟，並化東南，可涉浙江之巨浸，造鄞水之淨居，善說諫言，宜久住世。

　　知禮曾在給弟子的書信中交代修懺焚身的目的：「半偈忘軀，一句投火，聖人之心，為法如是，況去佛滋久，慢道者眾，吾不能捐捨壽命以警懈怠，則無足言者。」〔註162〕知禮這句話主要有兩層意思，一是自古以來為求佛法，捨身火海或是割肉貿鴿者皆有其人，自己也當以先賢為例，捐軀而弘道。二是佛教因流傳久遠，致使流弊叢生，佛門之中慢待佛法者、自我懈怠者不在少數。為護教弘法，為警策弟子，當捨棄色身，早登極樂。而不論是仿傚先賢抑或是警策門人，從本質上來講，知禮修懺焚身的根本目的是為護持天台宗，弘傳天台教。從知禮寫給門人崇矩的書信中，通過知禮對崇矩的諄諄教誨可以反觀知禮弘教護道之良苦用心。石芝宗曉編纂的《四明尊者教行錄》中一共收錄了知禮寫給弟子崇矩〔註163〕的十封書信，對於學有所成、弘化一方的弟子，知禮在信中不厭其煩地囑咐崇矩須竭力流佈台教，莫作最後斷佛種人。《四明付門人炬法師書》（共十書）的主要內容摘錄如下：

表三　知禮付門人崇矩書中護教弘道內容一覽表

知禮付崇矩書	護教弘道內容
第一書	凡立身行道，世之大務，雖儒釋殊途，安能有異？必須先務立身，次謀行道。謙為德柄，汝當堅執之，使身從此立、道從此行也。吾見學

〔註162〕宗曉：《四明尊者教行錄》卷六，《大正藏》第46冊，第912頁中。
〔註163〕浮石崇矩，三衢（今浙江衢州）人，知禮門下居第一座。史載知禮坐聽其講，曰：「吾道有寄矣。」崇矩日談止觀，夜講《光明》，復於一時率眾念佛。後歸故里，慈雲授之以香爐、如意、手書戒辭。此可見知禮與遵式法門之情親密無間。

	人切於名利者，皆不能鳩徒演教，當視此等如詐親、懼之如虎狼。此先宜誡之，然後進行勤講，豈俟再言也。此外宜覽儒家文集，博究五經雅言，圖於筆削之間，不墮凡鄙之說。吾素乖此學，常所恨焉。汝既少年，不宜守拙，當效圓闍梨之作也。
第二書	望汝加行自修，弘教利物，無以他競，卑己尊人為上。若其爾者，三衢台教立見中興也。
第三書	得人則其道大振，失人則其道隨滅。三衢流佈，種在汝躬，慎勿放逸，宜以謙下接人，實行軌物。願智者圓宗因此大行彼郡，接誘方來，切須夙夜審思，取成大利也。
第四書	六月初五日始見靈曜行者將到汝二月書，知官僚躬請，名僧讓居，緇白歸心，資緣周贍，乃汝願力所致，亦吾道將行。更在精勤，令事增廣，但於心無著，必傳法成功。須更堅固立十方住持，永作傳天台教觀之院。
第五書	吾於餘事，不能掛心；只慮教觀，無人而墜。汝宜思之，當知吾志焉。
第六書	近日如何？夏中不廢講否？自行化他日增益否？知吾道者無幾，望汝傳化，令道光大，莫作最後斷佛種人也。
第七書	城隍不比鄉縣，又是受業去處，上下難受化，必須降意接物，軟語談真，使聞者皆忻，見者獲益。汝之智辯，足可為眾，但恐寺眾有見汝行止有不廉處，又恐檀信見熟，別有誹謗，於教無光，更須護持，則盡善盡美矣。
第八書	山家教觀，託汝弘護，汝須好將息，庶身安道隆也。
第九書	切在勤心，慈接學流；仍須以香火為緣，以止觀為業，不行唯說，是吾之憂。
第十書	汝早聞思，夙預傳唱；當須勤勵，以益諸後；俾祖燈廣曜，佛種不斷。若依此者，真吾徒也。

　　縱觀知禮寫給崇炬的十封書信，其主要內容不外乎以下兩點：一是勸誡崇炬須以弘傳天台教觀為己任，弘化一方，當善始善終、盡善盡美；二是敘述仁岳出走事件，希望崇炬以此為戒，不可赴其後塵，謗毀教門。仁岳之出走，固然是因為知禮與仁岳之間在義學上存在著分歧。仁岳改投遵式門下暫棲靈山之後，與知禮之間的書信往來雖以教義之探討為要務，但是，曾為知禮高足、翼贊知禮評破山外諸師的仁岳棄山家而就山外之舉，在知禮看來為禍不淺，影響太壞。在寫給崇炬的第三封書信中，知禮寫道：「小子（仁岳）狂簡，輒起邪思，執非為是，以偽駁真，恐世人遭伊起謗，紊亂大途，故吾勉強書兩十紙解之，俾伊略知得失。只為伊在講下雖久，逐句記錄，待作諍端，莊嚴我見，全不諳

審大體，唯增毀謗之門。」〔註164〕仁岳在知禮門下甚久，對知禮山家之學知之頗深，知己知彼，百戰百勝，以仁岳對知禮義學之了解，其對知禮義學之辯駁，較之於山外諸師，自然更為犀利、更為深刻。對於仁岳在義學上發起的詰難，在知禮看來，雖然不足為懼，但是，不可否認的是仁岳此舉「全不諳審大體，唯增毀謗之門」，世人不知所以，若為仁岳所惑，則大途紊亂，教觀難傳。從知禮對仁岳事件的描述中可知，對於仁岳的「叛逃」，固然令知禮憤懣不已，但是「叛逃」事件所帶來的負面影響以及潛在的危機則更讓知禮痛心疾首，那就是仁岳的「叛逃」事件無形中為山家一系甚至於天台宗的發展設置了障礙。因此，在給崇炬的書信中，知禮希望弟子能以仁岳為戒，護持正法，弘傳正教。

那麼，如何才能護持正法、弘傳正教？根據上表，知禮要求崇炬做到以下幾點：首先，作為山家弟子，須止觀雙運，不得有所偏廢。天台宗自智者大師開宗立派以來，一直注重定慧雙修，這也成為門人弟子必修之功課。但至知禮之時，其門下弟子於教觀之間已有所側重，崇炬雖然能在諸多方面不辱師命，深得知禮之歡心，但在行止與教觀之間，崇炬以教為主，以觀為次，因此，在書信中，知禮在告誡弟子「山家教觀，託汝弘護」，「須以香火為緣，以止觀為業」之際也毫不客氣地指出「不行唯說，是吾之憂」，有教而無觀，或是有觀而無教，這都不是完整意義上的天台宗佛學。因此，崇炬之不行觀但說教之舉令知禮不甚擔憂。

其次，作為佛門子弟、山家門人，須謹言慎行，淡泊名利，卑己尊人，此為立身行道之本。如何立身、如何行道？「謙為德柄，汝當堅執之，使身從此立、道從此行也。」〔註165〕謙卑為德行之本，倘能卑己而尊人，則身立而道行。至於名利等外在之繫累，當視此等如詐親、懼之如虎狼，那些切切於名利者皆不能鳩徒演教，「宜以像末隆法為勤，無以名利居懷。」〔註166〕教化一方，誠非易事，在給崇炬的第七封書信中，知禮再一次強調：「必須降意接物，軟語談真，使聞者皆忻，見者獲益。汝之智辯，足可為眾，但恐寺眾有見汝行止有不廉處，又恐檀信見熟，別有誹謗，於教無光，更須護持，則盡善盡美矣。」〔註167〕為護持山家教學，弘揚止觀法門，知禮在給弟子的書信中再三苦口婆心，實在令人感慨。

〔註164〕宗曉：《四明尊者教行錄》卷五，《大正藏》第 46 冊，第 904 頁下。
〔註165〕宗曉：《四明尊者教行錄》卷五，《大正藏》第 46 冊，第 904 頁上中。
〔註166〕宗曉：《四明尊者教行錄》卷五，《大正藏》第 46 冊，第 905 頁下。
〔註167〕宗曉：《四明尊者教行錄》卷五，《大正藏》第 46 冊，第 905 頁上。

再次，儒釋殊途，安能有異？「此外宜覽儒家文集，博究五經雅言，圖於筆削之間，不墮凡鄙之說。吾素乖此學，常所恨焉。汝既少年，不宜守拙，當效圓闍梨之作也。」〔註168〕在儒、釋、道三教合一的大文化背景下，為護法為弘教，知禮積極鼓勵門人學習儒家學說，並呼籲弟子以自家之對敵山外一系的孤山智圓為榜樣，做到儒、釋兼通，而不要像自己一樣但習釋教而不通儒學，因此留下遺恨。知禮鼓勵弟子習儒，主張儒、釋貫通，其用意還是為護教弘法。在《延慶寺二師立十方住持傳天台教觀戒誓辭》中知禮說「願國主皇帝、諸王輔相、職權主任、州牧縣官、大勢力人同垂衛護，令得此處，永永傳法，繩繩靡絕。」〔註169〕知禮深知一家教學能否流傳，與文人士大夫們的支持有很大的關係。而文人士大夫皆以儒宗為業，佛門子弟若不識儒學，如何與儒士對接溝通，如何向他們佈道傳教？

最後，「大道隆夷，存乎其人」，佛教之流傳、法運之通塞，與弘化者個人有著很大的關係。「得人則其道大振，失人則其道隨滅。」〔註170〕因此，在給崇炬的書信中，知禮一再要求崇炬「當須勤勵，以益諸後」，「更在精勤，令事增廣」。而知禮在對弟子提出這樣的要求時，其本人修道無間，始終兢兢業業。在給門人鑒琮的書帖中，知禮如是寫道：「既學山家，必異常流；理事合修，自他兼濟。如此，即是智者子孫矣。吾年事已去，唯念西遊，眾緣所留，未果其志。然圖傳教勝事，實是掛心。」〔註171〕這正如知禮在給崇炬的書信中寫到的那樣，「吾於餘事不能掛心，只慮教觀無人而墜。」〔註172〕為天台教觀之流佈，知禮一再警策弟子好自為之，不作最後斷佛種之人。

通過對知禮寫給門人崇炬書信的解讀可知知禮的焚身之舉以及其對楊億勸請住世之誠意的一再拒絕，實為弘道護教。知禮對楊億勸請住世之書的一再回絕並非是其不近人情或是矯情做作，通過修懺焚身往生西方，這種做法看似極端，在以仁義禮智為主導價值觀的北宋朝廷，焚身往生當然是不能允許的，真宗皇帝下旨不許知禮遺身，並賜以法智大師的名號。知禮的堅持終有所獲，被賜予法智的名號固然是對他一生成就的肯定，而因他的堅持終使天台懺法為朝廷所認可，這才是知禮最大的收穫，也是他最想看到最想得到的。根據志

〔註168〕宗曉：《四明尊者教行錄》卷五，《大正藏》第 46 冊，第 904 頁中。
〔註169〕宗曉：《四明尊者教行錄》卷六，《大正藏》第 46 冊，第 909 頁上。
〔註170〕宗曉：《四明尊者教行錄》卷五，《大正藏》第 46 冊，第 904 頁中。
〔註171〕宗曉：《四明尊者教行錄》卷五，《大正藏》第 46 冊，第 907 頁中。
〔註172〕宗曉：《四明尊者教行錄》卷五，《大正藏》第 46 冊，第 904 頁下。

磬《佛祖統紀》的記載，宋真宗天禧四年（1020），真宗「詔遣內侍俞源清往四明延慶，請法智法師領眾修法華懺」〔註173〕；乾興元年（1022），章懿太后「遣使詣錢塘天竺，請遵式法師為國行懺」〔註174〕；天聖元年（1023），仁宗再次「敕內侍楊懷古降香入天竺靈山，為國祈福。」〔註175〕「這一系列的詔請行懺事件表明了宋室對四明系天台宗的倚重，也意味著四明系的懺法實踐進入到其鼎盛階段。」〔註176〕

　　時至知禮所處的北宋初年，天台宗山家一系危機重重，佛門之外，有儒學與道教之排毀、擠壓。佛門之內，宗派之間與禪宗、賢首宗互有爭競，尤其是禪宗，此時大盛，頗有鯨吞整個佛教之勢，置身東南一隅的天台宗正是禪宗要吞併的對象。而天台宗內部，先有錢塘系與四明系義理之爭，後有知禮門下弟子的相繼出走。在這樣極為惡劣的環境背景下，能夠保住自身的道場已實屬不易，若想與禪宗抗衡、弘教佈道、拓展地盤，談何容易！遵式在《悼四明法智大師詩並序》中感慨道：「非知之艱，行之惟艱也。」〔註177〕慈雲的感慨道出弘教之不易。根據史傳的記載，為使天台文教得以入藏，遵式煞費苦心。乾興元年（1022），他乞請天台教文入藏，未獲允可；次年（1023），內臣楊懷古因敬仰遵式之大德，復為奏之；天聖二年（1024）方獲恩允，得旨入藏。從天台宗典籍入藏事件中可以看出台教之弘揚推行著實艱難。於此，知禮肯定深有體會。在給崇炬的書信中，知禮就曾十分無奈地寫道：「知吾道者無幾，望汝傳化，令道光大，莫作最後斷佛種人也。」〔註178〕既然「知吾道者無幾」，如何才能「令道光大」？修懺焚身、捨身護法之舉，在成就自己速登極樂之際，不僅能警策後學，而且也會在社會上引起震動，這於天台宗而言無疑是一舉多得的好事，既然如此，又何樂而不為呢！

　　「但惜無上道，終不愛身命」〔註179〕，為激發懈怠，為弘揚教觀，知禮舍生忘死，曲線護教，終使偏處於東南一隅的天台宗獲得朝廷的青睞，得到楊大年、李尊勗等名士的側目。這正如吳忠偉教授在《圓教的危機與譜系的再生：

〔註173〕志磐：《佛祖統紀》卷四十四，《大正藏》第49冊，第406頁中。

〔註174〕志磐：《佛祖統紀》卷四十四，《大正藏》第49冊，第406頁下。

〔註175〕志磐：《佛祖統紀》卷四十五，《大正藏》第49冊，第408頁中下。

〔註176〕吳忠偉：《圓教的危機與譜系的再生：宋代天台宗山家山外之爭》，長春：吉林人民出版社，2007年，第6頁。

〔註177〕宗曉：《四明尊者教行錄》卷七，《大正藏》第46冊，第922頁中。

〔註178〕宗曉：《四明尊者教行錄》卷五，《大正藏》第46冊，第905頁上。

〔註179〕宗曉：《四明尊者教行錄》卷六，《大正藏》第46冊，第908頁中。

宋代天台宗山家山外之爭》一書中指出的那樣：「若非經過知禮對其宗旨的拼爭，為實踐其教義的捨身為法，知禮的宗旨想必不會得到名士的尊重與激賞，亦不會為真宗所嘉歡。」〔註180〕換言之為求得天台宗的穩固和發展，知禮力倡台淨合流，修懺念佛不懈。他竭盡所能光大天台門庭，甚至於犧牲性命也在所不辭。

第二節　慈雲遵式的台淨合流思想

　　慈雲遵式（964～1032），俗姓葉，字知白，浙江寧海縣人。依天台義全出家，年二十受具，後入國清寺，於普賢菩薩像前燃指一根，誓傳天台之道。雍熙元年（984），至四明寶雲寺，隨義通研習天台奧旨。端拱元年（988），義通寂滅，遵式回返天台山，勵志勤修，乃至「苦學感疾，至於嘔血」。淳化元年（990），應眾人之請居寶雲，講經說法，未嘗間歇。至道二年（996），在寶雲寺結集緇素四眾共修淨業，並作《誓生西方記》一文。咸平三年（1000），四明大旱，郡人請祈雨，遵式與師兄弟知禮、異聞等人率眾行請觀音三昧，相約若三日不雨，當焚身軀。如期，雨大至。咸平四年（1001），住慈谿大雷山，編定《請觀音消伏毒害懺儀》。咸平五年（1002），還歸天台，主理東掖，於東掖山西隅建精舍，造無量壽佛像，領眾共修念佛三昧。大中祥符七年（1014），應邀出台入杭，入主昭慶寺，大揚講說。杭州風俗好以酒肴會葬，慈雲為說佛事之盛，遂變葷為齋，為著《戒酒肉慈慧法門》。大中祥符八年（1015），應邀赴蘇州開元寺講法，回杭後承刺史薛顏之令居天竺寺，制《往生淨土懺願儀》。天禧元年（1017），侍郎馬亮守錢塘，雅尚淨業，訪遵式問佛道，慈雲為撰《淨土行願法門》《淨土略傳》。職方郎中崔育才問施食之道，為撰《施食觀想答崔（育才）職方所問》一文。天禧三年（1019），丞相王欽若撫杭，親率眾僚屬訪師問道於靈山天竺寺中。遵式以天台教說本末俱陳於王，王乃歡曰：「此道未始聞，此人未始見也。」乾興元年（1022），為章懿太后行護國懺，著《金光明護國道場儀》。數年後仁宗皇帝偶讀此文，至「聖帝仁王慈臨無際」一句，撫几歎曰：「朕得此人，足以致治。」又上奏乞將天台教文入藏，未獲允。天聖二年（1024），天台典籍入藏，遵式為撰《教藏隨函目錄》，並略述諸部文義。

〔註180〕吳忠偉：《圓教的危機與譜系的再生：宋代天台宗山家山外之爭》，長春：吉林人民出版社，2007年，第6頁。

天聖六年（1028），建日觀庵，以送想西方為往生之業。明道元年（1032）十月十日入滅，臨終前弟子扣其所歸，答曰常寂光土。

遵式的一生彰顯出宋代天台佛學的兩大趨勢，一是天台佛學與淨土念佛的合流，二是懺儀懺法的流行。遵式不僅積極投身在淨土修行中，而且通過懺儀懺法的制定提倡台淨二宗的合流。「他制定的淨土儀軌被後世奉為經典，影響深遠。」〔註181〕他的台淨合流思想也集中體現在以《往生淨土懺願儀》《往生淨土決疑行願二門》為代表的懺法經典中。

《往生淨土懺願儀》與《往生淨土決疑行願二門》分別成書於大中祥符八年（1015）和天禧元年（1017），前後相距兩年的時間。《往生淨土決疑行願二門》是遵式應侍郎馬亮之請而撰，行儀簡要，適合大眾修行，即便是在千餘年後的今天仍是不少信眾禮佛修行的經典。而《往生淨土懺願儀》則以僧侶尤其是根機上佳者為受眾。「此法自撰集，於今凡二改治。前本越僧契凝已刊刻廣行，其後序首云：予自濫沾祖教等是也。聖位既廣，比見行拜起易勞，懺悔、禪法皆事攻削，餘悉存舊。今之廣略既允，似可傳行，後賢無惑其二三焉。刊詳刪補，何嫌精措。時大中祥符八年太歲乙卯二月日序。」〔註182〕根據《往生淨土懺願儀後序》中的文字可知此儀軌經歷過兩次改治，並且前本業已刊刻流通。較之於前本，今本中刪去懺悔、禪法二科，故此，大中祥符八年治定完成的《往生淨土懺願儀》是為精編本。

一、介爾一心與法界三千

遵式的台淨合流思想主要體現在懺儀懺法中，其對懺儀懺法的規範又以性具論作為理論基礎。「圓談十界，生佛互融，若實若權，同居一念」〔註183〕的天台宗，在遵式看來，心性之本體即為諸法之實相。此實相本來寂靜，無生無滅，但為眾生故說法相三千。也就是說介爾一念心中本無形相，為使眾生了性悟道，遂有心性之體與心性之相的施設。而心性微妙，不可思議：「竊聞其廣不可涯，高不可蓋，長不可尋，將盈而虛，將晦而明，雖邊而中，微妙深絕，巨得而思議者，惟心也。」〔註184〕如此之心性惟佛陀能了能悟，眾生則迷體

〔註181〕Peter N. Gregory and Daniel A. Getz, Jr, Buddhism in the Sung, Honolulu: University of Hawai'i Press, 2002, p340.
〔註182〕遵式：《往生淨土懺願儀》，《大正藏》第 47 冊，第 494 頁下。
〔註183〕遵式述，慧觀編：《天竺別集》卷下，《卍續藏經》第 101 冊，第 293 頁上。
〔註184〕遵式述，慧觀編：《天竺別集》卷中，《卍續藏經》第 101 冊，第 271 頁上。

執相，生佛之別就在於佛陀了性而眾生迷心。「心性者何也？心空無相者也，終日求之，心了無得也，故浮圖順之，說一切法空，蕩然無物，以示其性也矣。又，心性者何也？心亦有相者也，能具諸法，往無不造者，故浮圖順之，說一切法是有，雖空能象，以示其性也矣。又，心性者何也？心能不偏，居乎中道者也，蓋不可以有無偏得心者，故浮圖順之，說一切法皆實中道，不空不有，以示其性也矣。」〔註185〕在遵式看來，心性之體本空，它無形無相，了不可得。然而，心性之體又能隨緣而顯象。能造能具之心性不偏不倚，居乎中道；心性所造所具之諸法非空非有，皆實中道。因此，空、假、中三者，就性而論，不一不異；因相而言，遂有空性、假有、中道之別。所謂「性本不異，三即一也，一亦不一，一即三也，蓋全三之一也，全一之三也，究而言之，乃亡其三一也。存之者照也，亡之者遮也，亡照一也，蓋不可得而思議也，故浮圖雲無有定法而可得也。」〔註186〕

在《圓頓觀心十法界圖》一文中，遵式對介爾一心與法相三千之間的關係作了具體而詳細的闡發，得出「一心字派出十界」的結論。文章首先交代一心具有微妙深絕、不可思議的特徵，正因為心的這一特徵，「天台師聞諸於靈山，證諸於三昧，知其寂默，非數所求，而強以數，數於非數，依《法華》作十界百界三千權實，以明諸性非合也非散也，自然而然，曰諸法實相，使人易領也。然後示之一念空，三千皆空；一念假，三千皆假；一念中，三千皆中。成圓三觀，觀圓三諦，以明諸修，大智也，大行也，不運而速，曰白牛大車，使人頓入也。故得自因至果不移一念，坐道場成正覺，降魔說法，度眾生入涅業而能事畢矣，用龍樹偈因緣即空即假即中會而同之。」〔註187〕這就是說智者大師雖明知心性微妙，不可具說，但為眾生，遂依《法華經》開權顯實之妙法作百界千如之權說，藉空、假、中之三諦示諸法之實相，從而導引眾生出生死入涅槃。

基於開權顯實的原則，遵式為眾生講說十法界圖以使他們觀心得悟：「十法界者何也？十統諸法也，三諦為界也，何者？謂佛以中為法界者也，菩薩以俗為法界者也，緣覺、聲聞同以空為法界者也，地獄、鬼、畜、修羅、人、天同以因緣生法為法界者也。空、假、中者雖三而一也，十界者亦一而十也，故使互含一，復具九如，帝珠交映，成百法界也。一因緣一切因緣，一空一

〔註185〕遵式述，慧觀編：《天竺別集》卷下，《卍續藏經》第 101 冊，第 303 頁上。
〔註186〕遵式述，慧觀編：《天竺別集》卷下，《卍續藏經》第 101 冊，第 303 頁上。
〔註187〕遵式述，慧觀編：《天竺別集》卷中，《卍續藏經》第 101 冊，第 271 頁上下。

切空，一假一切假，一中一切中，良由於此，三千者復何謂也？成界之法者也，有其十謂，如是相、如是性、如是體、如是力、如是作、如是因、如是緣、如是果、如是報、如是本末究竟等，斯總也。十法在佛，為中、為實、為常、為三智、為五眼、為十力、為四無畏、為不共法；在菩薩，為假、為權、為榮、為常、為萬行、為四攝；在二乘，為空、為權、為三脫、為四枯、為無漏、為涅槃；在凡夫，為倒、為惑、為漏、為蓋、為纏、為集惱、為生死，斯別也。統彼百界，乃成千法，復播諸百界，為三世間，成三千法耳，百界三千一也。」〔註188〕遵式以十界統攝諸法，以三諦區分十界。佛以中諦為法界，菩薩以俗諦為法界，緣覺、聲聞以空諦為法界，六凡眾生以因緣生法為法界。空、假、中三諦互具，六凡四聖十界互含，再加上十如是與三世間，遂成三千世間。

「介爾有心，即具三千」，既然一念心性即具三千世間，那麼，眾生當下之一念便可視作十界中之一界，因此，遵式主張於日用之中觀是非之變，繪升沉之像，然後策心內照，轉九界念為佛界心，即如所言：「既知是已，當觀日用，凡起一念，必屬一界，即照此界為九，為佛。九則隨情偏起，謂之無明；佛則稱理圓觀，謂之大慧。九界之念並非佛界之心，方是是非鑒矣。非則照之令是，是則護令成行，經曰：諸佛解脫，當於眾生心行中求行，於非道能達佛道，斯之謂也。然則目雖在面，反臨鑒以正容；心實由中，要藉緣以董慮。神靈潛密，照之或難；識相紛馳，撿之非易。故今引心於外，繪彼升沉之像；存志於中，觀我是非之變，然後策心內照，正道由明。」〔註189〕總之，「三界無別法，一切唯心造，是故於日夜，當自勤觀心。」〔註190〕

遵式以天台宗的性具論與權實說來討論一心與諸法之間的關係，就實質而言，「心性一也，體相非二也」〔註191〕，心性即實相；從權宜而論，為度眾生，故有法相三千，其用意無非是藉外緣而觀內心，識己心以達佛性。

二、決疑正名與台淨不二

　　兩宋時期，淨土宗以其簡明扼要的佛學理論與簡便易行的修行方法受到

〔註188〕遵式述，慧觀編：《天竺別集》卷中，《卍續藏經》第 101 冊，第 271 頁下～272 頁上。

〔註189〕遵式述，慧觀編：《天竺別集》卷中，《卍續藏經》第 101 冊，第 272 頁上。

〔註190〕遵式述，慧觀編：《天竺別集》卷中，《卍續藏經》第 101 冊，第 274 頁下。

〔註191〕遵式述，慧觀編：《天竺別集》卷下，《卍續藏經》第 101 冊，第 303 頁上。

佛教各宗派的歡迎，台、禪、賢、律等諸宗紛紛與之合流。然而，就在淨土宗備受推崇之際也飽受非議，斥其為小教者有之，貶其為權乘者亦不乏其人。對此遵式不予苟同，撰文以決疑，為淨土宗正名，並以自宗的相關理論看待西方淨土之權實，力主台淨不二，倡導台淨合流。

　　遵式對台淨合流的倡導是從為眾生決疑、為淨土宗正名開始的。「維安養寶剎，大覺攸贊，三輩高升。夕孕金華列宿猶慚於海滴，晨遊玉沼世燈彊喻於河沙。良以十方爰來四生利往，雖騰光而普示，終稽首而偏求。」〔註192〕西方極樂佛國「誠為道德之通衢，常樂之直濟者也」〔註193〕，因此，古往今來，不論是文殊、普賢這樣的巨賢至聖還是劉遺民、雷次宗之類的覺德鴻儒，無不以淨土為指歸。但世人不明就裏，不識方隅，「或攘臂排為小教，或大笑斥作權乘」〔註194〕，此等言談為禍不小，故有決疑正名之必要。

　　慈雲依據天台宗性具理論從師、法及行者三個層面展開論說。首先，就師而言，師有邪法之師與正法之師，邪法之師倒惑化人，自當不論。正法之師有凡聖因果之別，凡者因位容有而未成果佛，如彌勒世尊；聖者果佛聖師，如釋迦牟尼、阿彌陀佛及十方諸佛。西方極樂世界乃如來所說，彌陀淨域既為聖師如來所說當無所惑。

　　其次，就法而言，佛法有二：「一者小乘不了義法，二者大乘了義法。大乘中復有了不了義，今談淨土，唯是大乘了義中之了義。」〔註195〕遵式指出藏、通、別、圓四教之中藏教未論淨土，後三教雖各有講說，惟有圓教之講說究竟圓滿，所謂淨穢互具，色心相即，即如所言：「今明大乘復有三種：一者三乘通教，此則門雖通大類，狃二乘。又當教菩薩，雖復化他淨佛國土，化畢還同二乘，歸於永滅，淨土深理非彼所知，非了義也。二者大乘別教，此明大乘獨菩薩法。雖談實理，道後方證因果，不融淨土則理外，修成萬法乃不由心具。雖塵劫修道，廣遊佛剎，指彼淨土因果，但是體外方便，斯亦未了。三者佛乘圓教，此教詮旨圓融因果，頓足佛法之妙，過此以往不知所裁也。經曰：十方諦求，更無餘乘，唯一佛乘，斯之謂與。是則大乘中大乘，了義中了義。十方淨穢，卷懷同在於剎那；一念色心，羅列遍收於法界。並天真本具，非緣

〔註192〕遵式：《往生淨土決疑行願二門》，《大正藏》第 47 冊，第 144 頁下。
〔註193〕遵式：《往生淨土決疑行願二門》，《大正藏》第 47 冊，第 145 頁上。
〔註194〕遵式：《往生淨土決疑行願二門》，《大正藏》第 47 冊，第 145 頁上。
〔註195〕遵式：《往生淨土決疑行願二門》，《大正藏》第 47 冊，第 145 頁中。

起新成。一念既然，一塵亦爾。故能一一塵中一切剎，一一心中一切心，一一心塵復互周。」〔註196〕此之謂通、別、圓三教所講之淨土以圓教淨土最為高妙，換言之遵式認為西方極樂淨土實乃佛乘圓教。而心塵互周，理事互具，九品蓮台即在一念心中，凡夫賢聖迴心即達於金池。這就是遵式性具論意義上的唯心淨土、自性彌陀的理念。

此外，在《依修多羅立往生正信偈》一文中，遵式指出持誦此偈（即《依修多羅立往生正信偈》）者能增長淨土信心，聞聽此偈者能深信淨土。對此有人不信，提出質疑：若誦偈即能往生，則人人皆能因誦而至蓮邦，如此一來豈非淨土是一，何故修因頓異？遵式以《無量壽經》總分三輩，十六《觀經》開作九品為據，認為「淨土雖一，生者自殊」，眾生持偈念佛固然能夠得償所願，往生西方，但是他們的根機與修為因人而異，雖至極樂之地，其所得之階位參差不齊，迥然有別，即有三輩九品之差異。在遵式看來，一切眾生本具佛性，卻不自知，故諸佛菩薩開權顯實，宣說佛法，使其了然莊嚴淨土、九品因果俱在介爾一念心性之中。然後，導引他們通過持名、誦偈、坐禪等方法去往極樂淨土，得相似即佛果位，成三輩九品之別。在此基礎上，通過精進不已的修行，超越分證即佛果位，最終究竟成佛，證悟實相。再者，世間諸法本來空寂一如，無生無滅，諸佛菩薩又何必強勸眾生捨娑婆穢土而求生極樂淨土呢？遵式認為此問作彼執此，有悖佛理。「發菩提心者於法不說斷滅相，真解空者即於因緣法中了生無生性，滅無滅性，非謂斷無為不生滅也。」〔註197〕這就是說發菩提心者不應當生起不求生於此不求生於彼的斷滅之見，真解空者應於緣起法中了知無生無滅、不有不無的道理。換言之所謂的西方極樂淨土不過只是一種權宜施設，勸使眾生回歸即空即假即中的一念心性才是終極歸趣。由此遵式對那些否認心外無淨土的主張給予否定：「世人若談空理，便撥略因果；若談自心，便不信有外諸法。豈唯謗法，亦謗自心，殃墜萬劫，良可痛哉！妄造是非，障他淨土，真惡知識也。」〔註198〕遵式不僅就性具層面談淨土，更重事行，認為心外實有淨土，勸導眾生通過修行去往此土。

〔註196〕遵式：《往生淨土決疑行願二門》，《大正藏》第 47 冊，第 145 頁中下。
〔註197〕遵式述，慧觀編：《天竺別集》卷中，《卍續藏經》第 101 冊，第 285 頁下。
〔註198〕遵式述，慧觀編：《天竺別集》卷中，《卍續藏經》第 101 冊，第 285 頁下～286 頁上。

　　最後，遵式就凡夫能否往生淨土給出解答：「若了如上法性虛通及信彌陀本願攝受，但勤功福寧俟問津。況十念者得生，唯除五逆及謗正法。又定心十念，逆謗亦生。今幸無此惡，而正願志求，夫何惑矣！」〔註199〕遵式指出但凡了知諸法真實體相、信仰彌陀願力、精勤持名念佛者皆能得生安養國土，即便是行及五逆、謗及正法，只要定心十念，亦能超脫生死、往生淨域。逆謗眾生都能為佛接引，去往極樂，對於正願志求，不曾作逆為惡者，又有什麼可疑惑的呢！

　　綜上所述，淨土一教為佛所說，是大乘教中之了義教也，既非小教，亦非權乘。作為「大乘了義中了義之法」，淨土宗的地位堪比圓教天台。此中遵式並非有意拔高淨土宗的地位，而是性具理論推演下的必然結果。基於性具理論，無論是三千境相抑或是淨穢國土無不由心而造。「造通二種：一者，理具名造，十界依正，一念頓足；二者，變起名造，全理緣起，知無不為。」〔註200〕正因為理具三千，十界依正，染淨國土，一念具足；正因為變起三千，依真如理體隨緣而生起，三千諸法攝歸一念心性。就此而言，淨土宗與天台宗實即不二。並且，依據性具理論，既然心塵互周，理事互具，那麼，圓教與淨土自當相即互具。「若但知一理無差，不曉諸法互具，則未善圓旨」〔註201〕，由此，台淨融即，實則不二。由此，淨土可信可證，非小教，非權乘，眾生當去疑而信淨土，惟其如此，才能往生極樂。

　　魏晉以來，淨土信仰十分流行：「自晉、宋、（齊）、梁、陳、魏、燕、秦、趙，國分十六，時經四百，觀音、地藏、彌勒、彌陀，稱名念誦，獲其將救者不可勝計。」〔註202〕自魏晉至隋唐，彌陀淨土信仰與其他淨土信仰並進共傳，卻在唐代脫穎而出，成為淨土信仰的主要對象。然而，彌陀淨土信仰在流播弘傳的過程中也要面對並回應來自不同陣營不同聲音的質疑與挑戰。隋唐時期，窺基、懷感、道鏡與善導等人為決眾人之疑，先後寫就《西方要訣》《釋淨土群疑論》《念佛鏡》等專論釋疑答惑。及至兩宋，隨著彌陀淨土信仰的甚囂塵上，社會各界對彌陀淨土的性質、修行法門的融貫、淨土經綸的會通以及理性與信仰之間的衝突與協調等問題也頗有興趣。比如，大乘佛學認為人人皆有佛

〔註199〕遵式：《往生淨土決疑行願二門》，《大正藏》第47冊，第146頁上。
〔註200〕遵式：《往生淨土決疑行願二門》，《大正藏》第47冊，第145頁下。
〔註201〕遵式：《往生淨土決疑行願二門》，《大正藏》第47冊，第145頁下。
〔註202〕道宣：《釋迦方志》卷下，《大正藏》第51冊，第972頁中。

性，在諸佛菩薩的引領指導下人人皆能體悟緣生緣滅、無常苦空的佛法真諦，圓證涅槃實相，從而成為諸佛菩薩一般的智者覺者。彌陀信仰則高揚極樂淨土的殊勝美好，但凡信仰此淨土者，念佛即得往生，並且往生淨域即獲阿鞞跋致，壽享無量，福可齊天。此種論調與大乘佛教訴諸理性求證真理的初衷大相徑庭，「求極樂贍養似取代了求涅槃真如之目標」〔註203〕，豈不是與大乘佛法之本懷相違背？極樂淨土本為眾生自無明趨向涅槃的過渡階段，大張旗鼓、不遺餘力地求生此土又有什麼意義？諸如此類的問題層出不窮，引人深思。

　　在彌陀淨土的信仰者與懷疑者當然還包括不信者之間引發的爭議與討論貫穿趙宋一朝，置疑之聲此起彼伏，決疑之論踵繼不絕。遵式、知禮、道琛等僧人，楊傑、王闐等居士紛紛加入到為彌陀淨土信仰決疑辯護的行列中來。但正如黃啟江先生在《淨土決疑論──宋代彌陀淨土的信仰與辯議》一文中指出的「大致上，宋決疑論者仍面對與前代相類似的質疑，不過他們除了有經典為依據之外，還有前人的決疑論為奧援，使其決疑工作左右逢源。雖然如此，宋人之辯議仍具信仰至上論（fideism）之傾向。他們雖然引經據論，似表現其理性之思辨，但對於真正理性的問題卻仍是訴諸信仰，以鼓吹唯信之方式作答。他們之論點既本於淨土經中念佛即獲往生之說，而又強調發願信仰之靈驗，則任何理性的質疑，就變成不同層面之思辨，而與之扞格不入。此種信仰至上的決疑論固可幫助彌陀淨土信仰向民間流傳，但也不斷地引發後續的詰問與決疑。」〔註204〕在《往生淨土懺願儀》中，儘管遵式對於訴諸理性以求佛法真理的路向予以推崇肯定，但不可否認的是彌陀淨土信仰大行其道，並且正以銳不可當之勢將求證諸法實相的義理佛學取而代之。

三、懺願儀軌與念佛法門

　　如果說四明知禮對台淨合流所作的努力與貢獻主要體現在理論論證上，那麼，慈雲遵式則通過懺願儀軌將天台宗與淨土宗之間的融合落到實處，為眾生的實修提供了依據，給出了指南。遵式博採大乘經論，編撰了《往生淨土懺願儀》《往生淨土決疑行願二門》等懺法儀軌，以此為舟航引領眾生行修西方。

〔註203〕黃啟江：《淨土決疑論──宋代彌陀淨土的信仰與辯議》，《佛學研究中心學報》，1999 年第 4 期。
〔註204〕黃啟江：《淨土決疑論──宋代彌陀淨土的信仰與辯議》，《佛學研究中心學報》，1999 年第 4 期。

慈雲生活在北宋初年，「當時雖是天台教復興期，時人對於深遠的教義不及對於《法華經》及三大部中所含的坐禪觀法那樣的喜歡，尤（其）歡迎那以懺悔消除罪障、依念佛早生淨土的實際的易行的法門。制定懺法來專修，結成彌陀往生的同盟結社而精進念佛之輩風靡教界。」〔註 205〕我們以《往生淨土懺願儀》為例對慈雲的台淨合流思想作一番梳理與探究。

遵式將往生淨土之懺法開為十科，即「一、嚴淨道場，二、明方便法，三、明正修意，四、燒香散華，五、禮請法，六、讚歎法，七、禮佛法，八、懺願法，九、旋誦法，十、坐禪法。」〔註 206〕眾生當依此十科修習淨土勝法。

第一，嚴淨道場。慈雲對道場的選擇、布置及進出道場的行者有著嚴格的規定。首先，當選閒靜堂室作為道場，先要掃去室內塵土，再從清淨之處運來新泥，以香和塗，散鋪室內，使道場清淨。其次，懸寶蓋，安佛像，要求是中懸五雜旛，遍室懸諸繒綵旛華。至於佛像之安放，「西坐東向，觀音侍左，勢至侍右，像前列眾好華及蓮華等。若安九往生像最好，無亦無妨。」〔註 207〕最後，對於行者，須著新淨之衣，若無，當浣洗最好的衣服，沐浴後換上方可入場。進入道場時，從正門之左右出入，出入之際，鞋履須擺放整齊，不得雜亂。此外，行者還要「傾竭種種供養三寶，若不盡其所有供養，行法不專，必無感降。」〔註 208〕

既修往生淨土，對道場形式上的莊嚴肅穆以及行者儀容心靈的清淨無染，遵式格外重視。在《方等三昧行法》序言中，慈雲曾就僧眾「事而不敬」之舉感慨不已：「今時或壇場延袤，形象巍峨，行法則半任臆裁，律范則全由心匠。縱謂七眾階節，寧逾上首之科；雖曰像多無妙，要符表法之便。」〔註 209〕可見行懺的關鍵在於如法如儀，於行者而言，行潔還須心誠。在第二明方便法中，遵式就對行者的諸多方面提出了相關的要求並給出了相應的指導意見。「行者欲入道場，身心散亂，須預行方便。」〔註 210〕方便之行主要體現在以下幾點：一、行者當日夜調習案試，預誦五悔等文，務必做到精熟於心，浣染縫紉及治

〔註 205〕高雄義堅著，陳季菁譯：《宋代佛教史研究》，台北：華宇出版社，1986 年，第 284～285 頁。
〔註 206〕遵式：《往生淨土懺願儀》，《大正藏》第 47 冊，第 491 頁上。
〔註 207〕遵式：《往生淨土懺願儀》，《大正藏》第 47 冊，第 491 頁上。
〔註 208〕遵式：《往生淨土懺願儀》，《大正藏》第 47 冊，第 491 頁中。
〔註 209〕智顗：《方等三昧行法》，《大正藏》第 46 冊，第 943 頁上。
〔註 210〕遵式：《往生淨土懺願儀》，《大正藏》第 47 冊，第 491 頁中。

生等雜務可暫時摒息；二、行者當自信不日定生淨土，為此之故，當去愛欲，息恚癡，一心求懺，無有留難。

第三，明正修意。「言正修意者，天親論曰：明何義觀安樂世界見阿彌陀佛？願生彼國土。云何觀？云何生信心？修五念門成就者，畢竟得生安樂國土，見阿彌陀佛。」〔註211〕此之謂正修五念門成就者可得生彌陀樂邦。五念門何謂？「一者禮拜門，二者讚歎門，三者作願門，四者觀察門，五者迴向門，乃至菩薩巧方便迴向者，謂說禮拜等五種修行。」〔註212〕五門之中第五迴向門，尤其是菩薩巧方便迴向門，遵式著墨頗多，在他看來菩薩集一切功德善根於一身，其欲以無染清淨之心利益群生，欲以安樂清淨之心令眾生離苦得樂。

五念門之後遵式又另添懺悔一門，並對懺法作了如下指示：「當須一心一意滿七七日，乃至七日晝夜六時，禮十方佛及彌陀世尊。若坐若行皆勿散亂，不得如彈指頃念世五欲及接對外人語論戲笑，亦不得託事延緩放逸睡眠。當於瞬息俯仰繫念不斷，為求往生一心精進。」〔註213〕如此才能除滅障礙，速登極樂。此中心的作用至關重要，懺悔以及作願、觀察、迴向等行法無不繫之於一心。作願門，誓願成佛，願由心生；觀察門，觀想佛像，相由心生；迴向門，迴向眾生，以此淨心；至於懺悔門，更是與心緊密相關，須一心精進，不容絲毫懈怠。心的重要性可見一斑。對此有人不解，問難道：「行法既多，云何一心？」遵式答曰：「有理有事，一者理一心，謂初入道場，乃至畢竟雖涉眾事，皆是無性，不生不滅，法界一相，如法界緣，名理一心；二者事一心，謂若禮佛時，不念餘事，但專禮佛，誦經行道，亦復如是，是名事一心也。」〔註214〕此之謂心有理事之分，理心者了然諸法之理而隨順諸事；事心者專心於一事而不存雜念，比如禮佛之時專心禮佛，誦經之時專心誦經。正因為如此，須於心上格外用心。「天台懺法之所以成為宋代天台理論與實踐的核心，根本原因是觀心與懺法的結合。觀心即是懺悔，因此懺法的問題在某種意義上講即是觀心問題。」〔註215〕

〔註211〕遵式：《往生淨土懺願儀》，《大正藏》第47冊，第491頁中。
〔註212〕遵式：《往生淨土懺願儀》，《大正藏》第47冊，第491頁中。
〔註213〕遵式：《往生淨土懺願儀》，《大正藏》第47冊，第491頁下。
〔註214〕遵式：《往生淨土懺願儀》，《大正藏》第47冊，第491頁下。
〔註215〕潘桂明，吳忠偉：《中國天台宗通史》，南京：江蘇古籍出版社，2001年，第539頁。

　　第四，燒香散花。行者通過燒香散花供養十方法界一切諸佛菩薩，諸佛菩薩受用而作佛事，普薰諸眾生，令眾生皆發菩提心。第五，禮請法。行者端意勤重，一心奉請三寶來入道場。第六，讚歎法。行者起立，恭敬合掌，想此身正對阿彌陀佛及一一佛前，讚歎曰：「色如閻浮金，面逾淨滿月，身光智慧明，所照無邊際。降伏魔冤眾，善化諸人天。乘彼八正船，能度難度者，聞名得不退，是故歸命禮。」〔註216〕第七，禮佛法。禮敬十方世界一切諸佛菩薩，禮佛時「須想一切諸佛是我慈父，能令我生諸佛淨土。」〔註217〕

　　第八，懺願法。懺願之法共有五種，分別是懺悔法、勸請法、隨喜法、迴向法及發願法。關於懺悔法，遵式首先指出懺有理事之分，應當理事並運。「事則竭其三業，不惜身命，流血雨淚，披露罪根，不敢覆諱；理則觀罪實相，能懺所懺，皆悉寂滅。」〔註218〕行者在了然理懺與事懺的基礎上，普為法界一切眾生，悉願斷除三障十惡，至誠懺悔。十惡者，一、內計我人，二、外加惡友，三、不隨喜他一毫之善，四、唯遍三業廣造眾罪，五、事雖不廣噁心遍布，六、晝夜相續無有間斷，七、覆諱過失不欲人知，八、不畏惡道，九、無慚無愧，十、撥無因果。為對治十惡，需廣修諸善，諸善謂：一、深信因果，二、生重慚愧，三、生大怖畏，四、發露懺悔，五、斷相續心，發菩提心，斷惡修善，六、勤策三業，翻昔重過，七、隨喜凡聖一毫之善，八、念十方佛有大福慧，能救拔我及諸眾生，從二死海置三德岸，九、從無始來不知諸法本性空寂，廣造眾惡，今知空寂，為求菩提，為眾生故，廣修諸善，遍斷眾惡。

　　行者自知罪惡，發露懺悔，運順逆十心，對十方諸佛，悲泣涕淚，至心懺悔，發願隨順菩提，求生淨土。遵式在《往生淨土決疑行願二門》中將懺悔法與發願法結合在一起，而《往生淨土懺願儀》中則將二法相分，同屬於第八懺願法。遵式此舉，看似有異，實則無二。慈雲認為行者在了然懺願儀軌的基礎上，還須念誦懺願文，其文曰：「我弟子（某甲）及法界眾生，從無始世來，無明所覆，顛倒迷惑，而由六根三業習不善法，廣造十惡及五無間一切眾罪，無量無邊說不可盡。十方諸佛常在世間，法音不絕，妙香充塞，法味盈空，放淨光明，照觸一切，常住妙理，遍滿虛空。我無始來，六根內盲，三業昏闇，不見不聞，不覺不知。以是因緣，長流生死，經歷惡道，百千萬劫，永無出期。

〔註216〕遵式：《往生淨土懺願儀》，《大正藏》第47冊，第492頁下。

〔註217〕遵式：《往生淨土懺願儀》，《大正藏》第47冊，第492頁下。

〔註218〕遵式：《往生淨土懺願儀》，《大正藏》第47冊，第493頁中。

經云毗盧遮那遍一切處，其佛所住名常寂光，是故當知一切諸法無非佛法，而我不了，隨無明流。是則於菩提中見不清淨，於解脫中而起纏縛。今始覺悟，今始改悔，奉對諸佛，彌陀世尊，發露懺悔。當令我與法界眾生，三業六根，無始所作，現作當作，自作教他見聞隨喜。若憶不憶，若識不識，若疑不疑，若覆若露，一切重罪畢竟清淨。我懺悔已，六根三業，淨無瑕累，所修善根，悉亦清淨，皆悉迴向莊嚴淨土，普與眾生同生安養，願阿彌陀佛常來護持，令我善根現前增進，不失淨因，臨命終時，身心正念，視聽分明，面奉彌陀與諸聖眾，手執華台，接引於我，一剎那頃生在佛前，具菩薩道，廣度眾生，同成種智。」〔註219〕可見，懺悔就是向十方諸佛坦露罪業，請求諸佛寬佑，從而悔心向善；發願就是滅罪除障，求生淨土。

　　遵式除了在《往生淨土懺願儀》中闡發了懺悔、發願與淨土之間的關係，還輯有《每日念佛懺悔發願文》一篇，文曰：「我今稱念阿彌陀，真實功德佛名號。惟願慈悲垂攝受，證知懺悔及所願。我昔所造諸惡業，皆由無始貪嗔癡。從身口意之所生，一切我今皆懺悔。願我臨欲命終時，盡除一切諸障礙。面見彼佛阿彌陀，即得往生安樂剎。彼佛眾會咸清淨，我時於勝蓮花生。親見如來無量光，現前授我菩提記。蒙彼如來授記已，化身無數百俱胝。知力廣大遍十方，普利一切眾生界。」〔註220〕此文以偈言的形式呈現出來，文章言簡意賅，便於持誦。《發原文》並非遵式之原創，而是出自《普賢菩薩十大願王經》《大方廣佛華嚴經》等經典。依託佛陀所說之經教，遵式認為持名念佛固然是往生淨土的重要因素，修行者的誠心發願與自我懺悔也是他們身登極樂的必備舟航。天台宗的懺法實踐與淨土宗的修行法門融貫在一起，是兩宋時期台淨合流的又一表徵。而慈雲的《念佛懺悔發原文》很可能在當世就已經傳遍整個淨土佛教界，懺悔法門在淨土修行中的開展為修行者的宗教實踐提供了新的路向，對宋代社會普遍關注的業力與成佛之間的關係問題給出了答案，做出了貢獻。〔註221〕

　　至於勸請法、隨喜法及迴向法皆有相應的儀軌及其與之相對的念誦文字，如迴向法即要求行者將所有功德，即便是一毫之善也須迴向三有，其迴向文

〔註219〕遵式：《往生淨土決疑行願二門》，《大正藏》第47冊，第146頁下～147頁上。

〔註220〕遵式述，慧觀編：《金園集》卷上，《卍續藏經》第101冊，第226頁下～227頁上。

〔註221〕Peter N. Gregory and Daniel A. Getz, Jr, Buddhism in the Sung, Honolulu: University of Hawai'i Press, 2002, p493～494.

曰：「我比丘（某甲）至心迴向，所有禮讚供養福，請佛住世轉法輪，隨喜懺悔諸善根，迴向眾生及佛道。」〔註222〕第九，旋繞誦經法。此中有兩個步驟，一是繞旋法坐，或三匝或七匝乃至多匝，然後稱念佛名；二是別座誦經，所誦經典或為《阿彌陀經》或為十六《觀經》。若不誦經文，一心稱念阿彌陀佛亦可，量時而止。

第十，坐禪法。自第一嚴淨道場至第九旋繞誦經法等事宜一一完畢之後，往生淨土之懺法進入最後一個階段，即坐禪階段。這一階段的主要任務是定心、坐禪、修觀，行者當於一處，繩床西向，跏趺端坐，項脊相對，不昂不傴，調和氣息，定住其心，為進入禪觀做好準備。至於所修觀門主要有兩種，行者可根據自己的實際情況擇其善者而從之，無須全修。這兩種觀法是：「一者扶普觀意，坐已自想即時所修，計功合生極樂世界。當便起心生於彼想，於蓮華中結跏趺坐，作蓮華合想，作華開想。當華開時，有五百色光來照身想，作眼目開想，見佛菩薩及國土想，即於佛前坐聽妙法及聞一切音聲，皆說所樂聞法，所聞要與十二部經合。作此想時，大須堅固，令心不散，心想明瞭，如眼所見，經久乃起。二者直想阿彌陀佛，丈六金軀，坐於華上，專繫眉間白毫一相。其毫長一丈五尺，周圍五寸，外有八棱，其毫中空，右旋宛轉，在眉中間，瑩淨明徹，不可具說，顯映金顏，分齊分明。作此想時，停心注想，堅固勿移。然復應觀想念所見，若成未成皆想念。因緣無實，性相所有皆空，一如鏡中面像，如水現月影，如夢如幻。雖空而亦可見，二皆心性所現所有者。即是自心，心不自知心，心不自見心。心有想即癡，無想即泥洹。心有心無，皆名有想，盡名為癡，不見法性。三因緣生法，即空假中，不一不異，非縱非橫，不可思議，心想寂靜，則能成就念佛三昧，久而乃起。」〔註223〕

第一種禪法是普觀法，行者自想生於極樂國土，因應眼睛之所見、耳朵之所聞作相應之觀想。如眼見蓮花，便想自己跏趺端坐於蓮花之上，作蓮花開想，作蓮花合想，種種觀想，不一而足。修此禪法者，其禪定之心務須堅固，如此才能做到心之所想恰如目之所見。第二種禪法是直觀法，就是直接觀想阿彌陀佛。此中有兩個步驟，第一步是觀想阿彌陀佛之莊嚴色身，要求行者停心於此，專著觀想；第二步是對觀想阿彌陀佛色身所形成的想念之見作進一步的觀想，通過此種觀想了然諸法因緣而起性空象有的道理。諸法因緣而起，無有自性，

〔註222〕遵式：《往生淨土懺願儀》，《大正藏》第 47 冊，第 494 頁上。
〔註223〕遵式：《往生淨土懺願儀》，《大正藏》第 47 冊，第 494 頁中下。

故空；既已緣起，即非一無所有，故假；認識到諸法既空且假，即中。一切唯心造，三千諸法皆為心性所現所有。若能通過觀想佛像了知因緣生法即空即假即中的道理，徹悟諸法實相，就能成就念佛三昧。直想阿彌陀佛禪法實際上包含了觀想念佛與實相念佛兩種念佛方法。所謂觀想念佛，在慈雲，就是直接觀想阿彌陀佛之色身；所謂實相念佛則是觀照諸法因緣而起性空象有的本然之相，從而成就念佛三昧。需要指出的是，在遵式看來，實相念佛是對觀想念佛的再觀想。而慈雲由實相念佛成就念佛三昧的禪法體現了天台圓教與淨土宗的融合，一旦徹悟即空即假即中的圓融三諦，也就達到了實相念佛的目的。

遵式的《往生淨土懺願儀》既重事相儀軌，亦倡理觀修持，強調在理事兼顧相融的宗教實踐中實現淨土往生的終極追求。《往生淨土懺願儀》「就是以天台教觀相攝的懺儀架構為主體，再將淨土思想導入其中。如事理一心相融、運順逆十心懺悔、修五悔以及坐禪觀法等皆是天台懺法之模式。而其中的坐禪法則是以淨土往生觀導入天台一心三觀的融合觀行。」〔註224〕台淨合流在懺儀懺法的踐行中得以落實。

慈雲在堅持通過上述懺願儀軌能夠實現眾生往生淨土的願望的同時，還主張稱名念佛。在《示人念佛方法並懺願文》中，遵式介紹了具體的念佛方法，即：「今普示稱佛之法，心須制心，不令散亂，念念相續，繫緣名號，口中聲聲喚阿彌陀佛，以心緣歷，字字分明，使心口相繫。若百聲若千聲若萬聲，若一日若二日若七日等，但是稱佛名時，無管多少，並須一心一意，心口相續，如此方得一念滅八十億劫生死之罪。」〔註225〕慈雲的意思是稱名念佛的時候要做到心口相繫，心中靜定，口中誦佛，以心緣歷，字字分明，如是稱名念佛，不管念佛時日之長短，不論稱念佛號之多少，只要一心一意，心口相續，就能滅除八十億劫生死之罪，得生安養。如果不這麼做，滅除罪業相當困難。對於那些心性不夠堅定的修行者，遵式以為應當高聲疾呼佛號，如此「心則易定，三昧易成」。這是慈雲針對世人念佛時散心緩聲致使功效甚微難登極樂之弊端，應病與藥，開出的一劑良方。

此外，遵式在《往生淨土決疑行願二門》中還以十念門指稱持名念佛，十念門中的念佛方法與此處的厲聲念佛稍異，即如所言：「每日清晨服飾已後，面西正立，合掌連聲稱阿彌陀佛，盡一氣為一念，如是十氣，名為十念。

〔註224〕聖凱：《慈雲遵式的懺法實踐與思想》，http://blog.sina.com.cn/puyinbuddhist。
〔註225〕遵式述，慧觀編：《金園集》卷上，《卍續藏經》第 101 冊，第 226 頁上。

但隨氣長短，不限佛數，惟長惟久，氣極為度，其佛聲不高不低，不緩不急，調停得中。如此十氣，連屬不斷，意在令心不散，專精為功故，名此為十念者，顯是藉氣束心也。」〔註226〕顯然，以十念念佛是為至誠修淨土、精專念佛者而言說的。於此類行者而言，念佛已畢，還鬚髮願迴向十界眾生，且此等念佛，不得一日暫廢，盡其一生，日日修行，唯將不廢，自要其心，得生彼國。

遵式認為通過誠心修懺能成就念佛三昧，主張稱名念佛也可以得生安養，對此，有人表示難以置信，質疑道：「念佛三昧，久習方成，十日七日修懺之者，云何卒學？」〔註227〕遵式答云：「緣有生熟，習有久近。若過去曾習及今生預修，至行懺時薄修即得；若宿未經懷，近懺方學，此必難成。」〔註228〕此之謂因緣有生熟之分，修習有久近之別，對於宿世曾修、今生預修者而言，一經行懺即得成功。若宿世無此薰習，今生無此經歷者，僅憑數日之行懺實難得生安養。對於緣生習近者，遵式指出此類眾生「雖不成，亦須依此繫心為坐禪。《觀境經》云若成、不成皆滅無量生死之罪，生諸佛前。又云但聞白毫名字滅無量罪，何況繫念！凡欲修者，勿生疑怖，自謂無分。彼佛有宿願力，令修此三昧者皆得成就般舟，依三力成就，一佛威力，二三昧力，三己功德力。《觀經》但聞無量壽佛二菩薩名，能滅無量生死之罪，況憶念者乎！」〔註229〕慈雲的意思是緣生習淺者，雖然經由一期之修懺難以成佛，卻無須心生疑怖，自謂與佛無緣。事實上，行者依三力即得成就，三力者，佛力、三昧力及己之功德力，因此，行者當自隨情而作佛事，或坐禪或念佛，一旦緣熟，即得往生。

需要指出的是對於犯下五逆十惡之輩，遵式認為此類眾生亦可藉助淨業之修持獲得往生淨域的資格，「若比丘、四眾及善男女諸根缺具者，欲得速破無明諸闇，欲得永滅五逆十惡、犯禁重罪及餘輕過，當修此法。」〔註230〕惡輩亦能超脫成佛的觀點與曇鸞為惡者不能往生的主張迥然有別。慈雲惡輩亦能往生的理念是對智顗性具善惡論的豐富與延展，智者的性具善惡論在肯定眾生本具善性之際，以為惡性亦為眾生本具之性德。「行惡者執大乘中貪

〔註226〕遵式：《往生淨土決疑行願二門》，《大正藏》第47冊，第147頁上。
〔註227〕遵式：《往生淨土懺願儀》，《大正藏》第47冊，第494頁下。
〔註228〕遵式：《往生淨土懺願儀》，《大正藏》第47冊，第494頁下。
〔註229〕遵式：《往生淨土懺願儀》，《大正藏》第47冊，第494頁下。
〔註230〕宗曉：《樂邦文類》卷二，《大正藏》第47冊，第168頁中下。

欲即是道,三毒中具一切佛法,如此實語,本滅煩惱,而僻取著,還生結業。」〔註231〕行惡者若能於惡中修止修觀,亦能轉迷成悟,成就佛道。慈雲惡輩亦能往生的理念旨在勉勵為惡之眾生棄惡向善,在超凡入聖的道路上精進不已。

　　總之,遵式的思想中不僅有向上門的唯心淨土,也有向下門的心外淨土,其淨土理念在懺儀懺法中的體現表現為向上門乃天台止觀的念佛三昧,向下門則為十念門。《往生淨土懺願儀》與《往生淨土決疑行願二門》的制定體現了遵式作為山家派天台大師的特點,既有曲高和寡的向上門,也有面向民眾的向下門。〔註232〕

第三節　孤山智圓的台淨合流思想

　　孤山智圓(976～1022),俗姓徐,字無外,自號中庸子,或名潛夫,錢塘人。他少年出家,二十一歲奉源清為師,修習天台止觀。兩年後,源清去世,智圓隨即隱居西湖孤山,與處士林逋為鄰友。他為人清高,早年患有痼疾,故又自號病夫,雖如此,講道吟哦,未嘗少倦。乾興元年(1022)二月謝世,得年四十有七。謝世前,預戒門人曰:「吾歿後,毋厚葬以罪我,毋建塔以污我,毋謁有位求銘以虛美我,宜以陶器二合而瘞之,立石志名字、年月而已。」〔註233〕智圓於天台教義頗有研究,著述宏豐,曾為十部經典作注疏,世稱十部疏主。此外還有各類經疏的詮釋、雜著詩文等共計十六部一百零九卷,「皆假道適情,為法行化之旁贊。」

　　以慈光悟恩、奉先源清、慈光文備、孤山智圓為代表的山外諸師雖然在義理上與四明知禮等山內諸師頗有分歧,但在持名念佛、行修往西這一點上,山家山外是一致的。據史書所載,悟恩少年時因聞誦《彌陀經》心有所感而出家,一生崇信淨土,每以淨業誨人,往生時多感瑞相。雍熙三年(986)八月,為眾說《止觀指歸》及《觀心大義》後,即端坐面西而逝。法師文備亦崇淨土,雍熙二年(985)示寂,入滅前憑几三出圓相,謂侍者曰:「此吾所見淨土事也。」如果說悟恩、文備等先賢多以修行實踐昭示台淨二宗之合流,那麼,智圓則側重於從教義的角度為天台宗與淨土宗的融合作理論上的會通與論證。

〔註231〕智顗:《摩訶止觀》卷十下,《大正藏》第46冊,第136頁中。
〔註232〕聖凱:《慈雲遵式的懺法實踐與思想》,http://blog.sina.com.cn/puyinbuddhist。
〔註233〕志磐:《佛祖統紀》卷十,《大正藏》第49冊,第204頁下。

一、心具三千與理事總別

（一）心具三千

智者大師提出了「一色一香無非中道」的主張，認為色心平等，堅持性具實相的思想。基於智顗的性具實相理論，四明知禮主張色心皆具三千，孤山智圓的觀點與知禮大同小異，大同者二人皆倡心具三千，小異者知禮主張色具三千，智圓則強調獨頭色不具三千。

智圓的心具論思想集中體現在《金剛錍顯性論》一書中，該書是孤山對湛然《金剛錍》一文的闡釋之作。「《金剛錍》者荊溪大師宗圓頓教所著論也，發揮佛旨，擬議圓宗，融萬法於一心，息異論於千古。」〔註234〕誠如智圓所指出的，《金剛錍》是湛然針對別教無情無性說而主張佛性遍在的論著，書中強調不但有情眾生有佛性，草木瓦石等無情眾生亦具佛性。此即湛然的無情有性說。

孤山認為別教但論有情眾生有佛性，無情眾生無佛性，其原因在於別教「不曉一家立義大旨」，而圓教立義大旨莫過於「達唯心、了體具。」也就是說圓教之所以主張無情有佛性就在於圓教認為一切唯心，體具萬法，而心性遍在，故無情亦具佛性。針對別、圓二教關於無情是否有佛性這一爭論，智圓小結道：「此論（別教無情無性）正由世人執涅槃權文，謂瓦石無性，故荊溪運乎慈心，愍斯倒惑，乃依止觀不思議境所明剎那心中具三千法，染淨、依正、因果、自他，攝無不盡，剎那既遍，佛性遂周，則了瓦石唯我心性。」〔註235〕

基於湛然的無情有性說，智圓提出了心具三千的主張。所謂心具三千，即三千諸法皆由一心所造，換言之即一心造就三千諸法，一心與諸法之間是能造與所造的關係，即如所言：「若了唯心，即見一切。何者？依正皆由心造，全體是心，此能造心性具諸法。」〔註236〕依正是指依報與正報，依報者乃是五蘊眾生所依存的國土世界，正報者則是十界眾生之色身。若就依正二報而言，依正有別；而依正既然皆由心造，則依正實即彼此相融。「既然依正之別通過被還原於心而被消解，那麼智圓的目的不僅僅是要打破色心之別，而更重要的是要消解內外之見，即消除我（己）彼（生佛）之別，也就是說要打

〔註234〕智圓：《金剛錍顯性論》卷一，《卍續藏經》第 100 冊，第 497 頁上。
〔註235〕智圓：《金剛錍顯性論》卷一，《卍續藏經》第 100 冊，第 497 頁上。
〔註236〕智圓：《金剛錍顯性論》卷一，《卍續藏經》第 100 冊，第 501 頁下。

通心、佛、眾生。」〔註237〕

　　智圓通過心具論消除了依正世界的分立，通過心具三千的思想彰顯了心性的普遍性，但他同時也強調獨頭色不具三千。在《金剛錍顯性論》中，孤山指出：「眾生者揀異木石，謂介爾有心，三千具足，三千無外，依正齊收，故曰正因體遍。雖性具緣、了，以無始來未曾發心修行，故同名正因也。《涅槃》經文正談此性體量周遍，故以虛空喻之。」〔註238〕此之謂五蘊眾生迥異於木石等無情眾生，《涅槃》經文以虛空喻五蘊眾生之正因佛性是建立在心具三千、依正齊收的基礎之上的，心性之遍非緣、了二因之遍，正是正因之體遍。智圓因此小結道：「當知一家所立有情心具三千，該收依正者，深窮佛旨也。學斯教者既昧厥旨，但見唯色唯香及色外無法等言，不了色心體一，便謂草木國土自具三千，殊不求文始末之意。……若國土自具三千者，草木瓦石應由心生。」〔註239〕這裡智圓提出了心具三千、色不具三千的觀點。當然，需要指出的是智圓所謂的「色不具三千」之「色」乃指草木等獨頭色。對此，智圓在《金剛錍顯性論》中借助於山家之問難作過相關的說明。

　　「問：若不許草木等自具三千者，何故《止觀》第七約陰識，用十乘訖，乃例餘陰，入歷緣對境，皆修十乘，若色若香俱云具法耶？」〔註240〕智圓答道：「彼文（《止觀》）陰境之初先示識心能造諸法，而能造者由此妄心即三諦理，理具諸法方能遍造，故於次文即示心性本具三千。既全色是心，則知識心三千，攝法已遍十乘。文末例餘界入者，但為欲融諸法，示觀境遍耳。況復餘陰餘入若色若香只是陰境，文初所明識心所造之法既全色是心，何妨色香一一具法？當知色具即心具也，故《義例》明圓融所談三處具法。故云：既知具法，諸法遍攝，豈隔色耶？色攝入心，心即是色。當知圓人既知心具三千，豈隔外色，唯心唯色旨在於茲。」〔註241〕對於智圓獨頭色不具三千的主張，力主色、心皆具三千的山家顯然是不能苟同的。既然在實際修行中須觀心，亦須觀色，那麼，又怎能說色不具三千呢？智圓對此的解釋是心性遍在，具足三千；全色是心，一一具法；色具即是心具，心具三千，色亦具三千，

〔註237〕吳忠偉：《智圓佛學思想研究》，《〈法藏文庫〉碩博士學位論文》卷十六，高雄：佛光山文教基金會印行，2001年，第32頁。
〔註238〕智圓：《金剛錍顯性論》卷一，《卍續藏經》第100冊，第511頁上下。
〔註239〕智圓：《金剛錍顯性論》卷一，《卍續藏經》第100冊，第511頁下。
〔註240〕智圓：《金剛錍顯性論》卷一，《卍續藏經》第100冊，第512頁上。
〔註241〕智圓：《金剛錍顯性論》卷一，《卍續藏經》第100冊，第512頁上。

只不過唯有草木等獨頭色不具三千罷了。

（二）理事總別

基於心具三千的理論，智圓進一步闡發了理事、色心之間的關係。由「心性非迷非悟，迷悟由緣，故知心性終成能造，色等諸法既皆由心變，終成能造。」〔註242〕此之謂心具三千，造就諸法，色法唯心所造，心性為能造，心色之間乃是能造與所造的關係。正所謂「雖分能所，不出唯心，故觀所造，唯見心具。」〔註243〕此即為智圓由有心具、方有事用的主張。

首先，智圓對理具與事造給出了自己的界定。「《輔行》釋造不出二意，故彼文云：一者約理造即是具（即能造心性本具三千名造），二者約事不出三世（所造之事三世攝盡）。」〔註244〕此之謂理造即是心性本具，事造即為三世所造。

其次，智圓認為心法通能通所，理造與事造統一於一心之中。「妄心遍計灼然屬事，此事即理，常具三千，故約心性能造諸法。須知心法通能通所，如過去造現，即現在色心俱為所造；若現造於現及現造於當，則現在之心復為能造。迷心既爾，悟心亦然，故《法華玄義》云一心成觀，轉教餘心。大師《口決》云：『實緣次第生，實實迭相注』，斯皆研一刹那既成觀已，即以此觀復觀後心，心心成觀，所復成能，後後相續，即事造也。故知迷悟之心俱能俱所，世世念念委作可知。」〔註245〕此之謂心法通於能造所造，從過去、現在、未來三世而言，過去心造於現在，則現在色心皆為過去心所造；而現在心又造於現在及未來，則現在心又為能造。此就個體生命之三世而論，若就眾生之一念心而言，也是如此。不但開悟之心通能通所，而且迷惑之心亦復如此。《法華玄義》所云及智者大師所說無非是強調迷悟之心俱能俱所，能造所造統一於一念心中。

最後，智圓還從體用關係的角度對理事之間的關係展開解讀。荊溪湛然約三世論理、事二造時有這樣一句話：「三者，聖人變化所造，亦合眾生變心所見，並由理具，方有事用」〔註246〕，智圓對「並由理具，方有事用」的解釋是：「此總示生佛無差，不出一家唯觀心性之意。眾生由心性具三千，故能遍造遍計；聖人由心性具三千，故能現土現身。如清濁二水，並由濕體無差，具

〔註242〕智圓：《金剛錍顯性論》卷二，《卍續藏經》第 100 冊，第 534 頁上。
〔註243〕智圓：《金剛錍顯性論》卷二，《卍續藏經》第 100 冊，第 534 頁上。
〔註244〕智圓：《金剛錍顯性論》卷二，《卍續藏經》第 100 冊，第 534 頁下。
〔註245〕智圓：《金剛錍顯性論》卷二，《卍續藏經》第 100 冊，第 534 頁上。
〔註246〕智圓：《金剛錍顯性論》卷二，《卍續藏經》第 100 冊，第 535 頁上。

波性，故方能為波。」〔註247〕孤山的意思是心、佛、眾生三法平等，心性是其關鍵，這就像水有清濁之分，濕體之性卻無差別。濕體無差卻能呈現出不同的波浪，心性亦如濕體，對眾生而言，心性具三千，則遍造遍計；對聖人而言，心性具三千，則現身現土。此中心性為體，事造為用。

　　既然心性為體，事造為用，心性通能通所，則色心之間相即互具，因此，當山家問道：「若觀理造即融事造者，何故《義例》云修觀次第必先內心？內心若淨，以此淨心遍歷諸法方云泯合，豈非觀理造時未融事造耶？」〔註248〕智圓的回答是：「先觀內心者，蓋依正之色皆由心造，全體是心，所以但觀內心本具三千，攝無不遍，即空即中。……若自己依正，若他佛依正，皆不出我心三千三諦三無差別，故云遍歷及泯合也。」〔註249〕「在這裡，智圓以內心相對於自己依正、他佛依正，則此內心非抽象意義上的與色相對的心，而是己心，那麼，談理造融即事造即是談己心與生、佛的融合，換言之便是心、佛、眾生三無差別。」〔註250〕

　　關於心、佛、眾生三無差別，《華嚴經・夜魔天宮菩薩說偈品》云：「心如工畫師，畫種種五陰，一切世界中，無法而不造，如心、佛亦爾，如佛、眾生然。心、佛及眾生，是三無差別。」〔註251〕對心、佛、眾生三無差別之法義，大乘佛教各宗派均表示認可，但對於三法無差的理解則有所不同。山家一系的代表人物知禮以為「心、佛、眾生，依正諸法，隨緣則諸法皆事，不變則諸法皆理」〔註252〕，認為若就隨緣的角度而言，心、佛、眾生三法皆屬事，理則俱理，況且，理事之間互具互攝，此即為心、佛、眾生三無差別。至於山外一系的智圓的觀點，正如知禮在《十義書》中指出的那樣「偏約理釋心，偏約事釋生、佛」，孤山指心為能造，判眾生與佛為所造，因此，在心、佛、眾生三者的關係上，智圓雖然堅持三者無差，心、佛、眾生之間卻以心為總、以眾生與佛為別。在《金剛錍顯性論》中，智圓寫道：「又復應知，各具三千者須言己心眾生心佛心各具三千也，何者？自己依正及生佛依正皆由心造，故皆由心

〔註247〕智圓：《金剛錍顯性論》卷二，《卍續藏經》第 100 冊，第 535 頁上。
〔註248〕智圓：《金剛錍顯性論》卷一，《卍續藏經》第 100 冊，第 507 頁上。
〔註249〕智圓：《金剛錍顯性論》卷一，《卍續藏經》第 100 冊，第 507 頁上。
〔註250〕吳忠偉：《智圓佛學思想研究》，《〈法藏文庫〉碩博士學位論文》卷十六，高雄：佛光山文教基金會印行，2001 年，第 42 頁。
〔註251〕佛馱跋陀羅譯：《大方廣佛華嚴經》卷十，《大正藏》第 9 冊，第 465 頁下。
〔註252〕知禮：《四明十義書》卷下，《大正藏》第 46 冊，第 846 頁上。

具。故文云極聖自心下凡一念,又云一一有情心遍,又云彼彼剎那不二門,云三千同在心地與佛心地,三千不殊,皆須指心,方裨觀道。他人不解皆本於心,雖云不但心造三千,生佛亦造三千,不知皆指生佛心也。」〔註253〕此之謂己心、眾生心與佛心雖然各具三千,然而,生、佛依正由心而造,由心而具,統攝於當下之一念心中,因此,從理上講,心、佛、眾生三者無差;就事而論,則有差異。智圓如是寫道:「今所問意,若此差別,經何故云三無差別?應知理體無差,差約事用。」〔註254〕「從這個意義上講,智圓的理造即事造並不徹底,內心具三千,如智圓云乃是『所以但觀內心本具三千,攝無不遍,即空即中』,則此內心(己心)之具三千雖具生、佛心地三千,只是空、中意義上的,而非空、假、中三諦意義上的,所以,心、佛、眾生三無差別實際上是以心的優先性為前提。」〔註255〕此即為智圓心具三千的思想,正是以心具理論為指導,智圓對《佛說阿彌陀經》展開解讀,通過對彌陀經典的疏解倡導台淨合流。

二、唯心無境與業有權實

智圓在《阿彌陀經疏西資鈔序》中對自己一生的學術旨歸有如下一段總結:「吾所撰十疏者乃始於《文殊般若》而終於《阿彌陀經》也,雖皆乘興偶然而作,及論其次第,似有旨乎?得非始以般若真空蕩繫於前,終依淨土行門求往生於後耶?噫!以無所得心而修佛國行者,不亦宜乎!」〔註256〕可見智圓早年醉心於般若學之蕩相遣執,及至晚年,其學術重心轉向於淨土行門,並且,值得注意的是智圓的淨土思想是建立在無所得心的基礎之上的。這與智圓的心具論思想緊密相關。這正如吳忠偉教授在《智圓佛學思想研究》一書中指出的:「孤山智圓的淨土往生思想異於一般單純之淨土信仰在於智圓明確以淨土為誘使眾生的方便權宜,淨土往生的目的便是要復性,而終極世界便是心性。」〔註257〕復歸心性是智圓學術思想的核心,也是其倡導台淨合流的理論基礎。

〔註253〕智圓:《金剛錍顯性論》卷一,《卍續藏經》第100冊,第508頁下。

〔註254〕智圓:《金剛錍顯性論》卷三,《卍續藏經》第100冊,第555頁上。

〔註255〕吳忠偉:《智圓佛學思想研究》,《〈法藏文庫〉碩博士學位論文》卷十六,高雄:佛光山文教基金會印行,2001年,第44頁。

〔註256〕智圓:《閒居篇》卷六,《卍續藏經》第101冊,第74頁上。

〔註257〕吳忠偉:《智圓佛學思想研究》,《〈法藏文庫〉碩博士學位論文》卷十六,高雄:佛光山文教基金會印行,2001年,第124頁。

（一）唯心無境

　　智圓主張唯心無境，認為三千大千世界一切境相皆由一心所造，除心而外，別無所有。「夫心性之為體也，明乎靜乎，一而已矣。無凡聖焉，無依正焉，無延促焉，無淨穢焉，及其感物而動隨緣而變則為六凡焉，為三聖焉，有依焉，有正焉。依正既作則身壽有延促矣，國土有淨穢矣。」〔註258〕此之謂心性處於本真、明靜、淳然一體的狀態，並無凡聖、依正、延促、淨穢等二元對立，因有感而隨緣，遂有凡聖、依正、延促、淨穢等二元分化，可見，國土之淨穢、十界之高下、身壽之延促無不建立在心性之本體上。換言之三千諸法皆由心而造，心性本體無所謂淨穢，淨穢不過是心性隨緣變現而已，西方淨土實即為唯心淨土之變現。如此說來，娑婆之穢土與極樂之淨土，六凡與四聖都不過只是一種權宜方便，「無身而示身，無土而示土」，「延其壽，淨其土，俾其欣，促其壽，穢其土，俾其厭，既欣且厭，則漸誘之策行矣。是故釋迦現有量而取穢土，非欲其厭耶？彌陀現無量而取淨土，非欲其欣乎？此則折之，彼則攝之，使其復本而達性耳」〔註259〕，也就是要回歸唯心無境的明靜狀態。

　　基於唯心無境的基本立場，六凡四聖、淨穢國土從本質而言乃是一種權宜施設，而非真有淨土穢土之存在，這可從智圓對四土的解說中得到說明。「言四土者，一凡聖同居土，謂具縛凡夫斷惑聖人同居住故。二方便有餘土，謂修方便道斷四住惑而餘有無明在故，所以出三界外受法性身而有變易生死也。三實報無障礙土，謂修中道真實之觀破無明惑，得生彼土而受色心無礙之報也。四常寂光土，即心性妙理也。常即法身，寂即法身（此係衍文），寂即解脫，光即般若。應知前三是事，後一是理。」〔註260〕智圓以理事關係看待四土，視同居土、有餘土、實報土為事淨土，視常寂光土為理淨土。作為「心性妙理」的常寂光土不離心性而存在。心性為體，感物而動，隨緣而變，故諸佛菩薩「隨所調伏眾生而取佛土」，雖風樹鳥聲，有入耳之娛而非愪蕩之音，因之能念三寶有歸；雖寶樓金地，無悅目之翫而非惑蕩之色，因之能達唯心無境。可見，不論是娑婆穢土抑或是極樂淨土，只是一種權宜方便，因為基於心具理論，依正、凡聖、淨穢皆因一心而造；若就心體而論，「一而已矣」，何來他境？然而，也正因為心具三千，淨業才有權有實。

〔註258〕智圓：《佛說阿彌陀經疏》，《大正藏》第37冊，第350頁下。
〔註259〕智圓：《佛說阿彌陀經疏》，《大正藏》第37冊，第350頁下。
〔註260〕智圓：《佛說阿彌陀經疏》，《大正藏》第37冊，第354頁中。

（二）業有權實

通過上文的梳理，我們知道，智圓依據心具三千的思想，以心性為體，視淨土為諸佛菩薩為復眾生之心性對機施設的權宜方便，主張唯心無境。與此同時，智圓又認為西方極樂淨土有其真實性，並通過對生、法二身的詮釋將淨土的權宜性與真實性融通起來。

首先，智圓交代諸佛皆有生、法二身，生身與法身各自無量，生身無量乃是有量之無量，法身無量則是無量之無量。法身如虛空，無生無滅；生身譬水月，有隱有顯。接著，智圓將淨穢國土與彌陀、釋迦對應起來，指出「釋迦、彌陀俱得法身之無量，但此土機劣，故見生身是有量；彼土根勝，故見生身是無量。」〔註261〕穢土眾生根機低劣，故見釋迦生身有量；淨土眾生根機優勝，故見彌陀生身無量。若就法身而言，穢土之釋迦與淨土之彌陀俱得法身之無量。因應眾生根機高下之不同，諸佛菩薩對機說法，因機設教，故曰：「物機不等，為化亦殊。若唯於一佛有緣則始終自化，若於二佛有緣則彼此共化。是故釋迦現穢土而折伏，彌陀現淨土而攝受。」〔註262〕此之謂釋迦與彌陀，一現穢土以折伏眾生，一現淨土以攝受眾生。若眾生與釋迦、彌陀二佛有緣，則可受此折彼攝共化之用，其目的是令眾生皆至菩提，即捨此娑婆穢土而往生彼極樂淨土也。因此，智圓並不否定西方極樂淨土的真實性，故其以「信願淨業為經宗致」，在他看來，信願彌陀淨土、願生彌陀佛國是《佛說阿彌陀經》一經之宗要。基於「信」與「願」的前提，智圓援引經文指出「若有信者應當發願生彼國土」〔註263〕，「聞說阿彌陀佛，執持名號，乃至七日，即得往生」〔註264〕，再次強調極樂淨土的真實性。

基於心性為體的原則，淨土之說為權宜方便，此處智圓又主張淨土有其真實性，這種前後自相矛盾的現象表明了什麼？「這不過表明智圓仍試圖保持淨土的一種自在性，即淨土雖說是一種虛設，但又是一種真實，由願力達此真實；若不達此真實，亦不能了知這種虛設。」〔註265〕智圓業分權實的做法，用與咸《復宗集》中的話來講就是：「經文雖說所顯真實，推功並由方便之力，得

〔註261〕智圓：《佛說阿彌陀經疏》，《大正藏》第37冊，第351頁下。
〔註262〕智圓：《佛說阿彌陀經疏》，《大正藏》第37冊，第351頁下。
〔註263〕智圓：《佛說阿彌陀經疏》，《大正藏》第37冊，第352頁中。
〔註264〕智圓：《佛說阿彌陀經疏》，《大正藏》第37冊，第352頁中。
〔註265〕吳忠偉：《智圓佛學思想研究》，《〈法藏文庫〉碩博士學位論文》卷十六，高雄：佛光山文教基金會印行，2001年，第130頁。

至於此。在昔正用施設之時，隱覆秘護不令覺知，住於化城，自謂真實；今日聞說方知如來機變巧用，省悟昔日所證非真，是我等咎，非世尊也。自非如此善巧化用，何由今日獲大利益！方知如來真大導師，誘引一切令入佛慧。是則，佛所稱讚乃是歎方便之功，機所感激亦是荷方便之化，因於方便，得契真實；方便之功，實難思議。」〔註266〕顯而易見，經文中所宣講的佛法奧義借助於方便設施方能彰顯，眾生亦因諸佛如來方便之化而得契真實，這是智圓業分權實的原因所在。

根據智圓心性為體，一而已矣的觀點，則無有染淨、凡聖之分別，但由有理具、方有事用，因心性之理具三千，隨有事造三千。在《金剛錍顯性論》中，智圓就曾指出：「隨無明之染緣即造九界依正，隨教行之淨緣即造佛界依正。」〔註267〕此之謂心性不變，但可隨緣，隨染緣遂有九界依正，隨淨緣遂有佛界依正。就此而言佛界與眾生界不二，皆是心性隨緣而造，「眾生由心性具三千，故能遍造遍計；聖人由心性具三千，故能現土現身。」〔註268〕

但是，生、佛畢竟有別，能夠變現三身國土的聖人已證菩提，與心一體，而眾生未能復本達性，仍有依正之別，諸佛菩薩為濟度眾生遂現身現土。「從這個意義上講，無論是穢土還是淨土都是聖人策誘眾生、接引根性之方便法門，穢土折之，淨土攝之，故不但淨土，即便穢土，也失去了其實在性。」〔註269〕「釋迦文佛更有清淨國土，如阿彌陀佛國；阿彌陀佛亦有不嚴淨國，如釋迦文佛國。」〔註270〕淨穢二土依心性隨緣而生，統攝於心性之中，因此，菩薩隨順眾生而現其土。而眾生造計無度，於五濁惡世往復輪迴，備受諸苦，因信仰彌陀而願生極樂，於眾生而言，安養國土即為真實存在。一旦穢土眾生得生極樂之地，則了然諸法實相，回歸心性本體，這也是一種真實。

需要指出的是，知禮後學太虛普容認為智圓將淨穢二土截然相分，批判智圓的觀點「美則美矣，善則未善」，其文曰：「孤山以淨穢兩土分對六能，以能為身常壽無量為上三能，以非身無常壽有量為下三能。……孤山之說以釋伏疑消文，美則美矣，善則未善，何者？以淨土彌陀為上三能，以淨土釋迦為下三

〔註266〕與咸：《復宗集》卷下，《卍續藏經》第101冊，第345頁下～346頁上。
〔註267〕智圓：《金剛錍顯性論》卷二，《卍續藏經》第100冊，第536頁下。
〔註268〕智圓：《金剛錍顯性論》卷二，《卍續藏經》第100冊，第535頁上。
〔註269〕吳忠偉：《智圓佛學思想研究》，《〈法藏文庫〉碩博士學位論文》卷十六，高雄：佛光山文教基金會印行，2001年，第127頁。
〔註270〕智圓：《佛說阿彌陀經疏》，《大正藏》第37冊，第351頁下。

能，如此說義則兩佛合論六能，是則釋迦有缺上三能之過，彌陀有欠下三能之失。」〔註271〕既然智圓淨穢二分有如此之過失，如何才能無過？普容以為釋迦、彌陀二佛應當皆有上下三能，「故以彌陀淨土無量之壽為上三能，以彌陀不嚴淨國為下三能，釋迦則以山斤海滴淨土之壽為上三能，以無常八十穢土之壽為下三能，故《大論》三十六云當知釋迦文佛更有清淨國土，如阿彌陀佛國土；阿彌陀佛亦有不嚴淨國土，如釋迦文佛國土。準此文意，兩土聖人各有淨穢二國並有上下三能。」〔註272〕既然釋迦、彌陀各具上下三能，各具染淨國土，那麼，淨穢互具，二佛相即，如此一來，不但「一個實體意義的純然無染之淨土實際上被消解了」〔註273〕，而且諸佛菩薩也不過都是應機度物的虛設罷了。普容的這種觀點，在智圓這裡自然是難以全然苟同的。孤山並不否認諸佛菩薩為度眾生方便設施的權宜性，但對於穢土眾生而言，淨土仍不失為一種真實存在。而對於那些已登極樂的眾生來講，在未及究竟成佛達至唯心無境之境地前，明靜之心性仍不失其真實性。

三、信願為宗與六即成佛

（一）信願為宗

在《佛說阿彌陀經疏》中，智圓以五重玄義釋題時指出：「二土果人名也，方等實相體也，信願淨業宗也，捨苦得樂用也，生酥大乘教也」〔註274〕，明確《佛說阿彌陀經》以信願淨業為宗。在智圓看來，信、願、行是行者往生淨土的前提與關鍵。淨土宗以信、願、行為其特點，信是前提，願是動力，行是保證，可見，信、願、行三者以行為中心。淨土三經中，《觀無量壽佛經》修十六觀，對極樂世界之依正莊嚴作種種觀想，《佛說阿彌陀經》中倡持名念佛，如其經云：「舍利弗，不可以少善福德因緣得生彼國。舍利弗，若有善男子、善女人，聞說阿彌陀佛，執持名號。若一日、若二日、若三日、若四日、若五日、若六日、若七日，一心不亂，其人臨命終時，阿彌陀佛與諸聖眾現在其前。是人終時，心不顛倒，即得往生阿彌陀佛極樂國土。」〔註275〕可見持名念佛為該經行法之要。

〔註271〕普容：《天台宗精英集》卷四，《卍續藏經》第 101 冊，第 628 頁上下。
〔註272〕普容：《天台宗精英集》卷四，《卍續藏經》第 101 冊，第 629 頁上。
〔註273〕吳忠偉：《智圓佛學思想研究》，《〈法藏文庫〉碩博士學位論文》卷十六，高雄：佛光山文教基金會印行，2001 年，第 129 頁。
〔註274〕智圓：《佛說阿彌陀經疏》，《大正藏》第 37 冊，第 351 頁上。
〔註275〕鳩摩羅什譯：《佛說阿彌陀經》，《大正藏》第 12 冊，第 347 頁中。

　　縱觀中國淨土宗的發展歷史，持名念佛與觀想念佛曾一度為中國僧人行修西方的最主要修行法門。自唐僧道綽大力提倡持名念佛後，這種修行法門便成為最基本的修行方法。道綽在《安樂集》中指出：「計今時眾生即當佛去世後第四五百年，正是懺悔修福，應稱佛名號時者。若一念阿彌陀佛，能除卻八十億劫生死之罪。」〔註276〕在他看來眾生解脫成佛的道路固然多種多樣，持名念佛是成就佛道的上佳之選。道綽本人就以此法門身體力行，「坐常面西，晨宵一服，鮮潔為體，……口誦佛名，日以七萬為限，聲聲相注，弘於淨業。」〔註277〕

　　道綽之後，持名念佛經由善導之推行而大行其道。善導認為「眾生障重，境細心粗，識揚神飛，觀難成就，是以大聖悲憐，直勸專稱名字，正由稱名易故。」〔註278〕正因為觀想念佛難度太高，對於無明業重的眾生而言，持名念佛則是相對容易的不錯選擇。若能「惟專念佛，一日七日，即生淨土，位居不退，速成無上菩提，乘阿彌陀佛本願力故。」〔註279〕「百億劫中生死罪，才稱名號盡消除」〔註280〕，只要信仰阿彌陀佛，稱念阿彌陀佛，縱使是累劫造業、罪孽深重之輩也能去到那彌陀淨域。可見，持名念佛是眾生往生安養的關鍵。

　　智圓在注疏《佛說阿彌陀經》時，對持名念佛給予了相當大的關注，指出執持名號並非簡單的稱頌佛名，行者如果信力薄弱，願力不大，念力鬆懈，這種「等閒發願，散亂稱名」的小善之行是不能往生的。信、願、行三者缺一不可，信須堅定，願要廣大，行須恒久，即如所言：「初文不可以小善得生，則反顯可以多善得生也。小善謂等閒發願，散亂善稱名；多善謂執持名號，要期日限。……執持名號者，執謂執受，持謂任持，信力故執受在心，念力故任持不忘。」〔註281〕小善除生，多善得生，智圓強調以信、念之力將佛號執持於心，任持不忘，如此方能往生。至於那種平時不燒香、臨時抱佛腳的小善之舉是與西方無緣的。關於這一點，靈芝元照見解類似，且言之甚詳，抄錄如下，以佐證之，曰：「如來欲明持名功勝，先貶餘善為少善根，所謂布

〔註276〕道綽：《安樂集》卷上，《大正藏》第47冊，第4頁中。
〔註277〕道宣：《續高僧傳》卷二十，《大正藏》第50冊，第594頁上。
〔註278〕宗曉：《樂邦文類》卷四，《大正藏》第47冊，第210頁上。
〔註279〕道鏡，善導：《念佛鏡》，《大正藏》第47冊，第121頁下。
〔註280〕成時節要：《淨土十要》卷八，《卍續藏經》第108冊，第826頁上。
〔註281〕智圓：《佛說阿彌陀經疏》，《大正藏》第37冊，第355頁中下。

施持戒、立寺造像、禮誦坐禪、懺念苦行，一切福業，若無正信迴向願求，皆為少善，非往生因。若依此經執持名號，決定往生，即知稱名是多善根多福德也。」〔註282〕

持名念佛之所以能夠得生安養，在智圓看來，《佛說阿彌陀經》廣談實相，阿彌陀佛佛號即為實相，而實相實為心性之外化，換言之實相就是心性。在《佛說阿彌陀經疏》中，智圓於五重玄義之辨體時寫道：「二辨體者，方等實相為經正體。方謂方廣，等謂平等。實相之體橫遍諸法，故言方廣；豎該凡聖，故言平等，是則圓融大乘，悉名方等」〔註283〕，指出《佛說阿彌陀經》之體正為實相。在此基礎上，智圓又通過對實相之體的詮釋得出阿彌陀佛佛號即是實相之異名的結論，其文曰：「若乃般若是一法，佛說種種名，實相亦爾，多諸名字號，此即體是達義也。」〔註284〕既然佛號即為實相，那麼，執持名號便為執持實相，而眾生本具實相，所以，與其說持名念佛是為往生淨土，不如說是對實相、對心性的復歸。需要指出的是「把握實相的方式、法門各異，並不可以某一法門為高，智圓以天台三觀之學闡述該經，實際便是用天台諸法實相理論對淨土以新的理解，實相乃佛行智之顯，非思議境，唯佛與佛乃能究竟諸法實相，故法華由信生解，而淨土則是由信發願，故淨土全攝法華，不可執持淨土為權教。」〔註285〕

（二）六即成佛

智圓還以六即佛說融通天台宗與淨土宗。六即佛說非智圓首倡，乃由智者大師創造性提出。《摩訶止觀》卷一云：「若智信具足，聞一念即是，信故不謗，智故不懼，初後皆是。若無信，高推聖境，非已智分；若無智，起增上慢，謂已均佛，初後俱非。為此事故，須知六即，謂理即、名字即、觀行即、相似即、分真即、究竟即。此六即者，始凡終聖，始凡故除疑怯，終聖故除慢大。」〔註286〕此之謂眾生皆有佛性，皆能成佛，理雖如此，凡聖之間天差地別，不可混濫，故有修行之必要。就理而言，生佛不二；就行而論，凡聖有別。因此，若識生佛不二之理，即視生佛無異，則起增上慢；若識凡

〔註282〕吳明：《淨土五經述要》，北京：北京圖書館出版社，1998年，第87頁。
〔註283〕智圓：《佛說阿彌陀經疏》，《大正藏》第37冊，第352頁上。
〔註284〕智圓：《佛說阿彌陀經疏》，《大正藏》第37冊，第352頁上。
〔註285〕吳忠偉：《智圓佛學思想研究》，《〈法藏文庫〉碩博士學位論文》卷十六，高雄：佛光山文教基金會印行，2001年，第134頁。
〔註286〕智顗：《摩訶止觀》卷一下，《大正藏》第46冊，第10頁中。

聖有別，不知生佛相即之理，則起疑怯之心，故說六即。若智信具足者，聞實相之理，信而不謗，智而不懼，自始至終勤勉修行；若智具而信不足者，聞實相之理，起增上慢，視己為佛；若信具而智不足者，聞實相之理，高推聖境，遺怯自卑，認為自己永難成佛。為此之故，須知六即。

　　智圓承續了智顗的六即佛說，並將這一思想與淨土宗結合起來，認為作為極果之佛必由因克，眾生本具佛性，因迷而不識得，就像貧人家自有寶藏而無人能知，經由大善知識的指點，遂識而知之，於是耘除草穢，自我發掘，寶藏漸漸得近。一旦獲得，富樂無窮。眾生的成佛解脫之路也是如此，經由理即、名字即、觀行即、相似即、分真即、究竟即六個階段，方能成其正果，正所謂「凡聖不濫故六，初後皆是故即。」〔註287〕「理即佛者，一念心即如來藏理」〔註288〕，剎那之一念心具足即空即假之如來藏理，此之謂理即佛。理雖如此，眾生未聞三諦，不識佛法，自用不知，如牛羊眼不識方隅。後或經大善知識之說示或經經卷之教導於名字中了然通達如上之佛理，此之謂名字即佛。雖經聞名口說識得佛法，還須「心觀明了，理慧相應，所行如所言，所言如所行」〔註289〕，此之謂觀行即佛。自有觀行，則愈觀愈明，愈止愈寂，而塵埃自落，漸趨佛境，入初住位，形色與佛相似，此之謂相似即佛。一旦得入初住法位，無明自破，佛性自現，秘藏自開，真如自顯，入等覺位，此之謂分真即佛。究竟即佛者，「從等覺心轉入妙覺，智光圓滿不可復增，惑闇滅盡更無可斷」〔註290〕，此一境界唯佛與佛乃能知之。結合天台宗的六即成佛說，智圓認為信仰彌陀、願生極樂是《佛說阿彌陀經》的宗致，持名念佛是得生安養的關鍵。此中信仰彌陀與其說是對彌陀淨土的一種嚮往，不如說是眾生對自心本俱如來藏心的一種自我發掘，即體認到一念心中具足真如佛性，因此，對淨土之信仰實則是眾生對理即佛的認識。基於對彌陀國土的信仰，基於對五濁惡世的嫌惡，遂有出離娑婆世界、去往極樂國土的誓願，這就如同六界凡夫聽聞佛法，曉了佛理，知一切法皆為佛法而生成佛之念一樣。在信與願的基礎上，行顯得至關重要。「所行如所言，所言如所行」，言行相應，理事相資，方能趨向佛境。對於修淨業者而言，持名念佛是不二之選，天台宗僧人主張修觀，所謂觀行即佛。此中，執持名號，執受在心，在智圓看來，也

〔註287〕智圓：《佛說阿彌陀經疏》，《大正藏》第37冊，第351頁上中。
〔註288〕智圓：《佛說阿彌陀經疏》，《大正藏》第37冊，第351頁中。
〔註289〕智圓：《佛說阿彌陀經疏》，《大正藏》第37冊，第351頁中。
〔註290〕智圓：《佛說阿彌陀經疏》，《大正藏》第37冊，第351頁中。

是一種觀行，只不過這種觀行是通過念佛的形式呈現出來罷了。「聞說阿彌陀佛，執持名號，乃至七日，即得往生」〔註291〕，智圓的意思十分明顯，先通過聞名口說了知佛法，然後，攝持佛號於心，念念任持不忘，即可往生。

往生極樂國土並不意味著究竟成佛，只能稱之為形色相似的相似即佛。對於相似即佛者，根據其修證的層次可證得相應位次的佛果，稱之為分真即佛。智圓對此有較為詳細的論述，在解釋《佛說阿彌陀經》中「舍利弗，極樂國土，眾生生者，皆是阿鞞跋致，其中多有一生補處，其數甚多，非是算數所能知之，但可以無量無邊阿僧祇劫說」〔註292〕一句時，指出「生者，不退莊嚴。阿鞞跋致，此翻不退轉，而不退有三，位、行、念也。通教初果以去齊羅漢位不退，七地行不退，八地念不退。別教以信、行、向對之，初地證念不退，向但修耳。圓教初信至七信位不退，八信以去行不退，初住證念不退。經云皆是，則義必該三。」〔註293〕此之謂眾生一旦得生安養國土，其位、行、念三者皆不退轉，通教、別教、圓教三教眾生都是如此。眾生雖達淨土極樂之地，不墮輪迴，卻並非究竟成佛。僅以圓教眾生而言，十信中自初信至七信中修行至任何一信者位不退，至八信行不退，至初住念不退，並未修行至極致，未證得極智佛果，就是得生一生補處者，也只是等覺佛而非妙覺佛。「一生補處即等覺也，彼國既壽長境勝故，於生身多至等覺。」〔註294〕因此，對於往生安養及得生一生補處者，其所修行大致相當於相似即佛與分真即佛。從等覺轉入妙覺，惑闇滅盡，智光圓滿，名究竟即佛，於淨土眾生而言，唯有通過精進不已之修行，到達唯心無境之地步，復歸心性，才是真正意義上的解脫成佛。

第四節　小結

如果說天台智顗對淨土宗相關理論的攝入旨在藉由淨土行門助發天台宗的止觀修行，那麼，北宋初年以四明知禮、慈雲遵式與孤山智圓為代表的天台宗僧人則就理論論證與宗教實踐兩個層面對淨土宗加以融攝，正式開啟台淨合流的歷史進程。不過，這一時期的台淨合流是以台攝淨、攝淨歸台的融合模式，台淨二宗在合流中的地位是不對等的。

〔註291〕智圓：《佛說阿彌陀經疏》，《大正藏》第37冊，第352頁中。
〔註292〕鳩摩羅什譯：《佛說阿彌陀經》，《大正藏》第12冊，第347頁中。
〔註293〕智圓：《佛說阿彌陀經疏》，《大正藏》第37冊，第355頁中。
〔註294〕智圓：《佛說阿彌陀經疏》，《大正藏》第37冊，第355頁中。

　　論及台淨二宗的合流，這一時期的天台宗僧人不得不面對並回應僧俗兩界的共同質疑，那就是淨土宗的判教問題。儘管兩宋時期淨土宗與禪宗、天台宗等宗派的會通成為一代之潮流，但僧俗兩界仍有斥淨土宗為小教權乘者。比如與知禮同時代的翰林學士楊億就認為極樂世界、西天佛國「蓋覺皇之示權」〔註295〕，不過是佛陀教法中的一種權宜設施罷了。若淨土之教確為小教權乘，何以能夠與圓教天台合流互融呢？對此，知禮、遵式、智圓等天台宗僧人認為可就權實不二的角度來論證台淨二宗的交會融通有其可能性與可行性。

　　知禮認為要真正實現台淨之間的融合就必須藉賴一心三觀作為舟航，依託性具實相理論，彌合彼此之間的分歧與殊異，實現合流融通。知禮的《觀經融心解》《觀經疏妙宗鈔》等文獻即以天台宗的一心三觀與性具實相理論疏解淨土宗經典，將淨土宗的十六觀法、西方淨土、三輩九品等理念與天台宗的約心觀佛、唯心淨土、蛣蜣六即等主張相融貫，形成了頗具台淨融合特質的理論體系，為踐行台淨合流者的實修實證提供了模本。至於佛國淨土的性質、方位等問題，知禮同樣也是在觀心層面給出的。與智顗一樣，知禮同樣持唯心淨土、自性彌陀的主張，認為西方極樂世界不過是為化他而施設的一種權說，是方便淨土；而通過自修自證所悟之自性彌陀方是實說，性具論意義上的唯心淨土才是實際淨土。要之，知禮以性具實相之理論與「一心三觀之妙宗」將淨土宗的佛學義理與行持法門融攝進自宗的理論體系中，全面而具體地給出了台淨合流的操作方案。

　　素有「慈雲懺主」之稱的遵式則從懺儀懺法的角度來探討並推進台淨二宗的交流會通。遵式將往生淨土之懺法開為十科，十科之開展又以修心為要。在慈雲，心有理事之分，理心者是指修行始終雖與諸事相涉，諸事皆因緣而起，了無自性；事心者則是指專心一事而不存他念。正因為如此，須於心上格外勤謹精進，惟有定住心意，才可進入禪觀。禪觀修行有普觀與直觀兩種，前者要求行者自想生於極樂國土，因應目之所見、耳之所聞作相應之觀想。後者則通過直觀觀想阿彌陀佛之莊嚴色身以了然即空即假即中的道理，從而徹悟諸法實相，成就念佛三昧。遵式由實相念佛而成就念佛三昧的禪法體現了天台圓教與淨土之教的融合。

〔註295〕宗曉：《四明尊者教行錄》卷五，《大正藏》第46冊，第898頁中。

　　作為山外派中堅力量的孤山智圓與知禮、遵式一樣站在天台宗的本位立場來調和融通台淨二宗。他注疏《佛說阿彌陀經》，以「方等實相」作為該經之「正體」，視彌陀佛號為實相，如此一來，執持彌陀佛號便為執持實相。他將西方淨土攝歸於一念心性之中，主張通過實相念佛與持名念佛的方式方法「復本而達性」〔註296〕，回歸到唯心無境、「一而已矣」的明靜狀態。他以自宗的六即佛說詮釋《彌陀經》，認為眾生對淨土與彌陀之信仰相當於理即佛，誓願往生則為名字即佛，執持名號而修對應觀行即佛。及至佛國世界，獲得相似即佛位。對於相似即佛者，根據其修證層次可證得相應位次的佛果，稱之為分真即佛。從等覺轉入妙覺，惑闇滅盡，智光圓滿，名究竟即佛。

　　北宋初年，知禮、遵式與智圓以自宗的性具理論與觀心法門融通台淨二宗，從理事權實的角度彌合彼此之間的分歧與殊異，正式開啟台淨合流的歷史進程。知禮等人不僅為台淨合流作理論上的論證，還以身作則，知行合一，積極投身到修行實踐中來，在領眾修懺求生淨域之際亦與緇素結社念佛共期安養。

〔註296〕智圓：《佛說阿彌陀經疏》，《大正藏》第 37 冊，第 350 頁下。

第二章　四明三家的台淨合流思想

第一節　四明三家台淨合流思想概覽

通過山家山外之爭，知禮的義學造詣為世人矚目，從其習教者趨之若鶩，多不勝數。根據志磐《佛祖統紀》的記載，知禮門下登堂弟子有一千人之多，入室弟子四百八十餘人，出類拔萃者當推淨覺仁岳、神照本如、廣智尚賢和南屏梵臻等人。仁岳因不滿師說，反叛出走，自然無法接續四明法席。而知禮臨終前也未曾指定傳人，因此，知禮去世後，四明系分為三支，本如、尚賢和梵臻各據一方，史稱四明三家。

一、廣智尚賢一系的台淨合流思想

廣智尚賢，四明（今浙江寧波）人，生卒年不詳，依知禮習天台教觀多年，為四明門下上首弟子。天聖六年（1028），繼師主理延慶，道化盛行。「雪竇顯禪師聞其名，出山來訪，標榜煎茶，以申賀禮，人傳以為盛事。」〔註1〕明道年間（1032～1033），仁岳致書尚賢，以知禮學說為「俗諦之法，未是中道之本」〔註2〕，請其共反師說，尚賢拒之。廣智此舉，頗得志磐之高評：「翼贊大教，至為有功。」〔註3〕

尚賢門下弟子有神智鑒文、扶宗繼忠、四明如吉、超果惟湛等人，神智鑒

〔註1〕志磐：《佛祖統紀》卷十二，《大正藏》第49冊，第213頁下。
〔註2〕志磐：《佛祖統紀》卷十二，《大正藏》第49冊，第213頁下～214頁上。
〔註3〕志磐：《佛祖統紀》卷十二，《大正藏》第49冊，第214頁上。

文嗣其法。鑒文，四明人，「日課佛祖號千聲，夜禮千拜。」〔註4〕尚賢的另一高徒扶忠繼宗「升座講演，不事文飾，貫穿經論，辯才無礙」〔註5〕，深得師門之器重，雪竇重顯歎曰：「四明之道為有傳矣！」繼忠（1012～1082），永嘉人，致力於淨土法門和各種懺法的修行實踐，行觀音、光明、彌陀、法華三昧，日不虛過。超果惟湛（1009～1073）深解天台教觀，講經佈道之餘，廣行彌陀懺法，史稱「天台祖道、淨土法門，盛行三吳，由師始也。」〔註6〕蘭溪靈照（1028～1082）踵繼惟湛法席，與四眾共結蓮社，每年孟春時節啟建淨土法會，三年之內預社之人達兩萬有餘。

神智鑒文傳法於明智中立。中立（1046～1114），俗姓陳，鄞縣（今浙江鄞縣）人。初禮尚賢，及鑒文主理南湖，復隨鑒文。熙寧（1068～1077）中，鑒文開帷設問，答者二百人無出明智之右者，鑒文舉其居首座。再謁扶宗，宗曰：「子行必紹法智之席。」〔註7〕中立在講說止觀之餘，致力於淨土修持，有「玉池蓮中之人」的讚譽。受其影響，弟子覺先（？～1146）亦崇信淨土，持名念佛達四十八年之久，從未間斷。弟子介然（？～1130）從中立悟得境觀之旨後以念佛三昧為往生要法，專修淨業。又建十六觀堂，內造西方三聖殿，環以蓮池。從明智中立及其弟子的行止來看，他們一方面長於台教義理，一方面念佛不懈，慧思、智顗等先祖大力闡揚的止觀雙修逐漸失落，淨土法門及各種懺法實踐逐漸將止觀修行取而代之，無怪乎有學者指出「明智中立時代是天台教學風格的轉型期」，「淨土思想佔據天台義學的核心始自明智中立，至圓辯道琛，台淨融合愈臻圓融。」〔註8〕

繼忠弟子神智從義長於義學，先隨繼忠學山家教旨，後立論反駁山家學說。從義此舉遭到同門草堂處元的奮起還擊。處元之再傳弟子圓辯道琛（1086～1153）不僅長於慧解，而且專修念佛三昧，主張「唯心、淨土一而已矣，良由彌陀悟我心之寶剎，我心具彌陀之樂邦，雖遠而近，不離一念；雖近而遠，過十萬億剎。譬如青天皓月，影臨眾水，水不上升，月不下降，水月一際，自然映照。」〔註9〕阿彌陀佛修德圓滿所現之依正莊嚴乃眾生性德本具，西方佛國雖遙，不離

〔註4〕志磐：《佛祖統紀》卷十三，《大正藏》第49冊，第217頁上。
〔註5〕宗鑒：《釋門正統》卷六，《卍續藏經》第130冊，第857頁上。
〔註6〕宗鑒：《釋門正統》卷六，《卍續藏經》第130冊，第858頁上。
〔註7〕志磐：《佛祖統紀》卷十四，《大正藏》第49冊，第220頁中。
〔註8〕潘桂明，吳忠偉：《中國天台宗通史》，南京：江蘇古籍出版社，2001年，第607頁。
〔註9〕志磐：《佛祖統紀》卷十六，《大正藏》第49冊，第230頁下。

一心，這就好比月臨萬川，彼此映照，而性修不二，自然感應道交。在道琛，「十界四土」，「不離我心」，我心之外，「別無淨土」。他以千珠之喻來說明這一道理：「如彼帝釋殿上，千珠寶網，眾珠之影，映在一珠，一珠具足眾珠，彼彼千珠互映亦爾。現前一心即是千珠中一，彼彌陀佛土亦是千珠中一，所有十界眾生趣舉一界皆是千珠中一。既我一珠能映眾珠，我心之內無復眾珠，則離我心外無別淨土。何故爾耶？以釋迦亦是一珠，彌陀亦是一珠。既舉一全收，豈心外有法？故曰唯心淨土、本性彌陀也。」〔註10〕為彌陀所居之西方淨土與作為我心所具之唯心淨土互融為一。道琛在肯定淨土實有之際，強調一心之中能具淨土，這種觀點與知禮性具論意義上的唯心觀念頗有差異。唯心淨土在道琛這裡得到非常圓融的表達，「但相對而言，道琛對唯心方面強調稍多，這易於混同禪宗淨土觀。」〔註11〕儘管時人認為「山家言教觀者皆秉師為正」〔註12〕，但在道琛這裡，「天台教觀與淨土信仰及其實踐的結合已極為密切。」〔註13〕

通過對廣智尚賢一系法脈傳承的梳理，我們不難發現，尚賢一系雖能祖述知禮之學，卻未能圓滿地將四明學說繼承下來，神智從義的反叛出走便能說明這一問題，足見山外師說的影響猶在。同時，尚賢一系的僧人多以念佛三昧與懺儀懺法作為往生淨域之舟航，「淨土法門及各種懺法的實踐已愈趨明顯地表現出取代止觀修持的傾向。」〔註14〕

二、神照本如一系的台淨合流思想

神照本如（981～1050），四明（今浙江寧波）人，初依知禮，後從遵式。「祥符四年（1011），慈雲遷靈山，親往法智會下，求可為繼。法智曰：『當於眾中自擇之。』慈雲閱視至師，即曰：『斯人可也。』師至承天，大振法道。」〔註15〕對於懺法，本如格外重視，嘗集百僧修法華長懺一年，祥瑞之相屢屢呈現。因慕廬山之風，與丞相章得象（978～1048）諸賢結白蓮社，專修淨土，經數年經營，白蓮社終成大剎。仁宗皇帝欽其道，親為題額，曰「白蓮」〔註16〕。

〔註10〕宗曉：《樂邦文類》卷四，《大正藏》第47冊，第207頁中。
〔註11〕潘桂明，吳忠偉：《中國天台宗通史》，南京：江蘇古籍出版社，2001年，第615頁。
〔註12〕志磐：《佛祖統紀》卷十六，《大正藏》第49冊，第231頁上。
〔註13〕董平：《天台宗研究》，上海：上海古籍出版社，2002年，第305頁。
〔註14〕董平：《天台宗研究》，上海：上海古籍出版社，2002年，第305頁。
〔註15〕志磐：《佛祖統紀》卷十二，《大正藏》第49冊，第214頁上。
〔註16〕志磐：《佛祖統紀》卷十二，《大正藏》第49冊，第214頁中。

本如主理東掖山承天寺達三十年之久，其門下徒眾常在五六百人，以法真處咸、神悟處謙、櫨庵有嚴為出類拔萃者。

處咸（1016～1086），俗姓王，天台（今浙江天台）人，七歲出家，十四歲受具，往謁本如，深契教旨，曾代師講授天台教法。「朝講暮參，久而益嚴」，化導一方。處咸之再傳弟子真教智先時常繫念者唯在淨土。或曰：「法華三昧，一土一切土，一身一切身，一佛一切佛，何不依止觀修法華三昧而為往生之因？」〔註17〕對曰：「荊溪雲《分別功德品》中直觀此土四土具足，故此佛身即三佛身，此大眾即一切眾，以惑未斷故，安樂行是同居淨土行之氣分故，不離同居穢見同居淨。」〔註18〕

處謙（1001～1075），俗姓潘，永嘉（今浙江永嘉）人，先依遵式，後從本如，得天台宗圓頓之旨，為本如門下第一座，後在李端愨的薦舉下入主白蓮庵院。因祈雨有應，為道俗所重，屢主要刹，「十坐道場，閱四十年，講唱不倦。」〔註19〕熙寧間，集眾人諷誦普賢行法，以生淨土為願，於是入定寂然。其師弟左伸「刻西方三聖像，日夜虔事」〔註20〕，又誦經念佛不輟，後往生西方。

處謙的得法弟子為德藏擇瑛和法主淨梵。法主淨梵（？～1128），俗姓笪，字治之，嘉禾（今浙江嘉興）人。十歲出家，幾經輾轉，尚才拜謁在處謙門下，以行懺法見長，有懺主之稱。淨梵年少即信彌陀，人問年少何為念佛，淨梵道：「我欲往他方丈求掛搭去。」〔註21〕處謙的另一位弟子思照「刺血書《法華》七軸，專修念佛三昧。築小庵，曰德雲，後連小閣，為觀落日之所。刻三聖像，每夜過午即起念佛，月二十三日，率道俗繫念，終其身三十年。」〔註22〕處謙門人一相宗利（1055～1144）虔信淨土，曾「於靜定中神遊淨土，見寶池蓮華寶林境界，尋詣新城碧沼，專修念佛三昧，經歷十年。復遊天台、雁蕩、天封，皆建淨土道場。晚歸受業天華，建無量壽佛閣接待雲水。」〔註23〕紹興十四年（1144）入滅，入滅前告弟子曰：「佛來也，吾將歸安養矣。」〔註24〕書頌為

〔註17〕 志磐：《佛祖統紀》卷十五，《大正藏》第 49 冊，第 227 頁上。
〔註18〕 志磐：《佛祖統紀》卷十五，《大正藏》第 49 冊，第 227 頁上。
〔註19〕 志磐：《佛祖統紀》卷十三，《大正藏》第 49 冊，第 218 頁上。
〔註20〕 志磐：《佛祖統紀》卷十三，《大正藏》第 49 冊，第 218 頁下。
〔註21〕 志磐：《佛祖統紀》卷十四，《大正藏》第 49 冊，第 221 頁上。
〔註22〕 志磐：《佛祖統紀》卷十四，《大正藏》第 49 冊，第 221 頁下～222 頁上。
〔註23〕 志磐：《佛祖統紀》卷十四，《大正藏》第 49 冊，第 221 頁下。
〔註24〕 志磐：《佛祖統紀》卷十四，《大正藏》第 49 冊，第 221 頁下。

別曰：「吾年九十頭已白，世上應無百年客。一相道人歸去來，金台坐斷乾坤窄。」〔註25〕由此看來，思照、宗利等處謙門人已是徹頭徹尾的淨土宗念佛法門的信奉者與踐履者了。本如一系的僧人，自本如起越往後對自宗義學的興趣也就越淡漠，他們雖然奉持天台教觀，授受止觀之旨，而在修行實踐上多已歸向淨土修持。

德藏擇瑛的佛法思想另文詳述，其弟子北關思淨（1068～1137）「深研淨土之觀，專志念佛，日課《觀經》。」〔註26〕宋徽宗大觀初年，思淨在錢塘郡城北關創建妙行精舍，於其內建十蓮華藏，其規制巧妙非凡，為天下輪藏之冠。思淨尤精畫佛，每每運筆，先念佛觀想，擅畫丈六彌陀佛像，眾人皆以「喻彌陀」稱之。又結社領眾修行，預社者有萬餘人。鄉人丁注對其「捨妻奴，為如來徒，募萬人結淨土會」〔註27〕之舉大加稱賞，以偈贊之：「心淨佛土淨，法王非妄言。拔身出塵垢，已見火中蓮。一念不起滅，極樂即現前。大千同此境，豈止萬人緣？」〔註28〕

本如的另一位弟子櫨庵有嚴（1021～1101），台州（今浙江台州）人，六歲出家，十四歲受具，因讀永明延壽《心賦》若有所悟，遂求教於本如，「一心三觀之道，法華三昧之行，莫不神解而躬行之」〔註29〕，頗得教觀之堂奧。嘗讀《止觀》，至「不思議境」，曰：「萬法唯一心，心外無一法，心法不可得，故名妙三千。」〔註30〕萬法唯心，心外無法，此與禪宗意趣頗相契合，教宗之間已呈互融之勢。有嚴又重淨業實踐，「畜一缽，無長物，躬拾薪汲水，食唯三白，毗尼條章輕重等護二十年。專事淨業，以安養為故鄉，作《懷淨土詩》八章，辭情淒切，人多樂誦。」〔註31〕

神照第四世弟子智湧了然住白蓮庵院二十四年，鼓勵緇素念佛，告誡四眾：「因念佛力，得歸極樂，凡在吾徒，宜當力學。」〔註32〕了然對他力往生彌陀淨域的過分強調意味著對天台教觀尤其是知禮提倡的以台攝淨、攝淨歸台融合模式的漠視與放棄，無怪乎大石志磐對其有如下評價：「四明之彌陀信

〔註25〕　志磐：《佛祖統紀》卷十四，《大正藏》第49冊，第221頁下。
〔註26〕　志磐：《佛祖統紀》卷十五，《大正藏》第49冊，第227頁中。
〔註27〕　宗曉：《樂邦文類》卷五，《大正藏》第47冊，第217頁中。
〔註28〕　宗曉：《樂邦文類》卷五，《大正藏》第47冊，第217頁中。
〔註29〕　志磐：《佛祖統紀》卷十三，《大正藏》第49冊，第218頁中。
〔註30〕　志磐：《佛祖統紀》卷十三，《大正藏》第49冊，第218頁中。
〔註31〕　志磐：《佛祖統紀》卷十三，《大正藏》第49冊，第218頁中。
〔註32〕　志磐：《佛祖統紀》卷十五，《大正藏》第49冊，第227頁上。

仰，入南宋而示衰，其貢獻至大。」〔註33〕

　　總之，本如及其弟子對天台義學有著較為濃厚的興趣，但這種興趣只為天台教觀的某一方面，天台宗義理的整體研究日趨衰微，而慧思、智顗、知禮等祖師大德的止觀法門則漸為淨土修持取而代之，淨業的奉持成為天台宗僧人數十年如一日的最基本最重要的修行方式。這一傾向在本如的再傳弟子們身上表現得尤為明顯。

三、南屏梵臻一系的台淨合流思想

　　南屏梵臻（？～1103），錢塘（今浙江錢塘）人。尚賢、本如與梵臻三人中，惟梵臻入知禮門庭最晚，受教亦淺。他「聞講《妙玄》《文句》大有啟發，及還鄉邑，以不親授《止觀》為之恨，乃焚香禮像，閱讀二十過，以表師承。」〔註34〕南屏擅講，悟性極強，「每當講次，綜括名理，貫穿始終，舉一義則眾義洽然，窮一文則諸文允會。」〔註35〕因與仁岳議論不合，相持難決，遂「陳辭有司，乞築高台，豎赤幡，放西竺聖師與外道角勝，義墮者斷首截舌，懸之幡上。」〔註36〕然郡守不允，就辭解之曰：「行文制作，臻不及岳；強記博文，岳不及臻。」〔註37〕梵臻博聞強識，涉獵廣泛，內外典籍，均有研讀。蘇東坡與梵臻交厚，曾贊曰：「吾嘗與汝，凡經史群籍有遺忘，即應聲誦之。」〔註38〕南屏的弟子為慈辯從諫。

　　從諫（？～1108），俗姓毛，松陽（今浙江麗水）人，試經得度，先隨上天竺辯才元淨（1011～1091），夙夜聽習，復謁南屏梵臻，問辯如流。南屏歎曰：「吾道由子而行也。」〔註39〕高麗僧義天來華求法，問法於慈辯，歸國後，奉慈辯為開剎之祖。因其學行聲譽之高，辯才元淨以「道行內明，儒釋通曉，四方推服，本眾悅隨」〔註40〕十六字作評。從諫畢生以宣演天台教學為務，於天台宗教義領會深刻。此外慈辯對禪宗義理多有研究，大通禪師曾以黑白圓相致書從諫，從諫答以一偈，偈曰：「黑相白相，擔伽過狀；了不了

〔註33〕黃啟江：《北宋時期兩浙的彌陀信仰》，《故宮學術季刊》，1996 年第 1 期。
〔註34〕志磐：《佛祖統紀》卷十二，《大正藏》第 49 冊，第 214 頁下。
〔註35〕志磐：《佛祖統紀》卷十二，《大正藏》第 49 冊，第 214 頁下。
〔註36〕志磐：《佛祖統紀》卷十二，《大正藏》第 49 冊，第 215 頁上。
〔註37〕志磐：《佛祖統紀》卷十二，《大正藏》第 49 冊，第 215 頁上。
〔註38〕志磐：《佛祖統紀》卷十二，《大正藏》第 49 冊，第 215 頁上。
〔註39〕志磐：《佛祖統紀》卷十三，《大正藏》第 49 冊，第 218 頁下。
〔註40〕宗鑒：《釋門正統》卷六，《卍續藏經》第 130 冊，第 854 頁下。

分,無風起浪。若問究竟事如何,洞庭山在太湖上。」〔註41〕不論黑相白相,質實而言皆執著於外相,若問究竟,實相而已。天台止觀注重於智慧實相的體悟,這與頓悟成佛的禪宗相通,從諫的偈語即表現出「將天台諸法實相的原理與禪的精神相融會的努力」,並且,「這種融會在從諫的後學那裏亦同樣得到體現。」〔註42〕

慈辯從諫門下弟子眾多,傑出者有車溪擇卿、慧覺齊玉等。擇卿(1055～1108),天台(今浙江天台)人,嘗曰:「四明旨意吾已得之,唯起教觀,信之未及,然不敢不信也。」〔註43〕這說明擇卿對知禮之學有所保留,三十歲後廢卷禪坐。齊玉(1071～1129),雪川(今浙江吳興)人,尚書莫公支之子。早親釋學,日記數千言,一日赴僧次,遜辭之,人問其故,答曰:「誠不欲五千之利而喪一日之功」〔註44〕,其用心於學至此。曾主理杭州、嘉興等地佛剎,無不於各地興建蓮社,率道俗修淨行,告眾人曰:「我輩未念佛時,心隨塵境,作諸不善,犯一吉羅,尚受九百千歲地獄之苦,況犯篇聚重罪乎?今若念佛則可,一念能滅八十億劫生死之罪。」〔註45〕擇卿「廢卷禪坐」之行、齊玉專行淨土之舉,似乎表證了他們要以禪宗簡約之義理與淨土宗易行之法門取代天台宗繁瑣之教觀,台、淨、禪三宗的互融便成為梵臻一系的主要特徵。

擇卿的弟子有竹庵可觀、牧庵有朋等人。可觀(1092～1182),擇卿弟子,亦曾師從齊玉。可觀讀知禮《十不二門指要鈔》至「若不謂實,鐵床非苦,變易非遷」時,感歎道:「語言文字皆秕糠耳!」〔註46〕可觀對膠著於經卷之反感可見一斑。儘管如此,其對天台學說造詣頗深,深得大慧宗杲之贊許。「杲大慧自徑山行化,來訪當湖,對語終日,敬之曰教海老龍也。」〔註47〕由「教海老龍」之稱譽足見可觀對天台宗義學嫻熟於心,了若指掌。在實踐法門的擇取上,竹庵提倡念佛:「須知西方念佛三昧甚易修行,只在日用一心不亂,繫念彼佛,彼佛願力,自念佛力,任運相應。」〔註48〕可觀的念佛易行法門並非

〔註41〕宗鑒:《釋門正統》卷六,《卍續藏經》第130冊,第854頁下。
〔註42〕董平:《天台宗研究》,上海:上海古籍出版社,2002年,第310頁。
〔註43〕志磐:《佛祖統紀》卷十四,《大正藏》第49冊,第222頁上。
〔註44〕志磐:《佛祖統紀》卷十四,《大正藏》第49冊,第222頁中。
〔註45〕志磐:《佛祖統紀》卷十四,《大正藏》第49冊,第222頁中。
〔註46〕志磐:《佛祖統紀》卷十五,《大正藏》第49冊,第227頁下。
〔註47〕志磐:《佛祖統紀》卷十五,《大正藏》第49冊,第227頁下。
〔註48〕宗曉:《樂邦文類》卷四,《大正藏》第47冊,第208頁中。

傳統意義上的念佛，其所念之佛乃是心中之佛，這種唯心念佛的理念與知禮的主張並不相侔，表明「天台宗的淨土論已從性具論意義上的淨土轉向唯心論意義上的淨土。」〔註49〕可觀之法兄牧庵有朋教義嫻熟，卻從不蓄紙策，其於方丈所建之六經堂中設一幾，略無文字，與客對答，則引經據典，謂「六經在胸中也」。有朋之行事風格與禪僧相類，其不蓄紙策之舉表明他對執著於經卷的反對，主張文字性離方能解脫。

慧覺齊玉的弟子清修法久初依智湧了然，再隨齊玉，日夜為學，卒成其業，後往徑山大慧宗杲處諮詢心要。宗杲嘗令法久講解境觀之旨，每每必「擊節歎賞」，足見可久台教修為極為深厚。後宗杲以「教苑人稀」令法久回轉天台宗門下，臨行前勸誡其要「勉力弘傳」台教，「以光祖道」，法久遂歸。紹興十三年（1143）居清修寺，因患寺僧單寮多弊，遂闢眾堂，「作連床蒲褥，如禪林之規，以身率先，眾莫敢怠，說法機辯，有大慧之風」〔註50〕，時人目之為「談禪於教苑者」也。法久的同門假名如湛（？～1140）一生行持以淨業為主，日課《法華》一部，誦佛號兩萬聲。平時少睡，每至夏月，坐草莽中誦《法華》，袒身施蚊。晚年謝事，閒居小庵，日薰淨業，紹興庚申（1140）七月端坐念佛而逝。如湛身前曾著《淨業記》《護國記》等書詮釋知禮的《觀經疏妙宗鈔》《金光明玄義疏》，然其《淨業記》《護國記》等書多與知禮之說不相符契，因此，志磐在《佛祖統紀》中嚴辭指斥道：「法智之記《觀經》《光明》也，當時同宗之輩、親炙之徒，如孤山、淨覺飾辭抗辯，卒莫能勝，謂之陽擠陰助，猶可為說。至於假名以天資之高、德業之美為四明四世孫，當教觀中興後，不思光贊乃祖之功而反事筆削，忍為《淨業》《護國》之記，白晝操戈，背宗破祖，自墮山外之侶，可悲也夫！」〔註51〕清修之弟子雪溪睎顏晚歲自省，謂文字餘習無補於道，乃住桃源厲氏庵專志念佛，一坐十年，精進不懈，謂友人張漢卿曰：「淨土之道，豈有一法可得？珍台寶網迦陵頻伽，此吾佛方便誘掖之法耳。但於修中不見一法，則寂光上品無證而證。」〔註52〕漢卿曰：「予固已信解，愧未能勇進耳。」〔註53〕為所居小軒題額曰「憶佛」，作詩以見志，有

〔註49〕潘桂明，吳忠偉：《中國天台宗通史》，南京：江蘇古籍出版社，2001 年，第608 頁。
〔註50〕志磐：《佛祖統紀》卷十五，《大正藏》第 49 冊，第 228 頁下。
〔註51〕志磐：《佛祖統紀》卷十五，《大正藏》第 49 冊，第 229 頁上中。
〔註52〕志磐：《佛祖統紀》卷十七，《大正藏》第 49 冊，第 234 頁上。
〔註53〕志磐：《佛祖統紀》卷十七，《大正藏》第 49 冊，第 234 頁上。

云：「隨波逐浪去翩翩，彈指聲中七十年，豈不向來知憶佛，欲從老去更加鞭。」〔註54〕臨終預別親友，沐浴更衣，西向觀想，忽稱佛來，合掌而化。南屏一系雷峰廣慈的弟子法宗「依止觀修大悲三昧，綿歷九載，人目之為懺主。」〔註55〕素慕慈雲之行光明懺期，因預同修，於禪觀中見遵式，往生極樂之心愈堅。他「建淨土道場，刻西方三像，爇五指供佛。每月集四十八人同修淨業，名卿賢士多預其會。」〔註56〕

「南屏晚見法智，其所立義有時而違」〔註57〕，誠如志磐所言，南屏梵臻一系自梵臻開始即未能完全沿著知禮學說的路線而行，其後學所出異論頗多，比如擇卿對教觀信之不足、如湛有「背宗破祖」之論，等等，皆與知禮之學漸行漸遠，對自宗義理的闡發與論證顯然也不是他們關注的焦點。於梵臻一系的天台宗僧人而言，禪觀之簡約、禪理之清新頗具吸引力，因此，他們多與禪僧相交，「同時，亦將禪宗的接人方式、說法風格乃至於禪林規制援入天台宗，教禪的結合在南屏系的僧人那裏表現得尤為突出。」〔註58〕當然，梵臻一系的僧人也不乏歸心淨土者，但較之於援禪入教的天台宗僧人而言，該系僧人台淨合流的熱情遠不及台禪合流那麼高漲。

「四明法智之作興也，天下學士靡然向風，嗣其業而大其家者則廣智、神照、南屏三家為有傳。明佛意，示家法，用廣垂裕無窮之謀中興教觀，逮今為有賴。」〔註59〕從志磐的這段敘述中，我們知道，廣智尚賢、神照本如、南屏梵臻三系實乃趙宋一朝天台宗法脈傳承的主流。四明三家雖同出自知禮，但彼此的發展卻各具特色，均未能將知禮之學純粹而完整地繼承下來。這其中山外派的影響卓然可見，知禮後學有捍衛天台祖道而力闢山外者，亦不乏黨同山外者。與此同時，三系僧人多行歸淨土，念佛不懈，以往生淨土為畢生之誓願，體現了淨土法門對天台宗的趨向。而梵臻一系僧人則對禪宗表現出極大的友好與熱情，將禪觀納入教觀之中，教禪合流成為該系的一大特徵。天台宗的基本教義在知禮以後逐漸喪失其作為一個整體的統一性，而「這種統一性的喪失及義學異見在宗派內部的存在，成為天台宗在北宋初期

〔註54〕 志磐：《佛祖統紀》卷十七，《大正藏》第 49 冊，第 234 頁上。
〔註55〕 志磐：《佛祖統紀》卷十三，《大正藏》第 49 冊，第 219 頁下。
〔註56〕 志磐：《佛祖統紀》卷十三，《大正藏》第 49 冊，第 219 頁下。
〔註57〕 志磐：《佛祖統紀》卷十四，《大正藏》第 49 冊，第 219 頁上。
〔註58〕 董平：《天台宗研究》，上海：上海古籍出版社，2002 年，第 313 頁。
〔註59〕 志磐：《佛祖統紀》卷十一，《大正藏》第 49 冊，第 209 頁下。

一度繁榮之後旋即轉向其發展之低潮的一種可能的原因。」〔註60〕

遵式雖為寶雲義通的旁出弟子，其與知禮皆為北宋初期天台宗發展史上舉足輕重的人物。他傳法於明智祖韶。祖韶，天台（今浙江天台）人，年十九即通《法華》，試經得度，參慈雲，得其奧旨。明智為人真誠，初居靈山，某日，慈雲告之曰：「汝當往代本如居能仁，而俾之來繼此山。」〔註61〕祖韶即著草屨，欣然而往，至江濱，慈雲呼其回，曰：「吾試汝耳，汝當竟住此山。」〔註62〕明智即奉師命，一遵成規，講訓之外，行四種三昧以為常課。

祖韶之弟子海月慧辯得其法。慧辯依祖韶學台教，盡得其中三昧。明智將老，命居第一座以代講，講授二十五年，學者常及千人。海月為人剛正，曾任都僧監，總領要略，以行解表眾，諸山仰之，咸以為則。與蘇軾交誼深厚，遷化前遺言曰：須東坡至方合龕。坡至，見趺坐如生，其頂尚暖，作詩以弔，盡敬而退。

慧辯之徒法寶從雅和慈行智深皆崇信彌陀。從雅始從海月學止觀，自謂曰：「言清行濁，賢聖所呵。」〔註63〕又心期淨土，一生坐不背西。無為子楊傑為制《安樂國贊》三十章以美之，其一云：「淨土周沙界，何勞獨指西。但能從一入，處處是菩提。」〔註64〕為廣化世俗，從雅於受業之淨住寺畫三輩九品圖，並刻贊於其右，觀者皆知感化。智深初隨海月學教觀，既成，建光明期懺會，二十年如一日。又專念淨土，勸人稱佛號，從化者不知其數。

慈雲一系門人辯才元淨與法鑑若愚亦崇信淨土。元淨初學於慈雲，後依祖韶，雖精通天台止觀，卻於淨業情有獨鍾。史載元淨修西方淨業，未嘗須臾有廢，元祐六年（1091）往生極樂。元淨之弟子法鑑若愚亦篤信淨業，曾於仙潭「建大閣、造西方像，結道俗念佛，嘗數百人，三十年中預會者多蒙佛接之瑞。」〔註65〕靖康丙午（1126）年預知命終，命眾諷《觀經》，甫畢，乃云：「聖相現前，吾其往矣。」留偈曰：「空裏千華羅網，夢中七寶蓮池，踏得西歸路穩，更無一點狐疑。」〔註66〕

〔註60〕董平：《天台宗研究》，上海：上海古籍出版社，2002年，第314頁。
〔註61〕志磐：《佛祖統紀》卷十一，《大正藏》第49冊，第210頁上。
〔註62〕志磐：《佛祖統紀》卷十一，《大正藏》第49冊，第210頁上。
〔註63〕志磐：《佛祖統紀》卷十一，《大正藏》第49冊，第212頁上。
〔註64〕志磐：《佛祖統紀》卷十一，《大正藏》第49冊，第212頁上。
〔註65〕志磐：《佛祖統紀》卷十一，《大正藏》第49冊，第212頁下。
〔註66〕志磐：《佛祖統紀》卷十一，《大正藏》第49冊，第212頁下。

綜上，慈雲一系的法脈傳承多能謹守祖訓，先學台教，再行懺儀，其中亦不乏歸心淨土者。然而，「慈雲一家，昌、韶諸師之後，五世而蔑聞」〔註67〕，法脈由此中斷不傳。慈雲之門人雖五代而亡，其所制之懺法卻並未因此而中斷。因其懺法之流行，不僅深入到民間社會，而且賡續不絕，「對明清佛教乃至近現代佛教經懺佛事的盛行都產生了重大影響。」〔註68〕因此，遵式之法脈雖數代而亡，其懺法卻歷千年而不衰。較之於中興天台的四明知禮，作為寶雲義通旁出弟子的慈雲懺主，其對中國佛教的影響甚至有過之而無不及。

此外，遵式之師弟興國有荃於端拱元年（988）至太平興國寺敷演天台教法，勸緇素念佛四十年，從者萬餘人。順寂前自謂西方三聖親來迎接，即右脅西向而化。

淨覺仁岳（992～1064）本為知禮門下高弟，在四明與山外派的論爭中翼贊其師，貢獻良多。後因與知禮道不相合，改投遵式席下，後入永嘉淨社，「一住十年，大弘法化。」〔註69〕晚年專修淨業，燃三指供佛。

總而言之，這一時期，天台宗僧人在對淨土問題的把握上側重於就唯心與淨土之相即展開論述，不似知禮、遵式等人以理事相平衡。天台宗僧人在強調唯心即淨土的同時，淨土也即唯心，「天台在圓融地消化淨土時，其實也被淨土悄悄地同化。」〔註70〕

第二節　有嚴、擇瑛、與咸台淨合流思想論要

一、櫨庵有嚴的台淨合流思想

櫨庵有嚴係神照本如的得意門生。「豈意而今發垂雪，片懷長掛月西鈎」〔註71〕，作為宋朝中期台淨合流的代表人物，有嚴的淨土思想顯得有些與眾不同。「夫生淨土者，必須修無生妙觀，才可得耳。若妙觀無相應之期，必淨土絕無可生之理。」〔註72〕在問難者看來，往生淨土誠非易事，須修無生妙觀者

〔註67〕志磐：《佛祖統紀》卷十一，《大正藏》第49冊，第210頁上。

〔註68〕聖凱：《慈雲遵式的懺法實踐與思想》，http://blog.sina.com.cn/puyinbuddhist。

〔註69〕志磐：《佛祖統紀》卷二十一，《大正藏》第49冊，第241頁中。

〔註70〕潘桂明，吳忠偉：《中國天台宗通史》，南京：江蘇古籍出版社，2001年，第610頁。

〔註71〕宗曉：《樂邦文類》卷五，《大正藏》第47卷，第223頁中。

〔註72〕宗曉：《樂邦文類》卷四，《大正藏》第47卷，第205頁下。

才有可能達成所願。若修行者不能在相應的期限內悟入無生之妙觀，往生淨土也就是空花水月，一廂情願而已。針對這種觀點，有嚴指出：「淨土非難易，難易在人。難者疑情，咫尺萬里；易者信心，萬里咫尺。所云修無生妙觀得生者，誠哉！是言也，此雖正意，乃上根得生之一門耳，然不可闢一門而塞多門。《安樂集》云：生淨土者有二種，一、有相心，謂著相忻樂；二、無相心，謂理觀相應。若今之世，中下鈍根，愚迷障重，待理觀相應方生者或少矣。原夫佛慈接物，方便多門，有定、散之善，有佛法之力焉，有事福而假願力迴向焉，有垂終劇怖而賴求救焉，如是等類，百千萬數。」〔註73〕在有嚴看來，能否往生淨土並不在於往生之道的難易與否，關鍵要看修行淨土之人。修無生妙觀者，固然可以往生西方，但行此法門者非上根之人莫屬。換言之無生妙觀並非人人皆能修行。這正如道綽在《安樂集》中指出的那樣，往生淨土有兩種法門，一種是著相忻樂的有相行，一種是理觀相應的無相行。毫無疑問，修無生妙觀者，其所踐行的正是理觀相應的無相行。無相行法雖妙，但當今之世，眾生根鈍，無明闇重，無相行法顯然不適宜於這類鈍根眾生。

那麼，對於中下根機的眾生而言，如何才能往生淨域？有嚴認為信心是通往極樂世界的前提。若有信心，淨土雖遠隔萬里，卻近在咫尺；若存疑情，淨土雖近在咫尺，卻遠隔重洋。在此基礎上，有嚴進一步指出，佛陀慈悲，為度眾生，對機說法，因應根機之不同，講說與之相應之教法，務使各類眾生皆得解脫。正所謂歸元無二路，方便有多門。比如修心妙觀、首楞嚴定之類的定善，修十念、誦彌陀四十八願之類的散善以及依託佛力救度之類的他力往生，等等，皆為淨土之修因。因此，修行之徒，「但自內照，修淨土心」，此心清淨則佛迎，此心垢濁則魔接。要之，萬法唯心，難易由人。

究竟當以何種法門行修西方？有嚴的觀點是循事觀而修。「內憑願力，外仗佛威，一剎那間，便到七寶蓮花池。」〔註74〕此種觀點與知禮理事兼修的主張有所差別，可以說是對知禮倡導的台淨合流路向的一種偏離。

二、德藏擇瑛的台淨合流思想

德藏擇瑛（1045～1099），俗姓徐，桐江（今浙江桐廬）人，神悟處謙的弟子，神照本如下第三世孫。試經得度，後從處謙，深悟止觀之道，著有《淨

〔註73〕宗曉：《樂邦文類》卷四，《大正藏》第47卷，第205頁下～206頁上。
〔註74〕宗曉：《樂邦文類》卷二，《大正藏》第47冊，第182頁上。

土修證儀》《淨土往生十願文》《辯橫豎二出》等。擇瑛雖習天台教觀，卻以淨土宗的念佛法門自度度人，其所著文均與淨土有關。《淨土修證儀》一文以偈贊佛曰：「阿彌陀佛身金色，相好端嚴無等倫，白毫宛轉五須彌，紺目澄清四大海。光中化佛無數億，化菩薩眾亦無邊，四十八願度眾生，九品咸令登彼岸。」〔註75〕元符二年（1099）春示疾，憑几西向，諷《彌陀經》，卷終而逝。

在擇瑛看來，成佛之路有橫出與豎出之分。豎出者，譬如進士及第，行者須自有才學，於聲聞而言修四諦，於緣覺而言修十二因緣，於菩薩而言修六度萬行。此種修行，於眾生來說，誠非易事。橫出者，念佛求生淨土，相對容易。不論是專修彌陀淨土抑或是雜修彌陀淨土，成功率都非常之高。「專修者，身須專禮阿彌陀佛，不雜餘禮，口須專稱阿彌陀佛，不稱餘號，不誦餘經咒，意須專想阿彌陀佛，不修餘觀。」〔註76〕此之謂專修彌陀淨土者，須口稱阿彌陀佛佛號，意觀阿彌陀佛佛像，心口意合，不修餘觀，人人皆能得生安養。至於雜修淨土者，因散漫修諸善業，「百中或得一兩人生，千中或得三五人生」〔註77〕，其功效不及專修者。在橫出與豎出之間，對於芸芸眾生而言，橫出是當然之選，而橫出之專修與雜修，又以專修為勝。因此，對於誓願求生佛國者，口專誦彌陀佛號、意專想彌陀佛像是不錯的選擇。

具體到修行方法，擇瑛主張觀事而行。他著有《淨土修證儀》一文，可惜已佚，所幸的是澤山與咸的《復宗集》中保留了此文的部分內容，據此，我們可以窺見其行法之大略。「夫一代觀門有其二種，一者此方入道破惑證理無生觀也，二者求生淨土舍身為身有生觀也。今且用彼天台一家理觀對此十六《觀經》，以辯二門不同之相。彼以十境為境，此以十六為境；彼以十乘為觀，此以一心為觀；彼觀自己寂光，此觀同居寂光；彼求成智破惑，此求成業牽生；彼求真空無相，此求聖相現前；彼破一切五陰，此成淨土五陰；彼須遣蕩，此須取著；彼須平等，此須欣厭；彼是觀心，此是觀佛；彼是自力，此是他力；彼無方所，此定西方；彼心住而不去，此心去而不住；彼則十境互發，此則十六漸成；彼則百乘互用，此則一心不易。」〔註78〕擇瑛將天台宗觀門與淨土宗觀門的殊異之處一一列舉並加以對比，旨在說明淨土宗觀法迥異於天台宗。如

〔註75〕宗鑒：《釋門正統》卷六，《卍續藏經》第 130 冊，第 864 頁下。
〔註76〕宗曉：《樂邦文類》卷四，《大正藏》第 47 冊，第 210 頁上中。
〔註77〕宗曉：《樂邦文類》卷四，《大正藏》第 47 冊，第 210 頁中。
〔註78〕與咸：《復宗集》卷下，《卍續藏經》第 101 冊，第 349 頁上下。

果說天台宗的觀法著力於破惑證理，注重理事兼修，那麼，淨土一門的修行側重點則在於依循《觀經》之所述觀想無量壽佛，一心至誠，摒棄邪念，則光明顯發，聖境現前。換言之淨土一門之行法須「直觀事境而取往生」，這恰如凡夫單修事禪而求生梵天。

在專修彌陀、往生安養的修行法門上，擇瑛與有嚴都主張觀事而行，都未能將知禮理事兼修的學說一以貫之，以至於偏離了知禮的原初構想。正因為如此才有後起之秀澤山與咸的糾偏行為。

三、澤山與咸的台淨合流思想

澤山與咸，字虛中，俗姓張，黃岩（今浙江台州）人，年七歲出家，依智湧了然為師，為神照本如下第六世孫。與咸首謁了然，了然奇之，曰：「祖位再來也。」對澤山期望甚高，他亦不負師望，以妙年即居了然門下第一座。信安王孟公問十六觀，與咸曰：「佛國在十萬億剎外而提封不越方寸，若克循觀道，則往彼非遙也。」〔註79〕可見與咸信奉唯心淨土，主張以天台觀法修行，如此則淨土必至。隆興元年（1163）五月，澤山端坐念佛而亡。著有《金剛辨惑》《菩薩戒疏注》《法華撮要》《復宗集》等著作。

和德藏擇瑛強調事修不同，與咸力主理事兼修。他認為眾生根機有利有鈍，故眾生有上品、中品、下品之別。佛陀欲以金台攝引一切眾生，但眾生根機高下不一，如來慈悲，大開方便之門，利鈍兼被，事理並陳。「解第一義而以大乘真淨之心求生淨土，必得上生；中下既鈍，此理難皆，事不獲已，故於慈心攝受不失，令於事相專心，亦可得生我國。」〔註80〕對於穎悟者而言，解悟佛法真諦，西方彌陀淨土即是真淨之心，如此必得上品上生。而對於中、下鈍根者而言，大乘第一義諦難解難了，佛國淨土亦難以企及。而如來慈悲，對於此類眾生，因應其根機，引導他們於事相上專心修行，亦可得生安養樂邦。

在此基礎上，與咸指出《觀經》中之所以備明九品，其用意在於見賢思齊，進一步強調理事兼修的重要性。澤山引遵式《決疑行願》一文論述道：「九品生相各有行類，上輩三品須解須行，故文云汝行大乘解第一義即其人也，意令學者見賢思齊，企金台而高升，唯妙觀而是託。若其中下之流，六品生因，只是精持禁戒行世仁慈，乃至下下品生，本是惡逆，十念精誠往生彼國，但能知

〔註79〕志磐：《佛祖統紀》卷十六，《大正藏》第 49 冊，第 231 頁下。
〔註80〕與咸：《復宗集》卷下，《卍續藏經》第 101 冊，第 351 頁上。

有淨土，盡可迴心。苟不然者，寧容九品之差降妙哉！」〔註81〕在與咸看來，上輩三品解行相應，高登金台，了達妙觀；中下六品，雖知有佛國淨土，須持戒修善、精進不已，尚能趨向西方。因此，對於不同根機的眾生，其修持方法也須因人而異。正因為眾生利鈍有別，故須理事兼修。

與咸對理事兼修的提倡既是其佛學主張的呈現，也是其對知禮學說的復歸，當然也是對有嚴、擇瑛等人淡化甚至放棄理觀修行的一種批評。只是與咸的努力收效甚微，隨著蓮社組織的湧現，越來越多的普通民眾加入到念佛機構中來。以無生平等之理為觀照對象的理觀修行顯然並不適合於此類信眾，理觀修行被淡忘甚至被拋棄也是勢所難免。與之截然相反的是，淨土宗的念佛三昧，尤其是稱名念佛深入人心，這其中不乏天台門人的身影。如果說知禮將淨土宗的教義與觀法攝歸於自宗，那麼，知禮圓寂後他的門人弟子雖能秉持祖師先賢倡導的台淨合流主張，但在修行方法的選擇上天台宗僧人則表現出對淨土宗念佛法門的趨向，教宗天台、行歸淨土的融合模式已然呼之欲出。

第三節　小結

知禮圓寂之後，神照本如、廣智尚賢與南屏梵臻分燈接續知禮法席，三系僧人雖在天台教學的背景下歸心西方，行修淨土，但他們給出的合流路向與知禮、遵式等人的構想有著較大的不同。在實際修行中，天台宗的觀法逐漸旁落，淨土宗念佛法門的殊勝性與優越性愈發彰顯，天台宗的主導性地位在台淨二宗進一步合流的過程中讓渡給淨土宗，導台向淨的融合模式在知禮後學四明三家及其門人弟子的手中形成。

本如一系的門人弟子多企慕西方，主張通過事修求生淨域。比如，本如自己就與諸賢結白蓮社共修淨土，其得意門生櫨庵有嚴就「專事淨業，以安養為故鄉」〔註82〕，認為「信心」即眾生對彌陀佛國的信願之心是他們通往極樂世界的終南捷徑。有嚴雖然並未完全拋棄無相行，但他輕理修而重事修的傾向在一定程度上影響並決定了台淨合流的未來走向。德藏擇瑛的觀點與有嚴相類，主張「直觀事境而取往生」。與此二人強調事修不同，本如門下六世孫澤山與咸力主理事兼修。與咸的主張可視作對知禮學說的復歸，但這種復歸畢竟十分

〔註81〕與咸：《復宗集》卷下，《卍續藏經》第 101 冊，第 351 頁下～352 頁上。
〔註82〕志磐：《佛祖統紀》卷十三，《大正藏》第 49 冊，第 218 頁中。

有限，智顗、知禮等人倡導的止觀雙修江河日下，日益式微，淨土宗念佛法門的奉持成為天台宗僧人數十年如一日的基本修行模式。這一傾向在本如的再傳弟子們身上表現得尤為明顯。

尚賢一系的門人多尚淨土，其弟子或行懺或念佛，雖能祖述知禮之學，踐行台淨合流，卻未能純粹而圓滿地將知禮學說繼承下來，淨土宗的念佛法門頗有將天台宗的止觀修持取而代之的態勢。

南屏梵臻入知禮門庭最晚，受教亦淺，梵臻的求學經歷在一定程度上決定了這一系的天台宗僧人對自宗理論體系的薰染深度與信仰程度，較之於本如與尚賢二系，要遜色薄弱一些，甚至有人對自宗的教義佛理表示不滿，提出批評，對禪宗卻抱有一定的好感與熱情。南屏一系的僧人不是「不畜紙策」，「廢卷禪坐」，就是企慕西方，專行念佛，似乎表徵著他們要以禪宗簡約之義理與淨土宗易行之法門取代天台宗繁瑣之教觀，台、淨、禪三宗的互融便成為梵臻一系的主要特徵。

四明三家及其後學雖能承繼知禮家法，沿襲知禮給出的台淨合流的發展路向，但正如大石志磐指出的「南屏晚見法智，其所立義有時而違」〔註83〕，不僅梵臻一系未能忠實而圓滿地承續知禮攝淨歸台的融合路向，本如與尚賢兩家也逐漸偏離了四明的原初設計與構想，在自覺不自覺中將合流背景下的宗教實踐導向了淨土宗的懷抱。四明三家及其後學多心慕西方，誓願往生，於講經說法之際念佛不懈，逐漸脫離知禮以自宗觀心法門融攝淨土宗念佛法門的預設。在對唯心與淨土關係問題的理解上，知禮後學主要就二者之相即加以把握，不類前賢以理事權實相平衡。台淨之間的主次關係隨著台淨合流的推進與深入發生變轉，淨土宗念佛三昧的殊勝性與重要性日益彰顯，天台宗的觀心法門則漸次旁落。這既是淨土宗念佛三昧對天台宗趨向滲透的結果，也是天台宗僧人的歷史性選擇，畢竟在自宗的觀心法門與淨土宗的念佛法門之間，後者更得人心，也愈益深入人心。

〔註83〕志磐：《佛祖統紀》卷十四，《大正藏》第 49 冊，第 219 頁上。

第三章　宗曉與志磐的台淨合流思想

第一節　石芝宗曉的台淨合流思想

　　宗曉（1151～1214），俗姓王，字達先，自號石芝，四明（今浙江寧波）人。十八歲受具，就學於月堂慧詢。曾遊歷浙西諸剎，參謁大善知識。他理觀密契，為延慶第一座。曾鑿義井於城南櫟社，名曰法華泉，以飲行者。復又作亭其上，施以湯茗，無問道俗。為弘法，結屋數楹，鑄鐘架樓，弘傳天台教觀四十餘年。講說之餘，以編撰文獻為務，有《樂邦文類》《樂邦遺稿》《三教出興錄注》《四明尊者教行錄》等存世。《樂邦文類》與《樂邦遺稿》是非常重要的淨土典籍。嘉定甲戌年（1214）八月二十日示疾，臨終前索紙書偈，曰：「清淨本來不動，六根四大紛飛，掃卻雲霞霧露，一輪秋月光輝。」〔註1〕荼毘之後，齒牙不壞，舍利甚多。

　　時至南宋，彌陀淨土信仰更盛，不僅作為一國之君的高宗皇帝「退藏之暇，遊心內典，且欲追還廬阜念佛之風」〔註2〕，而且，「薄海內外，宗古立社，念佛之聲洋洋乎盈耳。」〔註3〕雖然如此，至宗曉之時，淨土文獻多星散四處，如一盤散沙，這樣的局面不但不利於淨土宗的發展，對於提倡台淨合流的天台宗同樣有害無益。因此，以天台宗之教理為指導，對淨土文獻加以搜集、整理、歸類、評點，在宗曉便是責無旁貸、理所應當之事了。

〔註1〕志磐：《佛祖統紀》卷十八，《大正藏》第 49 冊，第 240 頁上。
〔註2〕宗曉：《樂邦文類》卷一，《大正藏》第 47 冊，第 149 頁上。
〔註3〕宗曉：《樂邦文類》卷一，《大正藏》第 47 冊，第 149 頁上中。

一、捃摭文獻與益扶淨業

宗曉存世的作品中，《樂邦文類》與《樂邦遺稿》是最為重要的淨土著作。《樂邦文類》之成稿先於《樂邦遺稿》，此文集「始於經咒，終乎詩詞，凡十有四門，總二百二十餘首，析為五卷。」〔註4〕卷一將藏經中與淨土相關的經論專門析出，列出目錄，共計佛經四十六處，論典六處，以助檢閱，令欲修淨土者知其源務其本。此中一些非常重要的佛經、論典多有僧人之注疏、詮解，宗曉亦將這類文字錄於其後，並附以簡要點評。

根據宗曉的梳理，大藏中專談淨土的經論傳集共有十六種，這正與《淨土十疑論》所云「藏中有數十餘部經論殷勤指授勸生西方是也」〔註5〕相一致。顯然，在宗曉看來，大藏之中論及淨土者非僅局限於教界對淨土經論的一般認識，即以大、中、小三經一論指代淨土，大藏中但凡涉及清淨國土、極樂世界者皆為淨土文獻。因此，像《法華經》《華嚴經》《涅槃經》之類為天台宗、華嚴宗等各大宗派推崇備至的佛教經典也蘊含著豐富的淨土思想。如《法華經》中就曾言道聞經（經指《法華經》）修行即往生安樂世界：「佛言，若有女人，聞是經典，如說修行，於此命終，即往安樂世界阿彌陀佛大菩薩眾圍繞住處，生蓮華中寶座之上，不復為貪欲所惱，亦復不為瞋恚愚癡所惱，亦復不為憍慢嫉妒諸垢所惱，得菩薩神通無生法忍。」〔註6〕此中宗曉對於淨土的判釋與前人不大相同，這一點將在後文中展開論述，此處不贅。

此外，大藏中尚有不少經論主張持咒亦可往生，這類文獻宗曉也甚為重視，將其一一列出，計有十一道之多。宗曉還就持咒修行中遇到的相關問題給以提點。如《拔一切業障根本得生淨土咒》計有五十九字，一十五句，宋元嘉年間求那跋陀奉制譯。若人能誦此咒，阿彌陀佛常住其頂，日夜守護，不但現世常得安隱，臨命終時任運往生。其咒曰：「南無阿彌多婆夜哆（一）他伽跢（二）夜哆地（三）夜他阿彌唎（四）都婆毗（五）阿彌唎哆（六）悉耽婆毗（七）阿彌唎哆（八）毗迦蘭諦（九）阿彌利哆（十）毗迦蘭哆（十一）伽彌膩（十二）伽伽那（十三）枳多迦隸（十四）莎婆訶（十五）。」〔註7〕此則咒語生僻字較多，人多有不識者，遂有人以字易字，以便於行者持誦，宗曉認為

〔註4〕宗曉：《樂邦文類》卷一，《大正藏》第 47 冊，第 149 頁中下。
〔註5〕宗曉：《樂邦文類》卷一，《大正藏》第 47 冊，第 151 頁中。
〔註6〕宗曉：《樂邦文類》卷一，《大正藏》第 47 冊，第 159 頁下。
〔註7〕宗曉：《樂邦文類》卷一，《大正藏》第 47 冊，第 163 頁上。

此法甚不可取。「此咒有六哆字，藏中經本注多曷切，此為正呼也。《龍舒文》恐人不正此音，並改為掇字，擅改咒文，世所不許。有二他字，俱透戈切，跢字都餓切，地字澄買切，唎字上聲，與里同音，枳字止音。此咒人所誦持，並不與上一十五句相應，失本真也。欲期效驗者須正此句讀。」〔註8〕宗曉指出依循佛陀之所說，念佛、持咒、坐禪、修觀乃至行懺等等法門皆能實現眾生得生安養的誓願，但在修行時務須做到如法如律，不得擅改經論，恣意妄為，否則不但失去佛法之本真，於行者而言亦難親證佛果。

卷二為與淨土相關的序跋、文章及贊，此中收錄有遵式、智圓等人寫作的序跋三十二篇，劉遺民、柳子厚等人的文章十二篇，李太白、白居易等人的佛贊十七首。序跋分為兩類，一類是高僧名儒應邀為某人某書所作之序跋，一類是作者的自序自跋。前者有張孝祥為《龍舒淨土文》所作之序《龍舒淨土文序》，靈芝元照為《淨土禮懺儀》所作之《淨土禮懺儀序》，等等；後者有孤山智圓為己作《阿彌陀經疏》所作之《阿彌陀經疏序》，淨覺仁岳所作之《阿彌陀經新疏序》，等等，不一而足。

該卷中所收文章及贊多為文人所作，如收有劉遺民的《廬山白蓮社誓文》、柳宗元的《東海若》、韓愈的《弔武侍御畫佛文》，等等。贊文有李太白、白居易、黃庭堅等文豪之傑作，亦不乏寂音惠洪、孤山智圓、靈芝元照等各宗派大德之筆墨。此中頗值一提的是柳宗元的《東海若》和韓愈的《弔武侍御畫佛文》兩篇文章。

柳宗元所作《東海若》一文借寓言故事曉諭眾生當深信淨土，勤修念佛三昧，從而超三有離五濁，身登極樂，面會諸佛。該文深得蘇軾之喜愛，元祐六年（1091）二月九日，蘇軾攜友書柳文贈與寺僧，使刻而置之淨住院無量壽佛堂中。橘洲寶曇禪師亦深愛此文：「柳子厚《東海若》是亦子莊子亡羊之詞，吾能自信不疑，何慮淨土之不生也。為普照書此，為來者勸，紹熙五年三月望橘洲老衲（寶曇）敬書。」〔註9〕在引述蘇軾、寶曇《東海若後跋》二文之後，宗曉指出柳宗元「《東海若》一篇誠為《樂邦文類》之冠。」〔註10〕蓋柳氏之世，時人以淨土為誕妄，毀信參半，柳公故作此文以譏其失；及至兩宋，沮茲淨土之道者猶多，豈不有愧於柳公乎！為發人深信，為除人疑謗，宗曉遂將柳

〔註8〕宗曉：《樂邦文類》卷一，《大正藏》第47冊，第163頁上中。
〔註9〕宗曉：《樂邦文類》卷二，《大正藏》第47冊，第176頁下。
〔註10〕宗曉：《樂邦文類》卷二，《大正藏》第47冊，第176頁下。

宗元之《北海若》、蘇軾之《北海若後跋》及寶曇之《北海若跋》三文一併刊
出。可知即便是彌陀淨土信仰在兩宋社會已然深入人心，對這一信仰仍然不乏
質疑之聲。宗曉視柳宗元《東海若》一文為「《樂邦文類》之冠」，並將蘇軾、
寶曇等僧俗之跋文附錄於後，無非是藉助柳、蘇之名人效應以及僧侶之現身說
法對質疑者予以回應。僧俗兩界、素人名流皆對彌陀淨業深信不疑，足以證明
彌陀淨土之真實不虛。

　　儒學大家韓愈一向是以排佛衛道的姿態為世人所熟知，但在宗曉看來，韓
愈斥佛之妄語亦有合於教意者也。宗曉是依據韓愈所作《弔武侍御畫佛文》得
出這一結論的。其文曰：「侍御武君，當年喪其配，斂其遺服櫛珥鞶帨於篋，
月旦十五日，則一出而陳之，抱嬰兒以泣。有為浮屠之法者，造武氏而諭之曰：
『是豈有益耶？吾師云人死則為鬼，鬼且復為人，隨所積善惡受報，環復不窮
也。極西方有佛焉，其土大樂，親戚姑能相（見），為圖是佛而禮之，願其往
生，莫不如意。』武君撫然辭曰：『吾儒者，豈可以為是？』既又逢月旦十五
日，復出其篋實而陳之，抱嬰兒以泣，殆而悔曰：『是真何益也，吾不能了釋
氏之信不，又安知其不果然！』於是悉出其遺服櫛（珥），合若干種，就浮屠
師，請圖前所謂佛者，浮屠師受而圖之。韓愈聞而弔之曰：『皙皙兮目存，丁
寧兮耳言，忽不見兮不聞，奔誰窮兮本源，圖西佛兮道予勤，以妄塞悲兮慰新
魂，嗚呼奈何兮弔以茲文。』」[註11] 通觀韓文，對於西方淨土之說，韓愈依
然不信。在他看來，極樂世界之阿彌陀佛信仰只不過是一種妄說，一種妄念，
武侍御繪西方阿彌陀佛聖像不過是以妄塞悲的一種心理上的自我安慰罷了，
並非是真信極樂淨土的存在。對於武侍御繪製佛像之舉，韓愈倍感無奈，痛心
不已，故撰文以弔之。

　　宗曉在韓文之後有這樣一段評論：「韓文公以平時排佛之心而作此文，有
所謂以妄塞悲之語，宜也。雖然彼徒知妄之為非，意以斥佛，殊不知妄亦有合
於教意。且夫第一義諦一法不可得，則凡佛之所以為像，教之所以為言，與夫
今淨土之所以為門，莫非妄也。苟濟於道，孰曰非乎？然則文公之說，未必非
陽抑而陰助之耳，則今類見於此，亦宜也。」[註12] 宗曉的意思是韓愈雖以排
佛之心寫作此文，殊不知被其視作以妄塞悲的畫佛之舉是合乎佛教本意的。如
果就佛教第一義諦而言，無有一法可得，無有一法可說，以此論之則眾生所繪

〔註11〕宗曉：《樂邦文類》卷二，《大正藏》第 47 冊，第 177 頁上。
〔註12〕宗曉：《樂邦文類》卷二，《大正藏》第 47 冊，第 177 頁上中。

－106－

之佛像、佛陀所說之經典，無不屬妄，但為濟度眾生，開權顯實，遂有塑像之舉、極樂之國。韓愈所作《弔武侍御畫佛文》有見於此，也是值得肯定的。可見宗曉在堅持佛教信仰的同時，並未對一向排佛的韓愈等人一概否定，而是予以部分肯定，以為佛教爭取更多的信眾。

卷三為碑記、傳文，碑記十九篇，傳文十四篇。所錄之碑記或為某某道場之重修記、興建記，如《龍興寺修淨土院記》《建彌陀寶閣記》，等等；或為某某人的往生記，如《馬侍郎往生記》《廣平夫人往生記》，等等。需要指出的是該卷中還特別收錄了一篇關於鸚鵡往生西方的記文，根據《河東鸚鵡舍利塔記》一文所述，唐朝時河東裴氏有一隻鸚鵡，聲容可觀，音中華夏，裴氏教以持佛名號，鸚鵡時時念誦。貞元年間鸚鵡往生，以闍維之法焚之，得舍利十餘粒。高僧慧觀聞說此鳥，涕淚悲泣，請以舍利，為其建塔，以旌其異。此文出自《唐文萃》，交代此文出處之後，宗曉又引述了幾則關於動物通靈感應乃至成佛的故事，感慨道：「佛之為化，不以品類為間，凡有善心者，悉濟度之。惟夫人為萬物之靈，奈何聞見而不能景慕者，蓋亦多矣。今觀鱗羽之梭化，豈人倫之不若乎！」〔註13〕其言下之意無非是勸人起心信佛，勤修淨土。

此外，碑記中尚有孤山智圓為圓淨省常所作之碑文，這是我們瞭解西湖淨行社的重要文獻資料。至於傳文，所記之僧人或出自天台門下，或師承達摩教法。這些僧人無不以淨土為旨歸，他們或倡導台淨合流，或主張禪淨一體。宗曉又立廬山慧遠為蓮社之始祖，以善導、法照、少康、省常、宗賾為蓮社之繼祖，分別為他們作傳。另有六篇傳記為居士傳，此六人崇信佛教，皆修淨土，六人中最具代表性也最具影響力的是居士楊無為和王龍舒。

卷四系雜文，共三十三篇，主要收錄了僧俗兩界所撰寫的淨土雜文，其中以天台宗僧人的文章居多，除去天台智顗、四明知禮、慈雲遵式、孤山智圓等積極倡導台淨合流的大德高僧的文章外，還收有淨覺仁岳、櫨庵有嚴、圓辯道琛等天台名僧的著作，如仁岳的《論席解紛》、有嚴的《淨土修因或對》、道琛的《唯心淨土說》，等等。天台宗居士侍制晁說之所作之《淨土略因》亦收錄於其中。這些文章為後人瞭解天台學說的演變提供了可能，也是我們探討、研究兩宋中期台淨關係的第一手資料。

該卷中還收錄了禪宗僧人永明延壽的《萬善同歸集・揀示西方》，相宗僧人慈恩窺基的《彌陀通贊示西方要義》及淨土宗僧人善導的《淨業專雜二修》

〔註13〕宗曉：《樂邦文類》卷三，《大正藏》第 47 冊，第 191 頁下～192 頁上。

《臨終正念訣》等文章，這表明行歸淨土不僅僅只是天台一宗的選擇，禪宗、相宗也紛紛提倡自宗與淨土宗的合流。此中宗曉所集永明延壽《萬善同歸集》一書中文字甚多，這是值得我們注意的。自隋唐至兩宋，禪宗僧人多視淨土為權乘或為小教，多以鄙夷之態待之。禪僧此舉，宗曉甚為不滿，多有批評，如在《樂邦遺稿》中，宗曉就曾對南陽國師、圭峰宗密等禪宗僧人有所指責。但對同樣身為禪僧的延壽，宗曉非但另眼相看，而且大加推崇，這是有原因的。和宗密、南陽等人一樣，延壽也認同唯心淨土之說，卻不視淨土為權教。在延壽看來，「若提宗考本，尚不說有佛有土。……所以天真自具，不涉因緣，匪動絲毫，常冥真體；若約事論，故非一等，九品往生，上下俱達。」〔註14〕延壽的意思顯而易見，若就理體而論，一切天真本具，不分彼此；若約事而言，則有禪淨之別，生佛之異。三世諸佛與三千諸法本無所有，皆依自心，眾生若能了知諸佛及諸法皆唯心量，則捨身速登極樂佛土，此之謂「唯心佛土者，了心方生。」〔註15〕但眾生雖仰教生信，無奈力量未充，觀淺心浮，欲生佛國，除仗如來勝緣外，行者或是通過修定習觀，或是通過但念佛號，實現往生之弘願。正所謂「九品經文自有升降，上下該攝不出二心：一、定心，如修定習觀，上品往生；二、專心，但念名號，眾善資薰，迴向發願，得成末品。」〔註16〕

延壽的淨土觀念及其修行法門深得宗曉之心。該卷中宗曉在評點江公望《念佛方便文》時指出：「念佛方法，當如慈雲懺主及《寶王論》所示，江公著迷，亦可別收一機。蓋悉檀遍被，無不可者。」〔註17〕查慈雲遵式所倡導的念佛方法，莫過於修懺、坐禪及觀想念佛、稱名念佛。《寶王論》中，草堂飛錫也主張持名念佛，「若人聞名稱念，自歸彼國，如舟得水，又遇便風，一舉千里，不亦易哉！」〔註18〕至於念佛的要求，飛錫認為應屬聲而為，「聲之不屬，心竊竊然飄飄然無定；聲之屬也，拔茅連茹，乘策其後，畢命一對，長謝百憂，其義一也。近而取之，聲光所及，萬禍冰消，功德叢林，千山松茂，其義二也。遠而說之，金容焱煌以散彩，寶華淅瀝而雨空，若指諸掌，皆聲致焉，其義三也。如牽木石，重而不前，洪音發號，飄然輕舉，其義四也。與魔軍相

〔註14〕宗曉：《樂邦文類》卷四，《大正藏》第47冊，第199頁中。
〔註15〕宗曉：《樂邦文類》卷四，《大正藏》第47冊，第198頁下。
〔註16〕宗曉：《樂邦文類》卷四，《大正藏》第47冊，第199頁下。
〔註17〕宗曉：《樂邦文類》卷四，《大正藏》第47冊，第212頁下。
〔註18〕宗曉：《樂邦文類》卷四，《大正藏》第47冊，第211頁下。

戰，旗鼓相望，用聲律於戎軒，以定破於強敵，其義五也。具斯眾義，復何厭哉！」〔註19〕

　　遵式、飛錫均倡導持名念佛，延壽倡導禪淨雙修，也主張持名念佛。宗曉在推崇遵式、飛錫之際，對禪宗大師延壽也是肯定的。至於江公望的念佛方法甚為獨特：「有巧方便，無用動口，不出音聲，微以舌根敲擊前齒，心念隨應，隨心應量，循業發現，舌意根下念念之中便有阿彌陀佛四字。音聲歷歷可陳，聲不越竅，聞性內融。心應舌機，機抽念根，心竅在舌。擊擊竅聞，機機念復，寄竅在耳，從聞入流，聞皮精元，寂聞聞性。是三融會，念念圓通。肉團心現本性彌陀，五濁身遊唯心淨剎，久久遂成唯心識觀。」〔註20〕江公望的念佛方法與眾不同，可謂別出心裁，自成一家。對於這種獨特的念佛方法，宗曉也予以認可，認為此方法亦可別收一類根機，導引他們成就佛道。可見宗曉的淨土思想兼收並蓄，博採眾長。

　　卷五主要收錄了以淨土為主題的賦、銘、偈、頌、詩、詞等各種體裁的文章。他們的作者或是高僧，或是居士，此中頗值一提的是永明延壽的《神棲安養賦》一文。文章描繪了西方極樂世界的種種殊勝莊嚴以及彌陀教主的慈心悲運，呼籲眾生歸命西方，直超淨剎。宗曉在延壽賦文下評點道：「禪師一志西方，極言洪贊也如此。至於萬善同歸，亦力勸修治，乃知通人無吝，專利多方，校之滯寂沉空者遠矣。」〔註21〕宗曉對延壽的評價甚高，作為宗門僧人，延壽力主禪淨雙修，這與那些滯寂沉空的禪僧不同，顯然是超拔其上，值得肯定與推崇的。

　　繼《樂邦文類》之後，宗曉又編撰了《樂邦遺稿》。《遺稿》之編輯「蓋仿儒家典籍拾遺之說也」〔註22〕，將零散在《文類》之外的片文只義集為一冊，以益扶淨業者。《遺稿》的體制與《文類》不大相同，多以議論、札記為主。《樂邦遺稿》共分上下兩卷，較為重要的文獻有《答淨土是被鈍根權說》《評晁太傅以淨土為小乘》《辨心淨則國土淨》《論唯心淨土有理有跡》《勸參禪者不妨修西方》，等等。這些文章批評了宗門僧人對西方淨土的偏見，極具義學價值。此外，《遺稿》卷下還集有數十則關於果報輪迴的故事，宗曉在向世人宣說修白業不能超脫生死輪迴之際，勸說眾人應趁早修持淨業，不得延

〔註19〕宗曉：《樂邦文類》卷四，《大正藏》第 47 冊，第 212 頁上。
〔註20〕宗曉：《樂邦文類》卷四，《大正藏》第 47 冊，第 212 頁中。
〔註21〕宗曉：《樂邦文類》卷五，《大正藏》第 47 冊，第 215 頁上。
〔註22〕宗曉：《樂邦遺稿》卷上，《大正藏》第 47 冊，第 231 頁下。

緩。同時，《遺稿》對《龍舒淨土文》作了較多的摘錄，宗曉的淨土觀與龍舒居士不盡相同，但就二人的淨土信仰及化導眾生之心而言，二人又是一致的。

龍舒居士姓王，名日休，字虛中，廬州龍舒（今安徽舒城）人。高宗朝時舉國學進士，棄官不就。其為人「端靜簡潔，博通群書，訓傳六經諸子數十萬言，一旦捐之，曰：『是皆業習，非究竟法，吾其惟西方之歸。』自是精進，惟佛惟念。年且六十，布衣蔬茹，重趼千里，以是教人。風雨寒暑弗違恤，閒居日課千拜，夜分乃寢。面目奕奕有光，望之者信其為有道之士也。」〔註23〕據宗曉《大宋龍舒居士王虛中傳》所記，某日「至三鼓忽厲聲稱阿彌陀佛數聲，唱言佛來接我，屹然立化，邦人此夜有夢二青衣引公西行者。」〔註24〕著《龍舒淨土文》十卷，後增廣二卷，名《龍舒增廣淨土文》。龍舒居士的主要思想是勸人信仰西方極樂淨土，主張持名念佛。

二、淨土實有與安養可期

通觀宗曉的《樂邦文類》與《樂邦遺稿》，我們發現，唐宋時期教界僧人以及方外居士視淨土為實境者不乏其人，當然也有不少人認為淨土之教是小教，是方便權說。對於淨土是小教、是權說的觀點，宗曉不能認同。在這兩部著作中，他對禪宗僧人給予了批駁，並通過判教的方式予淨土以新的定位。

淨土為權說、淨土是小教的觀念主要來自於禪宗僧人。自六祖慧能的《壇經》問世以來，唯心淨土便成為宗門僧人一以貫之的理念。《壇經》中當韋刺史以稱念阿彌陀佛名號能否得生西方相問於慧能時，慧能言道：「凡愚不了自性，不識身中淨土，願東願西，悟人在處一般，所以佛言隨所住處恒安樂。使君心地但無不善，西方去此不遙；若懷不善之心，念佛往生難到。」〔註25〕在慧能，淨土只在心間，心淨則土淨，既然如此，又何須求生西方？慧能雖未明言淨土為權宜方便之說，其意涵不言自明。慧能之後，永明延壽力倡禪淨雙修，收效有限。兩宋時期，禪宗僧人對淨土的鄙夷態度並未徹底扭轉。在他們看來，淨土就是為鈍根眾生施設的方便權宜，屬於小乘教法。

這樣的觀點，宗曉當然不予認可。《樂邦遺稿》中宗曉借天台宗僧人思梵的觀點對此加以駁斥。據《樂邦遺稿》所載，一日，一位姓鄭的通判問思梵：「經教中所明念彌陀佛願生淨土，此莫專為鈍根方便權說否？上根一超佛地，

〔註23〕宗曉：《樂邦文類》卷二，《大正藏》第 47 冊，第 172 頁下。
〔註24〕宗曉：《樂邦文類》卷三，《大正藏》第 47 冊，第 196 頁下。
〔註25〕慧能：《六祖大師法寶壇經》，《大正藏》第 48 冊，第 352 頁上。

豈假他佛之力耶？」〔註26〕思梵的回答是：「吾宗先達呵此說云：佛世文殊、普賢，滅後馬鳴、龍樹，此土智者、智覺，皆願往生，應是鈍根乎？釋迦勸父王淨飯並六萬釋種往生，應盡是凡器乎？若以此為權，將何為實？昔孫莘老亦疑於此，因會楊次公、王敏仲辯論，遂息此疑，乃云『則知淨土非聖人之權設，真禪侶之棲止也』。當知本朝洞曉淨土唯楊、王二賢矣。楊敘《決疑集》引《華嚴》云『知一切法猶如影像，目心如水，佛不來此，我不往彼。我若欲見阿彌陀佛，隨心即見，是知注念者定見』。斯乃稱性實言，非權教也。」〔註27〕思梵引經據典，以史為綱，一再強調淨土非聖人之權設，而是「稱性實言」，是真禪侶棲止之所在，不但芸芸眾生願生安養國土，就是文殊、普賢這樣的菩薩，馬鳴、龍樹、智顗、智覺這樣的聖者也都願往極樂之地。可見，淨土之設與教之權實無涉，往生極樂與行者之利鈍無關。

　　既然淨土之設與教之權實無涉，也與眾生之利鈍無關，那麼，依據天台四教，淨土宗當屬四教中的哪一教呢？宗曉首先指出淨土非為小乘，而是大乘，至於通、別、圓三教之中，淨土宗的歸屬問題，宗曉雖未明言確指，依循《樂邦文類》與《樂邦遺稿》中的諸多線索，我們認為，在宗曉看來，淨土宗與天台宗一樣同屬圓教。

　　先看宗曉對淨土宗是小教這一觀點的批駁。在《評晁太傅以淨土為小乘》一文中，宗曉指出：「原夫小乘之為教，以教偏行拙故，唯詮一真空。若見思破已，則身淪太虛，亦無國土可生，安得言小乘權觀淨土乎？當知大乘方說中道妙理，身土交參，故有塵塵佛刹之謂。若論受生，蓋生即無生，無生即生矣，故楊無為曰：『有念同無念，無生即是生，不勞移一步，透徹覺皇城』是也。廣明此義，如天竺《行願決疑》及四明《答楊文公書》，味道君子試撿詳之。」〔註28〕宗曉的意思是作為藏教的小乘佛教教偏行拙，但詮一空，行者若修此教，縱然是破除見思二惑，也不能身登極樂國土。相反，作為大乘的淨土宗，以中道妙理為其根本特徵，生即無生，無生即生，其中之奧妙豈小乘藏教可等而視之？

　　再看宗曉對淨土宗歸屬於圓教的論證。淨土宗既非小乘，自然也就不是藏教，那麼，通、別、圓三教之中，淨土宗又屬於其中的哪一教呢？上文我們已

〔註26〕宗曉：《樂邦遺稿》卷上，《大正藏》第 47 冊，第 239 頁下。
〔註27〕宗曉：《樂邦遺稿》卷上，《大正藏》第 47 冊，第 239 頁下。
〔註28〕宗曉：《樂邦遺稿》卷上，《大正藏》第 47 冊，第 238 頁下～239 頁上。

經交代，宗曉沒有明確指出淨土宗的歸屬，但從以下兩點我們能夠推斷，在宗曉這裡，淨土宗屬於四教之中的圓教。其一，根據《智者大師念佛宗門四教離念》一文對藏、通、別、圓四教念佛的詮釋，我們能夠推測出淨土宗為圓教的結論。關於大乘圓教的念佛方法，智顗的界定如下：「即觀念佛心起，即空即假即中。若根若塵，並是法界，塵剎諸佛，一念照明，六道眾生，剎那普應。初心即是，今始覺知，如大福人執石成寶。心無捨念，別求離念，即邊而中，無佛無念，此大乘圓教念佛。《瓔珞經》明頓悟如來即此也。」〔註29〕圓教之念佛方法及其所達到的境界與上文中無為子楊傑對淨土宗的概括如出一轍，此為一證。

其二，宗曉對淨土宗的判攝也能佐證上述論斷。在《樂邦文類》卷一中，宗曉在編排淨土文獻時，將不同層次、不同教別的文獻置於一處。若依循天台宗五時八教的判教法則，《法華經》《華嚴經》同為圓教，二經之間又有優劣之分，《法華》純圓，非《華嚴》可比肩。至於其他經典，分屬於藏、通、別三教。但在《樂邦文類》中，宗曉卻將《法華》《華嚴》《般若》《觀經》《彌陀經》等一系列經典歸置在一起，顯然，宗曉是有其用意的。

我們知道，《法華經》是天台宗宗依的經典，天台宗僧人對該經推崇備至，其地位至高至尊，無與倫比。然而，在《樂邦文類》中，出自教門的天台宗僧人宗曉將淨土宗與《法華經》聯繫起來，以為《法華經》是彌陀跡中化緣的開始，以此來說明淨土宗和《法華經》一樣皆為實教。宗曉說：「《化城喻品》曰：過去有佛名大通智勝，其佛未出家時有十六子，皆以童子出家而為沙彌。爾時彼佛說是經已，即入靜室八萬四千劫。是時十六菩薩知佛入室，各升法座，為四部眾廣說《分別妙法華經》，一一皆度六百八十萬億那由他恒河沙等眾生。是十六菩薩所化眾生，世世所生，與菩薩俱，十六沙彌今於十方現在說法。乃至云西方二佛，一名阿彌陀，第十六我釋迦牟尼。爾時所化眾生，汝等諸比丘及我滅度後未來世中聲聞弟子是也。若如來自知涅槃時到，便集諸菩薩及聲聞眾，為說是經。」〔註30〕宗曉之所述主要有三層意思：一、昔日共結緣，二、中間相逢值，三、今日還說《法華》。此三者「總括跡中一期他化盡矣，釋迦既爾，彌陀亦然。良以十六王子於大通時覆講，為物結緣，其諸王子各得成佛。西方號阿彌陀，以果驗因，彌陀爾時乃為第

〔註29〕宗曉：《樂邦遺稿》卷上，《大正藏》第 47 冊，第 233 頁上。
〔註30〕宗曉：《樂邦文類》卷一，《大正藏》第 47 冊，第 151 頁中。

九王子，為眾講說，是知彌陀為物結緣，明矣。故《妙玄》六雲大通，為結大乘之首，彼佛八千劫說經，十六王子八萬四千劫覆講，於時聽眾，或當座已悟，或中間得入，或近化始得即斯意也。如是銓量非唯顯佛佛施化道同，抑亦知古往今來生淨土者，並第九王子當時結緣之眾矣。」〔註31〕此之謂阿彌陀佛和釋迦牟尼佛分別是十六王子中的第九王子和第十六王子，兩位王子昔日皆已成佛，成佛之後，為物結緣，為眾說法，因此，古往今來往生淨土者都是十六王子中第九王子阿彌陀佛當時結緣之眾。既然阿彌陀佛講說之淨土法門與釋迦牟尼佛講說之《法華經》一樣皆屬眾生宿世之緣分，那麼，和《法華經》倡導三乘歸於一乘一樣，往生極樂也是眾生的當然之選。況且，當時阿彌陀佛因聞《法華經》而開悟，那麼，「以淨土宣教不僅是一種方便，也是一種開權顯實。如此，宗曉就確立了淨土在天台教學體系中的地位。」〔註32〕

對於淨土宗的判教問題，知禮從理事權實的角度予以觀照，認為淨土教乃「善巧之權方」，這一「善巧之權方」與《法華經》之微妙方便一般無二，也就是說就實相而言，淨土之教與法華宗並無不同。遵式則以大乘中之大乘、了義中之了義來界定淨土宗，視其為佛教圓乘。宗曉則明確指出淨土之教乃是實教，其以淨土教為實教的判教主張可謂是對知禮、遵式判教理念的繼承與弘揚。但是，這種判教主張顯然與天台之判教並不相侔，對此，宗曉有自己的解釋：「我佛能仁誕生迦維，不戀金輪寶位，直向雪山宴坐。既成道已，隨機闡化故，使大小偏圓教法有殊。最後《法華》高會，一道無偏，開彼權乘，悉歸真實。故出世本懷，至是始暢矣。又念將來之世，人根闇鈍，不能自求出離，唯彌陀本願取土極樂，可以橫截愛河徑超佛地，故於諸大乘經殷勤勸往者不一。斯蓋如來異妙方便，診恤沉淪，父去留藥之謂耳。」〔註33〕此之謂佛陀住世之時，為導引眾生悉歸真際，開權顯實，宣演經教，因慮來世眾生根機愚鈍，難出苦海，於是在眾多大乘經典中演說佛國淨土，勸導眾生往生極樂。如此一來，權實之法與淨土之教便可以統一在同一部經典之中，《法華經》就是這樣一部經典。此外，《華嚴經》《楞嚴經》等諸多大乘經典也都蘊含著豐富的淨土思想。

〔註31〕宗曉：《樂邦文類》卷一，《大正藏》第 47 冊，第 151 頁下。
〔註32〕潘桂明，吳忠偉：《中國天台宗通史》，南京：江蘇古籍出版社，2001 年，第 613～614 頁。
〔註33〕宗曉：《樂邦文類》卷一，《大正藏》第 47 冊，第 149 頁中。

三、理事一如與空有不二

唯心與淨土之間的關係也是宗曉關注的焦點。禪宗的惟心淨土觀自慧能淨土在心，心淨則土淨的論斷流通以來一直十分盛行。對於禪宗的淨土觀念，宗曉顯然是有所批評的。在宗曉看來，心淨則土淨的唯心淨土觀固然有其合理性。當然，需要指出的是宗曉所認可的唯心淨土觀是建立在實相論基礎上的性具唯心淨土觀，而非禪宗僧人所謂的淨土觀。另一方面，宗曉又強調西方淨土的實在性確是不容置疑、不可否認的。「蓋惟人人本有唯心樂國，何籍劬勞肯綮修證。嗟乎！枉入諸趣，久而忘返，昔人興歎。請看路傍埋朽骨，其中多是未歸人，是此也。茲幸佛祖開闡橫截要津，故今得以捃摭，毗贊助發人之信心，俾夫踊躍其修者，則明瞭歸途，不躊躇於生死兩岐之間，誠要道也。」〔註34〕

宗曉首先對禪宗心淨則國土淨的觀念提出質疑，其引《寂室淨土文》云：「禪宗不修淨業者云：遊心禪定悟性宗，人示以淨土，必曰淨土唯心，我心既淨則國土淨，何用別求生處。今復問之，且《淨名經》中如來以足指案地，見娑婆悉皆嚴淨而眾會不見，唯螺髻梵王得知。今之修禪者能如梵王所見清淨土否？況汝所居卑室陋屋必羨之以大廈高堂，脫粟藜羹必羨之以珍羞甘美，弊袍端褐必羨之以綾羅輕縠。若云心淨土淨，則不消如上分別也，況當老病死苦世間違情之時，顏色與未悟者同。」〔註35〕如果誠如禪宗僧人所言心淨則國土淨的話，則人人都能像螺髻梵王一樣見娑婆穢土為極樂淨土，《維摩詰經》中與會者眾多，如來以足指按地所現之勝境，唯螺髻梵王一人見之，舍利弗等聖者尚且不能於穢土中見淨土，修禪之行者又如何能夠做到「隨其心淨則國土淨」呢！禪宗僧人「口唱心淨土淨之言，身被穢土苦惱之縛，其自欺之甚也。不然應須信教仰理，於淨土一門擇善從而修之。」〔註36〕

事實上，對於唯心淨土說，宗曉並未全盤否定，通過理本事蹟關係的闡發，其在強調性具唯心淨土的同時，肯定了西方淨土的真實性。對於這一點，宗曉是借助於《龍舒淨土文》中相關文獻的闡發來實現的。「龍舒曰世有專於參禪者云唯心淨土豈復更有淨土，自性彌陀不必更見彌陀，此言似之而非也。何則？西方淨土有理有跡，論其理則能淨其心，故一切皆淨，誠為唯心淨土矣；論其跡則實有極樂世界，佛詳覆言之，豈妄語哉！人人可以成佛，所謂自性彌

〔註34〕宗曉：《樂邦遺稿》卷上，《大正藏》第 47 冊，第 231 頁下。
〔註35〕宗曉：《樂邦遺稿》卷上，《大正藏》第 47 冊，第 240 頁中。
〔註36〕宗曉：《樂邦遺稿》卷上，《大正藏》第 47 冊，第 240 頁中。

陀者固不妄矣。然卒未能至此，譬如良材可以雕聖像，必加功力然後能成，不可遽指良材而謂物象之華麗也。是所謂唯心淨土而無復更有淨土，自性阿彌不必更見阿彌者非也。」〔註37〕龍舒居士從理事的角度將唯心與淨土之間的關係對接起來，在肯定「淨土實有之前提下談唯心淨土，所謂既有『跡』之淨土，又有『理』之淨土。」〔註38〕

　　龍舒居士的理事淨土觀與四明知禮即理之事談淨土不同，其理淨土並非天台宗性具論意義上的淨土觀。對於這一點，宗曉顯然是不能接受的。不過，對於龍舒居士「跡」之淨土觀，宗曉則是贊成的。換言之宗曉在認同西方淨土有其實在性之際並不否認唯心淨土，只不過這種唯心淨土是天台宗性具論意義上的唯心淨土。我們可以從無為子楊傑為大宋光州司士參軍王仲回所作傳文《大宋光州王司士傳》中窺見宗曉對性具唯心淨土論的強調。根據傳文所記，司士參軍王仲回對禪宗唯心淨土與持名念佛往生西方兩者之間的矛盾不知所措，求教於楊傑，楊傑的回答是：「實際理地，無佛無眾生，無樂無苦，無壽無夭，又何淨穢之有？豈得更以生不生為心耶？此以理奪事也。然而處此界者，是眾生乎？是佛乎？若是佛境則非眾生，又何苦樂壽夭淨穢之有哉！試自忖思，或未出眾生之境，則安可不信教典至心念彌陀而求生淨土哉！淨則非穢，樂則無苦，壽則無夭矣，於無念中起念，於無生中求生，此以事奪理也。故《維摩經》曰：雖知諸佛國及與眾生空而常修淨土，教化於群生，正謂是也。」〔註39〕楊傑從理事相奪的角度對唯心淨土與西方淨土的矛盾加以調和，宗曉認為「次公此傳誠不可棄，但論理事相奪，未若台宗所謂圓觀理事、一念具足也。」〔註40〕

　　那麼，天台宗所謂的「圓觀理事、一念具足」又是怎樣的呢？通過天台宗居士陳瓘對唯心淨土的闡釋，我們大致能夠把握宗曉的性具唯心淨土觀。在《樂邦遺稿》中，宗曉摘錄了陳瓘談唯心淨土的一段文字，其文曰：「一念心起，三千性相一時起；一念心滅，三千性相一時滅。念外無一毫法可得，法外無一毫念可得。此乃本性不遷之法，中理圓明之體。此體以如理為命，其壽無量，非報得命根，亦無連持，本無名字而不拒諸名，名其土曰極樂國，名其身

〔註37〕宗曉：《樂邦遺稿》卷下，《大正藏》第 47 冊，第 243 頁上。
〔註38〕潘桂明，吳忠偉：《中國天台宗通史》，南京：江蘇古籍出版社，2001 年，第 616 頁。
〔註39〕宗曉：《樂邦文類》卷三，《大正藏》第 47 冊，第 195 頁下～196 頁上。
〔註40〕宗曉：《樂邦文類》卷三，《大正藏》第 47 冊，第 196 頁上。

曰阿彌陀。身土交參，融乎一妙，故能說法之音不離彼土，而廣長舌相具足周遍。其俱如是，是體具乎？是佛具乎？是眾生具乎？若有能知彼具之樂者，其有不願往生者乎？向實際之中，要在不往而往；於方便之內，何妨去已還來。機熟感深，足須成辦。」〔註41〕陳瓘的意思是一念心性具足三千諸法，三千諸法復歸於一念心性。一念心性作為中理圓明之體，三千諸法隨其生滅，本性不遷。極樂國土、阿彌陀佛一心所具，國土與佛身交相輝映，融乎一妙，此之謂性具唯心淨土。即如宗曉所言便是：「實際理地不少一塵，佛事門中不立一法。何則？由實際理具一切法，豈少一塵乎？由佛事門離一切相，豈存一法乎？如此則方見理事一如，空有不二矣。」〔註42〕

總之，在唯心與淨土的問題上，宗曉一方面堅持淨土實有說，主張通過修行往生極樂；另一方面，宗曉又通過天台宗性具實相論將唯心與淨土貫通起來，以與禪宗的唯心淨土論相抗衡。

至於修行方法，《樂邦文類》《樂邦遺稿》中收錄有大量文獻，天台宗、淨土宗、禪宗、相宗等諸多宗派高僧大德所提倡的往生極樂的修行法門，宗曉無不一一羅列，歸納起來大致有以下幾種：

1. 約心觀佛。此種修行法門為四明知禮所提倡，前文在「四明知禮的台淨合流思想」一節中已有論述，此中不贅。

2. 修定習觀。此種修行法門為永明延壽、慈雲遵式等人所主張，如延壽在《萬善同歸集‧揀示西方》一文中就曾言道：「九品經文自有升降，上下該攝不出二心：一、定心，如修定習觀，上品往生；二、專心，但念名號，眾善資薰，迴向發願，得成末品。」〔註43〕延壽在提倡修行禪定之際，也未曾否認持名念佛。至於遵式倡導的修行方法，前文在「慈雲遵式的台淨合流思想」一節中已有論述，此中不贅。

3. 持名念佛。倡導通過持名念佛往生極樂的僧人最多，幾乎每一位淨土信仰者都認為持名念佛是易行道，呼籲大家通過執持阿彌陀佛之名號實現超凡脫俗的弘誓大願。天台智顗、四明知禮、慈雲遵式、孤山智圓、慈恩窺基、草堂飛錫、光明善導、壁谷曇鸞等人無不主張持名念佛。《樂邦文類》中收有善導的《淨業專雜二修》一文，在善導看來，得生安養之修行法門有專修與

〔註41〕宗曉：《樂邦遺稿》卷上，《大正藏》第 47 冊，第 234 頁上中。
〔註42〕宗曉：《樂邦遺稿》卷下，《大正藏》第 47 冊，第 241 頁上中。
〔註43〕宗曉：《樂邦文類》卷四，《大正藏》第 47 冊，第 199 頁下。

雜修兩種，專修者專修持名念佛，雜修者雜修各種觀法。但是，修觀以成佛亦為佛陀所言說，如《觀經》中的十六種觀法便是佛陀親口所宣，因此，對於善導以修觀之法為雜修的這一判分，有人大惑不解，問道：「何故不令作觀直遣專稱名號者，有何意耶？」〔註44〕善導的回答是：「眾生障重，境細心粗，識颺神飛，觀難成就，是以大聖悲憐，直勸專稱名字，正由稱名易故，相續即生。」〔註45〕正因為專雜二修有如此之不同，即修觀難成而念佛甚易，因此，眾生當以持名念佛為往生淨土的當然之選。「若能如上念念相續，畢命為期者，十即十生，百即百生。何以故？無外雜緣得正念故，與佛本願相應故，不違教故，順佛語故。若捨專念修雜業者，百中希得一二，千中希得三四。何以故？乃由雜緣亂動失正念故，與佛本願不相應故，與教相違故，不順佛語故，繫念不相續故，心不相續念報佛恩故。雖作業行，常與名利相應故，樂近雜緣，自障障他往生正行故。」〔註46〕相較之下，專修之持名念佛遠甚於雜修之觀行，障重心粗、神飛識揚之眾生唯有以持名念佛方可超脫輪迴，往生淨剎。

4. 觀想念佛。持此種觀點的僧人主要有廬山慧遠、天台智顗等。慧遠在《念佛三昧詩序》中指出通過觀想佛相之莊嚴而往生西方，其文曰：「又諸三昧，其名甚眾，功高易進，念佛為先，窮玄極寂，尊號如來。神體合變，應不以方，故今入斯定者，昧然忘知，即所緣以成鑒，鑒明則內照交映而色象生焉，非耳目之所暨而聞見行焉。於是睹夫淵凝虛鏡之體，則悟靈相湛一清明，自然察玄音之叩，心聽則塵累每消，滯情融朗。」〔註47〕此外，智者大師也主張觀想念佛，《摩訶止觀》中智顗在講說常行三昧時，對此有過發揮，後文亦有論述，此處不贅。

5. 修懺往生。慈雲遵式主張通過懺法修行往生西方，前文已有論述，此處不贅。

6. 持咒往生。執持咒語亦能得生安養，《樂邦文類》卷一中就收有相關的經文咒語，宗曉在相關經文咒語後面也給出了相關的評點與提示，前文已有論述，此處不贅。

〔註44〕宗曉：《樂邦文類》卷四，《大正藏》第47冊，第210頁上。
〔註45〕宗曉：《樂邦文類》卷四，《大正藏》第47冊，第210頁上。
〔註46〕宗曉：《樂邦文類》卷四，《大正藏》第47冊，第210頁上。
〔註47〕宗曉：《樂邦文類》卷二，《大正藏》第47冊，第166頁上。

諸多修行法門中，宗曉最為推崇者莫過於持名念佛。在《大宋光州王司士傳》一文中，當光州司士王仲回問楊傑怎樣做才能得念淨土不間斷時，楊傑以「一信之後更不再疑，即是不間斷也」〔註48〕作答，宗曉對楊傑的回答十分不滿，評論道：「昔善導化人有曰：若人欲速得往生應起無間修，所謂恭敬、禮拜、稱名、讚歎、憶念、觀察、迴向、發願，心心相續，不以餘業相間，故曰無間修。又若貪、瞋、癡來間者，但隨犯隨懺，不令隔念隔日隔時，常使清淨，亦名無間修。若能畢命，誓不中止，決定往生。」〔註49〕在善導看來，往生西方極樂並非有如楊傑所謂的深信不疑即得往生那麼簡單，對於那些希望能夠速登極樂的眾生而言，也須經歷諸如恭敬、禮拜、稱名、憶念、迴向、發願、懺悔等持之以恆的無間修行才能最終如願以償。「次公閱藏，以淨土緣舉示司士，非若是乎！」〔註50〕次公楊傑通覽大藏，這樣詮釋淨土並且授之以人，大藏之中不是如此言說、不是如此化導眾生的吧！顯而易見，宗曉是認同並支持善導的觀點的。對於其倡導的持名念佛法門，宗曉亦頗為推崇。

《樂邦文類》《樂邦遺稿》中宗曉收錄了許多關於持名念佛的文獻，經論、雜文、序跋、詩、詞、贊、賦等體裁無不涉及，文獻的作者上至佛陀、菩薩，下至大德高僧、普通居士。這其中尤為引人注目的是兩位禪宗僧人及其他們的文章，這就是永明延壽與長蘆宗賾。在《樂邦文類》卷二中收錄了宗賾的《觀無量壽佛經序》《蓮花勝會錄文》《念佛防退方便文》《念佛迴向發願文》四篇文章，卷四中錄有延壽《萬善同歸集‧揀示西方》一文，卷五收錄了延壽的《神棲安養賦》一篇，宗賾的《勸念佛頌》《西方淨土頌》，共計十七首頌文。此外，《樂邦文類》卷三中還分別為此二人作傳，並且，作為宗門僧人的宗賾還被宗曉列為繼廬山慧遠之後淨土宗的第五位祖師。如果說永明延壽因早年出入智者門庭後歸心禪宗，因與天台宗的這一淵源頗受宗曉重視的話，那麼，宗曉對宗賾的側目則完全出自學術的眼光。在宗賾傳記中，宗曉對宗賾的描述是「師居長蘆，海眾雲臻，爰念無常之火四面俱焚，豈可安然坐而待盡，乃遵廬阜之規，建立蓮華勝會，普勸修行念佛三昧。其法日念阿彌陀佛，或百千聲乃至萬聲，回願往生西方淨土，各於日下，以十字記之。當時即感普賢、普慧二大菩薩預會，證明勝事，非所作所修契聖，曷至是耶？靈芝稱為近代大乘師，信乎

〔註48〕宗曉：《樂邦文類》卷三，《大正藏》第 47 冊，第 196 頁上。

〔註49〕宗曉：《樂邦文類》卷三，《大正藏》第 47 冊，第 196 頁上。

〔註50〕宗曉：《樂邦文類》卷三，《大正藏》第 47 冊，第 196 頁上。

其為大乘師矣！」〔註51〕宗曉如此推崇長蘆宗賾，固然與宗賾主張禪淨雙修，並且與其在淨業修行方面取得的成就有關，而宗賾對持名念佛法門的倡導與推行亦深得宗曉之心。當然，宗曉對長蘆宗賾、永明延壽等著名禪師的肯定與推崇還有另一層意思，即通過他們對淨土的提倡及其投身淨業修行的事實去對抗禪宗的唯心淨土說。

四、立祖設教與台淨互參

宗曉在《樂邦文類》中設立蓮宗六祖，以廬山慧遠為始祖，以善導、法照、少康、省常以及宗賾為繼祖，此六人「莫不仰體佛慈，大啟度門，異世同轍，皆眾良導。」〔註52〕「從魏晉到南宋，經過不少淨土信仰者的宣揚，彌陀淨土終於以一有蓮社師傳的教派面目出現。」〔註53〕六人之中，慧遠與劉遺民、雷次宗、宗炳等一百二十三人共結白蓮社，於彌陀佛像前立誓共期安養。數百年後，省常仿其道而行之，在西湖邊上與王文正、蘇易簡等諸公結淨行社，專修淨業。長蘆宗賾建立蓮華勝會，普勸眾人稱念阿彌陀佛。而同為唐代僧人的善導、法照與少康三人雖然沒有像慧遠、省常、宗賾一樣建立淨土社團，但他們對淨土法門的弘揚卻不遑多讓。善導為人說淨土法門三十餘年，教人稱念阿彌陀佛，不暫睡眠，京華道俗受化者不計其數．而被視為善導化身的少康則將善導力倡的念佛法門推而廣之，一時之間，新定地界念佛之人滿盈道路。

慧遠與僧俗共結白蓮社以及善導以稱名念佛的方式化導無數人的做法對後世影響深遠，省常與遵式領銜下的念佛團體便是對慧遠蓮社的擬照，而知禮創設的念佛施戒會則與善導的弘化模式頗多相類。兩宋時期，知禮與遵式同為天台宗的祖師大德，他們一手操辦並大力推行的淨土社團堪稱時代典範。而作為典範源頭的慧遠與善導在宗曉心目中的重要性可以推知。遵式與士大夫結社修淨土，即以東林為始，與慧遠蓮社聲名遠播一樣，慈雲主導下的淨土懺儀會「盛振於浙右」。知禮的念佛會規模龐大，人員眾多，念佛實踐中懺願曆子的使用亦是對善導數量念佛方法的借鑒。善導在《觀念阿彌陀佛相海三昧功德法門》一書中指出：「欲生淨土，唯須持戒念佛，誦《彌陀經》。日別十五遍，

〔註51〕宗曉：《樂邦文類》卷三，《大正藏》第 47 冊，第 193 頁下。
〔註52〕宗曉：《樂邦文類》卷三，《大正藏》第 47 冊，第 192 頁下。
〔註53〕黃啟江：《淨土決疑論——宋代彌陀淨土的信仰與辯議》，《佛教研究中心學報》，1999 年第 4 期。

二年得一萬；日別三十遍，一年一萬。……大須精進，或得三萬六萬十萬者，皆是上品上生人。」〔註54〕善導強調數量念佛的多寡對於行者往生西方的層次境界有著直接的關係，知禮在領眾修行中對懺願曆子的使用雖在形式上不同於善導的念佛模式，本質上都是數量念佛的體現。慈雲與知禮運作模式迥異而修行目標一致的念佛團體為天台宗後學宗曉提供了一個重要信息，即慧遠與善導對淨土社會的貢獻巨大。〔註55〕因此他將此二人判立為蓮宗始祖與蓮宗二祖。而作為善導化身的少康被立為四祖也就不足為奇了。至於法照、省常、宗賾等人，無不紹隆大法，行業完實，「繼遠為祖，孰曰不然乎？」〔註56〕

　　既然知禮與遵式創設的蓮社聲名遠播，影響巨大，何以宗曉沒有將自宗的大德列入淨土宗歷代祖師譜系之中呢？天台宗自陳末隋初創立至北宋初年已歷數百載，雖屢經起伏，飽經風霜，智者之門人子弟一直以弘揚天台、振作祖風、壯大自宗為己任。及至四明與慈雲所處之時代，天台宗之境遇誠可謂內憂外患，內有山家山外之爭，外有禪、賢諸宗之爭競。在這樣的背景下以至於知禮有釋難扶宗的憂患意識，為維護自宗，他朝乾夕惕，勉力盡心。知禮、遵式師兄弟二人孜孜努力的目標之一便是能使天台宗在與佛教諸宗派，尤其是與禪宗的抗衡中穩固地位，以實現自宗的發展壯大。可見智顗創建的天台宗才是知禮與遵式承續與弘揚的佛法正統，這一點對於天台後學宗曉，包括撰寫《佛祖統紀》的志磐而言，都是不言而喻的一般常識。基於此，宗曉與志磐均未將此二人判立為淨土宗祖師，仍以天台宗龍象大德尊之。

　　然而，就在四明、慈雲等天台門人通過結社念佛、融通淨土宗以為自宗的正統性不懈努力之際，淨土宗祖師卻「從正在塑造自己宗派身份的天台背景下脫穎而出。」〔註57〕宗曉與志磐對淨土宗諸位祖師的設立表明兩宋時期淨土信仰的普遍與熾盛，而淨土信仰的高漲在很大程度上得益於天台宗僧人知禮、遵式所建蓮社的深遠影響與示範作用。儘管兩宋時期的淨土社團並不完全都與天台宗有關，其發生與活動區域也並不完全局限在以浙江、江蘇為核心地帶的天台佛學輻射圈內，但「宋代開始的淨土社會則主要是在天台宗

〔註54〕善導：《觀念阿彌陀佛相海三昧功德法門》，《大正藏》第47冊，第23頁中。
〔註55〕Peter N. Gregory and Daniel A. Getz, Jr, Buddhism in the Sung, Honolulu: University of Hawai'i Press, 2002, p504.
〔註56〕宗曉：《樂邦文類》卷三，《大正藏》第47冊，193頁下。
〔註57〕Peter N. Gregory and Daniel A. Getz, Jr, Buddhism in the Sung, Honolulu: University of Hawai'i Press, 2002, p504.

的倡導下形成的。」〔註58〕與此同時，淨土宗祖師的判立由天台宗僧人提出意味著作為天台宗僧人的宗曉與志磐清醒而又無奈地認識到一個事實，那就是隨著淨土信仰的普及、念佛法門的深入以及淨土社會的形成，倡導台淨合流的天台宗備受挑戰。天台宗僧人對淨土宗祖師的提名與認可可以說是天台宗寺院對淨土社團掌控失效後不得已而為之的一種選擇。知禮領銜下的念佛施戒會為讓盡可能多的信眾參與其中，規模極其龐大。一萬餘人之眾的念佛團體固然帶來佛法的興盛繁榮，但也潛藏著危機。這些基數龐大的在家眾信仰群體具有極大的不確定性，他們很有可能在某些具有感召力與影響力的居士的勸導說服下改弦易轍，從而與寺院相分離。或者根本就不加入寺院舉辦的念佛機構而直接投身在某位居士領導下的某某蓮社，畢竟相較於出世安身於黃牆之內的出家人而言，在家居士尤其是有一定社會地位的在家居士，其對蓮社機構及其念佛法門的推廣與弘傳更具優勢。這正如後文中朱如一、咎定國、桃園計公等人的案例所揭示的那樣，民間性質的蓮社具有較大甚至完全的自主性，寺院機構因此變得多餘。總之，宗曉、志磐等人在《樂邦文類》《佛祖統紀》等文獻中設立淨土宗祖師的行為既是對這一時期「淨土宗開始享有半自治地位的承認」〔註59〕，也是天台宗寺院對淨土社會尤其是在家人組建的蓮社團體因鞭長莫及而不得不放棄「主權」的一種表現。當然，對於那些與天台宗有著千絲萬縷的關聯卻又不受天台宗寺院管理的蓮社機構，比如南宋初年慈照子元創建的白蓮懺堂，天台宗僧人給予了積極防禦與嚴厲抵制。

如果說宗曉對蓮社祖師的判立是蓮社在天台宗僧人心目中享有半自治地位的表徵，那麼，《樂邦文類》《樂邦遺稿》等文獻資料將不同宗派倡導的淨土理念收歸其中的做法極有可能表明淨土宗教義及其修行法門不能很好地融入到任何一派之中，這其中自然也不乏天台宗的身影。並且隨著淨土社會的欣欣向榮，作為念佛機構的蓮社與寺院的附屬關係愈顯鬆散，頗有掙脫寺院束縛而自成一派的態勢。宗曉對蓮社祖師的設立以及與蓮社相關的各類文獻資料的搜集似乎表明他有承認蓮社團體作為佛教宗派而獨立存在的傾向。這種猶抱琵琶半遮面的傾向在志磐那裏一變而為既明確又肯定的指謂：淨土教。在志磐

〔註58〕Peter N. Gregory and Daniel A. Getz, Jr, Buddhism in the Sung, Honolulu: University of Hawai'i Press, 2002， p508.

〔註59〕Peter N. Gregory and Daniel A. Getz, Jr, Buddhism in the Sung, Honolulu: University of Hawai'i Press, 2002, p505.

的視域中，淨土宗不僅是獨立的實體，而且是與禪宗、賢首宗等分庭抗禮的宗派。

五、三教無異與淨業共修

宗曉不僅堅持天台宗一以貫之的台淨合流傳統，還主張儒、佛、道三教一體，提倡僧、道、俗三界共修淨土，同登極樂。在《三教出興頌注》一文中，宗曉在注解「為報勞生稚子知，鼎分三足還歸一」〔註60〕一句時指出儒、釋、道三教若就教跡而論，則異；若論孔、佛、老三聖之本心，則同。「異焉者，分家而各為其教也。蓋中古之後，元淳漸散，其世大漓，三教於是相望而出，相資以廣天下。儒則制法度崇禮節，幽贊神明，窮理盡性；道則絕聖棄智，修身保真，萬物不干其志，天下不易其樂；釋則五時逗物，三學修身，近則懲惡以勸善，遠則革凡而成聖。天下不可無儒，不可無道，不可無佛，虧一教則損天下一善道矣。昔白樂天外以儒教修其身，內以佛教理其性，中以道教延其壽，斯人深得之，故不墮於一隅之見，亦千載一人也。同焉者，原其三教聖人之心，或出或處或語或默，凡所施為，莫不化天下人之為善，故儒教之至也，殷湯改祝，孔釣不網；老教之至也，一曰慈二曰儉三曰不敢為天下先；釋教之至也，於家出家，下至非類，莫不興大慈悲。矧五常、五行、五成皆一體而異號，唯患乎不遵於一耳！且三宗大訓，率以仁慈為本，傳施為心，誠所謂何莫由斯道也！」〔註61〕此之謂儒、釋、道三教本為一體，中古以來，大道離散，元淳不復，儒、釋、道三教因此而出，各宣己說，儒教講禮法，道教重全身，佛教尚修心。儒、釋、道三教雖各有側重，三者之間相輔相成，缺一不可。白居易深諳此理，故外以儒立身，內以釋修性，中以道延壽，此為三教之殊異處。至於三教的共同點，宗曉認為孔、佛、老三聖之心一般無二，一言以蔽之，化天下之人為善也。也就是說不論是孔子、老子還是佛陀，三人之言教都是為了化導眾生去惡向善，轉凡成聖。因此，五常、五行、五成雖名稱有異，莫不以仁慈為本，莫不以傳施為心。

宗曉認為儒、釋、道三教一體無異，惟佛教更勝一籌。「精修白業欲逃生死者，誠有其人矣，然而生死難逃而竟不能超越者，亦復不少焉。」〔註62〕宗

〔註60〕宗曉：《三教出興頌注》，《卍續藏經》第 101 冊，第 414 頁下。
〔註61〕宗曉：《三教出興頌注》，《卍續藏經》第 101 冊，第 414 頁下～415 頁上。
〔註62〕宗曉：《樂邦遺稿》卷下，《大正藏》第 47 冊，第 248 頁中。

曉在《後魏辟穀神鸞法師傳》中介紹到神鸞（神鸞即淨土宗祖師曇鸞）年少時喜好方術，因聞江南陶隱居有長生不老之法，千里迢迢前往求學，陶隱居遂將所學仙經十卷傳授給他，曇鸞欣喜不已，自以為一經修行必可成仙。後於洛陽遇見佛僧菩提留支，留支告訴曇鸞道教之修行不能免於生死，唯修佛道可超脫輪迴，往生西方，遂授之以十六《觀經》。曇鸞於是改弦易轍，焚毀仙經而專修淨土，後得龍樹接引而身登極樂。宗曉在曇鸞傳後有一段評論，這段評論通過對佛、道二教之比較，指出修道學仙者萬人之中未必能有一人修成，縱然是得償所願，也不免於輪迴，倒不如像曇鸞一樣棄道而修佛，一旦往生淨土，便得不退，壽數無量，這才是真正意義上的長生不老。其文曰：「《龍舒淨土文》曰：按《楞嚴經》有十種仙，皆壽千萬歲，數盡還入輪迴，為不曾了得真性，故與六道眾生同名七趣，是皆輪迴中人也。世人學仙者萬不得一，縱得之亦不免輪迴，為著於形神而不能捨去也。且形神者乃真性中所現之妄想，非為真實。故《寒山詩》曰：『饒汝得仙人，恰似守屍鬼』，非若佛家之生死，自如而無所拘也。自古得仙者唯鍾離、呂公，而學二公者豈止千萬？自予親知聞數亦不少，終皆死亡，埋於下土。蓋平生空費心力，終無所益也。欲求長生莫如淨土，生淨土者壽數無量，其為長生也大矣。不修此法而學仙者，是舍目前之美玉而求不可得之砆砆，豈不惑哉！」〔註63〕而「西方徑路，域意進功，則一念託生彼國，便得不退。」〔註64〕因此之故，三教眾生理當信仰佛教，共修淨業。宗曉主要從勸信、勸修、果報等幾個方面對西方淨土之殊勝加以闡發，以便僧、道、俗三界眾生皆能歸心彌陀，超脫生死。

1. 勸信。「信為功德母」，信仰佛教，誓願成佛，是眾生轉凡成聖的起點，亦是眾生趣生安養的關鍵。宗曉深諳此中奧妙，《樂邦文類》《樂邦遺稿》中屢屢引述相關文獻勸導眾生深信淨土。在編集淨土宗四祖少康的傳記時，宗曉借少康弘法之典故強調了信仰佛教的重要性。據傳記所載，少康初至新定弘法，無人識得其面，少康「乃乞錢誘小兒曰：『阿彌陀佛是汝本師，能念一聲與汝一錢。』群兒務錢隨亦念之，後經月餘俟錢者多。康曰：『可念十聲與一錢。』如是一年，無少長貴賤，念佛之人盈於道路。」〔註65〕此中少康以錢誘使小兒念佛，其目的是為弘揚佛法，度脫眾生，故有此方便權宜。倘若眾生不信佛法，

〔註63〕宗曉：《樂邦文類》卷三，《大正藏》第47冊，第194頁中。
〔註64〕宗曉：《樂邦遺稿》卷下，《大正藏》第47冊，第248頁中。
〔註65〕宗曉：《樂邦文類》卷三，《大正藏》第47冊，第193頁中。

佛陀之經教固然成為虛設，而眾生卻也因此苦海浮沉，輪迴不已。眾生若想跳出苦海，超脫輪迴，信仰佛教當為不二之選。

在皈依佛門的前提下，宗曉強調信眾當對佛教教義深信不疑，尤其要深信淨土宗極樂往生、念佛往生的宣說。《樂邦遺稿》中，圓澤法師報緣生死的故事頗能說明這一問題。「士人李源與僧圓澤以道相契。一日，相約遊西蜀，李欲自荊州路，澤欲自長安路，澤不得已從源之志。舟抵荊州南浦，忽見婦人錦襠負汲，澤見而泣曰：『吾不欲行此為是也，王氏吾當為之子，孕三歲矣。吾既來無可逃者，過三日浴兒，願公臨我以一笑為信，後十二年中秋月夜可於杭州天竺寺外相見。』言已坐亡，婦人竟產。過三日，源往請見，兒果一笑。自後十二年，源赴其約至西湖葛洪川畔，忽聞牧童扣角而歌，曰：『三生石上舊精魂，賞月吟風不要論。慚愧情人遠相訪，此身雖異性長存。』源因問曰：『澤公健否？』彼答曰：『李公真信人也，然俗緣未盡，切勿相近，唯勤修不墮乃復見。』言已又歌曰：『身前身後事芒芒，欲話因緣恐斷腸。吳越江山尋已遍，卻回煙棹上瞿塘。』言已遂去。」〔註66〕對於這則故事，宗曉的評價是：「余觀澤公能出入生死不昧，頗為達者，雖然，亦以生死未盡之故，所以累經胎獄之苦也。竊嘗聞諸小教初果聖人為欲惑所牽，七返人間天上，次第受諸生死，故《大論》有初果生屠兒家之說，至二果位猶有一來欲界生者。今詳澤師所為，為大乘上位權示生死如此耶？為小乘根性次第實受生死耶？若實小乘初果人，雖未出三界，其任運必出三界。雖未入大乘，其於方便土中必任運入大乘，固無可慮者，苟惟不然則輪轉五道方未有涯矣。然則生死之難出有如此者，較之淨土橫截徑路之修可不加勉哉！」〔註67〕此之謂因修行法門之不同，所得之果報也迥然有別。若修小乘及至初果，仍為欲惑所牽，受諸生死，即便是修行至二果果位，猶生欲界。圓澤法師出生入死，輪迴不已，生死之苦難出若此，相比之下，淨業之修行則簡易許多，一旦得生彌陀國土則永不退轉。

正因為淨土法門的這一特點，許多高僧大德在歸心西方、勤修淨業之時對西方極樂世界讚歎不已，以誘使眾生信仰彌陀，早脫苦海。在《彌陀通贊示西方要義》一文中，當有人問起「十方佛國快樂皆同，何故遍指西方，勸人生彼」〔註68〕時，窺基答道：「良為凡夫業重，處處生貪，若不遍指一方，即不繫心

〔註66〕宗曉：《樂邦遺稿》卷上，《大正藏》第 47 冊，第 238 頁上。
〔註67〕宗曉：《樂邦遺稿》卷上，《大正藏》第 47 冊，第 238 頁上中。
〔註68〕宗曉：《樂邦文類》卷四，《大正藏》第 47 冊，第 200 頁上。

專注，所以《法華經》云眾生處處著，引之令得出。又西方淨土主勝，願強遍勸往生，疾成聖果，所以遍指也。」〔註69〕在彌勒淨土與彌陀淨土二者之間，孤山智圓偏贊西方，究其原因乃在於「求生淨土是假他力，彌陀願攝，釋迦勸贊，諸佛護念，三者備矣。苟有信心，往生甚易，如度大海，既得巨航，仍有良導，加以便風，必能速到彼岸也。」〔註70〕總之，「漸漸雞皮鶴髮，看看行步龍鍾。假饒金玉滿堂，誰免衰殘老病。任汝千般快樂，無常終是到來。唯有徑路修行，但念阿彌陀佛。」〔註71〕

2. 勸修。信仰彌陀，願生淨土，離不開修行。如何修行才能得償所願？宗曉雖然不排斥坐禪、修懺等方法，但在諸多法門中，宗曉更鍾情於念佛三昧。《樂邦遺稿》中，宗曉通過對龍牙禪師頌的評論說明了這一點。根據《傳燈錄》的記載，龍牙禪師作有一頌，頌曰：「成佛人稀念佛多，念來歲久卻成魔。君今欲得自成佛，無念之心不校多。」〔註72〕宗曉對龍牙此頌的評論是：「多見禪人常舉此頌以障念佛之人，蓋彼專以空寂為宗，遂將念佛為著相者，殊不知《勝天王般若》有所謂以無所念而修念佛，是豈有著相之病乎？」〔註73〕宗曉的意思是以龍牙禪師為代表的禪宗僧人多視持名念佛為著相之舉，其實，他們不明白以無所念而修念佛的道理。在指陳宗門僧人不明就裏、妄加論斷之後，宗曉和以一頌，以破其惑，頌曰：「念佛人多成佛多，誰云歲久卻成魔。清珠濁水喻親切，喚不回頭爭奈何。」〔註74〕在宗曉看來，念佛法門確是眾生超脫苦趣、得生安養的終南捷徑，行者當以此作為行修淨域的不二法門。總之，「直截根源不用修，算來此語少來由。會須把本逃生死，念念彌陀勿外求。念佛看經是本程，須信從來水是冰。但向根源深體究，聲聲提起甚分明。」〔註75〕

3. 果報。信彌陀，念佛號，修淨業，定能得生安養，超脫生死，這一點對於六道眾生來講概莫能外。在《樂邦文類》《樂邦遺稿》中，宗曉收集了許多與之相關的文獻，旨在強調西方極樂淨土確是人人都應往生的樂邦，只要做到信、願、行三點，縱然是鸚鵡之類的畜生也能修成正果。若不如此，則將苦海

〔註69〕宗曉：《樂邦文類》卷四，《大正藏》第 47 冊，第 200 頁上。
〔註70〕宗曉：《樂邦文類》卷四，《大正藏》第 47 冊，第 201 頁上。
〔註71〕宗曉：《樂邦文類》卷五，《大正藏》第 47 冊，第 219 頁中。
〔註72〕宗曉：《樂邦遺稿》卷上，《大正藏》第 47 冊，第 237 頁下。
〔註73〕宗曉：《樂邦遺稿》卷上，《大正藏》第 47 冊，第 237 頁下。
〔註74〕宗曉：《樂邦遺稿》卷上，《大正藏》第 47 冊，第 237 頁下。
〔註75〕宗曉：《樂邦文類》卷五，《大正藏》第 47 冊，第 220 頁中。

沉淪，永無出頭之日。因此，宗曉廣錄果報靈驗之事，以正世人之心。《樂邦遺稿》中，宗曉收錄了二十多則材料以說明修因得果的道理。如東坡居士蘇軾，其前身乃是禪宗五祖戒禪師。根據《龍舒淨土文》的記載，「五祖戒禪師乃東坡前身，應驗非一，以前世修行故，今世聰明過人，以其習氣未除，致今生多緣詩語意外受竄謫，生此世界多受苦如是。」〔註76〕再如黃山谷，其前身乃是婦人，長誦《法華經》，以誦經功德，轉為男身，聰明超群，為官一方。「此故隨業隨緣來者也，若生西方，豈但如是而已哉！」〔註77〕種因必得果，於眾生而言，因其前世所修有異，再出享受之種族大不相同。對於那些居官爵食厚祿者，就世間法而言，誠可豔羨；若以出世間法論之，則不免生死流轉之苦。縱然是發下弘誓大願，力作清淨之僧，也不一定能如其所願。雖能坐胎立亡，未必能託生勝處，這與欲脫生死而返入生死有什麼不同呢？倒不如直登西方徑路，銳意用功，一旦託生極樂，便不再退轉。「生死海深，波濤甚急，凡造修者，快須著鞭，無致顛躓。如或不然，究觀群賢出沒之際，可不鑒其覆轍哉！」〔註78〕

第二節　大石志磐的台淨合流思想

　　志磐，號大石，南宋末年天台宗山家一系僧人，生卒年代與籍貫均不詳。根據《佛祖統紀》志磐自序中所載「自寶祐戊午（1258）首事筆削，十閱流年，五謄成稿，夜以繼晝，功實倍之。……宋咸淳五年（1269）歲在己巳八月上日，四明福泉沙門志磐寓東湖月波山謹序」〔註79〕可知，志磐應生活在宋元之交。他幼時習儒，後落髮出家，為四明三家廣智尚賢一系之傳人。志磐精通天台教觀，在住寺弘教之際，潛心專研僧傳，寫就了五十四卷本的皇皇巨著《佛祖統紀》〔註80〕。此外還寫有《法界聖凡水陸盛會修齋儀軌》一部。如果僅就志磐

〔註76〕宗曉：《樂邦遺稿》卷下，《大正藏》第47冊，第247頁下。
〔註77〕宗曉：《樂邦遺稿》卷下，《大正藏》第47冊，第247頁下。
〔註78〕宗曉：《樂邦遺稿》卷下，《大正藏》第47冊，第248頁下。
〔註79〕志磐：《佛祖統紀》卷一，《大正藏》第49冊，第129頁中。
〔註80〕志磐的《佛祖統紀》有多個版本，最早刊印本為四十卷本的祖本，南宋咸淳年間面世，當時《法運通塞志》尚未刊刻，故為四十卷。此本乃是明代各大藏經、《大正藏》《大藏新纂卍續藏經》及日本古活字刻本的母本。明朝時，《佛祖統紀》在入藏之時，相關內容遭到大幅度刪補，如《法運通塞志》中儒、道二家之記載悉數被刪，增補進元代的相關史料。「由此形成的藏經諸本先後有洪武

佛學著作的成就及其影響而言，不論在天台宗佛學發展史上還是在中國佛教發展史上，他都稱不上舉足輕重的人物，但是，「在中國佛教史學史上，志磐則以《佛祖統紀》奠定了里程碑式的不朽地位，堪稱中國佛教史學的大成就者。」〔註81〕

一、本跡相融與三教合一

本跡，顧名思義，本者根本也，跡者事蹟也。若以佛教語言論之，本為實相，跡為權現。《法華經‧如來壽量品》中，以佛之法身為本，佛之生身為跡，生身有滅而法身長存。依於此，智者大師以本跡二門詮釋經典、闡發教義。志磐沿襲並承續了智顗的本跡理論，揭示教門即跡而本、三教跡異本一的真諦。

「如來聖人之利見於世也，則必有降本垂跡、開跡顯本之妙存焉。夫本者，法身之謂也；跡者，八相之謂也。由法身以垂八相，由八相以顯法身。本跡相融，俱不思議。自非《法華》開近顯遠、開跡顯本之談，則不足以深知此旨。故通列八相，別敘五時，散引群經，會歸一實，用明一代化事始卒之義，則若本若跡，無餘蘊矣。」〔註82〕如來出現於世，為化導眾生，必有垂跡之舉，跡垂則本顯。因有此本，故有此跡；因此跡顯，故本得彰。由此，本跡相融，不可思議。

本跡相融之不可思議有六義，可就理事、理教、教行、體用、權實、今昔六個方面加以詮釋。第一，約理事明本跡者。「從無住本，立一切法。無住之理即是本時實相，真諦也；一切法即是本時森羅，俗諦也。由實相真本垂於俗跡，尋於俗跡即顯真本。本跡雖殊，不思議一。」〔註83〕真俗二諦，二而不二。真諦雖空，不廢諸法三千；俗諦雖有，三千諸法皆空。理寓事中，事中有理。第二，約理教明本跡者。「本時所照二諦俱不可說」〔註84〕，此之為本；諸佛宣說二諦之教，此之為跡。二諦之本若無，則無二諦之教。教跡若無，諦本豈

南藏本、永樂南藏本、永樂北藏本、嘉興藏本、頻伽藏本等。此書傳入日本，先後有古活字本、弘教藏、卍續藏、大正藏本等。」（道法校注：《佛祖統紀校注》，上海：上海古籍出版社，2012年，第6頁。）本文以《大正藏》中收錄的五十四卷《佛祖統紀》為底本。
〔註81〕志磐撰，道法校注：《佛祖統紀校注》，上海：上海古籍出版社，2012年，第7頁。
〔註82〕志磐：《佛祖統紀》卷一，《大正藏》第49冊，第134頁下。
〔註83〕志磐：《佛祖統紀》卷一，《大正藏》第49冊，第135頁上。
〔註84〕志磐：《佛祖統紀》卷一，《大正藏》第49冊，第135頁上。

顯？諦本與教跡相輔相成，缺一不可。第三，教行為本跡者。初稟佛教，為本；循本而修，為跡，正所謂「由教詮理而得起行，由行會教而得顯理。」〔註85〕第四，約體用明本跡者。修行契理，證於法身，此之為本；以法身之本起應身之用，此之為跡。第五，約實權明本跡者。「實者，最初久遠得法、應二身，皆名為本；中間數數，唱生唱滅，種種權施法、應二身，故名為跡。」〔註86〕此為本跡的原始含義，為佛教各派所持。第六，約今已論本跡者。「今即是本，即指本門。本門已前，皆名為已；湧出已後，方名為今。」〔註87〕今已本跡中，今已有兩層含義：「一是約權實論本跡，則過去久遠得法為本，今時權現應化為跡，故已本今跡；二是以本門已前，皆名為已，湧出已後，方名為今，故今本已跡。」〔註88〕對於本跡的這一層含義，志磐加以重點解釋，究其原因在於「前來諸教已說事理乃至權實者，皆是跡也；今經所說久遠事理乃至權實者，皆名為本。」〔註89〕

（一）教門即跡而本

兩宋時期，台禪之間論諍不已。對於禪僧否認天台宗西天二十四祖說的做法，《佛祖統紀》中，志磐通過本紀、世家的撰寫對此作出回應，確立了天台宗譜系傳承的合法性。與此同時，宗門僧人主張成佛非關文字，視文字言教為方便，更有甚者甚至要求焚毀經教，呵佛殺祖。針對禪僧對教門的歧視，志磐依據本跡相融的理論，對智顗五時八教的判教作出新的詮釋，認為言教文字固然是跡，因跡而能達本。

「言教者，詮理化物之義，聖人被下之辭。」〔註90〕佛陀出世之本懷為說法度人，在其住世的八十餘年間，法輪數轉，其結果便是一代五時，言教有八。釋迦一代教法，按照天台宗之判攝，計有五個時段，分別是華嚴時、鹿苑時、方等時、般若時、法華涅槃時。「五時立名不出三義：華嚴從喻，鹿苑從處，方等、般若、涅槃從法，法華從法喻。」〔註91〕八教為頓、漸、不定、非頓非

〔註85〕志磐：《佛祖統紀》卷一，《大正藏》第49冊，第135頁上。

〔註86〕志磐：《佛祖統紀》卷一，《大正藏》第49冊，第135頁中。

〔註87〕志磐：《佛祖統紀》卷一，《大正藏》第49冊，第135頁中。

〔註88〕潘桂明，吳忠偉：《中國天台宗通史》，南京：江蘇古籍出版社，2001年，第664頁。

〔註89〕志磐：《佛祖統紀》卷一，《大正藏》第49冊，第135頁中。

〔註90〕志磐：《佛祖統紀》卷三上，《大正藏》第49冊，第148頁中。

〔註91〕志磐：《佛祖統紀》卷三上，《大正藏》第49冊，第147頁中。

漸之化儀四教和藏、通、別、圓之化法四教。「藏等四教遍收一切大小乘經，因果顯了，各立教主，各被機緣，始終備足，不過此四。頓等四教，但是如來不思議力，布措藏等，盈縮調停，成熟物機，破邪立正，引小歸大，廢偏顯圓，會權入實。」〔註92〕五時八教從說法時間、說法形式以及說法內容的角度對佛陀一代所說經教加以整理、分判。而不論是化儀四教抑或是化法四教都只是佛陀為教化眾生的一種施設而已，其最終目的是為眾生能悟入佛法，證得涅槃。經教是跡，通過經教之導引而趨向諸法實相，由經教之跡而證得實相之本，此即為佛陀出現於世的一大事因緣。言說經教固然是跡，諸法實相固然是本，眾生根機高下不等，佛陀之言教遂有頓漸之別，這就好比「醫王應病與藥，藥能合宜，則病無不愈。疏不云乎：今佛始終具轉五味法輪，轉此法度人，他心令得悟，斯轉法輪之義也。」〔註93〕

（二）三教跡異本一

和絕大多數僧人一樣，志磐也主張儒、釋、道三教合一。在志磐，儒家、道流、佛乘皆足以教世，三教雖行跡殊異而理體無差。在中國佛教史上，儒、道兩家曾多次對佛教發起詰難，排佛、毀佛事件屢見不鮮，諸如三武一宗之滅佛，韓、歐諸儒之排佛。在《佛祖統紀》中，志磐通過對排佛、毀佛相關事件、相關人物的評點，以此申明儒、釋、道三教一體無二。

儒士之排佛多以僧道不循人倫綱常、不事生產、危害國家、佛教自西域傳入非華夏正統文化等觀點對佛教展開攻擊。唐憲宗元和十四年（819），憲宗敕迎鳳翔法門寺佛骨入禁中，敬禮三日，歷送京城十寺。刑部侍郎韓愈上表，奏曰：「佛本夷狄之人，口不道先王之法言，身不服先王之法服，不知君臣之義、父子之情。況其身死已久，枯朽之骨，凶穢之餘，豈宜以入宮禁？乞以此骨付之水火，永絕根本。」〔註94〕志磐指出佛陀降生在中天竺國，地處天竺國中央，不得以夷狄相稱。藏經之所言皆為先佛所述之道，誠為法言。壞色裂裟為出家人之標誌，是為法服。僧人絕塵出家，非不忠於君主，不孝於雙親，只是他們的忠君孝親之道不同於世法、不為世人所知罷了。正所謂「佛，大聖人，降中天竺國，如生方乃天竺之東境邊方，豈當以中天為夷？一大藏，此皆先佛之道，豈非法言？壞色裂裟，出世標格，豈非法服？行法王法，故君不得而臣；

〔註92〕志磐：《佛祖統紀》卷三上，《大正藏》第49冊，第146頁下。
〔註93〕志磐：《佛祖統紀》卷三上，《大正藏》第49冊，第146頁中。
〔註94〕志磐：《佛祖統紀》卷四十一，《大正藏》第49冊，第381頁下。

為出家士，故父不得而子。然於忠孝之道，所以報君與親者，非世俗區區而能所比。」〔註95〕

韓退之、歐陽修早年極力排佛，後因結交佛門有道高僧，排佛之念遂減，毀佛之心漸滅。韓、歐對佛教態度的轉變表明儒、佛之間本來一致。韓退之視佛教為夷狄之教，歐陽修認為佛法禍患中國，莫若去之。志磐指出韓、歐之排佛，出自二人不識佛法，輕肆慢易，及退之問道於大顛，永叔聞法於圓通，二人排佛之言少沮，好佛之心漸萌，終在人生末年合於釋氏之道，二人早年之排佛不過是「不知佛所以斥佛」之舉。韓、歐等儒士「不責衰世之俗為難移，而尤釋氏之徒為無用，是不憐抱病之夫，而詬醫禱之為何人也；不思釋氏救世行化之為大益，而且疾其宮牆之麗、徒眾之蕃，摘其猥庸無檢者為口實，而欲一概以廢棄之，是見其末而遺其本也。」〔註96〕總而言之，儒、釋、道三教皆足以明道，皆足以教世，其跡雖殊，一理之歸無異。

二、譜系之爭與教宗之辨

兩宋時期，禪宗大盛，成為一枝獨秀、炙手可熱的全國性宗教。五代時期，天台宗雖然自天台山向四明、錢塘等地發展，時至兩宋，仍為偏處一隅的地方性宗教，其僧團的活動範圍始終局限在東南一帶，以浙江為其重鎮。僅從地域的角度而言，天台宗之勢力實難與禪宗相抗衡。此外，為提升、鞏固自身的地位，宗門僧人通過燈錄編撰、傳記書寫等形式確立自宗在佛教譜系上的正統地位。早在盛唐之世，慧能與神秀領銜下的南北兩宗就各自提出了法統說。中唐時期，智炬撰《寶林傳》，首倡西天二十八祖說。北宋法眼宗僧人道原著《傳燈錄》，提出自摩訶迦葉至菩提達摩的西天二十八祖說、自達摩至慧能的東土十六祖說的禪宗法統。景德元年（1004），真宗皇帝詔賜翰林學士楊億對此加以裁定頒行，其法統說產生了巨大影響；半個世紀後，雲門宗僧人明教契嵩依據《寶林傳》《禪經》等典籍撰寫《傳法正宗定祖圖》《傳法正宗記》《傳法正宗論》，對禪宗法統加以論證。後契嵩之作奉敕入藏，自此西天二十八祖、東土十六祖的法統說成為千古定論。

面對禪宗咄咄逼人之勢，天台宗給予了積極回應，一批天台宗史學著作相繼問世，先後有吳興元穎的《宗元錄》、鎧庵吳克己的《釋門正統》、鏡庵景遷

〔註95〕志磐：《佛祖統紀》卷四十一，《大正藏》第49冊，第381頁下。
〔註96〕志磐：《佛祖統紀》卷四十二，《大正藏》第49冊，第388頁上。

的《宗源錄》、良渚宗鑒的《釋門正統》、大石志磐的《佛祖統紀》。諸人之中以志磐的作品成就最大，影響最深。《佛祖統紀》之所以能夠取得如此之高的成就，固然與志磐個人的史學天才分不開，但是元穎、景遷、宗鑒諸法師以及吳克己等人的著作對志磐的成就也起到了借鑒與推進作用。在《佛祖統紀》中，志磐如是寫道：「徽宗政和間，吳興穎師始撰《宗元錄》，述天台一宗授受之事，自北齊至本朝元祐，為之圖以係道統，於是教門宗祖始粲然有所考矣。寧宗慶元中，鎧庵吳克己因穎《錄》增廣之，名曰《釋門正統》，未及行而亡。嘉定間，鏡庵遷法師復取穎本及鎧庵新圖，重加詮次，增立新傳六十餘人，名《宗源錄》。理宗嘉熙初，錢塘良渚鑒法師，取吳本，放史法，為本紀、世家、列傳、載記、諸志，仍舊名曰《釋門正統》。然鏡庵則有不立體統之失，良渚則有名位顛錯之繆。至於文繁語鄙，事緩義乖，則皆有之，而題稱釋門，尤為疏闊。要之，草創、討論、修飾、潤色，非可以求備於一人也。」〔註97〕可見，志磐一家之成就是建立在前賢著述的基礎之上的。

表四　天台宗史學著作一覽表

作　者	著　作	寫作年代
吳興元穎法師	《宗元錄》	宋徽宗政和年間（1111～1118）
鎧庵吳克己	《釋門正統》	宋寧宗慶元年間（1195～1201）
鏡庵景遷法師	《宗元錄》	宋理宗嘉定年間（1208～1224）
良渚宗鑒法師	《釋門正統》	宋理宗嘉熙年間（1237～1240）
大石志磐法師	《佛祖統紀》	宋理宗寶佑六年至宋度宗咸淳五年（1258～1269）

（一）法統之爭

在西天諸位祖師的傳承問題上，天台宗與禪宗頗有分歧。天台宗依據《付法藏因緣傳》，主張西天二十四祖說，禪宗則依託《禪經》《寶林傳》等經典，提出了西天二十八祖說。對比兩宗之西天祖師，自始祖摩訶迦葉至二十四祖師子尊者，兩宗之傳承大致相同。天台宗之西天祖師終至師子尊者，而在禪宗，師子尊者再經四傳，傳至菩提達摩尊者。在《傳法正宗定祖圖》中，契嵩指出「菩提達摩實佛氏一教之二十八祖也，與乎大迦葉乃釋迦文如來直下之相承者也。」〔註98〕菩提達摩既是禪宗西天二十八祖之最後一位祖師，也是禪宗東

〔註97〕志磐：《佛祖統紀》卷一，《大正藏》第49冊，第130頁下～131頁上。
〔註98〕契嵩：《傳法正宗定祖圖》，《大正藏》第51冊，第768頁下～769頁上。

土之始祖。天台宗西天祖師雖有二十四位，其十三祖龍樹實為天台宗真正意義上的西天祖師。在《佛祖統紀》卷六中，志磐首先援引智顗《觀心論》中「歸命龍樹師，驗知龍樹是高祖師也」〔註99〕一句，以龍樹為天台宗之高祖。而龍樹尊者與北齊慧文禪師之間畢竟異地相隔數千里、前後相去數百年，龍樹尊者與北齊慧文之間何以能夠對接起來？換言之同為台禪二宗十三祖的龍樹尊者何以成為天台宗東土的祖師爺？

志磐給出了兩點解釋，一是「北齊尊者宿稟自然，不俟親承，冥悟龍樹即空即假即中之旨，立為心觀，以授南嶽。」〔註100〕志磐的意思顯而易見，慧文尊者「夙稟圓乘，天真獨悟」，雖未曾得到龍樹之面訓，而於龍樹之學卻能心領神會；雖未曾得到龍樹之親傳，而於龍樹之學卻能發揚光大。從這個意義上來講，龍樹實為慧文之師。二是龍樹「功德無上」，確為天台宗之高祖。「夫傳佛心宗，紹隆道統，後人尊之，通稱為祖，故金口祖承二十四聖，皆以祖為稱也，下至此土，九祖相繼，亦此義焉。是知今言高者，誠如荊溪『功德無上』之義，非同俗間曾高之稱也。」〔註101〕在志磐看來，凡能「傳佛心宗，紹隆道統」者皆可以祖尊之。龍樹尊者之所以為天台宗後人尊稱為高祖，究其原因在於龍樹及其學說對後世尤其是天台宗影響甚巨，而龍樹尊者也以其「無上」之「功德」獲得了天台宗僧人的一致推崇與追奉，成為天台宗東土九祖之高祖。

關於天台宗的譜系傳承，概而言之，自佛陀至師子尊者為天台宗西土二十四祖，而中土祖師則始自北齊慧文，慧文傳龍樹之道，龍樹又承續了佛陀教法，這樣一來，天台宗就不是無源之水、無本之木，天台思想與佛陀之教一脈相承，天台宗的正統地位也得以確立。

（二）教宗之辯

台禪二宗之間的爭論除了譜系之爭外，還涉及到教宗之辯。針對天台宗「教證一如」之說，明教契嵩指出語言文字等說教只是方便權巧而已，執著於語言文字是無法通達佛法大意的。因此，以「教外別傳」為標誌的禪宗乃是「正其教跡所不到者也」，也就是說天台宗所謂的依教而見道是不能見道的，惟有禪宗才是真見道。由此看來，宗優於教，宗應攝教。在《傳法正宗記‧上皇帝書》一文中，契嵩寫道：「臣嘗謂能仁氏之垂教，必以禪為其宗，

〔註99〕智顗：《摩訶止觀》卷一上，《大正藏》第 46 冊，第 1 頁中。
〔註100〕志磐：《佛祖統紀》卷六，《大正藏》第 49 冊，第 177 頁下。
〔註101〕志磐：《佛祖統紀》卷六，《大正藏》第 49 冊，第 178 頁中。

而佛為其祖。祖者乃其教之大範，宗者乃其教之大統。大統不明，則天下學佛者不得一其所詣；大範不振，則不得質其所證。」〔註102〕由此理應以宗攝教，以禪統台。

面對宗門僧人對教門的挑戰，志磐從兩個方面給予回應。首先，禪宗僧人以「教外別傳者」自稱，志磐指出「謂之教外別傳者，豈果外此為教哉？誠由此道以心為宗，離言說相，故強為此方便之談耳。不然，何以出示《楞伽》令覽教照心耶？何以言大乘入道、藉教悟宗耶？」１〔註103〕宗門僧人自以為是的「直指人心見性成佛」不過是「吾宗觀心之妙旨也」，不過是一種「方便之談」而已。「既然『教外別傳』只是一種方便之說，而禪宗在實際的修證過程中遵循的還是天台的藉教悟宗，那麼禪宗傳法的獨特性就被取消了。」〔註104〕若就本跡關係而言，佛陀釋迦牟尼為救度眾生、開示眾生就必須現身說法，以言教的形式將究竟之佛法呈現給眾人，眾人依循佛陀所說之言教，通過修行徹悟佛法，這樣才能解脫成佛。這裡佛陀所現之身、言說之教為跡，究竟之佛法為本。佛法之本要通過言說之跡表現出來，言說之跡始終宣說佛法之本。既然本跡相融，教、宗之間，何以宗優教劣？

此外，在《佛祖統紀‧諸宗立教志》中，志磐以達摩禪宗冠名，並且在記述禪宗的傳承時，以達摩為始祖，這在無形中將禪宗貶低至佛教旁支的地位。需要指出的是文中志磐雖然交代了達摩出家之後，遇二十七祖般若多羅付以大法的史實，但這並不意味著志磐就此承認禪宗之歷史可以上溯至西方諸位祖師，在志磐看來，自詡為「教外別傳」的禪宗只是一種方便言說而已。

三、教宗天台與行歸淨土

至志磐所處的南宋末年，天台宗與淨土宗之間的合流更甚，這一點在《佛祖統紀》中有著非常顯著的標誌。在該書中，志磐以本紀、世家、列傳、表、志等五種體例撰寫佛教歷史，僅志這一部分就佔據了全書的一多半篇幅。全書五十四卷，志為二十九卷，除去十四卷的法運通塞志和四卷的歷代會要志，其餘諸志之中以立教志的篇幅最長，卷數最多，共有四卷。而四卷本的立教志中又以淨土立教志為重，計三卷，禪、賢、律、密等諸宗志僅占一卷篇幅，可見

〔註102〕契嵩：《傳法正宗記》卷一，《大正藏》第51冊，第715頁上。
〔註103〕志磐：《佛祖統紀》卷二十九，《大正藏》第49冊，第291頁上。
〔註104〕潘桂明，吳忠偉：《中國天台宗通史》，南京：江蘇古籍出版社，2001年，第671頁。

淨土宗在志磐心目中地位顯赫。「入理教行，具足成就，由五濁以登九品者，唯念佛三昧之道為能爾。末代機宜，始自廬阜，作淨土立教志三卷。」〔註105〕志磐「特闢淨土立教志數卷，正式認許淨土為一教派，而為其立蓮社七祖，追述宋以前宣揚彌陀淨土的主要僧侶及其行誼與貢獻。」〔註106〕

　　彌陀淨土信仰本是流行於民間的諸多信仰之一，並無統一的宗教組織與師資相授的傳承譜系。魏晉以來，經由曇鸞、道綽、善導、少康等人的倡導與推動，這一信仰由北方漸漸傳至南方。「北宋之時，經天台僧侶四明知禮、慈雲遵式及他們弟子的宣揚，淨社接二連三出現於各地，彌陀淨土信仰由江浙地區向全國各地蔓延，滲透社會各個階層。」〔註107〕及至志磐生活的宋元之交，彌陀淨土信仰依然熾盛，蓮社組織也不在少數，為蓮社設教立祖可謂時勢使然。其「目的在建構淨土教史的連續性，與禪宗僧史家建立燈統之做法有異曲同工之妙，都是自發並為樹立宗派威權的積極作為。」〔註108〕然而，這種「自發並為樹立宗派威權的積極作為」卻是以志磐為代表的天台宗僧人既複雜又矛盾的宗派抉擇的結果。一方面兩宋彌陀淨土信仰的盛行主要來自天台宗寺院及其僧人的大力弘揚與積極推進，在某種意義上可以說宋代淨土社會的形成就是由天台宗僧侶一手造就的。不過，隨著彌陀淨土信仰的發展壯大，以蓮社為載體的念佛機構逐漸脫離天台宗教制體系的約束與監管，在台淨合流的動態進展中台淨之間的主次關係此消彼長。在對愈來愈多、愈來愈盛的蓮社監管不能的前提下，承認其存在的合法性並為其判立祖師也不失為與時俱進的明智之舉。另一方面，日益壯大的淨土教也可在一定程度上牽制甚至抗衡一家獨大的禪宗，這對偏處東南一隅、發展舉步維艱的天台宗而言誠可謂有百利而無一害。因此，作為天台後裔的大石志磐為淨土立教，為蓮社立祖，從宗派情感的角度來講或許心有不甘，但彌陀淨土信仰確是在天台宗台淨合流的歷史進程中蔚為大觀並且深入人心，成為兩宋社會的普遍信仰，這也是不爭的事實。

〔註105〕 志磐：《佛祖統紀》卷一，《大正藏》第49冊，第130頁中下。
〔註106〕 黃啟江：《淨土決疑論——宋代彌陀淨土的信仰與辯議》，《佛教研究中心學報》，1999年第4期。
〔註107〕 黃啟江：《淨土決疑論——宋代彌陀淨土的信仰與辯議》，《佛教研究中心學報》，1999年第4期。
〔註108〕 黃啟江：《淨土決疑論——宋代彌陀淨土的信仰與辯議》，《佛教研究中心學報》，1999年第4期。

在三卷本的淨土立教志中，每一卷志磐各有側重。《佛祖統紀》第二十六卷為諸宗立教志的第一卷。該卷中，志磐在為淨土宗七位祖師一一作傳的同時，對淨土宗初祖廬山慧遠的蓮社及其成員也著力頗多。《佛祖統紀》中，淨土宗七祖分別是廬山慧遠、光明善導、般舟承遠、五會法照、台岩少康、永明延壽和圓淨省常。這七位祖師與宗曉《樂邦文類》中的淨土宗六祖大同小異，志磐與宗曉皆以慧遠、善導、法照、少康、省常為淨土宗祖師，此其為二人的共同之處。不同則表現在以下兩點：一是宗曉主張淨土宗六祖說，而志磐則提出了七祖說。在宗曉淨土宗二祖善導與三祖法照之間，志磐增列一人，以般舟承遠為淨土宗三祖，法照及其之後的諸位祖師，其所屬位次則相應順延。二是宗曉的淨土宗六祖中禪宗僧人長廬宗賾佔有一席之地，而志磐則以同為宗門高僧的永明延壽取而代之。「四明石芝曉法師，取異代同修淨業功德高盛者立為七祖，今故尊之，以為淨土教門之師法焉。」〔註109〕志磐淨土宗七祖之設雖以宗曉為指南，尊而從之，其中以延壽代宗賾之細微變化或許是因為較之於宗賾，延壽的名頭更響〔註110〕。但在志磐，延壽之入譜固然與延壽和天台宗之間的淵源〔註111〕不無關係，更重要的是延壽「以天台、賢首、慈恩三宗互有同異，乃館其徒之知法者，博閱義海，更相質難，師以心宗之衡以準平之。又集大乘經論六十部、兩土聖賢三百家之言，證成唯心之旨，為書百卷，名曰《宗鏡》。又述《萬善同歸集》，指歸淨土，最得其要。」〔註112〕簡言之作為宗門僧人的延壽，提倡教禪合一，主張萬善同歸。置身於宗門，延壽力主教宗合一，其對教門的推崇及其與天台宗之間的殊勝淵源，使得教門僧人志磐對延壽不免刮目相看。此外，延壽不僅是極樂淨土的信仰者，也是往生西方的積極踐履者。他「常勸一切人念阿彌陀佛，因修淨業及修福智二嚴，習戒定慧、六度萬行薰修等，乃至廣結香花淨會，供養大齋，種種施為，恒有導首。」〔註113〕延壽領銜下的香花淨會以修淨業、習三學、得福慧為其目的，以念佛、

〔註109〕 志磐：《佛祖統紀》卷二十六，《大正藏》第49冊，第260頁下。

〔註110〕 顧偉康：《禪淨合一溯源》，上海：上海社會科學院出版社，2012年，第151頁。

〔註111〕 宗門僧人永明延壽與教門天台宗頗有淵源，延壽出家後，曾往天台智者岩坐禪，有鳥尺鷃，巢於衣祴。又於國清寺行法華懺，可謂從教門走出來的宗門僧人。

〔註112〕 志磐：《佛祖統紀》卷二十六，《大正藏》第49冊，第264頁下～265頁上。

〔註113〕 文沖編集：《慧日永明寺智覺禪師自行錄》，《卍續藏經》第111冊，第165頁上。

供齋等種種施為共期西方。「恆有導首」說明該會組織性較強，與會者不只限定為出家人，很可能是在家居士中有實力、有威信的大護法。僧俗一起，共襄盛會。在諸多因素的共同作用下，《佛祖統紀》中志磐以延壽取宗賾而代之也就是情理之中的事了。

表五　宗曉、志磐所立淨土宗祖師對比圖

時　間	作　者	著　作	淨土宗祖師
南宋慶元六年（1200）	石芝宗曉	《樂邦文類》	慧遠、善導、法照、少康、省常、宗賾
南宋咸淳五年（1269）	大石志磐	《佛祖統紀》	慧遠、善導、承遠、法照、少康、延壽、省常

在淨土宗七祖傳之後，志磐對慧遠領銜下蓮社的相關成員一一給予介紹，諸如蓮社十八賢傳〔註114〕、蓮社百二十三人傳〔註115〕、不入蓮社諸賢傳〔註116〕。在不入社諸賢之後，志磐還收錄了三篇文章，分別是《廬山法師碑》《廬山法師影堂碑》和《東林影堂六事》。此中志磐對淨土宗初祖廬山慧遠及其蓮社極為重視，除去慧遠本人在淨土宗發展史上的特殊地位及其影響外，蓮社十八賢以及不入社諸賢對蓮社之貢獻亦不容忽視。蓮社十八賢，除慧遠

〔註114〕 志磐《佛祖統紀》中蓮社十八賢傳是志磐根據《十八賢傳》《廬山集》《高僧傳》及《晉史》《宋史》等文獻資料考校、核定、寫作而成的。關於《十八賢傳》，志磐指出：「《十八賢傳》始不著作者名，疑自昔出於廬山耳。熙寧間（1068～1077），嘉禾賢良陳令舉（舜俞）粗加刊正。大觀（1107～1110）初，沙門懷悟以事蹟疏略，復為詳補。今歷考《廬山集》《高僧傳》及晉宋史，依悟本再為補治，一事不遺，自茲可為定本矣。」（《佛祖統紀》卷二十六，《大正藏》第49冊，第268頁下。）足見志磐為學之嚴謹，也可見其對自己才學之自信。

〔註115〕 這裡所謂的蓮社百二十三人傳並非是為一百二十三人分別作傳，由於年代的久遠，加之史料的缺失，蓮社一百二十三人的名字及其生平事蹟並沒有全部流傳下來。至志磐所處的南宋末年，蓮社百二十三人中見諸史冊、存其名號者僅為三十七人。《佛祖統紀》中，志磐將這三十七人的名號一一羅列於淨土立教志中，並為其中有跡可循者作傳，諸如闕公則傳、陸靜修傳，等等。

〔註116〕 不入蓮社諸賢分別是陶淵明、謝靈運、范甯。對於名士陶淵明與貴冑謝靈運，慧遠的態度截然相反。根據《佛祖統紀》的記述，慧遠於廬山與諸賢共結白蓮社，以書招淵明，淵明曰：「若許飲則往。」慧遠許之，遂造焉，忽攢眉而去。而身為康樂公的謝靈運，才至廬山，初見慧遠，便肅然心服，遂即寺築台，鑿池植蓮，嘗求入社，慧遠以其心雜而止之。范甯，官至中書侍郎、豫章太守，後免官歸家，慧遠招之入社，未往。

外，其餘十七人中，僧十一人，居士六人。這十一位僧人，多數是中國佛教史上響噹噹的人物。慧永、慧持與慧遠同為「彌天釋道安」之弟子，慧永居盧山西林寺，慧遠在盧山東林寺，慧持則為慧遠之舅。道生、曇順、僧睿同為鳩摩羅什之門人，曇恒、道昺、曇詵、道敬四人乃慧遠上首弟子，覺明（梵僧佛馱耶舍）、覺賢（梵僧佛馱跋陀羅）二法師均為佛教史上赫赫有名的佛經翻譯家。張野、張詮、宗炳、劉程之、周續之與雷次宗六人之名氣也都不小。正是在慧遠及其蓮社成員的共同努力下，盧山白蓮社聲名遠播，影響非凡。這也正是兩宋時期僧俗積極組建蓮社的動因之一，同時也是這一時期淨土流行的一個縮影。

需要指出的是宗曉與志磐的淨土宗諸祖序列中均不見曇鸞與道綽的名字，而曇鸞（476～542）、道綽（562～645）、善導（613～681）實為淨土宗創宗立派的代表人物，清初淨土宗僧人實賢思齊以持名念佛為據，尊此三人為淨土宗最初三祖，而宗曉與志磐之所以將曇鸞與道綽二人棄之不收，「這可能與盛行於南方的天台宗人確定淨土宗祖師的視野、視角、尺度有關。」〔註117〕比如，為宗曉與志磐共同視為淨土宗初祖的盧山慧遠，雖然主張念佛修西，其念佛主張乃是觀想念佛與實相念佛，而非淨土宗祖師大力提倡的持名念佛。對此，在《念佛三昧詩集序》中慧遠有明確交代：「又諸三昧，其名甚眾，功高易進，念佛為先，何者？窮玄極寂，尊號如來，體神合變，應不以方。故令入斯定者，昧然忘知，即所緣以成鑒。鑒明則內照交映而萬象生焉，非耳目之所暨而聞見行焉。於是，睹乎淵凝虛鏡之體，則悟靈根湛一，清明自然；察夫玄音之叩心聽，則塵累每消，滯情融朗。非天下之至妙，孰能與於此哉？」〔註118〕此之謂佛法三昧雖多，修行效果上佳者當推觀想念佛，因為佛的形體與識神共同變化，隨眾生之感應而變現多方。因此，一旦進入念佛三昧，修行者便能以所緣之境為鏡，內心與外緣互相映照而萬象生成，由此便能見到相好光明的佛身，悟到自心與佛身的重合為一，並能以心聽聞玄妙的佛國音聲。如此一來，煩惱盡除，凡情皆消。「這種在禪定（三昧）中觀想佛的三十二相、八十種好的過程，摻雜著對佛理的悟解，如以心所攀援的外境與內心的交相映照，心察玄音而消融塵累與滯情都非明佛理者莫辦。」〔註119〕因此，慧遠崇

〔註117〕 方立天：《彌陀淨土理念：淨土宗與其他重要宗派終極信仰的共同基礎》，《學術月刊》，2004 年，第 11 期。

〔註118〕 道宣：《廣弘明集》卷三十，《大正藏》第 52 冊，第 351 頁中。

〔註119〕 陳揚炯：《中國淨土宗通史》，南京：江蘇古籍出版社，2002 年，第 101 頁。

尚與踐行的行持模式非常人所能習學，乃為上根利器者所設，顯然並不適用於普通民眾。但慧遠之彌陀淨土信仰及其與諸賢結白蓮社之舉在其後的數百年間產生了很大的影響。兩宋時期，淨土社邑盛況空前，而淄素兩眾結社同修西方淵源有自，就是廬山慧遠及其所建之白蓮社。

《佛祖統紀》第二十七卷、第二十八卷為淨土立教志的第二、第三分卷。第二十八卷為往生高僧傳，第二十九卷是為往生極樂之高尼、雜眾、公卿、庶士、女倫、惡輩乃至禽魚作傳，其後增列往生續遺僧俗十人。《佛祖統紀》中，自魏晉南北朝至南宋末年數百年間，身登安養的高僧計一百三十四人，其中，天台宗僧人居多，約占總人數的三分之二。往生淨域之高尼計六人、雜眾計五人、公卿計三十人、庶士計二十三人、女倫計四十三人、惡輩計五人、禽魚計四條／隻。

表六　各類淨土傳中往生情況統計表

往生者	往生者的身份	《淨土往生傳》宋治平元年（1064）	《新修往生傳》[註120]宋元豐七年（1084）	《樂邦文類》宋慶元六年（1200）	《佛祖統紀》宋咸淳五年（1269）
高僧	僧尼	70人	40人	13人	138人
高尼		2人	5人		6人
雜眾		1人	3人		8人
公卿	居士		4人	4人	33人
庶士		1人	4人	1人	23人
女倫		1人	4人	3人	43人
惡輩	其他		2人		5人
魚禽				4條／只	4條／只

兩宋時期，自飛山戒珠的《淨土往生傳》始，經王古的《新修往生傳》、宗曉的《樂邦文類》到志磐的《佛祖統紀》，這四部著作中，為往生之高僧作傳是每部著作的重頭戲。不論是從高僧的數量還是從高僧的名望而言，皆非身

〔註120〕北宋飛山戒珠始著《淨土往生傳》，侍郎王古加以續傳，名曰《新修淨土往生傳》。錢塘陸師壽增續之，易名為《寶珠集》（散佚），四明默容海印又續於後。《新修往生淨土傳》共有三卷，其中，第二卷大部分遺失不存，因此，本文對此書往生淨土者的統計與分析僅以第一卷、第三卷為據。第一卷中正傳者二十五人，附傳者十五人，第三卷中正傳者三十一人，附傳者八人。

登極樂之他輩所可比擬。《往生傳》中，往生者七十五人，其中，往生之高僧七十人，《新修往生傳》中，往生高僧之人數佔有絕對優勢，而在《佛祖統紀‧淨土立教志》中共有一百三十八名高僧歿後去往彌陀極樂世界。在志磐的史書中，往生極樂者有二百六十人，僅高僧就占總數的一半還多。可見，高僧之往生是各類往生傳的核心所在。這是戒珠、王古、宗曉、志磐四人著作中最為顯著的一致之處，而彼此間的差異也是顯而易見的。

　　首先，關於公卿往生傳，戒珠的傳記中未載，王古的《新修往生傳》與宗曉的《樂邦文類》中均載四人，《佛祖統紀》中的人數蔚為壯觀，是前兩人書中人數的八倍還多，共有三十三人。如香山居士白居易，官太子太傅，始信彌勒淨土，與「一百四十八人結上生會，行念慈氏名，坐想慈氏容，願當來世必生兜率。晚歲風痹，遂專志西方，祈生安養，畫西方變相一軸，為之願曰：『極樂世界清淨土，無諸惡道及眾苦，願如我身病苦者，同生無量壽佛所。』一夕念佛坐榻上，倏然而逝。」〔註121〕《佛祖統紀》中，公卿往生人數的激增表明公卿正逐漸成為彌陀淨土信仰的主要人群。庶士往生淨土的情況與公卿相類似，《往生傳》《新修往生傳》《樂邦文類》中寥寥幾人，《佛祖統紀》中劇增至二十三人。

　　其次，女倫之往生傳耐人尋味。戒珠、王古、宗曉的著作中都有往生之女倫，其人數均在五人以內。而在志磐的書中，往生之女倫躍升至四十三人，占往生人員總人數的六分之一。這一不同尋常的現象表明彌陀信仰者中，女性信仰者尤其是在家女眾的數量呈猛增的態勢，淨土信仰深入人心，並且扎根於普通的社會民眾之中。《佛祖統紀》中，荊王夫人王氏、荊王侍妾往生西方的故事頗能說明這一問題：「荊王（荊王趙楫，宋徽宗之子。）夫人王氏，元祐（1086～1094）中事西方甚精，恰獨一妾懈慢，夫人將逐之。其妾悲悔，極加精進，一夕異香遍室，無疾而終。夫人忽夢妾起居敘謝：『因夫人訓責，今獲往生。』夫人曰：『西方可往不？』妾曰：『但隨妾行。』夫人隨之，見二池皆白蓮華，或榮或悴。妾曰：『此皆世間發心修西方人也，人間才發一念，池中即生一花，隨其勤墮，榮悴各異。』中有一花，朝服而坐，其衣飄揚，隨風消散，即見寶冠、瓔珞莊嚴其身。妾曰：『此楊傑也。』又有一花朝服坐上，其花稍悴，曰：『此馬玗也。』復前導數里，遙望金壇光明交徹，妾曰：『此夫人化生處，上品上生也。』徐訪楊傑則已亡，馬玗則無恙。后夫人於

〔註121〕志磐：《佛祖統紀》卷二十八，《大正藏》第49冊，第282頁中。

生日秉爐焚香，觀音閣佇立而化。」〔註122〕

此外，惡輩以及魚禽等畜生，但凡信奉淨土者皆能往生，《新修往生傳》《樂邦文類》《佛祖統紀》中皆有相關記載，如《佛祖統紀》中，志磐如是寫道：「長安張善和殺牛為業，臨終見牛數十來云：『汝殺我。』善和告妻急請僧，即為說《觀經》。若有眾生作不善業，應墮惡道，善友告令至心具足十念，稱南無阿彌陀佛，除八十億劫生死之罪，即得往生極樂世界。善和大叫云：『便入地獄也。』即以左手擎火，右手撚香，轉身向西，厲聲念佛，未足十念即云：『佛來也，已與我寶座。』言訖而終。」〔註123〕佛門廣大，縱然是十惡不赦之徒，臨終之際，幡然悔悟，念佛十聲，亦能往生。至於魚禽等畜生，只要一心向西，勤於念佛，臨終自能往生。天台黃岩正觀寺一鸚鵡，常隨人念阿彌陀佛，後常自念，一日立死籠中，後以穴土葬之，舌端生紫色蓮華。魚禽等畜生本為六道之一，而六道與聲聞、緣覺、菩薩、佛等十界互具，既然十界互具，又何愁不能成佛？

通過與戒珠、王古、宗曉等人淨土文獻的比較，志磐淨土往生傳呈現出新的特徵。《佛祖統紀》中，往生之居士，就其數量而言極為可觀，約占往生總人數的一半；就其身份而言，上至王侯將相，中至文人雅士，下至普通百姓，社會各階層皆好彌陀信仰，淨土宗成為全民性宗教。這一顯著的變化說明兩點，一是居士佛教正逐漸成為一股新起的強大力量，成為中國佛教的重要組成部分，成為緇衣佛教的有力外護；二是隨著彌陀信仰的普及，「家家阿彌陀」的格局逐漸形成，淨土宗最終得以扎根在社會民眾之中，成為全民性宗教。

作為山家後學的志磐，在淨土的性質、方位等問題上，其觀點與知禮一脈相承。「在凡具惑，而能用三觀智顯本性佛，如四明師之言曰：『心境叵得，故染可觀淨；不礙緣生，故想成相起。唯色唯心，故當處顯現。』斯觀佛三昧之正訣，唯明宗得意者能行之。至若稱唱嘉號，瞻禮尊容，讀誦大乘，持奉淨戒，皆淨業之正因，正觀之助行，而但修十善行也。仁慈者，亦可以成迴向莊嚴之績。」〔註124〕顯然，志磐在堅守天台宗觀妄心、顯本性這一修行法門的同時，對「稱唱嘉號，瞻禮尊容，讀誦大乘，持奉淨戒」等事儀也同樣重視，理觀與事儀乃是「淨業之正因，正觀之助行」。「入理教行，具足成就」，在志磐，不論是言教抑或是行止，都能使眾生契入佛理，證悟實相。

〔註122〕志磐：《佛祖統紀》卷二十八，《大正藏》第 49 冊，第 286 頁上中。
〔註123〕志磐：《佛祖統紀》卷二十八，《大正藏》第 49 冊，第 288 頁下。
〔註124〕志磐：《佛祖統紀》卷二十六，《大正藏》第 49 冊，第 260 頁下～261 頁上。

「然則若定若散，若智若愚，無一機之或遺，雖登台之有金銀，入品之有上下，至於趣無生而階不退，則一概云耳。悠悠末代，憑願行而升安養，自廬山而來，傳往生者才三百人，意邈方外域不及知者，奚若河沙之多。是知此方學佛道者，機疏障重，未聞有成，而獨於念佛之法，無問僧俗，皆足以取一生之證，信矣哉！」〔註125〕末代眾生，機疏障重，較之於因佛理而悟實相者，淨土宗之念佛方法簡易便捷得多，因此，「由五濁以登九品者，唯念佛三昧之道為能爾。」〔註126〕自廬山慧遠以來，依託念佛而身登安養者不計其數，至兩宋，彌陀淨土信仰者與實踐者蔚為大觀，僧、俗兩界共修淨業，教、宗僧人同祈西方。

主觀上，志磐在堅持天台宗性具唯心論的前提下，積極提倡天台宗與淨土宗的合流，認為理觀與事儀須兩相併舉，不可偏廢；客觀上，淨土宗之念佛三昧已將天台宗觀心法門取而代之，天台宗僧人多是淨土宗念佛法門之踐行者，《佛祖統紀》中往生西方極樂者，諸如往生之女倫、往生之惡輩以及往生之魚禽等，多不曉天台宗性具實相之義、一心三觀之旨，惟知念佛而已。「入理教行，具足成就」，對於末代機宜而言，教行之間，以行為上，而此「行」非天台宗之「行」，實為淨土宗之「行」也。

第三節　小結

及至石芝宗曉、大石志磐生活的南宋中晚期，台淨合流進入彼此交融互參階段，形成了教宗天台、行歸淨土的台淨二宗平分秋色的局面。作為台淨合流的集大成者，宗曉編撰了《樂邦文類》《樂邦遺稿》兩部文集，保存了大量的淨土文獻，「用天台教理統攝淨土，最終完成台淨的合流。」〔註127〕首先，關於淨土的權實問題，宗曉認為極樂淨土乃「稱性實言」，歸屬圓教。其次，宗曉從理事一如、空有不二的角度看待唯心與淨土的關係，主張性具唯心淨土。最後，對於往生安養的修行法門，宗曉強調主要有約心觀佛、修定習觀、持名念佛、觀想念佛、修懺往生、持咒往生等幾種。

〔註125〕志磐：《佛祖統紀》卷二十六，《大正藏》第49冊，第261頁上。

〔註126〕志磐：《佛祖統紀》卷一，《大正藏》第49冊，第130頁中。

〔註127〕潘桂明，吳忠偉：《中國天台宗通史》，南京：江蘇古籍出版社，2001年，第610頁。

　　而在志磐所處的宋元之交，台淨合流更深更甚，越來越多的信眾成為彌陀淨土信仰的中堅力量。隨著這一信仰的普及，「家家阿彌陀」的格局形成，淨土宗最終扎根在社會民眾之中，成為全民性宗教。而彌陀信仰的普及也在無形中反襯出天台宗觀法的衰落不振。台淨合流進程中台淨關係隨著各自地位的此消彼長而調整變化，教宗天台、行歸淨土的互參模式形成。宗曉、志磐為蓮社立祖設教的做法正是台淨合流進程中彼此關係輾轉變更的表徵之一。此二人雖都「用天台宗教理統攝淨土」，但在緇白二眾的日常修行實踐中，智顗藉淨土宗行門來助推止觀實踐以開顯諸法實相的本懷、知禮以自宗一心三觀融攝淨土宗念佛法門的初衷幾乎被完全拋棄，以教觀雙美稱雄於世的天台宗觀法還是以不可逆轉之勢為淨土宗之念佛法門取代。天台宗教觀體系半壁江山的淪喪固然是其自身理論不合時宜、不容於世的必然結果，同樣也是天台宗僧人因應自身實際做出的既契理又契機的當然選擇。

第四章　居士佛教與結社念佛視域下的台淨合流

第一節　天台宗居士的淨土信仰

一、天台宗居士的歷史考察

　　居士佛教是中國佛教不可或缺的一部分。「中國佛教的歷史表明，如果沒有居士佛教的參與，僧侶佛教的開展幾乎是不可能的。」〔註1〕縱觀中國居士佛教的發展歷史，中國的佛教居士主要由兩部分組成，一是以官僚貴族、士大夫等知識分子為核心的上層居士群體，一是以普通百姓為基礎的下層居士群體。前者具有較高的文化素養，他們中的多數人長期受到儒學的薰染，對佛教的信仰顯得十分理性，對佛學義理的學習、探討、引申等等，往往是他們關注的重點；而對於目不識丁或文化層次較低的社會民眾而言，他們則熱衷於燒香拜佛、持名念佛等純粹信仰式的宗教實踐。以士大夫為代表的雅文化層面的居士佛教和以社會大眾為核心的俗文化層面的居士佛教共同推動了中國居士佛教乃至中國佛教的發展。

　　具體到天台宗，天台佛學的發展固然與天台宗僧人的不懈努力息息相關，但是，天台宗居士的護教之舉無疑為天台佛學錦上添花。如果說隋唐時期天台宗居士主要從政治、經濟、文化層面給予天台宗以大力支持〔註2〕，那麼，兩

〔註1〕潘桂明：《中國居士佛教與中國傳統文化》，《佛學研究》，1999年。
〔註2〕陳隋兩朝追隨在智顗身邊見諸史冊的達官顯貴、士子文人約有十八人，陳宣帝、
　　　　陳少帝以及晉王楊廣都是他的俗家弟子，徐陵、毛喜、柳顧言、沈君理等大臣

都皈依在其門下。依隨湛然的居士頗多,「受業身通者三十九人,縉紳先生高位崇名、屈體承教者又數十人」(志磐:《佛祖統紀》卷七,《大正藏》第49冊,第189頁中。),只可惜這些人都已散落無考,知其姓名者惟有梁肅、李華等四人。追隨在智顗與湛然身邊的居士有兩類,一類因感佩、折服於某位大德高僧的個人魅力而自願皈依在其門下,從財力、物力等諸多方面護佑其師,陳宣帝、隋煬帝等人即屬此類居士。另一類居士則熱衷於對佛教義理的研讀與探究,通過對佛學理論的解讀與詮釋實現對其所皈依的宗派佛學的闡揚與推廣,湛然門下之梁肅即為此類居士的典型。智顗時代的居士側重於從政治、經濟等外在角度對天台宗予以護持,他們對智者開創的天台佛學及其實踐理論關注甚少。對此我們可以從智者的石城遺書中得到印證。在《遺書與晉王》一文中,智顗坦言:「余僧三百許,日於江都行道,亦復開懷待來問者,……而不見一人求禪求慧,與物無緣,頓至於此。」(灌頂:《國清百錄》卷三,《大正藏》第46冊,第809頁下。)此為智者石城遺恨之第三恨,其第四恨亦與人才難求有關,其文曰:「又作是念,此處無緣,余方或有先因。荊潭之願願報地恩,大王弘慈霈然垂許,於湘潭功德粗展微心。雖結緣者眾,孰堪委業?初謂緣者不來,今則往求不得,推想既謬,此四恨也。」(灌頂:《國清百錄》卷三,《大正藏》第46冊,第809頁下。)智者在石城給弟子晉王楊廣的遺書中寫到了人生六恨,其中第三、第四恨均與英才難遇、後繼乏人有關。表面上看來,智顗感歎佛門內部人才稀缺,實際上對於作為佛門外護的諸多居士而言,他們對智者及其所創立的天台佛學知之多少,這是值得推敲的。陳宣帝、隋煬帝等君主,徐陵、毛喜、柳顧言等官僚對智顗及其僧團的供養,更多的是出自他們的政治考量,目的是通過布施、供養等措施護持佛教以求取國家的長治久安。對於風雨飄搖中的陳朝君臣而言,對於國朝初定、百廢待舉的隋朝帝王而言,作為「佛法雄傑,時匠所宗」的禪師智顗自然會得到他們更多的眷顧。當然,智者大師的人格魅力也是王侯將相爭相皈依在其門下的因緣之一。智顗之後至湛然之時,情況有所改變。依隨荊溪的居士多為縉紳先生,這些縉紳先生則多是從義理的角度對天台佛學發生興趣,並進而信奉天台教說。根據史書的記載,追隨在湛然身邊的縉紳先生多達數十人,以梁肅最負盛名。梁肅(753〜793),字敬之,一字寬中,安定(今甘肅涇川)人,官至翰林學士,古文大家,韓愈、李翱都曾及門受業。唐大曆(766〜779)、貞元(785〜805)年間,文士尚古學,唯梁肅最稱淵奧,柳宗元稱其最善為文。梁肅隨湛然習學天台教觀,深得心要,執弟子禮甚恭。御史崔恭評論道:「知法要,識權實,作天台禪林寺碑;達教源,用境智,作荊溪大師碑。」(志磐:《佛祖統紀》卷十,《大正藏》第49冊,第203頁下。)作為湛然的俗家弟子,梁肅對天台學說頗有研究,闡發該宗義理的著述頗多,《天台止觀統例》一書是在荊溪入滅後台教歧見萌生的境遇下,為救世明道而作;《天台法門議》一書主要介紹了天台止觀學說,也對其他宗派給予了抨擊,不僅維護、弘揚了天台佛法,也擴大了天台宗的社會影響。因此之故,贊寧在《宋高僧傳》中對他給出了極高的評價:「其朝達得其道者,唯梁肅學士。」(贊寧:《宋高僧傳》卷六,《大正藏》第50冊,第740頁上。)隋唐時期,天台佛學的中興,「不僅有湛然等天台高僧的功績,而且也有梁肅等士大夫居士的貢獻。在一定意義上可以說,正是梁肅在上層社會的特殊身份和文壇上的領袖地位,幫助天台宗走出歷史的困境,並使之在唐代中葉獲得中興。而基於這一中興,

宋時期，隨著市民經濟的興起，以社會民眾為後盾的龐大的居士群體則為天台宗的發展做出了不可磨滅的貢獻。

對於普通的社會民眾而言，其姓名未嘗見諸文字，載之史冊，因此，他們的行止我們不得而知。而對於達官顯貴、士子文人而言，他們參與佛教的諸多活動則被記錄在案，從這些文字中，我們大略可以窺見兩宋時期天台宗居士佛教的概貌。下表即是根據贊寧的《宋高僧傳》、志磐的《佛祖統紀》等相關資料對天台宗居士所作的一番統計。

表七　兩宋時期天台宗居士一覽表

天台宗僧人	天台宗居士	天台宗居士的護教之舉	備　註
慈雲遵式	1. 王欽若	天禧三年（1019），丞相王欽若撫杭，親率僚屬訪遵式於山中，慈雲為講天台宗教本末，甚得王之嗟賞。又與夫人施財以助慈雲建造大殿。二人相交甚篤，慈雲為作《圓頓十法界觀心圖注》《南嶽思師心要偈》。王則奏請皇帝賜以「慈雲」之號。而天台經教之入藏亦有賴王之奔走獻奏。	官至丞相。
	2. 胡則	天聖四年（1026），胡則守杭，屢屢入山問道，慈雲為說，胡則欣領法要，施金造山門廊宇。	官至諫議大夫。
	3. 章得象	請遵式入景德寺講經說法，弘傳台淨二教。	官至台州刺史。
	4. 崔育才	崔育才問施食之道，慈雲為撰《施食觀想答崔（育才）職方所問》。	官至職方郎中。
	5. 馬亮	馬亮守杭，謁遵式學淨業，慈雲為撰《淨土行願法門》《淨土往生略傳》。	官至侍郎。
	6. 文穆	文穆嘗迎慈雲入府，朝夕問法，一留三月，慈雲為著《十法界觀心圖》《注南嶽心要偈》。	官至應天府尹。
四明知禮	7. 俞源清	天禧五年（1021），奉旨至四明延慶寺，命知禮修法華懺，為國祈福。源清欲知懺法旨趣，知禮為撰《修懺要旨》。	官至內侍。
	8. 曾公亮	置田辟捨，施之伽藍，大啟法席。	官至宰相。

使天台宗在其他各宗紛紛衰落的宋代仍能保持一宗的獨立地位。」（潘桂明、吳忠偉：《中國天台宗通史》，南京：江蘇古籍出版社，2001 年，第 336 頁。）

圓淨省常〔註3〕	9. 王旦	王旦乃一代名相，淨行社之「社首」。王旦舉家信佛，後人亦復如是，《新修淨土往生集》的作者王古（敏仲）便是其後裔。	官至宰相。
	10. 蘇易簡	蘇易簡乃太平興國五年（980）狀元，於淳化二年（991）作《施〈華嚴經‧淨行品〉序》，並寄詩入社，列為「唱首」。	官至參知政事。
神照本如	11. 章得象	天台宗刺史章得象與本如共結白蓮社。	台州刺史。
明智中立	12. 晁說之	晁說之隨中立學天台教說，通三千境觀之旨，晚年誦《法華》，自號天台教僧，或曰洧上老法華，撰《仁王般若經疏序》《明智法師碑論》等。	官至待制。
	13. 陳瓘	陳瓘台、禪、淨各宗均有涉獵，師從明智中立，作《三千有門頌》，頗得中立之首肯。晚年刻意西歸，作《觀堂淨土院記》《止觀坐禪法要記》《與明智法師書》《南湖淨土院記》等。	官至諫議大夫。
法雲宗敏	14. 蔣之奇	不詳。	官至樞密使。
北峰宗印	15. 趙彥肅	彥肅謁見北峰，與其辯論佛法大意，每每折服，稱北峰為南山肉身大士，從北峰受《刪定止觀》，盛讚不已。	進士及第，為洛學之翹楚。
淨覺仁岳	16. 胡宿	胡宿嘗謁仁岳，諮詢妙道，執弟子禮甚恭。	官至樞密使。
草庵道因〔註4〕	17. 薛澄	薛澄自號述庵，視草庵為叔，嘗從其學境觀之旨。草庵沒，為文以祭之。	儒士。

除去上表所列天台宗僧人及其奉持天台教說的居士外，天台宗僧人神悟處謙「十坐道場」，之能如此，多得官僚士大夫之垂青推崇。而推崇垂青處謙之士大夫並非都是其門下居士，故不列入天台宗居士一覽表中。根據《佛祖統紀》的記載，李端愨薦舉處謙為白蓮寺寺主，趙允弼為其請號，曰「神悟」，祖無擇、趙抃、楊繪、陳舍人分別請其入住法慧寶閣、淨住寺、南屏興教寺以及天竺寺。一代宰輔王安石與時賢競為詩歌，以贊其德。

〔註3〕根據史料的記載，參與到西湖淨行社的在家居士有一百二十三人，預會之達官顯貴亦不在少數，此中我們列舉者僅為淨行社中的代表性人物。

〔註4〕需要指出的是淨覺仁岳與草庵道因及神智從義三人被志磐判歸於「諸師雜傳」中。在志磐看來，仁岳、從義、道因及其各自的門人弟子皆為「諸師之未醇正者」，其原因即在於淨覺破宗錄，神智破祖錄，草庵失緒錄。

　　廣慈慧才的經歷與處謙多有相類，慧才之入杭即為杭州太守沈遘所請，而「廣慈」這一稱號則由太尉盧公奏請而來。「沈遘雖不以信佛著稱，但他守杭時延請一輩名僧入杭主持重要寺院或任僧官。除了慧才之外，他還敦請海月慧辯入杭任都僧正、辯才元淨入主上天竺寺，對杭州佛教之發展貢獻甚大。」〔註5〕而同為杭州地方長官的趙抃卻以崇佛聞名，他兩守杭州，第一次守杭（1070）時，延請神悟處謙入主淨住寺；第二次守杭（1077～1079）時，舉薦辯才元淨為南屏興教寺寺主，與廣慈慧才時相過從。和沈遘一樣，趙抃對杭州佛教獻力亦多。

　　兩宋時期，崇信天台佛教的居士可分為實踐型與學者型兩類。實踐型居士是指皈依佛門經由師父之導引與指點自我修行以實現自我解脫的一類人，此類居士以王旦、蘇易簡等人為代表，他們從實踐層面為台淨合流貢獻一己之力。晁說之、陳瑩中可謂學者型居士的典型代表。他們的佛教信仰頗具時代特徵，既舉揚天台宗之教說，又深信淨土宗之義理，對禪宗也有所批評。他們的佛教觀念也在一定程度上推進了台淨合流。

二、天台宗居士的佛教思想

（一）晁說之的佛教思想

　　晁說之（1059～1129），字以道，清豐（今河南清豐）人。其高祖晁迥（951～1034）通曉儒、釋、道三家，以和會三教為職志。他曾與四明知禮探討淨土之權實，認為「淨土觀法乃小乘權術。」〔註6〕晁說之的佛教信仰頗為複雜，早年隨明智中立習天台教義，盡得三千教觀之旨；又習禪法，坐禪時「守心如縛虎」，禪學修為不俗；晚年誦《法華》，從不間斷，自號「天台教僧」。此外，他對彌陀淨土也頗有熱情，是虔誠的淨土信仰者。

　　晁說之認為釋迦穢土如同旅館，眾生暫棲於此；彌陀淨土恰如鄉閭，是眾生永恆的家園。在《淨土略因》一文中，他寫道：「我釋迦牟尼佛與阿彌陀佛憫此眾生，乃同一願力於無量無邊法門之外，建立此一法門。釋迦賓之也，彌陀主之也；釋迦生之也，彌陀家之也；釋迦於病藥之也，彌陀使之終身不病也。釋迦之土猶逆旅也，彌陀之土猶鄉閭也。自西竺以望安樂國與吾震旦之望安樂國一也，是故文殊、普賢、彌勒、龍樹、賢護、無著、天親皆願往

〔註5〕黃啟江：《北宋時期兩浙的彌陀信仰》，《故宮學術季刊》，1996 年第 1 期。
〔註6〕宗曉：《樂邦遺稿》卷上，《大正藏》第 47 冊，第 238 頁下。

生，而觀音、勢至在釋迦所，亦在彌陀所。」〔註7〕因此，眾生當深信彌陀，誓願往生西方。

西方極樂世界雖然殊勝莊嚴，仍有疑而不信者。晁說之指出：「彼疑不自信，則我內信而何補？智者猶病諸，《十疑論》所以作也。唐永州異上人特書是論於龍興寺壁，其所感深也。」〔註8〕對於西方極樂淨土的真實性，像智者大師這樣的賢達之人尚且有疑，然而，一切疑問皆因《十疑論》出世而不再成疑，既然如此，當信淨土。但是，彌陀信仰者仍有疑問，他們「不知悟心以入觀，明因以克果，但言我能心淨孰非淨土，似能為維摩之言而身實天魔之民也，豈不重可惜哉！」〔註9〕晁說之指出這些人大多相信禪宗唯心淨土之說，認為心淨則土淨，殊不知深信唯心淨土者其修為有限，豈能像維摩詰居士一樣行菩薩行呢？他接著指出行者修淨土當依四明知禮之觀智，或循慈雲遵式之教行，最終實現往生安養的弘誓大願。

因受明知中立之影響，晁說之對天台教法推崇備至，對知禮、遵式的台淨合流主張也深信不疑。「他不僅本身信仰彌陀淨土，而且撰文闡揚其說，使兩浙以外地區之學者知有彌陀淨土，深受其惠。」〔註10〕比如臨淄趙仁裕因讀其文字「始知有西方淨土可修」〔註11〕，故致書請其專明真修一事以惠澤他人。晁說之於是回溯歷史，引經據典，認為「《法華》之前有《維摩經》，首以淨土起教；《法華》之後有《起信論》，終歸證於淨土。」〔註12〕

（二）陳瑩中的佛教思想

陳瓘（1057～1122），字瑩中，號了翁，劍南州沙縣（今福建沙縣）人。根據史料的記載，陳瓘個性鮮明，為人剛正，因直道而不見容於世，「故得禍最酷，不使一日少安。」其為官處世之道頗得釋門高僧之讚揚，大慧宗杲就曾以「骨鯁剛正，有古人風烈」稱許之。陳瓘早年喜好《華嚴》，後就心於台淨，主張二宗合一。晚年被貶台州，「專意西方」，在直趣淨土之際，仿晁迥著《道院集》之先例，寫成《寶城易記錄》一書，使後進者易學易修。陳瓘受天台止觀於明智中立，對天台宗義學有著深刻的理解，著有《三千有門頌》

〔註7〕宗曉：《樂邦文類》卷四，《大正藏》第47冊，第208頁下。
〔註8〕宗曉：《樂邦文類》卷四，《大正藏》第47冊，第209頁上。
〔註9〕宗曉：《樂邦文類》卷四，《大正藏》第47冊，第209頁上。
〔註10〕黃啟江：《北宋時期兩浙的彌陀信仰》，《故宮學術季刊》，1996年第1期。
〔註11〕黃啟江：《北宋時期兩浙的彌陀信仰》，《故宮學術季刊》，1996年第1期。
〔註12〕宗曉：《樂邦文類》卷四，《大正藏》第47冊，第208頁下。

《止觀坐禪法要記》《與明智法師書》《南湖淨土院記》《淨土十疑論後序》等文。

　　陳瓘的《三千有門頌》是祖述智顗「介爾有心，即具三千」的一篇奇文，歷來備受天台宗僧人之推崇。該頌三十六句，二百五十二字，其頌曰：「不思議假非偏假，此假本具一切法。真空不空非但空，圓中圓滿非但中。是故四門之初門，即是不可思議假。初門即三三即一，非一非三又非四。一二三四指一月，四點似別惟一空。門門一一為法界，攝一切法皆無餘。不以妙假有門觀，誰知法界具足法。聞思修證無不妙，心能觀此體具故。若止觀心不觀具，則於一觀分二家。一家觀門異諸說，諸說雖異觀自一。彼迷一心具諸法，墮在通別次第中。次第而生次第斷，豈知十界本來一。三千本一亦如是，皆非世數可分別。妙境元無空假中，而亦不離空假中。空即是心假是色，非色非心名曰中。色心絕處中體現，於一一法體皆具。凡夫心具即佛具，取著不圓則不具。惟一具字顯今宗，入此宗者甚希有。」〔註13〕「有門」者有門、空門、亦空亦有門、非空非有門四門之一。此四門一門通貫四門，四門實歸一門，因此，智顗以有門為圓門之相。此中陳瓘即就四門中之有門論一念心具三千性相。有之一門，具足萬善，純妙無粗，三千性相隨一念心或起或滅，正所謂「一念心起，三千性相一時起，則有門法界攝一切法無餘也；一念心滅，三千性相一時滅，則空門法界攝一切法無餘也。」〔註14〕總之，「門門一一為法界，攝一切法皆無餘。」陳瓘的《三千有門頌》深得後人之好評，四明樓鑰在通讀該頌後，指出：「近世士大夫用力不及前輩，秖如學佛僅能涉獵《楞嚴》《圓覺》《淨名》等經及《傳燈》《語錄》，以資談辨。若唐之梁補闕諸公，本朝楊文公、楊無為、張無盡及了翁輩皆留心教觀，深入其趣，讀此頌及書可以知其所造之實。惟公忠言大節，照映千載，身罹百謫，視生死如旦晝，平時學問自得之效，固自應爾。方在丹丘時逆境尤多而心地泰然，深入不二法門，公之學佛得力豈易測哉！」〔註15〕

　　至於陳瓘的淨土觀則是在天台宗性具論的基礎上主張唯心淨土。在《與明智法師書》中，陳瓘寫道：「一念心起，三千性相一時起；一念心滅，三千性相一時滅。念外無一毫法可得，法外無一毫念可得。此乃本性不遷，不遷者，

〔註13〕　志磐：《佛祖統紀》卷四十九，《大正藏》第 49 冊，第 442 頁下。
〔註14〕　真覺：《三千有門頌略解》，《卍續藏經》第 101 冊，第 332 頁上。
〔註15〕　志磐：《佛祖統紀》卷四十九，《大正藏》第 49 冊，第 443 頁下。

中理圓明之體。此體如理為命，其壽無量，非得命根，亦無連持。本無名字而不失諸名，名其土曰極樂國，名其身曰阿彌陀，身土交參，融乎一妙，故能使說法之音不離彼土，而廣長舌相具足周遍。其俱如是，是體具乎？是性具乎？是佛具乎？是眾生具乎？若有能知具彼之樂者，其有不願往生者乎？向實際之中，要在不往而往；於方便之內，何妨去已還來。機熟緣深，定須成辦。」〔註16〕正因為性具實相，生土交融，唯心淨土實即西方淨土，西方淨土亦即唯心淨土。陳瓁唯心淨土與西方淨土相一致的觀點與知禮、智圓等人以理事一如、本跡不二來平衡唯心淨土與西方淨土的做法不同，他「直截了當主張兩種淨土一致，既然如此，那麼，修唯心淨土就必然修西方淨土，自是無可爭辯之事。」〔註17〕

第二節　結社念佛與行修西方

一、結社念佛概覽

　　緇素同修淨業、僧俗共期西方的淨土結社活動，在兩宋時期尤為興盛，不論是宗門禪師還是教門法師多熱衷於與社會各界共結蓮社，共修淨土。因追慕廬山慧遠結白蓮社之典故，周敦頤與佛印了元共結青松社，尊佛印為社主。宋太宗淳化年間（990～994），圓淨省常於西湖昭慶院發起成立淨行社；至道二年（996），慈雲遵式於四明寶雲寺結緇白念佛；大中祥符六年（1013），四明知禮於延慶寺發起念佛施戒會；宋真宗、宋仁宗時期，神照本如於東掖山承天寺發起白蓮社；幾乎同時，法宗於錢塘發起淨土道場；皇佑二年（1050），宰相文彥博在京師與淨嚴禪師，結僧俗十萬人念佛，為往生淨土之願；元豐元年（1078），靈昭於超果寺發起淨業社、子璿門人惟鑒於湖州八聖寺募請一萬人結社，同修淨業；宋仁宗時期（1022～1063），淨嚴禪師與文潞公等共同興建淨土會；宋哲宗元祐年間（1086～1094），宗賾在長蘆寺興建蓮花盛會；宋徽宗宣和年間（1110～1125），慧覺齊玉在苕溪寶藏寺每年年末發起淨業社、思淨於錢塘北關成立淨土會；南宋初年，茅子元於平江澱山湖修造白蓮懺堂；紹興十二年（1142），圓辯道琛於南湖開設淨土繫念會；隆興元年（1163），證通師友與沈沼在西湖建起西資社；乾道元年（1165），總管張掄於秀州家宅與眾

〔註16〕志磐：《佛祖統紀》卷四十九，《大正藏》第 49 冊，第 443 頁中。
〔註17〕陳堅：《天台學研究》，北京：宗教文化出版社，2017 年，第 472 頁。

念佛，乾道二年（1166）宋高宗賜名蓮社；乾道年間（1165～1173），鍾離松、吳克己等人發起成立寶積蓮社。此外，天台鳳師還創辦有澄江淨土道場，王衷、憑揖、咎定國及孫應辰、孫應祥等人亦發起蓮社，共修淨業。〔註18〕

　　兩宋時期，僧俗兩界結社共修淨土之風盛行，舉國上下，不論是帝王將相還是普通百姓無不以入社西歸為畢生之所願。僧俗兩界結社之舉由來已久，早在東晉時期，廬山慧遠就曾與劉遺民、周續之等人結白蓮社，共期西方。慧遠（334～416），雁門樓煩人，俗姓賈，幼而好學。年十三，隨舅令狐氏遊學許洛。博綜六經，尤善莊老，宿儒先進，莫不服其深致。年二十一，聞道安講《般若經》，豁然開悟，歎曰：「九流異議皆糠秕耳」，遂與母弟慧持投簪受業，精思諷誦，以夜繼晝。道門浸染既久，心有所悟，以為諸教三昧其名雖眾，功高易進者當以念佛為先，遂與謹律息心之士、絕塵清信之賓十七人結社念佛，世號十八賢。後又率一百二十三人同修淨土之業，造西方三聖像，建齋立誓。逸士劉遺民著《廬山白蓮社誓文》，其文曰：「朝士謝靈運〔註19〕、高人劉遺民等一百二十三人為蓮社，令遺民著誓辭，其辭曰：維歲在攝提格七月戊辰朔二十八日乙未，法師釋慧遠真感幽奧，霜懷特發，乃延命同志息心貞信之士百有二十三人，集於廬山之陰般若台精舍阿彌陀像前，率以香華敬薦而誓焉。惟斯一會之眾，……以不謀而僉心西境，叩篇開信，亮情天發，……可不克心克念，重精迭思，以凝其慮哉！……究茲道也，豈不洪哉！並棄世榮，慕西方之訓，終時各感佛來迎也。」〔註20〕慧遠與諸賢共結白蓮社首開結社之先河，兩宋時期，僧俗兩界紛紛傚仿慧遠之舉，競相結社，以期西方。

二、台僧結社述要

（一）圓淨省常與西湖淨行社

　　白蓮社主省常（959～1020），字造微，俗姓顏，錢塘人，七歲厭俗，十七歲受具，初習天台止觀法門，後專修淨業。淳化年間（990～994），省常住錢

〔註18〕部分內容參閱闞孟祥：《宋代佛教史》下冊，北京：人民出版社，2013 年，第651～652 頁。

〔註19〕謝靈運為東晉王公貴族，因祖上謝玄有功於晉室，被封為康樂公，謝靈運承襲封號。據史傳記載，謝氏至廬山，一見慧遠，肅然心伏，乃即寺建台，翻譯《涅槃經》，鑿池植白蓮。時慧遠與諸賢共修淨業，結白蓮社，謝靈運嘗求入社，慧遠以其心雜而止之。劉遺民《廬山白蓮社誓文》中將謝靈運納入白蓮社中，或與謝氏之社會地位、入社之心及曾有功於蓮社等因素不無關係。

〔註20〕宗曉：《樂邦文類》卷二，《大正藏》第 47 冊，第 176 頁上中。

塘南昭慶院，與王旦、蘇易簡等士大夫結淨行社。天禧四年（1020）春正月十二日，歸寂於昭慶寺上方草堂，世壽六十二，戒臘四十四，為淨土宗第七祖。

省常崇信淨土，曾刺血書《華嚴經·淨行品》，每寫一字，三稱佛名，三拜方起。寫就之後，刊印千冊，分施千人。又以旃檀木鐫刻佛像，像成之日焚香發願誓生安養樂邦。宋白在《大宋杭州西湖昭慶寺結社碑銘並序》一文中對此有較為詳細的記載：「杭州昭慶寺僧曰省常，身樂明時，心發洪願；上延景祚，下報四恩；刺血和墨，書寫真經。書之者何？即《大方廣佛華嚴經·淨行》一品也。每書一字，必三作禮，三圍繞，三稱佛名。良工雕之，印成千卷，若僧若俗，分施千人。又以栴檀香造毗盧像，結八十僧，同為一社。爾時經像成，乃膝地合掌，作是言曰：我與八十比丘、一千大眾，始從今日，發菩提心，窮未來際，行菩薩行。願盡此報已，生安養國，頓入法界，圓悟無生，修習十種波羅蜜多，親近無數真善知識，身光遍照，令諸有情得念佛三昧，如大勢至；聞聲救苦，令諸有情獲十四無畏，如觀世音；修廣大無邊行願海，猶如普賢；開微妙甚深智慧門，猶如妙德；邊際智滿，次補佛處，猶如彌勒；至成佛時，若身若土，如阿彌陀。八十比丘、一千大眾，轉次授記，皆成正覺。我今立此願，普為諸眾生。眾生不可盡，我願亦如是。偉矣哉！上人之言如是，志如是。」〔註21〕

根據孤山智圓在《錢塘白蓮社主碑》一文中的記述，省常理行謹嚴，修心貞素，因慕廬山慧遠之風，在西湖岸邊結淨行社，朝中賢達因聞其風，紛紛投詩遞頌，三十餘年間，與會者達一百二十三人，皆稱淨行社弟子。與會比丘達千餘人，再現昔日廬山蓮社之盛。在該文中，智圓將省常與慧遠相提並論，給予了很高的評價：「粵西聖之為教也，清靜而無為，仁慈而不殺。抗辭幽說，閎意眇指，大備諸夏。稟化之徒，得其小者近者，則遷善而遠惡；得其大者遠者，則歸元而復性。噫！廬山遠公，其得乎大者遠者，與考槃居貞，修辭立誠，識足以表微，行足以作程，是故時賢仰其高、企其明，自是有結社之事焉，人到於今稱之而莫能嗣之。惟公理行謹嚴，修心貞素，聞廬山之風而悅之。且曰：睎驥之馬，亦驥之乘，吾雖無似，敢忘思齊之誠耶？於是乎乃飾其躬，乃刳其心，乃矢結社之謀云：夫率其道必依乎地，尊其神必假乎像，行其化必憑乎言。以為西湖者天下之勝遊，乃樂幽閒而示嘉遁焉。無量壽佛者群生之仰止，乃刻栴檀而為之形容焉。《華嚴·淨行品》者成聖之機要，乃刺身血而書其章句焉。

其地既得，其像既成，其言既行，朝賢高其誼，海內藉其名，繇是宰衡名卿邦伯牧長，又聞公之風而悅之。或尋幽而問道，或睹相而知真，或考經而得意。三十餘年，為莫逆之交，預白蓮之侶者，凡一百二十三人，其化成也如是。有以見西湖之社嗣於廬山者無慚德矣。」〔註22〕孤山智圓將圓淨省常與廬山慧遠比肩而視之，對省常之評價不可謂不高。也正因為西湖淨行社影響之盛，省常也被追尊為淨土宗第七祖。

省常領銜下的淨行社有眾多達官顯貴，「三公四輔，樞密禁林，西垣之辭人，東觀之史官，洎台省素有稱望之士」「聞師之請」「爭投文以求為社中人。」〔註23〕淨行社中最負盛名者當推宰相王旦、參知政事蘇易簡等人〔註24〕。王旦（957～1017），字子明，史稱王文正公，乃一代名相，淨行社之「社首」。其人雅量恢宏，為人公正，禮遇賢才，繼其相位者寇準便是王旦力薦的。王旦信佛，其家人與後人皆奉佛，《新修淨土往生集》的作者王古便是其後裔。蘇易簡（958～996），太平興國五年（980）狀元，官至翰林學士、中書舍人等，淳化二年（991）作《施〈華嚴經·淨行品〉序》，並寄詩入社，列為「唱首」。總之，「宋朝太、真、仁三朝參與錢塘白蓮社盛會者，計有宰相四名、參政二名、尚書五名、狀元三名，足見社事之興、人氣之旺、風氣之盛。」〔註25〕

省常領銜下的西湖淨行社是兩宋時期最早登上歷史舞台的蓮社團體。該社雖仿慧遠結社之舉而行之，但二者之間有著顯著的不同。慧遠蓮社的追隨者多為隱士，圍繞在省常身邊的則多是達官顯貴，多屬社會精英。但誠如丹尼爾·A·蓋茨在《天台淨土社與淨土祖師的產生》一文中指出的「儘管西湖淨行社在運轉中不免有精英主義傾向，但它確實將更多的信眾吸納到淨土社團中來。」〔註26〕並且西湖淨行社的建立在顯示宋初佛教發展的多種樣態之際，其與社會精英攜手結社、共期淨土的模式也為稍後淨土社團的組建提供了範本。

〔註22〕宗曉：《樂邦文類》卷三，《大正藏》第47冊，第183頁下～184頁上。

〔註23〕轉引自黃公元：《杭州淨土文化》，杭州：浙江古籍出版社，2013年，第114頁。

〔註24〕省常淨行社成員除去王、蘇等人外還有向敏中、錢若水、呂佑之、陳堯叟、梁灝、王化基、張去華、呂文仲、朱昂、馮元、李宗諤、梁鼎、梁周翰、李至、宋湜、王禹偁等人。他們入社的時間有先有後，僧史中所記職銜未必就是其人入社時的職位。參見黃啟江：《北宋時期兩浙的彌陀信仰》，《故宮學術季刊》，1996年第1期。

〔註25〕黃公元：《杭州淨土文化》，杭州：浙江古籍出版社，2013年，第117頁。

〔註26〕Peter N. Gregory and Daniel A. Getz, Jr, Buddhism in the Sung, Honolulu: University of Hawai'i Press, 2002, p487.

因其在淨土宗發展史上的貢獻及其影響，天台宗僧人石芝宗曉與大石志磐給予了省常極高的評價，二人均視之為淨土宗發展史上與廬山慧遠等人並肩同列的祖師。

需要說明的是省常崇奉的是華嚴一系的淨土理念，其所建之淨行社屬於華嚴系統的社團，這一社團與後文中知禮、遵式等人組建的天台系蓮社團體有所不同。而省常本為天台門人，將其所建之蓮社歸屬在智者門庭亦不為過。

（二）慈雲遵式與淨土懺儀會

遵式以禮懺、念佛為畢生之行願，他不但製懺、行懺，更與僧俗兩界共結懺會，使懺法流行於民間。至道二年（996），他集道俗共修淨業，作《誓生西方記》。咸平五年（1002），他在東掖山西隅建精舍，造無量壽佛像，領眾同修念佛三昧。大中祥符八年（1015），著《往生淨土懺願儀》。天禧元年（1017），為侍郎馬亮分撰《往生淨土決疑行願二門》及《往生西方略傳》。天聖六年（1028），建日觀庵，以送想西方為往生之業。遵式不僅自己對西方淨土有著誠摯而熾烈的嚮往與追求，還通過結社念佛的形式將一生志向推而廣之，使道俗皆蒙佛法之益。台淨合流以懺法為載體深入人心，流傳久遠。

北宋初年，遵式仿東林舊事，與僧俗共結蓮社，發起組織淨土懺儀會。慈雲一生主要修道弘法在台州、明州、杭州三地，早在台州東掖山時就與台州刺史章得象等人結社共行淨土懺儀。寶雲義通順寂後，慈雲接掌四明寶雲寺，將淨土懺儀會帶至此間。及至移錫杭州，淨土懺儀會雖未能異地重開，但由遵式主導的淨土修行卻從未間斷，如縷不絕。

關於淨土懺儀會的具體情況，遵式在《念佛三昧詩並序》中略有敘述，其文曰：「念佛三昧，踐聖之妙道，凡揭屬於法流者，何莫由斯矣！晉慧遠師化潯陽集賢輩，乘之為際極之軌；琅瑯王喬之泊群賢，皆為念佛三昧詩，遠為序。皇宋丙申沙門（遵式）會四明高尚之賓百餘人，春冬二仲，一日一夜，萃寶云講堂，想無量覺，行漢魏經。壬寅既廢，適台之東山，忽思俄成故事，惜無述焉。乃擬晉賢作詩，寄題於石，垂於後世也。」〔註27〕

四明淨土懺儀會自丙申年（996）成立到壬寅年（1002）廢止，前後持續了六度春秋。與會者有百十來人，皆「四明高尚之賓」，他們萃集在寶云講堂，與遵式等僧人同修淨業，共期佛慧。寶云講堂為寶雲寺所有，該寺由遵式的

〔註27〕宗曉：《樂邦文類》卷五，《大正藏》第47冊，第221頁中。

恩師義通所建。寺院地處四明東南部，作為「高尚之賓」的懺儀會成員很可
能是這座城市裏的居民，他們中的某些人很可能曾是義通時代寶雲寺的捐資
助建者。懺儀會成員城市居民的身份特徵成為其他天台宗僧人所創蓮社的共
通之處。〔註28〕懺儀會在每年春冬兩季的仲月舉行，時長一晝夜。懺儀會存
在時間雖短，修行次數也屈指可數，但它作為四明地區第一個以往生淨土為
志願的社團，很可能是十多年後知禮所建延慶念佛會的靈感來源與實踐基
礎。〔註29〕至於懺儀會的修行法門，遵式仿照慧遠之行持，選取的是念佛三
昧，並且是念佛三昧之中的觀想念佛。遵式作有《念佛三昧詩》四首，四首
詩皆以阿彌陀佛之形象作為觀想的對象，比如第一首詩即云：「萬感外形骸，
儼然虛堂寂。明毫冠群彩，幽神資始續。妙象非夙預，俗覽豈良覯。析之會
入微，清玩心無懌。」〔註30〕

　　後來遵式入主上天竺，遂將淨土懺儀推行至杭州。杭州刺史馬亮（957～
1031）於公元1016年～1018年間主政此間，因慕遵式之名，屢訪慈雲，以
淨土要義相詢。慈雲授之以安養佛事，並為作《往生淨土決疑行願二門》，馬
亮獲益良多。後馬氏別任江寧，遵式以詩相酬，詩曰：「往歲錢塘盛事並，就
中安養最存誠。心慈菡萏如長在，須作西方佛上卿。」〔註31〕此詩收錄於宗
曉編撰的《樂邦文類》中，詩後宗曉附注曰：「侍郎往歲酷於西方淨土，嘗印
造彌陀法門一千卷，分施道俗，因是生於西方。」〔註32〕遵式門下淨土懺儀
會的僧俗道友當是馬亮印造的彌陀法門書卷的主要分送對象。受馬亮影響，
馬亮之孫玗、馬亮之曾孫永逸皆篤信淨土，皆得往生極樂。根據記載，元豐
年間（1078～1085），僧人廣初以智者《淨土十疑論》授之於馬玗，又得慈雲
《十念法》，依此修行二十五年，未嘗稍懈。尚書王古又以《蓮社圖》《決疑
集》《往生傳》示之，誦佛愈益精進，大作放生佛事，勸化士庶不可勝計。馬
亮之曾孫馬永逸亦行慈雲之《十念法》，並習十六觀，前後長達三十餘年。其
夫人王氏亦行《十念法》，誦《破地獄偈》及彌陀佛號，以此而終。

〔註28〕 Peter N. Gregory and Daniel A. Getz, Jr, Buddhism in the Sung, Honolulu: University of Hawai'i Press, 2002, p490.

〔註29〕 Peter N. Gregory and Daniel A. Getz, Jr, Buddhism in the Sung, Honolulu: University of Hawai'i Press, 2002, p489.

〔註30〕 宗曉：《樂邦文類》卷五，《大正藏》第47冊，第221頁中下。

〔註31〕 宗曉：《樂邦文類》卷五，《大正藏》第47冊，第222頁上。

〔註32〕 宗曉：《樂邦文類》卷五，《大正藏》第47冊，第222頁上。

　　律師靈芝元照在《無量院造彌陀像記》一文中寫道:「後世言淨社者,必以東林為始,厥後善導、懷感大闡於長安,智覺、慈雲盛震於浙右。」〔註33〕明教契嵩在《鐔津文集》中也說:「天台之風教益盛於吳越者,蓋亦資夫慈雲之德也。」〔註34〕可見遵式領銜下的淨土懺儀會盛況空前,影響不容小覷。「趙宋一朝及其後宋時代,淨土信仰中佛教理論與修行儀軌是在天台教學背景下展開的,至少在以文人士大夫為代表的精英佛教圈是這樣的。」〔註35〕

　　慈雲辭世後,其門人多致力於淨土實踐,遺憾的是遵式一系法脈數代而亡。然而,慈雲的學說及其影響並未因此而中斷,其影響甚至超過了知禮對天台佛學的貢獻。〔註36〕草庵道因在與寂照的書信中說:「慈雲、法智、同學寶雲,各樹宗風,化行南北,更相映照,克於一家。而法智宗傳,方今委弊,分肌析體,壞爛不收。中下之材,固難扶救。切聆慈雲法道,淳正之風,簡易之旨,綿綿尚存。」〔註37〕及至道因生活的南宋早期,知禮之學已然凋敝難收,反觀慈雲,其懺法風頭猶勁,以之修行者賡續不絕。慈雲制定的《往生淨土懺願儀》《往生淨土決疑行願二門》成為其時以及其後道俗共期西方的修行指南,遵式發起組建的淨土懺儀會成為其時以及其後道俗結社念佛的經典範例。

　　當然,遵式的懺法及其組建的淨土懺儀會在其時以及其後的實踐中也出現了一些意想不到的問題。隨著懺法在民間社會的流行與普及,懺法修行中逐漸出現了不尊佛法、不守儀則的現象:「近見檀越之家,深有信向,請僧歸舍,設食讀經,望其福慧。勢力損財,無善儀則。敬慢不分,是非寧別。或倚恃豪富,或放縱矜高。反言衣食庇蔭門僧,請喚道場便言恩倖,趨瞻失節朗責明訶。鋪設法筵,穩便驅使。門僧無識,恐失依棲,苦事先為,免勞施主,縱有法則,豈敢輒言。檀越不詢,門僧不說,訛謬之跡,自此滋彰。不掃廳堂,便張法席;未斷葷穢,輒請聖賢;至於迎像延尊,殊不避座,旋踵致敬。」〔註38〕此段文字出自遵式的《熾盛光道場念誦儀》,在該懺法最末「勸誡檀信」一節中,慈雲有如是一段文字,足見在慈雲住世之時,其所制懺法於檀越家中演習之際面

<hr>

〔註33〕宗曉:《樂邦文類》卷三,《大正藏》第 47 冊,第 187 頁上。

〔註34〕契嵩:《鐔津文集》卷十二,《大正藏》第 52 冊,第 715 頁下。

〔註35〕Peter N. Gregory and Daniel A. Getz, Jr, Buddhism in the Sung, Honolulu: University of Hawai'i Press, 2002, p340.

〔註36〕Peter N. Gregory and Daniel A. Getz, Jr, Buddhism in the Sung, Honolulu: University of Hawai'i Press, 2002, p340.

〔註37〕宗鑒:《釋門正統》卷五,《卍續藏經》第 130 冊,第 837 頁下。

〔註38〕遵式:《熾盛光道場念誦儀》,《大正藏》第 46 冊,第 982 頁中。

目已非，有失範脫軌之風險。為此，遵式特別制定了五條規則來約束行持：
「第一、欲陳法會，家中長幼，盡須同心，去其酒肉五辛等物，施主每日隨僧
禮佛，陳吐懺悔。第二、當齋僧次，躬須給待，不得坐於僧上，稱是主人，放
縱談笑。第三、佛前供養，須倍於僧，凡聖等心，事事精細。第四、盡其所惜，
施佛及僧，勿得隱細用粗，世世招失意果報。第五、道場緩急，不得使僧，此
是福田，翻為僮僕，豈得然乎？」〔註39〕遵式的五條原則既是對佛門僧侶的要
求，同樣也適用於行持懺儀懺法的在家居士。慈雲對檀信的勸誡表明佛法在民
間社會的普及固然是件好事，然而，佛法在化世導俗的進程中也可能脫離佛法
軌道，喪失其基本內涵。觀測到這一問題，遵式以五項原則及時止損糾偏。慈
雲之後，隨著懺法的日益普及，淨土信仰的日益高漲，受寺院念佛模式啟發而
致力於結社念佛的在家居士們逐漸脫離寺院的監管，游離於佛門之外。南宋初
年慈照子元建立的白蓮懺堂便是這樣的機構。而佛門也從未放棄對正統佛學
與權威佛法的維護與爭奪．比如，對於仿遵式之道結社卻不受遵式之法節制約
束的茅子元，天台宗僧人及其寺院是不予認可的。他們以遵式的儀軌來牽制、
對抗世俗社會的「異端邪說」，殊不知他們可能一直在與遵式本人發起的信仰
傳統作鬥爭。〔註40〕

　　總之，「遵式將其一生傾入於淨土與懺法的實踐中，並將二者有機的組合
起來，成為宋代天台宗在信仰與修行上的典範。」〔註41〕他以懺法的制定以及
懺法的行持推進了天台宗與淨土宗的合流。

（三）四明知禮與念佛施戒會

　　如果說知禮的《修懺要旨》《觀經融心解》《觀經疏妙宗鈔》等著作主要從
觀心層面論述台淨二宗合流的可能性與可行性，通過觀心法門將唯心淨土與
西方淨土統一起來，以實相的證悟作為往生極樂的標識，那麼，其創立的念佛
施戒會則將台淨二宗的合流落實在實踐維度。如果說知禮的觀心法門是「專門
為那些具有更高領悟能力的修行者設計的」〔註42〕，其約心觀佛、託境顯性的
修行路向不可避免地面臨著曲高和寡的現實困境，那麼，他一手創建的念佛施

〔註39〕遵式：《熾盛光道場念誦儀》，《大正藏》第 46 冊，第 982 頁下。

〔註40〕Peter N. Gregory and Daniel A. Getz, Jr, Buddhism in the Sung, Honolulu:
　　　University of Hawai'i Press, 2002, p342.

〔註41〕聖凱：《慈雲遵式的懺法實踐與思想》，http://blog.sina.com.cn/puyinbuddhist。

〔註42〕Peter N. Gregory and Daniel A. Getz, Jr, Buddhism in the Sung, Honolulu:
　　　University of Hawai'i Press, 2002, p507.

戒會顯然更加成功，影響也更加深遠。與觀心法門服務於具有相當文化素養的小眾群體不同的是念佛施戒會面向的是文化水平不高甚至於目不識丁而宗教需求同樣虔誠而熾烈的普通信眾。

　　根據《結念佛會疏並青山樓居士跋》一文中的介紹，知禮在延慶寺創辦了念佛會，「普結僧俗男女一萬人，畢世稱念阿彌陀佛，發菩提心，求生淨土。」〔註43〕四明領銜下的延慶寺念佛會不僅規模盛大，秩序井然，而且組織結構極其完整，制度相當嚴明：「其建會之法：勸請會首二百一十人，各募四十八人，逐人請念佛懺願曆子一道，每日稱念佛名一千聲，懺障道重罪，發菩提願，為度眾生，取於淨土。請畫佛數於曆子上，至建會日，預齊曆子，並備淨財四十八文，到院攢錄上疏，至日表宣。或入社弟子傾逝者，請勸首繼將姓名並其人曆子，到院相報，即當告示在社九百九十九人各念佛一千聲，為彼懺罪，資其願行，令生淨土。又至建會日，令社眾念佛薦其往生。仍請勸首速募人填補，所冀常結萬人同修淨業者。……今結萬人，以為一社。心心繫念，日日要期。每歲仲春，同集一處，同修供養，同聽法音，會彼萬心，以為一志。俾成定業，誓取往生，況報得命光，其猶風燭，一息不至，三塗現前。何得自寬，不思來報？當依佛語，無順人情；頓息攀緣，唯勤念佛。」〔註44〕

　　從上述文字中，我們不難看出，延慶寺念佛會每年仲春時節舉辦一次，預會者高達一萬餘人。就念佛會的組織結構而言，全會設置會首二百一十人，會首每人負責招募四十八名會員，平日裏由各位會首帶領各自招募而來的會員進行念佛、懺悔等活動。逢至建會日，會首要負責收齊各自下屬會員的會費，每人「淨財四十八文」，然後上交至寺院以作會務之用。而一旦會員去世，會首應及時告知寺院並盡快募人以填補空缺。對於去世的會員，寺院也有一系列的舉措。先是召集全社成員各念佛千聲，為其懺悔，助其往生；待到建會之日，合寺社眾還會集體念佛，薦其西去。

　　而在修行法門上，知禮主導引領下的念佛會倡導推行的是持名念佛與懺儀懺法的並重雙修，並以懺願曆子作為數量念佛的新興記錄方式。隋唐宋元時期，修持淨業者普遍認為稱名念佛的次數越多，所獲之功德也越多。因此，人們常以豆子之類的穀物或念珠作為計量念佛次數的工具，比如初唐時期的僧人道綽勸人念佛時「或用麻豆等物而為數量，每一稱名便度一粒，如是率之乃

〔註43〕宗曉：《四明尊者教行錄》卷一，《大正藏》第46冊，第862頁上。
〔註44〕宗曉：《四明尊者教行錄》卷一，《大正藏》第46冊，第862頁中下。

積數百萬斛者。並以事邀結，令攝慮靜緣，道俗響其綏導，望風而成習矣。又年常自業穿諸木欒子以為數法，遺諸四眾教其稱念。」〔註45〕而在兩宋則以念佛圖來計算念佛次數的多寡。根據日本學者高雄義堅的研究，念佛圖的使用始自宋代，「北宋南宋間，於四明地方所流行的念佛懺願曆子、擘窠婓書或擘窠念佛圖等版畫」〔註46〕都屬於數量念佛之法中的圖畫方法。知禮的念佛施戒會中規定在家眾各持念佛懺願曆子一道，曆子上畫佛數人，每日稱念佛號一千聲，再將每天的念佛次數記錄於曆子中。及至建會之日將此曆子帶到寺院參加佛事活動。至於兩宋時流行的擘窠婓書以及擘窠念佛圖與知禮領銜下的懺願曆子小異而大同，比如欽成皇后的侄女朱氏如一（1157～1193）崇佛修淨業，亦勸人念佛，施印擘窠婓書，教人念佛滿十萬聲方可止息，所化之數達二十萬人。明州學諭咎定國亦以擘窠圖印施勸人念佛，四明桃園的打鐵工匠計公得到此圖，一圖念三十六萬聲。如是三載，念滿十七圖，獲益無窮。對此，志磐的《佛祖統紀》中有較為詳細的記載，曰：「計公，四明桃源鐵工也，年將七十，兩目喪明。里中咎學諭以擘窠圖印施勸人念佛。計公初受一圖，念滿三十六萬聲，念至四圖兩目了然。如是三載，念滿十七圖。一日念佛忽氣絕，半日復蘇曰：『我見佛菩薩，令分六圖與咎學諭，是勸導之首分，一圖與李二公，此是俵圖之人。』囑其子往謝學諭，言訖沐浴西向坐逝。」〔註47〕朱氏如一、咎定國以及鐵匠計公的念佛事蹟發生在知禮示寂後近兩百年的時間裏，三人在以數量念佛模式自我修行之際，又將這一法門推而廣之，並且經由數量念佛的實踐，鐵匠計公不僅獲得現世的福報，而且死後得以往生。「由於念佛圖的印施，稱名念佛遂於大眾之間盛行起來，這樣的念佛圖延用到元以後，甚至於現在。」〔註48〕而朱氏與計公都生活在四明地區，他們對淨土的信仰及其實踐當是受到了知禮念佛會的影響。換言之知禮倡導與領銜下的延慶念佛會為其時及其之後僧俗兩界的結社念佛活動提供了可資借鑒的範本。但是隨著結社念佛活動的興起，尤其是越來越多的居士加入到念佛團體中來，寺院機構的主導力與影響力是否會因居士活動的日益活躍頻繁而受到牽制甚至削弱呢？天台宗的

〔註45〕道宣：《續高僧傳》卷二十，《大正藏》第 50 冊，第 594 頁上。

〔註46〕高雄義堅著，陳季菁譯：《宋代佛教史研究》，台北：華宇出版社，1986 年，第 114 頁。

〔註47〕志磐：《佛祖統紀》卷二十八，《大正藏》第 49 冊，第 285 頁下～286 頁上。

〔註48〕高雄義堅著，陳季菁譯：《宋代佛教史研究》，台北：華宇出版社，1986 年，第 115 頁。

教觀體系是否會因結社念佛現象的演化深入而受到挑戰甚至消減呢？但不可否認的是知禮及其師弟遵式組建的念佛團體「不僅是這一時期弘揚淨土理念、行修西方的代表，而且還為兩宋時期淨土社會的組織與實踐提供了基本範式。」〔註49〕

知禮的延慶念佛會在組織、成員、規模以及修行法門上與慧遠、省常、遵式等人領銜下的蓮社有著很大的不同。首先就其組織而言，宗旨明確，架構明晰，延慶念佛會雖然規模龐大，有一萬人之眾，但在管理上綱維有序，將原則性與靈活性無縫對接。其次，念佛會成員為佛門四眾，僧俗男女皆有，這就意味著不同性別、不同身份、不同地位的淨土信仰者皆可加入到會社中來，而不類只對精英人士開放的由慧遠、省常、遵式等人舉辦的念佛團體。並且女性信仰者亦可預會，這也是之前的念佛社團中從未有過的現象。規模如此巨大、人員如此眾多的延慶念佛會在多大程度上獲得展開與推進已不可考。「一項對明州地區十一世紀人口普查的研究成果表明，如此規模的社團至少將其時當地十分之一的人口吸納進來。儘管這並非不可能，但很難想像這樣規模的聚集不會不引起官府的注意。」〔註50〕因此，延慶念佛會的實際規模仍然是一個謎題。「然而，毋庸置疑的是知禮的延慶念佛會以城市為依託，以城市居民為受眾，較之於省常與遵式的面向精英群體的蓮社模式，延慶念佛會顯然更具包容性與開放性。」〔註51〕

知禮除了建立延慶念佛會外還施設菩薩戒。根據宗曉《知禮年譜》的記載，大中祥符六年（1013）二月十五日，知禮創建念佛施戒會。而在念佛施戒會開設的前一年，即祥符五年（1012）十月，知禮親製疏文，寫下《結念佛會疏》一文。不僅如此，《四明尊者教行錄》中還收錄知禮的《受菩薩戒儀》一篇。這篇文章的寫作很可能是為了指導每年仲春時節在延慶寺舉行的菩薩戒會，「其被化者常滿五千大眾。」〔註52〕《受菩薩戒儀》一文中明確提到了往生淨土，即如文章所言：「此上略示十重戒相，四十八輕既多，不能一一敷揚。現前大眾聽受此法，事非等閒，切在覺世無常修行眾善，庶得以此莊嚴

〔註49〕Peter N. Gregory and Daniel A. Getz, Jr, Buddhism in the Sung, Honolulu: University of Hawai'i Press, 2002, p503.

〔註50〕Peter N. Gregory and Daniel A. Getz, Jr, Buddhism in the Sung, Honolulu: University of Hawai'i Press, 2002, p497.

〔註51〕Peter N. Gregory and Daniel A. Getz, Jr, Buddhism in the Sung, Honolulu: University of Hawai'i Press, 2002, p496.

〔註52〕宗曉：《四明尊者教行錄》卷七，《大正藏》第46冊，第920頁上。

淨土命終決取往生，方知念佛受戒功勳不可得而思議者矣。」〔註53〕由此，知禮主導的菩薩戒會極有可能是與淨土念佛會一併舉行的。石芝宗曉在《知禮年譜》中有關知禮於大中祥符六年「念佛施戒會」一條的記載似乎也能佐證這一推測。而北宋初年知禮創建的念佛施戒會到宗曉生活的南宋中期依然誘化眾生，歷一百九十載而不廢。「往古來今，其被化者，不知幾何人哉！」〔註54〕

　　知禮與其師弟遵式創建的念佛會影響深遠，不僅帶來了天台宗信仰體系與行持模式的調整變化，對淨土宗的弘揚及其傳承譜系的定型起到了巨大的推動作用。知禮與遵式領銜下的念佛施戒會、淨土懺儀會開啟了兩宋時期天台宗僧人台淨雙修的先河，也為後繼者們的宗教生活提供了範本。師兄弟二人圓寂後，不少天台宗僧人投入到結社念佛的修行實踐中來，經由四明三家及其弟子門人的不懈努力，祖師先賢開創的念佛模式發揚光大，在促成台淨二宗實現合流之際還造就了宋代社會結社念佛現象的繁榮，也就是說知禮、遵式創辦的蓮社在教內引起巨大反響之際，還漫溢到整個宋代社會。據不完全統計，兩宋時期教內外興起的蓮社組織有數十家之多，「薄海內外，宗古立社，念佛之聲洋洋乎盈耳。」〔註55〕「這些淨土社團雖然形式繁多，隸屬於不同宗派，但載之史冊的大多與天台宗有著或直接或間接的關聯。」〔註56〕自慈雲與四明開始，繼之而起的天台宗僧人不斷加入到淨土社團的組建與淨土法門的實踐中來，可以說宋代社會絕大多數的淨土活動都與天台宗有所關聯，雖然這一時期的淨土修行並不完全發生在教苑之內。然而，隨著結社念佛團體的不斷湧現，這些念佛機構逐漸超越原初形態下寺院僧人的監管模式，脫離天台制度和教義背景，形成為半獨立甚至完全獨立於寺院機構之外的世俗組織。天台傳統之外的淨土社會的迅猛發展很可能帶來並導致人們因對極樂佛國的虔誠信仰，從而忽視甚至拋棄對天台教制的奉守與踐履。北宋末年，處士王衷就以居士身份在家結社，邀約僧俗入社念佛；南宋早期，慈照子元建立的白蓮懺堂不僅規模空前，而且開許在家弟子傳教。子元本為北禪淨梵弟子，出自天台門庭，然而，他建立的白蓮社卻是個「半僧半俗」的

〔註53〕宗曉：《四明尊者教行錄》卷一，《大正藏》第46冊，第861頁下。

〔註54〕宗曉：《四明尊者教行錄》卷一，《大正藏》第46冊，第857頁下。

〔註55〕宗曉：《樂邦文類》卷一，《大正藏》第47冊，第149頁上中。

〔註56〕Peter N. Gregory and Daniel A. Getz, Jr, Buddhism in the Sung, Honolulu: University of Hawai'i Press, 2002, p479.

優婆塞組織，游離於寺院的監管之外。隨著彌陀信仰的深入人心，結社念佛蔚然成風，淨土社會逐漸形成，天台宗寺院對蓮社組織的監管能力如日薄西山，不免束手無策。十三世紀，天台宗僧人石芝宗曉與大石志磐對淨土宗祖師的判立之舉「可以看作是天台宗寺院對淨土社會施加控制的一種失敗嘗試。」〔註57〕

（四）法寶從雅與彌陀院寶閣

法寶從雅是海月慧辯（1014～1073）的弟子，曾任僧監。從雅專慕淨土，一生坐不背西，誦經禮佛，從不懈怠，其所建之彌陀寶閣乃是率眾修行淨土、結社共期西方的場所。寶閣「立彌陀大象，環以九品菩薩，海藏經典在其後，清淨蓮池在其前，定觀奧室分列左右」〔註58〕，可見彌陀寶閣的建造經過精心設計，不僅布局合理，而且莊嚴非常。這樣的場所「誓延行人，資給長懺，以結淨土之緣」〔註59〕，「誘集淨業之侶，以期安養。」〔註60〕此中所謂的「淨業之侶」除卻佛門子弟外，還應包括歸心向佛的在家居士。總之，不論僧俗，凡入此道場者，「觀一切相為非相，則能見彌陀之全體；觀一切法如幻法，則能入淨土之真境」〔註61〕，一旦「報緣之至，必果遂其所願也。」〔註62〕

（五）定慧介然與十六觀觀堂

定慧介然從學於明智中立，悟得境觀之旨。「元豐（1078～1085）中，比丘介然修西方淨土之法，坐而不臥，以三年為期。期滿，謂其同行比丘惠觀、仲章、宗悅曰：『我等各據一室成此勝緣，後之來者加眾而室不增多。今延慶西隅尚有隙地，若得錢二千餘萬，構屋六十餘間，中建寶閣，立丈六彌陀之身，夾以觀音、勢至，環為十有六室，室各兩間，外列三聖之像，內為禪觀之所。殿臨池水，水生蓮華，不離塵染之中，豁開世外之境。念處俱寂，了無異緣，以堅決定之心，以顯安樂之土。所以順佛慈而報國恩者，豈獨我四人而已哉！所欲如是，其可成乎？』惠觀等答曰：『以無作任運之心，作有為利益之事，四明多檀信，何患乎不成？』自是日營月積，更七寒暑，凡介然之所欲為，無

〔註57〕 Peter N. Gregory and Daniel A. Getz, Jr, Buddhism in the Sung, Honolulu: University of Hawai'i Press, 2002, p502.
〔註58〕 宗曉：《樂邦文類》卷三，《大正藏》第47冊，第184頁下。
〔註59〕 宗曉：《樂邦文類》卷三，《大正藏》第47冊，第184頁下。
〔註60〕 宗曉：《樂邦文類》卷三，《大正藏》第47冊，第185頁上。
〔註61〕 宗曉：《樂邦文類》卷三，《大正藏》第47冊，第184頁下。
〔註62〕 宗曉：《樂邦文類》卷三，《大正藏》第47冊，第185頁上。

一不如其志者。初，介然然手二指，誓必成此。元符二年（1099）三月落成之日，設千佛之供，復然三指〔註63〕以增淨誓。……而十有六室，常無虛位，期滿者去，發心者來，依勝境而獲善利者，不知其幾何人也。」〔註64〕據志磐《佛祖統紀》所載，介然之起建十六觀堂是得到明智中立之授意，元祐七年（1092），「四明延慶中立法師令門人介然創十六觀堂，以延專修淨業之士。」〔註65〕「中立號明智，居南湖，常以淨業誘人，其徒介然創十六觀堂，為東州之冠，實師勉之也。」〔註66〕介然奉師命修建的十六觀觀堂是為「修觀之士有所依託」〔註67〕，換言之就是通過西方極樂世界種種境相之塑造方便淨土行者之修行。所以，介然所造之十六觀堂中建有寶閣，閣中立西方三聖之塑像，再以十六觀堂環布寶閣四周。每一觀堂各有房舍兩間，「外列三聖之像，內為禪觀之所」。此外，殿宇觀堂臨水而建，水中種植蓮花，於塵染之中營造出世外之境，以利行者對極樂世界作觀想修行。淨土宗推崇的十六種觀法對於一般修行者而言是有難度的，「介然建十六觀堂將西方淨土境相真實再現在眼前，淨土行者日夜在此修觀、懺悔，目之所見無非淨土境界，比之

〔註63〕　為建十六觀堂，介然曾燃指兩次。據研究，兩宋以降，燃指供佛在天台宗僧人中是較為普遍的現象，並且這一現象的流行與天台宗尊奉的經典《妙法蓮華經》的影響有關。荷蘭漢學家高延在《中國佛教大乘戒律》（法文本）中曾如是寫道：「中國有僧人效法《法華經》中藥王菩薩燃身供佛之事，如馬高溫在光緒十四年（1888）《中國記錄和傳教士雜誌》（Chinese Recorder and Missionary Journal）中告訴我們，在浙江溫州，有一個僧人公開宣布自焚意圖，信徒們立刻為之準備必要的木材和香料。內地的一位傳教士想要勘阻這個僧人，最終徒勞無功。……馬高溫還報告了另一起自願焚身事件，與上一起一前一後，都發生在光緒十四年初。據他講，之前毫無徵兆，杭州附近的一個僧人突然親手點燃了火葬用的柴堆。事前僧人曾表示願將自己的骨灰和麵粉混合扔到水裏喂魚。這是基於為眾生犧牲自己的理念而採取的燒身行為。……馬高溫還被告知，在天台寺為故去的僧人舉行火葬用的火爐中，有一僧人被活活燒死。據作者言，寺院內的所有僧眾念誦南無阿彌陀佛後，將已故僧人的遺體和自願焚身者一起推進了火爐之中。馬高溫先生這篇很令人關注的文章的結尾部分還講述了光緒四年（1878）溫州府境內某寺院方丈的自焚事件。以上報告中，僧人焚身事件都發生在浙江省，這是天台宗持久興盛之地，如我們在別處說過的，天台宗崇奉的經典是《妙法蓮華經》。」De Groot, Le code du Mahâyâna en Chine, son influence sur la vie monacale et sur le monde laïque, Amsterdam: J. Müller, 1893, p123.

〔註64〕　宗曉：《樂邦文類》卷三，《大正藏》第 47 冊，第 185 頁上中。
〔註65〕　志磐：《佛祖統紀》卷四十六，《大正藏》第 49 冊，第 418 頁上。
〔註66〕　志磐：《佛祖統紀》卷二十七，《大正藏》第 49 冊，第 277 頁下～278 頁上。
〔註67〕　志磐：《佛祖統紀》卷十五，《大正藏》第 49 冊，第 226 頁上。

於單純依靠個人想像之觀行更容易得力。」〔註68〕所以依眼前之勝境而獲實際善利者不計其數。

修行者於十六觀堂中除觀淨土勝境外，亦兼以懺法之修行，如樓鑰《攻媿集》卷一百五《太孺人蔣氏墓誌銘》中有言：「延慶寺有十六觀堂，禮長懺僧未免乞食。」因禮長懺而未免乞食表明修行生活清苦非常，也說明這一時期的十六觀堂亦以懺法之修行導人出苦海往極樂。

十六觀堂自建成之後，屢經磨難，先是遭逢靖康之變，險些被毀。「建炎四年（1130）正月七日，金虜犯明州，寺眾奔散，師（介然）獨不去。虜奄至，呵之曰：『不畏死耶？』師曰：『貧道一生願力，建此觀堂，今老矣，不忍捨去以求生也。』虜猶義之，謂曰：『為我歸北地作觀堂，似此規制。』遂逼師以行。後人悲思，乃以去日為之忌而尊之曰『定慧尊者』，立像陪位於觀室之隅。」〔註69〕介然被虜而耗費其一生心血之觀堂卻幸免於難，後經三百餘年十六觀堂才徹底消失在歷史的煙塵中，惟有觀堂之名留存於世。

此外，「根據李綱的《上天竺寺十六觀堂碑記》及樓鑰的《十六觀堂記》所載，臨安上天竺寺的若訥，在介然之後六十餘年——乾道三年（1167），模仿延慶寺於上天竺寺造十六觀堂。同時，禁中也設有同型的內觀堂。」〔註70〕可見中立、介然師徒所建之蓮社影響頗大。

總之，法寶從雅的彌陀院寶閣與定慧介然的十六觀觀堂在建造的宗旨上是完全一致的，「即將經中某種境界相外化，人不必依想像，耳聞目睹即可見到聖境，由此啟發道心，增勝道業。特別是從雅、介然都是天台宗僧人，他們這樣做顯然與天台宗修行重視『觀』有很大的關係，且天台宗一心三觀中即假即真即中，三者不分聖俗高下，故所造寶閣、觀堂雖假，卻不妨有助於行人即假而入真乃至入於中道。」〔註71〕十六觀觀堂以及彌陀院寶閣「不外乎是融合淨土教道場和天台止觀道場的專門道場，將唐以來以《觀經》為主的淨土變立體化，以便對極樂情景（作）思維觀察的實踐。像這樣，宋代這種相當於天台

〔註68〕張雲江：《寧波延慶寺的「十六觀堂」》，可祥主編：《天台佛學研究》第三輯，北京：宗教文化出版社，2021年，第287頁。

〔註69〕志磐：《佛祖統紀》卷十五，《大正藏》第49冊，第226頁上。

〔註70〕高雄義堅著，陳季菁譯：《宋代佛教史研究》，台北：華宇出版社，1986年，第120頁。

〔註71〕張雲江：《寧波延慶寺的「十六觀堂」》，可祥主編：《天台佛學研究》第三輯，北京：宗教文化出版社，2021年，第292頁。

彌陀教觀的實踐道場的十六觀堂於各地紛紛建立，它們並非以出家人為中心，而是僧俗共聚念佛修懺的道場。」〔註72〕

值得注意的是，隨著淨土信仰的蔚然成風，江浙地區，尤其是浙江的四明、杭州的寺院興起造像風潮，錢塘地區甚至成為當時的「工業中心」，這裡的造像最為著名，甚至連「四明地區之淨土寺院都要訂製杭州所造之雕像。」〔註73〕根據律師靈芝元照在《開元寺三聖立像記》一文中的記載可知，四明慈谿靈龜山福源蘭若僧人戒深因篤志淨業，欲造佛像，「於是糾募眾信，躬往錢唐，命工雕造三聖立像。江山千里，往返經營，歷涉數歲，始獲圓就，所費幾千緡，立於城南開元寺經藏院之懺堂。」〔註74〕「而四明觀音像雕工孔仁謙，也因雕造觀音而名聞一時，舉凡杭州、四明之千手千眼觀音都出其手。」〔註75〕

（六）慈照子元與澱山湖懺堂

南宋初年，慈照子元在平江府澱山湖修建白蓮懺堂，由此拉開了中國宗教史上邪正難辨、毀譽參半的白蓮教的歷史。其創立者茅子元本為天台門人，白蓮懺堂的教義也是脫胎自天台教說。子元為行者勾畫了圓融四土圖，提倡以禮懺念佛的形式行修西方。前者是對智者大師四淨土說的闡釋，後者則承續自北禪淨梵。

北禪淨梵（？～1128）乃天台宗四明知禮門下神照本如一系神悟處謙的弟子，嘉禾（今浙江嘉興）人。年十歲出家，師從勝果懺主思永，思永是慈雲之門人。受具後先是隨超果惟湛習天台教觀，不久再謁神悟處謙，屢親講說，道心遂啟。處謙是本如之弟子，本如秉教嗣法於知禮，故此淨梵是當之無愧的天台傳人。元祐初年至蘇州大慈寺，開講天台三大部，「受業門生殆遍吳地，信人稟戒幾滿城邑。」〔註76〕淨梵承續知禮、遵式結社修懺之精神，與二十七人共修法華三昧，以二十八日為一期，如此三會。在元祐、宣和年間，淨梵以蘇州為中心弘法濟眾。白蓮教創始人茅子元曾問學於他，其結社修懺之舉動對慈照子元當有師範作用與潛移默化之影響。

〔註72〕高雄義堅著，陳季菁譯：《宋代佛教史研究》，台北：華宇出版社，1986 年，第 120 頁。
〔註73〕黃啟江：《北宋時期兩浙的彌陀信仰》，《故宮學術季刊》，1996 年第 1 期。
〔註74〕宗曉：《樂邦文類》卷三，《大正藏》第 47 冊，第 186 頁下。
〔註75〕黃啟江：《北宋時期兩浙的彌陀信仰》，《故宮學術季刊》，1996 年第 1 期。
〔註76〕志磐：《佛祖統紀》卷十四，《大正藏》第 49 冊，第 221 頁上。

　　有關慈照子元的生平事蹟，天台宗僧人宗鑒的《釋門正統》、志磐的《佛祖統紀》中均有記載，寫作年代稍後數十年的《佛祖統紀》對子元生平事蹟的記述與宗鑒之所載一般無二，是對《釋門正統》的抄錄。不過，與宗鑒不一樣的是，志磐在子元的傳記後給出了一段評議，這段評議頗能說明一些問題。

　　宗鑒的《釋門正統》將子元歸屬在卷四《斥偽志》中，其文曰：「紹興初吳郡延祥院沙門茅子元，曾學於北禪梵法主會下，依仿天台出《圓融四土圖》《晨朝禮懺文》，偈歌四句，佛念五聲，勸諸男女同修淨業，稱白蓮導師。其徒號白蓮菜人，亦曰茹茅闍黎菜。有論於有司者，加以事魔之罪，蒙流江州。」〔註77〕根據宗鑒的記載可知，茅子元為江蘇蘇州人，他曾是吳郡延祥院沙門，禮法主淨梵為師，受到天台教制的薰染。他建白蓮懺堂，領眾修淨業，其教團所用之理論及其修行法門皆仿天台之道而行之。白蓮懺堂後遭舉報，為官府取締，子元亦受牽連，被流放至江州。

　　宗鑒以及志磐對慈照子元生平事蹟的記述頗為簡練，子元的追隨者元代僧人優曇普度則於《蓮宗寶鑒》中作了較為詳細的記述，其文如下：「師諱子元，號萬事休。平江崑山茅氏子。母柴氏夜夢佛一尊入門，次旦遂生，因名佛來。父母早亡，投本州延祥寺志通出家，習誦《法華經》。十九歲落髮，習止觀禪法。一日正定中，聞鴉聲悟道。乃有頌曰：『二十餘年紙上尋，尋來尋去轉沉吟。忽然聽得慈鴉叫，始信從前錯用心。』於是利他心切，發廣度願，乃慕廬山遠公蓮社遺風，勸人歸依三寶、受持五戒：一不殺、二不盜、三不淫、四不妄、五不酒。念阿彌陀佛五聲，以證五戒，普結淨緣，欲令世人淨五根，得五力，出五濁也。乃撮集《大藏》要言，編成《蓮宗晨朝懺儀》，代為法界眾生禮佛懺悔祈生安養。後往澱山湖，創立蓮宗懺堂，同修淨業。述《圓融四土三觀選佛圖》，開示蓮宗眼目。四十六歲，障臨江州，逆順境中未嘗動念，隨方勸化，即成頌文，目曰《西行集》。乾道二年壽聖高宗詔至德壽殿，演說淨土法門，特賜『勸修淨業蓮宗導師慈照宗主』。就錢塘西湖昭慶寺祝聖謝恩，佛事畢，回平江。嘗發誓言：『願大地人普覺妙道』。每以四字為定名之宗，示導教人，專念彌陀同生淨土，從此宗風大振。師集《彌陀節要》《法華百心》《證道歌》《風月集》行於世。三月二十三日，於鐸城倪普建宅，告諸徒曰：『吾化緣已畢，時當行矣。』言訖，合掌辭眾，奄然示寂。二十七日荼毗舍利

〔註77〕宗鑒：《釋門正統》卷四，《卍續藏經》第130冊，第824頁下。

無數，塔於松江力及市五港吾覺昌宅，敕諡『最勝之塔。』」〔註78〕依據普度的記述，子元的一生起伏跌宕，既有流放江州的苦楚磨難，也不乏浩蕩皇恩的垂賜榮寵，這一切皆因白蓮社而起。子元所建白蓮社坐落在平江澱山湖，其懺堂主要以天台一系的佛理與懺法開示、導引淨業行人，也用禪宗的《永嘉證道歌》、淨土宗的《彌陀節要》等經典軌範僧俗的修行。

「夫寂光同居，一智無殊，情生彼此，見有親疏。覿面了色，空性如如。本無二路，自見妙粗。吾不如是，一體毗盧。先須識本，免被茶糊。行有行相，智有智模，願有願力。進有程途，惺惺寂寂。如淨明珠，照徹心體。凡聖同途，四土合徹。三身一如，頭頭淨土，處處阿彌。……今則略開一線，出四圖，削去迷情，頓明心性。然後河沙法界，該收一紙之中；無量法門，出乎方寸之內耳。」〔註79〕在茅子元看來，惟佛所居之常寂光土與凡聖混居之染淨同居土本無差別，因為凡聖一如，生佛無差，如此一來四土自然圓融無礙。將此四土用圖畫呈現出來使信眾一見便明，此所謂圓融四土圖。志磐說：「所謂四土圖者，則竊取天台宗格言，附以雜偈，率皆鄙薄言辭。」〔註80〕和宗鑒一樣，在志磐看來，白蓮教實非正教，而是偽教。對於偽教教主茅子元，大石的評論不免帶有自居正統佛教立場而對非法教派持有鄙薄乃至否定的態度與情感，但就事實而言，茅子元的圓融四土圖確實是對天台智顗四淨土說的「生吞活剝」。

智顗的凡聖同居土是凡夫與賢聖共居之土，此土有淨土與穢土之分，娑婆世界即為凡聖同居土之穢土，彌勒菩薩兜率淨土與阿彌陀佛極樂淨土則屬凡聖同居之淨土。方便有餘土為二乘與地前菩薩所居之土。此土眾生斷盡見思二惑，無明惑業仍存，故其所居之處稱為方便有餘土。實報無障礙土乃別教初地以上菩薩、圓教初住以上菩薩所居之處，是斷除無明、獲證中道的果報土。到此境地之眾生色心無礙，來去自在，其所居之土故稱實報無障礙土。至於常寂光土是指常住於寂滅清淨光明遍照之佛國淨土，此土為佛所居。日本學者重松俊章在《初期的白蓮教會——附元律中的白蓮教會》一文中指出天台四土「依於迷誤之前而分果報土為四個等級」〔註81〕，而茅子元則是就成佛之後來看待

〔註78〕普度編：《盧山蓮宗寶鑒》卷四，《大正藏》第47冊，第326頁上中。
〔註79〕普度編：《盧山蓮宗寶鑒》卷二，《大正藏》第47冊，第313頁上中。
〔註80〕志磐：《佛祖統紀》卷四十七，《大正藏》第49冊，第425頁上。
〔註81〕重松俊章著，陶希聖抄譯：《初期的白蓮教會——附元律中的白蓮教會》，高雄義堅等著，陳季菁等譯：《宋代佛教史研究》，台北：華宇出版社，1986年，第283頁。

聖佛關係，二人對四土的理解只是橫豎角度的不同、理事維度的差異罷了，本質上並無區別。

　　至於白蓮教的修行法門主要以禮懺念佛為主，子元所作《晨朝禮懺文》內容如何已不可知，但就名稱來看當是晨朝禮佛時念誦的懺悔文。宗鑒與志磐認為子元的《晨朝禮懺文》「依仿」慈雲七懺撮略而成，子元的後繼者普度則說「撮集《大藏》要言，編成《蓮宗晨朝懺儀》。」〔註82〕其時，天台宗典籍多已入藏，遵式制定的懺法也十分流行，尤其是《往生淨土懺願儀》《往生淨土決疑行願二門》更是風靡僧俗兩界，子元又曾受教於北禪淨梵，其《晨朝禮懺文》「依仿」遵式之懺法撮略而成當屬有根有據，而非天台宗僧人憑空捏造。

　　此外，史籍中所記「偈歌四句，佛念五聲」為何也因內容不明而難窺其貌。不過，根據志磐評議中「偈吟四句，則有類於樵歌」〔註83〕一句推知，慈照子元的四句偈「或者是由《涅槃經》《金剛經》等經中有名的四句偈文，指出有為的轉變相的名句，借來而以鄙俗言辭綴成歌詠，使白蓮菜道俗歌詠。在當時，警世悟道的詠歌和贊之類很是流行，這是中國佛教史上共知的事實。」〔註84〕至於「佛念五聲」當是「念五聲阿彌陀佛，以證五戒。」〔註85〕普度在《蓮宗寶鑒》慈照子元的傳記中寫道，子元因慕廬山遺風，遂勸人皈依三寶，受持五戒，念佛五聲，以證五戒，欲令世人淨五根，得五力，出五濁。而「佛念五聲」應是宗本於《觀無量壽經》，該經提倡十念往生，即便是為惡之輩，臨終之際，念佛十聲，亦能往生淨域樂邦。子元的佛念五聲當是對傳統佛教既成模式的一種簡化。

　　茅子元的白蓮懺堂成立於南宋初年，「這個宗門在發生的當初，是根據天台宗的觀法及彌陀的念佛而形成的禁慾主義的淨業團體，由教團的性質來看是半僧半俗的一種優婆塞宗門。」〔註86〕這種「半僧半俗」的蓮社團體以簡明易行的修行法門為僧俗兩界青睞有加，並且在傳教模式上，子元在因襲傳統推

〔註82〕普度編：《廬山蓮宗寶鑒》卷四，《大正藏》第47冊，第326頁上。

〔註83〕志磐：《佛祖統紀》卷四十七，《大正藏》第49冊，第425頁上。

〔註84〕重松俊章著，陶希聖抄譯：《初期的白蓮教會——附元律中的白蓮教會》，高雄義堅等著，陳季菁等譯：《宋代佛教史研究》，台北：華宇出版社，1986年，第285頁。

〔註85〕普度編：《廬山蓮宗寶鑒》卷四，《大正藏》第47冊，第326頁上。

〔註86〕重松俊章著，陶希聖抄譯：《初期的白蓮教會——附元律中的白蓮教會》，高雄義堅等著，陳季菁等譯：《宋代佛教史研究》，台北：華宇出版社，1986年，第278頁。

行以出家人為傳教主的傳承模式外，也開許在家子弟弘法傳教。由此白蓮社一經創立便發展迅猛，元代沙門熙仲編撰的《歷代釋氏資鑑》中說茅子元的白蓮社「化七萬之緇流，修十六之妙觀，久無間斷，未有不如所願而得往生也。」〔註87〕其白蓮社度化數萬人去往極樂淨土，此說不免有誇大不實之嫌，卻也表明南宋初年慈照所建之蓮社不僅規模龐大，而且影響也非同凡響。也許正是因為白蓮社非同尋常的影響，子元在被朝廷流放江州後不久即得赦免，並且得到皇帝的封賜。

　　然而，在以宗鑒、志磐為代表的天台宗僧人看來，慈照子元之所作所為卻是大逆不道，不足稱揚的。《釋門正統》中，宗鑒將其歸入《斥偽志》中，既為「斥偽」，當非正教；《佛祖統紀》中志磐照抄宗鑒的《子元傳》，幾乎不易一字。又於傳後發出批評，所謂「號白蓮，妄託於祖；稱導師，僭同於佛。假名淨業而專為奸穢之行，猥褻不良，何能具道？」〔註88〕志磐以正統佛教為立場，對以「半僧半俗」為其特質的白蓮社作出了嚴厲批評。這種批評固然出自志磐對天台教學體系的維護，但不論天台宗僧人是否接納慈照子元，其所創建之白蓮懺堂即便是在子元辭世一百三十年後志磐撰寫《佛祖統紀》之時依然勢頭不減，「其餘黨效習，至今為盛。」〔註89〕

　　宋代彌陀淨土信仰的蔚然成風可以說是在天台宗僧人的倡導與推動下形成的，宋人熱衷於結社念佛便是其時彌陀信仰深入人心的表現之一。天台宗僧人之所以成為這一時期彌陀信仰的倡導者與推動者，不僅有其歷史淵源，也不乏理論支撐。作為天台宗實際創始人的智顗就以往生彌陀淨土為其誓願，其所推崇的法華三昧就有觀想彌陀的內容，其所講說的四種三昧中的常坐三昧與常行三昧就以淨土宗的念佛三昧為主要行法，前者側重於實相念佛與觀心念佛的結合，後者則注重持名念佛與觀想念佛的先後俱運。「天台僧侶之外，純粹專修淨土之僧侶已不多見。除了杭州西湖昭慶寺住持省常及其徒之外，特別著名的僅有真州（今江蘇儀真）的長蘆宗賾（元祐時人）。此外還有部分禪僧及律教僧侶兼修彌陀淨土。」〔註90〕宋代天台宗僧人不僅是彌陀淨土信仰弘揚的中堅力量，也是這一信仰在兩宋社會大行其道的締造者。以知禮與遵式為代表的天台宗僧人通過他們各自的努力為其時以及其後「淨土社團的組織和實

〔註87〕熙仲集：《歷朝釋氏資鑑》卷十一，《卍續藏經》第132冊，第215頁上。
〔註88〕志磐：《佛祖統紀》卷四十七，《大正藏》第49冊，第425頁上。
〔註89〕志磐：《佛祖統紀》卷四十七，《大正藏》第49冊，第425頁上。
〔註90〕黃啟江：《兩宋時期兩浙的彌陀信仰》，《故宮學術季刊》，1996年第1期。

踐提供了基本範式」〔註91〕，二人之後蓮社之興建風起雲湧，絡繹不絕，可謂是「踵其事而增華」，「這些由天台宗僧人創立和推動的社團影響是如此顯著，以至於在十二世紀末宗曉編纂他的淨土宗選集時，他選擇了淨土僧團作為其主題。」〔註92〕

　　另一方面，作為後起之秀的蓮社團體不免有「變其本而加厲」的態勢。隨著時間的推移，結社念佛不再是僧人的專屬，居士領銜下獨立於寺院機構之外的蓮社組織相繼出現，比如宋徽宗政和末年，處士王衷就「於居處結白蓮社，募人同修。有欲預者，不限尊卑貴賤、士庶僧尼，但發心願西歸者，普請入社也。」〔註93〕王衷以居士身份結社，邀約緇素二眾入社念佛，這在兩宋不是絕無僅有的個案。總管張掄在標心淨土，常沐清心，專修淨業之際，闢宅鑿池，種蓮結社，與志同道合者定期集會，共修淨業。並撰文普勸世人入社念佛，其文曰：「我今者勸諸有緣結此蓮社，假使難知難辨，猶當勉力精勤，況佛號甚易持，淨土甚易往。八萬四千法門，無如是之捷徑。但能輟清晨俯仰之暇，遂可為永劫不壞之資。」〔註94〕張掄之蓮社盛極一時，凡有活動，「見聞隨喜，雲集川至，倡佛之聲，如潮汐之騰江也」〔註95〕，足見影響之大，甚至於高宗皇帝亦聞而忻慕之，御書「蓮社」二字為賜。趙宋一朝，「經天台僧侶四明知禮、慈雲遵式及他們弟子的宣揚，淨社接二連三出現於各地，彌陀淨土的信仰由江浙地區向全國各地蔓延，滲透社會各個階層」〔註96〕，彌陀淨土信仰蔚然成風，念佛往生安養樂邦成為全社會的共同願景與努力方向。兩宋之交由居士組建的蓮社機構的出現表明隨著彌陀淨土信仰的深入人心，念佛機構由寺院主導、僧俗共修的局面一變而為僧俗兩界各自為政、各行其道的狀態，居士領銜下的蓮社組織甚至有與寺院念佛機構分庭抗禮、一較高下的底氣與資本。南宋初年慈照子元的白蓮懺堂規模不可謂不大，影響不可謂不深，但源出於天台門庭的子元卻不受天台宗僧人的待見，良渚宗鑒就毫不客氣地指出白蓮教「假

〔註91〕 Peter N. Gregory and Daniel A. Getz, Jr, Buddhism in the Sung, Honolulu: University of Hawai'i Press, 2002, p503.

〔註92〕 Peter N. Gregory and Daniel A. Getz, Jr, Buddhism in the Sung, Honolulu: University of Hawai'i Press, 2002, p503.

〔註93〕 宗曉：《樂邦遺稿》卷下，《大正藏》第 47 冊，第 243 頁上。

〔註94〕 宗曉：《樂邦文類》卷二，《大正藏》第 47 冊，第 179 頁上。

〔註95〕 宗曉：《樂邦文類》卷三，《大正藏》第 47 冊，第 188 頁中。

〔註96〕 黃啟江：《淨土決疑論——宋代彌陀淨土的信仰與辯議》，《佛教研究中心學報》，1999 年第 4 期。

名佛教，以誑愚俗」，其教旨「大氐不事葷酒，故易於裕足；而不殺物命，故近於為善。愚民無知，皆樂趨之，故其黨不勸而自盛，甚至第宅姬妾為魔女所誘入其眾中。以修懺念佛為名，而實通姦穢，有識士夫宜加禁止。」〔註97〕慈照子元的白蓮教之所以不受待見很大程度上是因為以「半僧半俗」為其底色的白蓮懺堂在外部制度上不受天台門規之約束指導，在內部教義與實踐法門上也與天台傳統不盡相同。

第三節　小結

　　兩宋時期，台淨合流在居士的護持下推進向前。趙宋一代，天台門庭雖不乏晁說之、陳瑩中之類長於義學而又棲心淨域的文化精英，也擁有王文正、章得象之類的志慕西方而與僧侶共結蓮社的達官顯貴。然而，基數龐大的籍籍無名的普通信眾才是兩宋時期天台宗最主要最核心的佛門外護。這些不曉其名姓、不知其出身的居士因對彌陀淨土的信仰，皈依在天台宗寺院，在知禮、遵式及其弟子們的導引下入蓮社、修淨業。蓮社成員少則百十來人，多則成千上萬。這些念佛組織看似鬆散，「包羅範圍之廣，人數之多，則是大乘佛教各宗望塵莫及的，由此形成了淨土宗取代大乘佛教的態勢，佛教信徒的信仰中心已經不再是釋迦牟尼佛而是阿彌陀佛了。」〔註98〕

　　正因為有越來越多的民眾參與到結社念佛中來，行修西方的實踐法門也呈現出多樣性。既有服務於文化素養較高、根器大利的精英們的實相念佛、觀想念佛，比如，遵式領銜下的淨土懺儀會就以此為主要修行方法；也有適用於普通民眾的持名念佛，比如知禮的念佛施戒會推行的就是這一法門。當然還有觀像念佛，像彌陀院寶閣、十六觀觀堂等蓮社機構通過西方聖境的現實模擬為僧俗兩界的修行提供了便利。此外，知禮與遵式等天台宗僧人還通過懺法修行追慕西方淨土。總之，在名僧省常、知禮、遵式的倡導下，經由天台宗僧人的身體力行與推廣弘揚，輔以官僚士大夫的推波助瀾，結社念佛風靡僧俗兩界，蓮社組織多不勝數，難怪律師元照有如是感慨：「近世宗師，公心無黨者，率用此法，誨誘其徒。由是在處立殿造像，結社建會。無豪財無少長，莫不歸誠淨土。若觀想，若持名，若禮誦，若齋戒。至有見光華睹相好，生身流於舍利，

〔註97〕志磐：《佛祖統紀》卷五十四，《大正藏》第 49 冊，第 475 頁上。
〔註98〕陳揚炯：《中國淨土宗通史》，南京：江蘇古籍出版社，2002 年，第 457 頁。

垂終感於善相者，不可勝數。淨業之盛，往古無以加焉。生當此時，得不知幸乎！」〔註99〕

「社之法以眾輕成一重，濟事成功，莫近於社。今之結社，共作福音。條約嚴明，愈於公法。行人互相激勵，勤於修正，則社有生善之功大矣！」〔註100〕誠如贊寧之所述，結社念佛之舉固然是在與眾生「共作福音」，但「宋代淨土活動的增加，不僅給天台宗帶來了一系列外部制度問題，而且也是天台宗內部在義理與實踐上產生分歧的因素之一。」〔註101〕慈照子元的白蓮懺堂便是台淨合流進程中出人意料的結果。

〔註99〕 宗曉：《樂邦文類》卷三，《大正藏》第 47 冊，第 187 頁中。
〔註100〕 贊寧：《大宋僧史略》卷下，《大正藏》第 54 冊，第 250 頁下。
〔註101〕 Peter N. Gregory and Daniel A. Getz, Jr, Buddhism in the Sung, Honolulu: University of Hawai'i Press, 2002, p506.

第五章　文化轉型、三教合一與諸宗 爭競視域下的台淨合流

　　作為一種外來文明，佛教自傳入中國以來，就與中國土生土長的儒道文化保持著一種既衝突又融合的關係。「印度佛教傳入中國曾產生了重大的影響，但仍與基督教在西方文化中所取得的絕對的主宰地位有別。六朝隋唐之世，中國誠然進入了宗教氣氛極為濃厚的時代，然而入世教（儒）與出世教（釋）之間仍然保持著一種動態的平衡。道教也處於出世與入世之間，故中國中古文化是三教並立而非一教獨霸。」〔註1〕誠如余英時先生所言，中古時代儒、釋、道三教之間「保持著一種動態的平衡」，既相互衝突又彼此融合。儒、釋、道三教在立足本位的前提下有目的有選擇地借鑒他教的相關思想以豐富與充實自身，從而為各自的發展爭取更大的空間，這一時期三教之間「尚處於兼而未融的狀態。」〔註2〕

　　時至兩宋，儒、釋、道三教「兼而未融」的關係為彼此融通合一的局面取而代之。趙宋一朝，儒士們對佛教與道教仍然一如既往地保持著疏離與排斥的態度，同時又積極吸取佛道二教尤其是佛教的思想精華，以重建儒家道統。南宋儒學大家葉適關於儒、釋、道三教關係的一段評論頗能說明這一問題：「本朝承平時，禪說尤熾，儒釋共駕，異端會同，其間豪傑之士，有欲修明吾說以勝之者，而周、張、二程出焉，自謂出入於佛老甚久。」〔註3〕並進而指出：

〔註1〕余英時：《士與中國文化》，上海：上海人民出版社，2003年，第6頁。
〔註2〕張玉璞：《宋代「三教合一」思潮述論》，《孔子研究》，2011年第6期。
〔註3〕葉適：《習學記言》卷四十九，上海：上海古籍出版社，1992年。

「程、張攻斥老、佛至深，然盡用其學而不自知者。」〔註4〕

另一方面，「佛之道本常，而未始離乎世相推遷之際。自釋迦鶴林諸祖繼出，所以傳持此道，東流震旦，逮於今而不息，大較聖主賢臣宿稟佛囑，常為尊事。」〔註5〕佛教之通塞常與國家之政策有著很大的關聯，「不依國主，則法事難立」，佛教史上三武一宗滅佛事件給佛教帶來的衝擊不可謂不大。兩宋時期，天台宗與淨土宗的合流與其時朝廷的宗教政策緊密相關，因此，在對士大夫的佛教觀念進行闡述之前，有必要對這一時期統治者的佛教政策做一番梳理與考察。而這一切又是在五代北宋之際文化轉型的背景下展開的。

第一節　文化轉型視域下的台淨合流

五代北宋之際的文化轉型促成了天台宗與淨土宗的合流。五代以來，隨著李唐王朝的謝幕，門閥士族階層也走向瓦解湮滅，加之宋王朝重文抑武的國策，多重因素的合力之下造就讀書人群體的激增與壯大，越來越多的平民子弟通過讀書來實現價值理想與人生追求。較之於門閥士族引領時代潮流的前朝文化，宋代文明則具有貼合民眾的普遍性特質。經學、文學、繪畫、宗教、印刷等不同文化形式都以開放包容的姿態面向社會大眾，普通百姓不僅有資格而且有機會接觸學習各類文化知識。

兩宋時期，隨著雕版印刷的普及，各類典籍得以刊刻流通，即便是佛門《大藏經》，在民間亦頗受歡迎。開寶四年（971）第一部漢文《大藏經》開印，除此部藏經是由政府主持推動屬於官刻外，崇寧藏、毗盧藏、思溪藏、磧砂藏等私刻經藏亦紛紛開雕印刷。「民間刻經之風為之大暢，佛典的廣泛流通為在家信徒誦經念佛提供了便利條件。」〔註6〕而面向廣大在家信眾的佛教必然不能是隋唐時期以哲理為本位的義理佛學，新興的信仰群體需要的是他們能夠理解接受並且方便修行的佛法。因應時代的發展，民眾的需求，趙宋一朝的佛教由前代的義理佛學嬗變而為實踐佛教，換言之就是從印度佛教完全蛻變成為中國獨特的民眾佛教。〔註7〕

〔註4〕葉適：《習學記言》卷四十九，上海：上海古籍出版社，1992年。
〔註5〕志磐：《佛祖統紀》卷三十四，《大正藏》第49冊，第325頁上。
〔註6〕李四龍：《民俗佛教的形成與特徵》，《北京大學學報》，1996年第4期。
〔註7〕高雄義堅等著，陳季菁等譯：《宋代佛教史研究》，台北：華宇出版社，1986年，第1～12頁。

　　宋代民眾佛教的興起一方面固然是具有實用主義特質的民眾佛教正以嶄新的姿態走入歷史前台，呈現出一派勃勃生機，另一方面也表明隋唐以降中國佛教在理論上陷入了沉滯不進的狀態，即便是北宋初年大量佛典的譯出也未能刺激推動佛教義學的發展。根據日本學者高雄義堅先生的研究，太宗、真宗兩朝共譯出大小乘三藏 234 部，489 卷，多為密教經書。如此眾多的典籍中僅有《觀無量壽經》《大方廣總持寶光明經》《寶月童子問法經》得到疏解，其餘經論皆束之高閣，無人問津。宋代僧人對新譯佛典的不感興趣表明在以沉思冥想為其特徵的印度文化已然不適應於這一時期的中國社會。〔註8〕同樣不適應於這一時期的中國社會的當然還包括「致力於意義空間的探索與追尋」〔註9〕的義理佛學。

　　誕生於陳末隋初的天台佛學是典型的義理佛學，自智顗至知禮，數百年來天台教觀並重、止觀雙修的傳統一以貫之。北宋初年，天台義學在知禮的努力下一度得以中興。而四明對天台義學的中興如曇花一現，在其圓寂後旋即走向沈寂，主要原因就在於博大精深、圓融玄妙的天台佛學在文化轉型之際顯得不合時宜。而佛學主張簡便易行的淨土宗則與信眾的宗教需求相合拍，也與其時的文化轉型若符合節，並且淨土宗為人們確立了一個完美殊勝的佛國淨土。在這個營造起來的「秩序空間」裏，諸佛菩薩被神聖化，「這些神靈具體承擔著世俗教化的社會功能。中國民間社會需要這類屬於心靈世界的秩序結構，在心理上配合實踐儒家的世俗道德倫理規範。」〔註10〕

　　有鑑於此，頗具遠見卓識的知禮在與山外派就天台義理展開爭辯以推進天台學說之際，也與普通信眾結社念佛，領眾修行，共期西方，並以天台學說解釋淨土宗經典，從理論與實踐兩個維度為台淨二宗的合流作論證。其師弟遵式則從懺儀懺法的角度倡導台淨合流，並積極投身於往生淨域樂邦的修行之中。可以說知禮與遵式師兄弟二人認清並抓住了五代北宋之際文化轉型的際遇，為天台宗佛學的未來發展開闢了方向，指明了道路。

　　此外，寺院經濟的高度發達也帶來了宋代佛教的社會化與世俗化，而佛教的社會化與世俗化也在一定程度上推進了台淨合流。兩宋時期，佛教各宗派都面臨著社會化、世俗化的挑戰，而「中國佛教嚴格意義上的世俗化是從

〔註 8〕高雄義堅等著，陳季菁等譯：《宋代佛教史研究》，台北：華宇出版社，1986 年，
　　　　第 4～5 頁。
〔註 9〕李四龍：《民俗佛教的形成與特徵》，《北京大學學報》，1996 年第 4 期。
〔註 10〕李四龍：《民俗佛教的形成與特徵》，《北京大學學報》，1996 年第 4 期。

宋代開始的，之所以如此，其深層次的原因其實首先在於寺院經濟的高度發達。」〔註11〕我們可以從孟元老《東京夢華錄》一書中的相關記載窺見兩宋時期寺院生活的社會化與世俗化。「相國寺每月五次開放萬姓交易，大三門上皆是飛禽貓犬之類，珍禽奇獸，無所不有。第二三門皆動用什物，庭中設彩幙露屋義鋪，賣蒲合簟席、屏幃洗漱、鞍轡弓劍、時果臘脯之類。近佛殿，孟家道院王道人蜜煎、趙文秀筆及潘谷墨占定，兩廊皆諸寺師姑賣繡作、領抹、花朵、珠翠、頭面、生色銷金花樣樸頭、帽子、特髻、冠子、條線之類。殿後資聖門前，皆書籍玩好圖畫及諸路罷任官員土物香藥之類。後廊皆日者貨術傳神之類。寺三門閣上並資聖門，各有金銅鑄羅漢五百尊、佛牙等，凡有齋供，皆取旨方開。三門左右有兩餅琉璃塔，寺內有智海、惠林、寶梵、河沙東西塔院，乃出角院舍。各有住持僧官，每遇齋會，凡飲食茶果，動使器皿，雖三五百分，莫不咄嗟而辦。大殿兩廊皆國朝名公筆跡，左壁畫熾盛光佛降九曜鬼百戲，右壁佛降鬼子母揭盂。殿庭供獻樂部馬隊之類。大殿朵廊皆壁隱樓殿人物，莫非精妙。」〔註12〕作為佛門清淨之地的大相國寺儼然成了交易市場，出世間與入世間的界限已然含混不清，難怪王得臣在《麈史》中稱「相國寺為破贜所」，王栐燕在《翼詀謀錄》裏呼之為瓦市〔註13〕。而寺院經濟的高度發達必然帶來寺院內部僧職人員分工的日趨細密，寺院上下所有人眾各有分屬，各司其職。根據《增修教苑清規》的記載，天台宗寺院住持和尚的日常事務包括「朔望上堂、朔望僧堂並寢堂點茶、會兩序耆舊茶湯、會兩序茶湯、特為大諸山煎點、諸山到方丈煎點、施主入山、諸山相訪」〔註14〕，等等，不一而足。其他執役人員各有各的職責，比如從屬於序職之列的副寺主要管理常住錢糧，措辦材薪，晚間巡視寺院，以防火盜。副寺之職十分重要，作為常住之「出納」，「務在公心，毋相私蔽」〔註15〕；作為常住之「巡警」，「責任非輕，宜加竭力」〔註16〕。又如列職之知殿，須「常淨几案，時滿燈油，聖像頻常拂塵供養，每日修設。或遇風起，須滅香爐內火，結起幡腳，勿近琉璃。凡遇節候四齋日，

〔註11〕賴永海主編：《中國佛教通史》第九冊，南京：鳳凰出版社，2010 年，第 149 頁。

〔註12〕孟元老撰，鄧之誠注：《東京夢華錄注》，北京：中華書局，1982 年，第 88～89 頁。

〔註13〕孟元老撰，鄧之誠注：《東京夢華錄注》，北京：中華書局，1982 年，第 93 頁。

〔註14〕自慶：《增修教苑清規》卷上，《卍續藏經》第 101 冊，第 689 頁下。

〔註15〕自慶：《增修教苑清規》卷上，《卍續藏經》第 101 冊，第 721 頁上。

〔註16〕自慶：《增修教苑清規》卷上，《卍續藏經》第 101 冊，第 721 頁上。

開設殿門，以便往來瞻禮。」〔註17〕寺院生活之社會化、世俗化已然如此，更令人驚奇的是身處農村等邊遠地區的僧人甚至可以娶妻生子〔註18〕，世出世間之分別幾乎形同虛設。因應佛教社會化、世俗化的進程，天台宗也須做出相應的調整，比如知禮、遵式等人通過結社念佛之舉措將僧俗兩界彙集聚攏在天台宗門庭之內，在充實壯大自宗之際也將台淨二宗的合流推進向前。

第二節　三教合一視域下的台淨合流

一、宋王朝的佛教政策

趙宋一朝的統治者除了宋徽宗趙佶崇奉道教外，其餘的皇帝對佛教多奉行既扶持又限制的政策，始終遵循「不使其大盛」的原則。宋太祖趙匡胤即位不久，便下令將周世宗顯德年間（954～959）頒行的廢佛令廢除，並普度童行；又遣沙門一百五十餘人去往西域遊學，各賜錢財三萬；又於開寶四年（971）開刻藏經。經史上太祖皇帝扶持佛教之舉比比皆是，不勝枚舉，其弟太宗也是如此。他度僧尼，造寶塔，設立譯經院翻譯佛經。

然而，宋太祖與宋太宗的一系列護佛舉措無不建立在佛教有助於世教、有裨於政治的基礎之上。宋太宗說得明白，他之所以支持譯經，並不是出於其對佛教的信仰，「蓋存其教耳，非溺於釋氏也」，「浮屠氏之教有裨政治」，「雖方外之說亦有可觀者。」「浮屠氏之教」雖有「可觀」之處，卻不能寵而溺之，所以，對於佛教，宋太祖、宋太宗又屢屢加以限制，如限制僧尼數量、約束寺院擴建，等等，不一而足。

宋真宗著《崇釋氏論》，從佛教與儒學「跡異而道同」的角度，肯定佛教有「勸人之善，禁人之惡」的社會功能，可與儒學互為補充，教化民眾，因此，對於佛教予以保護，除大力支持譯經外，又下詔普度童子出家。但宋真宗對佛教的提倡與保護也是有限度的。曾有人倡議修復會昌法難時遭到破壞的龍門石窟，宋真宗當即給予否定，理由是「軍國用度不欲以奉外教，恐勞費滋甚也」，佛教只是統治者用來維護社會安定、促進民眾向善的工具而已。宋真宗晚年詔令僧眾修懺，為國祈福，也是從鞏固國家政權的角度出發的，卻在一定程度上促進了佛教的發展。

〔註17〕自慶：《增修教苑清規》卷上，《卍續藏經》第 101 冊，第 721 頁下。
〔註18〕賴永海主編：《中國佛教通史》第九冊，南京：鳳凰出版社，2010 年，第 148 頁。

　　仁宗皇帝的佛教政策一如前朝，其對佛教尤其是禪宗有著濃厚的興趣，禪學修為也較高。南宋馬永卿《懶真子》一書在引述仁宗所作「虛空本無礙，智解來作祟。山即如如體，不落偏中立」偈頌之後，作評道「仰窺見解，實歷代祖師之上」，評價甚高。仁宗恩寵大覺懷璉禪師，為駙馬都尉李遵勗編纂的《天聖廣燈錄》作序。仁宗的種種行為固然是其對佛教頗有興趣的自然流露，但是，作為一個統治者，佛教對個人與社會的助益或許才是他支持佛教的主要原因：大雄之闡教，「以清淨為宗，慈悲救世，解煩惱之苦縛，啟方便之化門。」佛教對社會國家的助益甚多，但仁宗對佛教的扶持也是相對而言的，比如，對於僧尼的數量，仁宗朝就有嚴格的限制。

　　宋徽宗自號「教主道君皇帝」，崇奉道教，視佛教為「胡教」，認為「胡教」「雖不可廢，而猶為中國禮義之害，故不可不革」，遂改「佛號為大覺金仙，餘為仙人、大士之號；僧稱道士，寺為宮，院為觀，即主持之人為知宮觀事」，又令僧尼蓄髮、頂冠、執簡。〔註19〕宋徽宗道教式的佛教改造運動在一度程度上打擊了佛教。但隨著靖康之變的到來，朝廷對佛教的改造運動也宣告結束。

　　既扶持又限制的佛教政策是北宋朝廷一以貫之的治國方針。時至南宋，這一方針並未改變。宋高宗趙構坦言：「朕觀昔人有惡釋氏者，欲非毀其教，絕滅其徒；有喜釋氏者，即崇尚其教，信奉其徒。二者皆不得中，朕於釋氏，但不使其大盛耳。」遵循「不使其大盛」的原則，對於佛教，宋高宗採取折衷的態度，既不排毀，也不推崇。在他看來，六經廣大，靡不周盡，佛教的清淨之說、禍福之報皆統攝於儒家經典之中。儒學之優越至此，對佛教之限制也就勢所難免了。高宗在位期間，停止發放度牒，不允額外度僧；向僧侶徵收免丁錢，數倍於一般丁口。這些舉措穩定了僧尼數量，制約了佛教發展。

　　宋孝宗對佛教的態度與宋高宗不大一樣，他尊重佛教，給予保護，其所撰之《原道辯》一文旨在倡導「以佛修心、以道養身、以儒治世」〔註20〕的三教合一思想。在《原道辯》中，宋孝宗首先提出儒佛一致，佛教之「不殺，仁也；不淫，禮也；不盜，義也；不妄語，信也；不飲酒，智也。」〔註21〕其次，認為儒道一致，道家之三寶慈、儉、不敢為天下先正與儒家之溫、良、

〔註19〕轉引自潘桂明：《中國居士佛教史》，北京：中國社會科學出版社，2000年，第479頁。
〔註20〕志磐：《佛祖統紀》卷四十七，《大正藏》第49冊，第430頁上。
〔註21〕志磐：《佛祖統紀》卷四十七，《大正藏》第49冊，第429頁下。

恭、儉、讓相侔。最後，提出三教非殊、理本一致的主張：「三教末流，昧者
執之，自為異耳。夫佛、老絕念無為，修身而已矣，孔子教以治天下者，特
所施不同耳，譬猶耒耜而耕、機杼而織。後世徒紛紛而惑，固失其理。或曰：
當如何去其惑哉？曰：以佛修心、以道養身、以儒治世，斯可也。其唯聖人
為能同之，不可不論也。」〔註22〕宋孝宗以為儒、釋、道三教應等而視之，
三家各有所長，均可為修身養性、治國平天下的理想提供各自的功能，力主
三教合一。

　　總之，佛教以「益國治」「佐教化」的社會功能受到統治者的認可與扶
持，但是，這種認可與扶持局限在「不使其大盛」的原則之下，佛教的發展
受到制約。也正是因為兩宋朝廷的這一宗教政策，宋代佛教各宗派為求得自
宗的立身之本與發展之援，必須與王道政治保持良好的互動關係：「佛法需要
王法的支持，王法也需要佛法的幫助；王道政治常為佛教的發展開闢道路，
提供方便，佛教也念念不忘為王道政治作禱告、唱讚歌。」〔註23〕這是這一
時期台、禪、賢、淨、律等各宗派佛學共同面臨的問題。為求得各自的生存
與發展，與朝廷保持一種良好的互動關係是當然而明智的選擇。而統治者三
教合一的主張在促進佛學積極向儒學靠攏之際，也帶來了佛學內部各宗派之
間關係的調整與重組。兩宋時期，融合成為思想文化層面的主流。從整個國
家的角度而言，儒、釋、道三教各有所長，各有所重，因此，當「以佛修心、
以道養身、以儒治世」；就儒、釋、道三教而論，統治者雖然主張三教一體不
二，而儒學畢竟是官方學說，乃主流意識形態，上至國家政令、下至風俗教
化、內至家庭綱常，外至接人待物，無不以之為據，以之為用，三教之地位
孰重孰輕自不待言。因此之故，佛學各宗派無不提倡儒釋一致，在積極與儒
學搞好關係的同時，佛教內部各宗派也在三教合一的背景下呈現出互融的態
勢來。

二、士大夫的佛教觀念

　　宋代士大夫對佛教呈現出截然相反的兩種態度，一是極力批判佛教，一是
熱情信奉佛教。批判佛教者以宋初三先生、北宋五子、歐陽修等人為代表；信
奉佛教者主要有文彥博、蘇東坡、黃庭堅、陳瑩中、楊大年等人。非常有意思

〔註22〕志磐：《佛祖統紀》卷四十七，《大正藏》第 49 冊，第 430 頁上。
〔註23〕賴永海：《中國佛教文化論》，北京：中國青年出版社，1999 年，第 242 頁。

的是，排佛者大都出入佛典道書，「在吸收佛道兩教尤其是禪宗思想精華的基礎上，構建儒學的本體論和道德修養體系，完成儒學重建的任務。」〔註24〕信奉佛教者在護持佛教、自我修行之時，仍以儒學為安身立命的根本，儒釋之間有主次輕重之別。

（一）士大夫之排佛

宋代士大夫之排佛前後長達二百餘年，排佛者多為理學大家。自宋初三先生至北宋五子，無不以承續道統、復興儒學為己任，從諸多方面對佛教展開全方位多角度的批判。石介著《尊韓》，推崇韓愈之辟佛；撰寫《辨惑》，破斥佛道，堅稱唯有「堯舜禹湯文武周孔之道」才是「萬世常行不可易之道也。」〔註25〕李覯獻《富國策》，指陳存佛則有「十害」，去之則有「十利」。歐陽修作《本論》三篇，以佛教為中國之害。而以張載、二程、朱熹等人為代表的理學家們則深入佛學內部，以子之矛攻子之盾，從人倫綱常、世界觀、修養論等層面對佛教做出了犀利而深刻的批判。

1. 綱常論之批判

程顥指出佛子出家乃是「絕倫類」「至愚迷」之舉：「其術大概是絕倫類，世上不容有此理。有其言待要出世，出那裏去？又其跡須要出家，然則家者，不過君臣、父子、夫婦、兄弟，處此等事，皆以為寄寓，故其為忠孝仁義者，皆以為不得已爾。又要得脫世綱，至愚迷者也。」〔註26〕在程顥，人生在世就是要以忠孝仁義為軌則，處理好君臣、父子、夫婦、兄弟各方面的關係，這就是人生的意義。佛教絕倫類，至愚迷，世理不容。

朱熹認為「佛老之學，不待深辨而明，只是廢三綱五常，這一事已是極大罪名，其他更不消說。」〔註27〕朱子認為佛老之學在很多方面與社會不相符合，僅就廢棄綱常人倫這一點而言已是罪無可恕。「莫親於父子，卻棄了父子；莫重於君臣，卻絕了君臣，以至民生彝倫之間不可闕者，它一皆卻之。」〔註28〕佛子所謂的絕塵出家，在朱子看來，實則為上拋國君下棄父母，這樣的作為悖情逆理。

〔註24〕賴永海主編：《中國佛教通史》第十冊，南京：江蘇人民出版社，2010年，第61頁。
〔註25〕石介：《徂徠石先生文集》，北京：中華書局，1984年，第82頁。
〔註26〕程頤，陳顥：《二程集》，北京：中華書局，1981年，第24頁。
〔註27〕朱熹：《朱子語類》，北京：中華書局，1986年，第3014頁。
〔註28〕朱熹：《朱子語類》，北京：中華書局，1986年，第3014頁。

批判佛教棄綱常壞人倫是歷代排佛者必發之言論，雖然佛教以出家濟世為大忠大孝的理論來回應儒士的批判，但是這一回應始終未曾得到儒士闢佛者們的認同，其結果便是佛門內逐漸形成忠君孝親的思想，佛教在日益中國化的同時，儒釋之間也日益相融。

2. 世界觀之批判

佛教緣起性空的世界觀認為世間萬法因緣而起，其性本空。因緣生起之萬法虛幻不實，是為假有。萬法之本質，一言以蔽之，真空假有。對於佛教的這一主張，張載依循元氣論的觀點作出了批判。「浮屠以心為法，以空為真，故正蒙闢之以天理之大，又曰：『知虛空即氣，則有無、隱顯、神化、性命通一無二。』……至於談死生之際，曰：『輪轉不息，是脫是者則無生滅』，或曰：『久生不死』，故正蒙闢之曰：『太虛不能無氣，氣不能不聚而為萬物，萬物不能不散而為太虛。』夫為是言者，豈得已哉！」〔註29〕在張載看來，天地萬物無不是氣的聚散流行，萬事萬物均以氣為根本，因此，世界的本質非釋氏所言之「空」而實為儒家所立之「有」。此外，張載還對佛教「心生萬法」展開批判。「釋氏不知天命而以心法起滅天地，以小緣大，以末緣本，其不能窮而謂之幻妄，真所謂疑冰者與！」〔註30〕在張載，心生萬法恰如「夏蟲疑冰」，本末倒置，究其根源在於不能知天命、不能盡人性也。

3. 修養論之批判

佛教作為一種宗教，其修養工夫，無論是就其方法論而言抑或是多樣性而論，儒、釋、道三教中惟佛教首屈一指，但理學家依據「儒家內聖外王的立場看到了自家的優勝之處，找到了佛教出世修行觀念和行為的不足之處，進而給予無情的批判。」〔註31〕程顥指出：「彼釋氏之學，於敬以直內則有之矣，義以方外則未之有也，故滯固者入於枯槁，疏通者歸於肆恣，此佛之教所以為隘也。吾道則不然，率性而已，斯理也聖人於《易》備言之。」〔註32〕佛教緣起性空的主張必然導致佛教徒們對客觀外物的批判與否定，這種緣起觀念反映在修養論上的結果必然是「務心不務跡，務內不務外。」這種修養方法易使修

〔註29〕張載：《張載集》，北京：中華書局，1985年，第5頁。

〔註30〕張載：《張載集》，北京：中華書局，1985年，第26頁。

〔註31〕賴永海主編：《中國佛教通史》第十冊，南京：江蘇人民出版社，2010年，第75頁。

〔註32〕程頤，陳顥：《二程集》，北京：中華書局，1981年，第74頁。

行者走上心如死灰和恣肆狂放的兩個極端，而儒學之修養之所以優勝於佛教就在於修行者能夠率性而為。

　　如果說程顥的此段言論從宏觀的角度指出佛學的不足，那麼，朱熹則就微觀層面對禪宗尤其是看話禪發起了詰難。「既曰不得無語，又曰不得有語，道也不是，不道也不是；如此，則使之東亦不可，西亦不可。置此心於危機之地，悟者為禪，不悟者為顛。雖為禪，亦是蹉了蹊徑，置此心於別處，和一身皆不管，故喜怒任意。然細觀之，只是於精神上發用。」〔註33〕朱熹認為看話禪的修行方法模棱兩可，是非不清，讓人摸不著頭腦，不知所云。而這種看似神秘的禪法「不過是教人心定而悟，實質上只是一個呆守法。」〔註34〕這種「呆守法」「只是教人如此做工夫，若是專一用心於此，則自會通達矣。故學禪者只是把一個話頭去看『如何是佛』『麻三斤』之類，又都無義理得穿鑿。」因無義理之支撐，這種禪修工夫顯得單薄而空寂。

　　總而言之，兩宋時期，士大夫們為捍衛儒學，對佛教展開了全面而系統的抨擊。如果說石介、李覯、歐陽修等人側重於從政治、經濟、倫常等宏觀角度辟除佛教，那麼，以張載、二程和朱熹為中堅力量的理學家們則深入佛教內部，以佛教自身之不足攻擊佛教。「由於張載、二程、朱熹等人所使用的批判武器是儒家的入世精神和倫理觀念，屬於中國文化的主導思想，因而不能不引起佛教的極大震動。應該說宋代佛教之所以日益儒學化和世俗化，與士大夫和理學家的強力批判是分不開的。」〔註35〕

　　需要指出的是士大夫們在對佛教進行猛烈攻擊之時，無不出入於釋典，汲取其中的精華，完成了儒學體系的重構。據研究，北宋五子多與佛教有著極深的淵源。作為理學奠基人的周敦頤曾問道於晦堂祖心，參禪於黃龍慧南，求學於壽涯禪師，謁見佛印了元，師從東林常總。因追慕廬山慧遠結白蓮社之典故，與佛印了元共結青松社，以佛印為社主。其「主靜」之觀點與禪宗之「無念」極為相近。張載、二程皆好讀釋典，出入佛老數十年。程頤與禪僧靈源惟清關係密切，《禪林寶訓》與《靈源筆語》中存有二人往來之書信。陳顥「自十五六時，聞汝南周茂叔論道，遂厭科舉之業，慨然有求道之志。未知其要，泛濫

〔註33〕朱熹：《朱子語類》，北京：中華書局，1986年，第3028頁。
〔註34〕賴永海主編：《中國佛教通史》第十冊，南京：江蘇人民出版社，2010年，第77頁。
〔註35〕賴永海主編：《中國佛教通史》第十冊，南京：江蘇人民出版社，2010年，第78頁。

於諸家，出入於老釋者幾十年。」張載、二程思想中亦可見佛教之遺痕，張載之「天地之性」、二程之「主敬」分別與佛教之「真如佛性」、禪宗之「無相」有著異曲同工之妙。理學集大成者朱熹年少時「亦常留心於（禪）」，其「存理滅欲」之說與佛教靜坐修禪亦頗多相似。此外，陸九淵之「發明本心」與禪宗之「明心見性」亦多有暗合之處。〔註36〕

　　表面上看來，理學家對佛教不屑一顧，對其批判也不遺餘力，實質上，他們在排佛、毀佛的旗幟下「自覺不自覺地、暗地裏或公開地把佛道二教的思維模式和有關思想內容納入到自己的學說體系之中，經過唐朝五代之醞釀孕育，至宋明時期吞併了佛道二教，建立了一個治儒、釋、道三教於一爐、以心性義理為綱骨的理學體系。」〔註37〕就此而言，兩宋時期的士大夫們都是以三教合一為時代潮流的。

　　在三教合一的時代背景下，佛教各宗派都積極主動向儒道靠攏，與儒道相融。比如，禪宗僧人明教契嵩寫有《孝論》一文，聲稱孝道「諸教皆尊之，而佛教殊尊也」〔註38〕，認為「聖人之善」必「以孝為端」。四明知禮在自悔自己但習釋教不通儒學之際，勉勵弟子「宜覽儒家文集，博究五經雅言。」〔註39〕而儒、釋、道三教的融合也帶來並促進了佛教各宗派之間的互融互攝。兩宋時期，台、禪、賢、律諸宗紛紛與淨土宗合流，形成了台淨合流、禪淨合流、賢淨合流、律淨合流的局面。

（二）士大夫之護教

　　就在宋初三先生、北宋五子、歐陽修等人對佛教的討伐之聲此起彼伏、經久不息之時，兩宋時期，王公貴族、士子文人奉佛之舉卻是爭先恐後，如縷不絕，以文人士大夫為代表的居士佛教在這一時期達到鼎盛。宋僧古月道融《叢林盛事》中的一段記載頗能說明這一問題：「本朝富鄭公弼，問道於投子顒禪師，書尺偈頌凡一十四紙，碑於台之鴻福兩廊壁間，灼見前輩主法之嚴，王公貴人信道之篤也。鄭國公社稷重臣，晚歲知向之如此，而顒必有大過人者，自謂於顒有所警發。士大夫中諦信此道，能忘齒屈勢，奮發猛利，期於徹證而後

〔註36〕理學家援佛入儒之研究參見賴永海主編《中國佛教通史》第十冊，南京：江蘇人民出版社，2010年，第78～100頁。
〔註37〕賴永海：《中國佛教文化論》，北京：中國青年出版社，1999年，第158頁。
〔註38〕契嵩：《鐔津文集》卷三，《大正藏》第52冊，第660頁上。
〔註39〕宗曉：《四明尊者教行錄》卷五，《大正藏》第46冊，第904頁中。

已。如楊大年侍郎、李和文都尉見廣慧璉、石門聰並慈明諸大老，激揚酬唱，斑斑見諸禪書。楊無為之於白雲端，張無盡之於兜率悅，皆扣關擊節，徹證源底，非苟然者也。近世張無垢侍郎、李漢老參政、呂居仁學士〔註40〕，皆見妙喜老人，登堂入室，謂之方外道友。」〔註41〕僅就典籍之所述，足可窺見這一時期居士佛教之興盛。

根據《居士傳》《佛法金湯編》《五燈會元》《佛祖統紀》等文獻資料的記載，趙宋一朝，佛教各宗派門下皆有數量不等的居士群體。這些居士追隨在諸多高僧門下，成為佛教的得力外護。據彭際清《居士傳》所載，兩宋時期，奉佛之士大夫達六十餘人，他們各有所好，信奉不同的佛教宗派，具體情況如下表所示：

表八　兩宋時期居士奉佛情況一覽表

所奉宗派	居士人數	占居士總人數之比重	居士代表
禪宗	26人	39.4%	揚大年、李尊勗、富彥國、黃庭堅、晁補之、張商英
淨土宗	20人	30.3%	文彥博、王敏仲、鍾離瑾、咎定國、江公望、王日休
天台宗	2人	3%	晁明遠、吳克己
華嚴宗	1人	1.5%	鄒志憲
禪淨二宗	5人	7.6%	楊次公、錢象祖
台淨二宗	2人	3%	陳瑩中、陳君璋
諸宗兼涉	3人	4.6%	蘇子瞻、真德秀
大乘佛教	1人	1.5%	宗汝霖
因經奉教	2人	3%	張方平
三教契合	4人	6.1%	張伯端

〔註40〕《叢林盛事》中所列諸儒皆為宋朝之達官顯貴，富鄭公即富弼，官拜樞密使，封鄭國公。楊大年即楊億，官至翰林學士、工部侍郎，據《宋史》所載，楊億「留心釋典禪觀之學」，曾受詔裁定《景德傳燈錄》。李和文即李尊勗，駙馬都尉，撰《天聖廣燈錄》。楊無為即楊傑，官至禮部員外郎。張無盡即張尚英，官至尚書右僕射，著《護法論》，為佛教辯護。張無垢即張九成，官至禮部侍郎。李漢老即李邴，官至翰林學士、尚書右丞、參知政事。呂居仁即呂本中，官至直學士。

〔註41〕道融：《叢林盛事》卷上，《卍續藏經》第148冊，第70頁上。

縱觀上表及相關文獻資料，兩宋時期以士大夫為主體的居士們大致可分為實修型外護、參禪型外護、弘道型外護、棲心型外護以及供養型外護五種，兩宋佛教正是在諸多居士的支持與挺護下順利展開。

1. 實修型外護

所謂實修型外護是指此類居士通過數息、禪觀、念佛等實實在在的修行以求得自我的解脫。兩宋時期，以坐禪、數息等為行持模式的居士屈指可數，晁明遠、陳允昌二人為其代表，而以稱名念佛為修行法門的居士則不在少數，但凡歸心西方淨域者多踐行這一法門。

晁迥（951～1034），字明遠，澶州清豐（今河南清豐）人，進士及第，歷任工部侍郎、刑部侍郎、工部尚書、禮部尚書、太子少保。根據彭際清《居士傳》的記載，晁迥曾受學於道士劉海蟾，得練形服氣之術，後學釋氏，以止觀為重，服道甚篤。所著《道院別集》多發明空理，如云：「人生世間，其夢無數。無數之夢，一一稱我。一一之我，豈非空乎！歷劫之中，其身無數。無數之身，一一稱我。一一之我，又非空乎！夢既是空，身亦如夢。何以迷著，念念爭空。」〔註42〕晁迥早年崇信道教，亦有修行，後棄道向佛，「晝課《心經》，夜則數息，戒家人無輒有請。其夫人密覘之，見其瞑目端坐，鬢髮搖風，凝然如木偶。」〔註43〕可見其禪修工夫之好，定力之深。

陳允昌，字得全，與抗金名將宗澤為同鄉。根據《居士傳》的記載，陳氏好佛法，以坐禪內觀為務，屏居小室，宴坐湛然，離諸染著，八十八歲恬然而逝。宗澤志其事而銘之曰：「公坐一室，心自內觀，了知六塵，皆是幻妄，故於財色，盡欲遠離，方寸泊然，清淨圓滿。公無所住，子復何言！」〔註44〕

文彥博（1006～1097），字寬夫，汾州介休（今山西介休）人，歷任仁宗、英宗、神宗、哲宗四朝，出將入相五十餘年，官至太師。文氏早年不信佛教，嘉祐年間（1056～1063），出鎮北京（今山東大名），與天鉢寺重元禪師友善。一日，重元來別，博曰：「法師老矣，復何往？」答云：「入滅去。」文彥博以為重元說笑，待其離去，派人前往探視，果然如其所言。文彥博自此皈信佛法，晚年向道益力。他虔信淨土，「專念阿彌陀佛，晨夕行坐，未嘗少懈。發願云：『願我常精進，勤修一切善；願我了心宗，廣度諸含識。』」〔註45〕又與淨嚴

〔註42〕彭際清：《居士傳》卷二十一，《卍續藏經》第 149 冊，第 868 頁上。
〔註43〕彭際清：《居士傳》卷二十一，《卍續藏經》第 149 冊，第 868 頁下。
〔註44〕彭際清：《居士傳》卷三十，《卍續藏經》第 149 冊，第 905 頁上。
〔註45〕彭際清：《居士傳》卷二十一，《卍續藏經》第 149 冊，第 869 頁下。

法師共結淨土會，與會人數達十萬餘人。趙宋一代，像文彥博這樣專修淨業之士大夫人數頗多，僅《居士傳》中所載就達二十餘人。

2. 參禪型外護〔註46〕

如果說淨土信仰以其來世之美好與修行法門之簡捷而備受士大夫的青睞，那麼，禪宗則依託其活潑灑落的風格吸引了一大批文人士子皈依在其門下。此中不乏出將入相之輩，亦有騷客雅士之流，可謂群星璀璨，耀人眼目。此處僅以翰林學士楊億參禪為例，略述士大夫們對禪宗的興趣。

楊億（974～1020），字大年，少能文，歷任翰林學士、工部侍郎等職。景德年間，他與李維、王曙等人受詔裁定《景德傳燈錄》，致使該書在叢林與文人士大夫之間廣為流傳。祥符年間，四明知禮與十僧修法華懺，相約三年後自焚，楊億屢次去書知禮，堅請其延壽住世。楊億早年不信佛，因翰林李維「勉以宗門事相策發，遂生深信」〔註47〕，並著《發願文》，曰：「十方常住，一切諸佛，真淨妙法，無生聖人，惟願以真實眼、真實智、真實平等，不捨誓願，洞賜哀憐。」〔註48〕「承諸佛本誓願力、大威猛力、勝護念力，盡未來際直至無上菩提。」〔註49〕

大中祥符七年（1014），楊億由秘書監出知汝州（今河南）。在此為官期間，參謁廣慧元璉禪師。廣慧（951～1036），俗姓陳，泉州（今福建）人，年十五出家，遍參宗門諸僧，未能契悟，後至汝州參謁首山省念，得以大悟，為臨濟門人。根據《居士傳》等文獻資料的記載，經與廣慧之間的數度參詳辨問，楊億終得悟道。初見廣慧，楊億問道：「布鼓當軒擊，誰是知音者？」我楊億來至貴寺，敲響了寺中的法鼓，誰是我的知音呢？廣慧答以「來風深辨」，意思是我已經目睹了居士的風采，也知道居士的來意。楊億又問：「恁麼則禪客相逢只彈指也。」廣慧答云：「君子可入。」聞此言，楊億應諾，廣慧則道：「草賊大敗」，表明此時楊億之禪解尚不圓滿。

當天晚上，廣慧與楊億相談甚歡，廣慧問楊億曾與何人談禪論道，楊億告訴廣慧曾經向「雲嚴諒監寺」問過「兩個大蟲相咬時如何」這一問題，諒

〔註46〕這裡所謂的參禪型外護是專指以慧能禪宗所講說的教理教義作為修行指南予以宗教實踐的佛門外護，此中所參之禪乃慧能禪宗之禪法，而非傳統佛教所演示的禪觀修行之禪法。
〔註47〕彭際清：《居士傳》卷二十，《卍續藏經》第149冊，第865頁下。
〔註48〕彭際清：《居士傳》卷二十，《卍續藏經》第149冊，第865頁下。
〔註49〕彭際清：《居士傳》卷二十，《卍續藏經》第149冊，第866頁上。

答以「一合相」。對於監寺諒的這一回答，楊億難以苟同，以「我只管看」作解，並問廣慧對他們之間來言去語的看法。廣慧在作出拽鼻子的動作後，道：「這畜生更蹦跳在。」楊億言下脫然，作偈曰：「八角磨盤空裏走，金毛獅子變作狗。擬欲將身北斗藏，更須合掌南辰後。」〔註50〕在給李維的書信中，楊億寫道：「自遇廣慧師請扣無方，蒙滯頓釋，半歲之後，曠然弗疑，如忘忽記，如夢忽覺，平昔礙膺之物爆然自落，積劫未明之事廓然現前。」〔註51〕而楊億也因其禪學修為之高深獲得廣慧之印可，嗣其禪法。智嵩禪師因楊億「知見高，入道穩」甚至讓石霜楚圓去往楊億處參學，足見其禪學水平著實不淺，已為叢林所認可，難怪覺範惠洪在《林間錄》中有這樣一番感慨：「大年士大夫，其慧辯足以達佛祖無傳之旨，今山林衲子反仰首從人，求禪道佛法，為可笑矣。」〔註52〕四明知禮在給楊億的書信中也有類似的評價：「得儒釋雙洞，解行兩臻，於習禪闡教之流，起密友至親之想。為法之切，究理之精，當代之間，一人而已。」〔註53〕也正因為楊億篤信禪宗，在與知禮關於淨土權實問題的探討中，楊億始終堅守在禪宗視淨土為權教的立場上。而他之所以一再堅請知禮住世，與其說是因對一代佛學宗師的欽敬而不忍其自焚早逝，不如說是從禪宗的角度去看待生死涅槃。根據文獻的記載，楊億臨終前曾作偈一首，曰：「漚生與漚滅，二法本來齊。欲識真歸處，趙州東院西。」〔註54〕在他看來生與死本來平等，既然生死平等，生是順其自然而來，死何以不順其自然而去呢？

3. 弘道型外護

所謂弘道型外護，此中特指通過文章的撰寫、書籍的編纂為佛法辯護，從而為佛教的生存與發展助其一臂之力的佛門外護。護法之專論，自六朝以來，代有其人專注於此，如南朝梁僧佑之《弘明集》、唐道宣之《廣弘明集》、唐法琳之《辯證論》《破邪論》、唐神清之《北山錄》、宋契嵩之《鐔津文集》等都是護持佛法之論著。兩宋時期，致力於從這一方面護持佛教的士大夫有張尚英、王敏仲、王龍舒等人。王敏仲寫有《直指淨土決疑集》，王龍舒著有《龍舒淨土文》，二人均以淨土宗為立足點，宣揚淨土信仰，並身體力行；張尚英

〔註50〕彭際清：《居士傳》卷二十，《卍續藏經》第149冊，第866頁下。

〔註51〕彭際清：《居士傳》卷二十，《卍續藏經》第149冊，第866頁下。

〔註52〕惠洪：《林間錄》卷上，《卍續藏經》第148冊，第611頁下。

〔註53〕宗曉：《四明尊者教行錄》卷五，《大正藏》第46冊，第901頁中。

〔註54〕彭際清：《居士傳》卷二十，《卍續藏經》第149冊，第866頁下。

雖推崇禪宗，參謁數位禪師，其所撰之《護法論》則是從整個佛教的立場來探討問題，因此，我們僅就《護法論》展開解讀，其餘著作不作考察。

張尚英（1043～1121），字天覺，號無盡居士，蜀州新津（今四川新津）人，歷任監察御史、工部侍郎、刑部侍郎、吏部侍郎、翰林學士、尚書右僕射等職。他早年並不信佛，曾欲著《無佛論》，妻曰：「既曰無佛，何論之有？」遂止。後於寺中藏經樓見《維摩詰經》，閱至「此病非地大，亦不離地大」，不禁感慨：「胡人之言亦能爾耶？」遂深信佛法。歷參東林常總、兜率從悅、晦堂祖心、大慧宗杲等宗門大德。張尚英在積極參禪問道之際，針對理學家的排佛運動，撰寫了《護法論》一文，為佛教辯護。

首先，作為儒門出生的佛門居士，張尚英通過對儒、釋、道三教的對比解讀，得出三教一致的結論。「儒者言性，而佛者見性；儒者勞心，而佛者安心；儒者貪著，而佛者解脫；儒者喧嘩，而佛者純靜；儒者尚勢，而佛者忘懷；儒者爭權，而佛者隨緣；儒者有為，而佛者無為；儒者分別，而佛者平等；儒者好惡，而佛者圓融；儒者望重，而佛者念輕；儒者求名，而佛者求道；儒者散亂，而佛者觀照；儒者治外，而佛者治內；儒者該博，而佛者簡易；儒者進求，而佛者休歇。」〔註55〕總之，「不言儒者之無功也，亦靜躁之不同矣。老子曰：『常無欲以觀其妙』，猶是佛家金鎖之難也。」〔註56〕儒、釋、道三家各有短長，正相互補。至於三教之間的關係，若從宏觀而言，三教「各以其道」「善世礪俗」，「猶鼎足之不可缺一」；若就微觀而論，儒、釋、道三教淺深不一。「群生失真迷性，棄本逐末者，病也。三教之語以驅其惑者，藥也。儒者使之求為君子者，治皮膚之疾也；道書使之日損，損之又損者，治血脈之疾也；釋氏直指本根，不存枝葉者，治骨髓之疾也。」〔註57〕在張尚英，儒、道、釋「沿淺至深」，對於人生心性之調節與修養以佛教最勝。

其次，人生如幻而佛道印心，仁人君子當以無上妙道即佛法安身立命。張尚英認為世俗間的功名利祿如同夢幻泡影，「真如涅槃」之妙道才是「無窮之樂」，君子所貴者「無上妙道」也。因此，在世俗名利與「無上妙道」之間，豈能取前者而棄後者？《護法論》中，張尚英如是寫道：「聰明不能敵業，富貴豈免輪迴；銅山奚補於餒亡，金穴靡聞於長守。余忝高甲之第，仕至聖朝宰

〔註55〕張尚英：《護法論》，《大正藏》第 52 冊，第 643 頁上中。

〔註56〕張尚英：《護法論》，《大正藏》第 52 冊，第 643 頁中。

〔註57〕張尚英：《護法論》，《大正藏》第 52 冊，第 643 頁上。

相，其於世俗名利何慊乎哉！拳拳繫念於此者，為其有自得於無窮之樂也。重念人生幻化，不啻浮泡之起滅，於茲五蘊完全之時而不聞道，可不惜哉！若世間更有妙道，可以印吾自肯之心，過真如涅槃者，吾豈不能捨此而趨彼耶？惡貧欲富，畏死欣生，飲食男女，田園貨殖之事，人皆知之，君子不貴也，所貴也者無上妙道也。」〔註58〕總之，與其順眾人之情為「紛華適意之事」，莫若效釋氏之所習，以「簡靜息心」之法處世立身，此即為佛教「理之所勝、道之所在」之處，而這正是儒學所不具備的。「傅大士、龐道元豈無妻子哉？若也身處塵勞，心常清淨，則便能轉識為智，猶如握土成金。一切煩惱皆是菩提，一切世法無非佛法。若能如是，則為在家菩薩了事凡夫矣，豈不偉哉！」〔註59〕仁人君子當以傅大士、龐道元等先賢為例，孔佛同尊，儒釋兼修。

　　此外，張尚英還對相關的毀佛之舉作出回應。歐陽修認為上古無佛時百姓幸福安樂，詩書禮樂之教被於寰宇，及至佛教傳入華夏危害無窮。對此，張尚英指出歐陽修因持「好同惡異之心」而「不能通方遠慮」，並進而強調三教同存是件好事，「不可執一」。對於叢林魚龍混雜、薰蕕共囿的蕪雜現象，張尚英從佛法純淨而敗群之僧難免的角度作出辯護，正所謂「今之浮圖，雖千百中無一能彷彿古人者，豈佛法之罪也？其人之罪！」〔註60〕《護法論》雖然篇幅不長，但因作者張尚英身居宰相之高位，其文章之影響自當非同凡響，「能釋天下之疑，息天下之謗」，張尚英之《護法論》於「弘宗護教之意至矣盡矣。」

4. 棲心型外護

　　棲心型外護是指此類居士身處紅塵俗世之中而心棲山門黃牆之內。兩宋時期，文人士大夫中能如此者惟潘興嗣一人。潘興嗣，字延之，號清逸居士，豫章東湖（今江西南昌）人。他懷道耽隱，自嘉祐（1056～1063）以來，公卿交相舉薦皆不就，惟以琴書自娛。曾問道於黃龍慧南，得其印可。一日，慧南弟子清隱源清來訪，與嗣正在撫琴，源清道：「老老大大猶弄個線索在。」興嗣對曰：「也要彈教響。」源清曰：「也不少。」興嗣對曰：「知心能幾人。」〔註61〕「知心能幾人」，趙宋一代，參禪訪道之士大夫不計其數，載之史冊者亦不下數

〔註58〕張尚英：《護法論》，《大正藏》第 52 冊，第 641 頁上。
〔註59〕張尚英：《護法論》，《大正藏》第 52 冊，第 638 頁下。
〔註60〕張尚英：《護法論》，《大正藏》第 52 冊，第 639 頁上。
〔註61〕彭際清：《居士傳》卷二十五，《卍續藏經》第 149 冊，第 886 頁下。

百人。數百人中，潘興嗣是唯一終生不仕而歸心佛教的。對此，覺範惠洪給予了很高的評價：「毗盧無生之藏，震旦有道之器。談妙義借身為舌，擎大千以手為地。機鋒不減龐蘊而解文字禪，行藏大類孺子而值休明世。舒王強之而不可，神考致之而不起。此天下士大夫所共聞，然公豈止於是而已哉！」〔註62〕

5. 供養型外護

供養型外護，顧名思義，即是通過施捨、捐資等舉措從經濟上、物質上確保僧眾能維持色身，從而為自己及其家人種福田、得福報的一類居士。趙宋一朝士大夫既是官僚，也是地主，他們在政治上掌握話語權，經濟上也相對富足，對寺院的施捨也較為慷慨，如丞相宣靖曾魯公就曾將自家莊田舍給四明延慶寺永遠供僧。

根據上文的分析，兩宋時期以文人士大夫為代表的居士佛教呈現出以下兩個特點：一、這一時期台、禪、賢、淨各宗門下居士人數分布相當不均，士大夫多皈依在禪宗僧人門下，禪宗五支之中又以雲門宗與臨濟宗門下居士居多。僅就臨濟一宗而言，自石霜楚圓（986～1039）至大慧宗杲（1089～1163），數十年間，數位禪師身邊聚集了眾多的居士。其他禪師姑且不論，僅就大慧宗杲一人而言，其門下參禪問道之居士不計其數。潘桂明教授在《中國居士佛教史》中參考祖詠《大慧普覺禪師年譜》隆興元年條的記載，寫道「士大夫恪誠扣道，親有契證」的有參政李邴、侍郎曾開、侍郎張九成、吏部郎中蔡樞、給事中江安常、提刑吳偉明、給事中馮楫、中書舍人呂本中、參政劉大中、直寶文閣李子羽、中書舍人唐文若、御帶黃彥節、兵部郎中孫大雅、編修黃文昌、楞伽居士鄭昂、秦國夫人計氏法真、幻住道人智常、超宗道人普覺等。此外，「摳衣與列，佩服法言」的有內翰汪藻、參政李光、樞密富直柔、侍郎劉岑、侍郎曾幾、侍郎徐林、樞密樓炤、尚書汪應辰、左丞相湯思退、侍郎方滋、提舉李琛、侍郎榮嶷、尚書韓仲通、內都知昭慶軍承宣使董仲永、成州團練使李成約、安慶軍承宣使張去為、開府保信軍節度使曹勳、中書舍人張孝祥、御帶寧遠節度使黃仲威、直殿鄧靖、無住居士袁祖岩等。其餘「空而往實而歸」者眾多。〔註63〕大慧宗杲門下居士真可謂濟濟一堂，這些居士，或是達官顯貴，朝廷重臣；或是地方名流，士子文人。以大慧宗杲為典型的宗門居士群體充實

〔註62〕彭際清：《居士傳》卷二十五，《卍續藏經》第 149 冊，第 887 頁上。
〔註63〕潘桂明：《中國居士佛教史》，北京：中國社會科學出版社，2000 年，第 544～545 頁。

了禪宗僧團，壯大了禪宗聲勢，也推進了禪宗快速而全面的發展。而禪宗居士群體的龐大及其所帶來的禪宗的發展，對少有居士問津的天台宗而言，無形中也阻礙了天台宗的前行。禪宗及其門下居士成為天台宗發展道路上最強大也是最有力的障礙。

　　就在禪宗備受推崇、風頭正勁之時，淨土宗以其簡易切實的修行風格與美好幸福的來世寄託也籠絡了一大批士子文人。兩宋時期，台、賢、律、慈、淨諸宗之中，惟有淨土宗門下居士可與禪宗相抗衡。《居士傳》中，以淨土為歸者有二十餘人，倡導禪淨雙修、台淨雙修者亦不在少數。顧偉康先生在《禪淨合一溯源》一書中將兩宋時期「身居高位，有錢有勢」，有著「高品位的文化素養」，又主張禪淨合流的居士文人作了較為詳細的統計，其表如下：

表九　兩宋時期力主禪淨合流的居士相關情況統計表〔註64〕

人　名	身份、行履	著述、事蹟
1. 楊傑	宋元和時為禮部員外郎，參天衣義懷。	《天台十疑論序》《直指淨土決疑集序》
2. 王古	與楊傑同時，官至禮部侍郎。	《新編古今往生淨土寶珠集》《直指淨土決疑集》
3. 蘇軾	著名文人，參東林常聰。	《阿彌陀佛像贊》
4. 江公望	宋崇寧時為司諫。	《念佛方便文》
5. 陳瓘	從明智中立受天台教旨。	《延慶寺淨土院記》《天台十疑論後序》《寶城易記錄序》《止觀坐禪法要記》
6. 晁說之	官至侍制，先師從明智中立，後私淑大智元照。	《淨土略因》
7. 王日休	國學進士。	《龍舒淨土文》
8. 王衷	南宋政和年間人。	《勸西方文》
9. 王以寧	官至侍制，參真歇清了。	《廣平夫人往生記》
10. 遂寧	官至給事，參大慧宗杲。	《西方禮文》《彌陀懺儀》
11. 林濟	元人，號西歸子，創立西資社。	《贊淨土諸上善人詩》
12. 張掄	官至浙西副都總管。	於家中創立蓮社，宋高宗親書「蓮社」二字賜之。
13. 鄭清之	南宋理宗時丞相，封魏國公。	《勸修淨土文》

〔註64〕顧偉康：《禪淨合一溯源》，上海：上海社會科學院出版社，2012 年，第 153～155 頁。

　　可見，這一時期彌陀信仰在文人士大夫中間的盛行。他們或是與僧人共結蓮社，或是修懺念佛，或是翼助佛門，或是撰文弘法，「對兩浙地區彌陀信仰的流行，頗有推波助瀾之功，可謂舉足輕重。」〔註65〕

　　然而，崇信淨土者不僅僅只限於文人士大夫，兩宋時期，淨土宗的主要信仰者與追隨者乃是普通民眾。「淨土信仰不需要高度的宗教理論修養，它把佛教理論直接演化為人人都能完成的簡易的宗教實踐，從而衝破高深的宗教哲學與缺乏文化素養的普通民眾之間的界限，造成佛教在世俗社會的普及。」〔註66〕我們可以從兩宋時期方興未艾、此起彼伏的結社念佛活動中感受到淨土宗的魅力。而淨土宗之所以能在兩宋大盛，究其原因，「在我國世俗生活和民間信仰中存在著固有的祖先祭祀、神仙方術、鬼神迷信等內容，士大夫在宋代佛教結社中的具體活動，使佛教能更有效地對這些內容加以吸收。僧俗共期的淨土信仰的全面展開，進而使佛教表現為對念佛、懺法等各類宗教儀式的普遍重視。蘇軾〔註67〕等人舉辦的水陸法會便屬於一種綜合性的盛大佛事儀式，其中包含超度亡靈、孝養父母、淨土往生等目的，以及天堂地獄、輪迴轉世等宗教觀念，把出世的信仰和現實的利益合二為一。這種注重各類儀式的佛教信仰，在佛教哲理研究走向衰微，只能抱殘守缺的時候，因深受普通民眾的歡迎而被廣泛應用。最終，這些宗教儀式取代佛教理論的位置而成為信仰者的精神寄託。」〔註68〕僧俗共期西方的結社活動的展開，為天台宗與淨土宗的合流帶來契機，這在一定程度上促進了天台宗的發展。

　　二、士大夫們儒士的出身決定了他們對佛教的信仰並不像佛門僧人一樣純粹與虔誠。富弼直言：「吾輩俗士，自幼小為俗事浸漬，及長大又娶妻養子，經營衣食，奔走仕宦。黃卷赤軸，未嘗入手，雖乘閒玩閱，只是資談柄而已，何嘗徹究其理！」〔註69〕儘管隋唐五代以來儒學失守而佛學獨盛，但是，以士大夫為主體的居士們自幼受到儒學的薰染，數十年浸染的結果便是身形常現黃牆之內，而心意恒居廟堂之上。士大夫們入佛而不非儒，尊佛而不忘孔，即便如

〔註65〕黃啟江：《兩宋時期兩浙的彌陀信仰》，《故宮學術季刊》，1996 年第 1 期。
〔註66〕潘桂明：《宋代居士佛教初探》，《復旦學報》，1990 年第 1 期。
〔註67〕蘇軾一心向佛，晚年更是致力於淨土實踐，曾「繪水陸法像，作贊十六篇」，建「眉山水陸法會」，作《畫阿彌陀像偈》。其妻亡故後，為其設水陸道場，並作《畫阿彌陀像贊》。
〔註68〕潘桂明：《宋代居士佛教初探》，《復旦學報》，1990 年第 1 期。
〔註69〕道融：《叢林盛事》卷上，《卍續藏經》第 148 冊，第 63 頁下。

此，兩宋時期士大夫們的奉佛之舉、護教之行對佛教之貢獻著實巨大，這正如章太炎先生在《建立宗教論》一文中指出的那樣：「宗教雖超居物外，而必期於利益眾生。若夫宰官吏人之屬，為民興利，使無失職，此沙門所不能為者，乃至醫匠陶冶，方技百端，利用後生，皆非沙門所能從事。縱令勤學五明，豈若專門之？善於之，則不能無賴於居士。又況宗教盛衰，亦或因緣國事。彼印度以無政之故，而為回種所侵，其宗教亦不自保，則護法必賴居士明矣。」〔註70〕

第三節　諸宗交涉視域下的台淨合流

我們知道，任何思想的形成與發展都有其內在的邏輯與自身的規律，但不容忽視的是，隨著時代的變遷，思想也會打上時代的烙印，這一點於佛教而言概莫能外。隋唐時期，台、禪、賢、慈等諸多宗派先後登上歷史舞台，是為宗派佛教時代；兩宋以降，隨著文化轉型，為立穩根基，求得發展，各派之間互有爭競，也彼此滲透。而在三教合一的時代背景下，各宗派與儒、道之間你來我往，互動頻繁，呈現出互融互攝的態勢。

一、台宗與禪宗之交涉

（一）台宗與禪宗之融合

1. 台宗對禪宗的滲透

唐末五代的戰亂雖然對禪宗的衝擊不大，但是，禪宗經過一段時間的發展之後，僧團內部出現了不少問題。慧能禪宗「不立文字」的主張經由禪門五家的大力弘揚，走上了呵佛罵祖、毀經棄教的道路。禪師們不讀經卷，不事坐禪，義理削弱，戒律鬆弛，隨著「耆年凋喪，晚輩蝟毛而起，服紈綺，飯精妙，施施然以處華屋為榮，高尻磬折王臣為能，以狙詐羈縻學者之貌而腹非之，上下交相欺誑，視其設心雖儓牛履豨之徒所恥為，而其人以為得計。於是，佛祖之微言，宗師之規範掃地而盡也。」〔註71〕有鑑於此，為振興宗門，有著遠見卓識的禪僧諸如永明延壽、覺範惠洪等人將目光轉向教門，試圖以教門之義理補救宗門之偏弊。

〔註70〕章太炎著，姜玢選編：《革故鼎新的哲理——章太炎文選》，上海：上海遠東出版社，1996年，第212頁。

〔註71〕惠洪：《石門文字禪》卷二十六，《四部叢刊·初編集部》第243冊，第1149頁。

　　延壽（904～975），俗姓王，字充玄，錢塘（今浙江錢塘）人。唐末、五代、宋初禪僧，為法眼宗創始人清涼文益的再傳弟子。他幼年即歸心佛乘，總角誦《法華》，五行俱下，六旬而畢。出家之前即不茹葷腥，曾為稅務專知，用官錢採買魚蝦放生。年三十出家，禮四明翠岩禪師。後於天台智者岩上坐禪，有鳥尺鷃，巢於衣裓，禪定工夫非比尋常。後於國清寺行法華懺，屢有所感。延壽與天台宗淵源較深，對天台教觀頗有心得，這為他後來力主禪教一致奠定了思想基礎。

　　在延壽的代表作《宗鏡錄》和《萬善同歸集》中，他將天台宗教義引入，以「心宗旨要」將台禪加以融合。首先，延壽將智顗的性具善惡思想納入其體系之中，用以說明佛與眾生同具善惡之性。性具善惡說為智顗首創，在《觀音玄義》中，智者提出「闡提不斷性善」「如來不斷性惡」的主張。正因為「闡提不斷性善」，故能「為善所染，修善得起，廣治諸惡」〔註72〕；如來不斷性惡，卻能於惡自在，不為惡染，永不復惡。基於智顗的性具善惡說，延壽認為善惡同體：「善者是惡人之師，惡者是善人之資」〔註73〕，並且進一步指出善惡二性凡聖同具，此乃凡聖先天所秉，並無差異，只因修行有別，則有善惡之分。所謂「若以性善性惡，凡聖不移。諸佛不斷性惡，能現地獄之身；闡提不斷性善，常具佛果之體。若以修善修惡，就事即殊。」〔註74〕

　　再者，延壽還借鑒了天台宗的觀心論。對於觀心法門，智顗推崇備至，臨終前所說即為《觀心論》。此外，在《法華玄義》《摩訶止觀》等諸多論典中，智者也屢屢強調觀心的重要性。在《法華玄義》中，智顗援引《華嚴經》「心如工畫師，畫種種五陰，一切世界中，無法而不造」〔註75〕一句，指出世間萬法皆由心造，六凡四聖、地獄天堂皆由心生，正所謂「三界無別法，唯是一心作。心能地獄，心能天堂，心能凡夫，心能賢聖。」〔註76〕正因為一切唯心造，於眾生而言，是超凡入聖還是六道浮沉，觀己之心是為關鍵。同樣，延壽也十分重視觀心法門。在延壽，「心能作佛，心作眾生，心作天堂，心作地獄」〔註77〕，「欲知妙理，唯在觀心」，「若約觀心，寓目即是」。和智顗

〔註72〕智顗：《觀音玄義》卷上，《大正藏》第34冊，第882頁下。
〔註73〕延壽：《萬善同歸集》卷中，《大正藏》第48冊，第976頁下。
〔註74〕延壽：《萬善同歸集》卷中，《大正藏》第48冊，第976頁中。
〔註75〕佛馱跋陀羅譯：《大方廣佛華嚴經》卷十，《大正藏》第9冊，第465頁下。
〔註76〕智顗：《法華玄義》卷一上，《大正藏》第33冊，第685頁下。
〔註77〕延壽：《萬善同歸集》卷下，《大正藏》第48冊，第991頁上。

一樣，在延壽這裡，是上天堂還是下地獄，是六道輪迴還是解脫成佛，取決於行者的觀心實踐。不過，延壽所謂的觀心是以心為契機去領悟心為世界之本源與解脫之根本，從而斷除煩惱，實現解脫；而智顗的觀心論強調的則是在空、假、中三觀的基礎上把握諸法實相。

延壽的禪教一致說對後世禪僧影響甚巨，覺範惠洪就是其中之一。他對永明延壽的這一思想推崇備至，在《題宗鏡錄》中對延壽盛讚不已：「《宗鏡錄》一百卷，智覺禪師所撰。竊嘗深觀之，其出入馳騖於方等契經者六十本，參錯通貫此方異域聖賢之論者三百家，領略天台、賢首而深談唯識，率折三宗之異義而要歸於一源。故其橫生疑難，則鉤深賾遠；剖發幽翳，則揮掃偏邪。」〔註78〕受其影響，惠洪在反對宗門「極力拔去文字，以口耳授受為妙」的無字禪的同時，注重禪教雙修，其所著之《智證傳》一書就多次引用天台宗教義來闡發其禪學思想。總之，「古之學者非有大過人者，惟能博觀約取，知宗之用妙耳。」〔註79〕

2. 禪宗對台宗的浸潤

「受禪宗思想影響最大者為以悟恩為首的天台宗山外派，這也許是因為地域的原因，當時山外派的主要人物大都居於錢塘，而錢塘亦是宋代禪宗的中心之一。」〔註80〕我們知道，以悟恩為首的山外派主張真心觀，其弟子慶昭在《答疑書》中指出：「今之《玄文》（《金光明經玄義》）雖帶十種法相，其如並以法性貫之，法性無外，即我一心，若識一心，則了諸法。何獨於一念中識十種三法乃至無量三法？若橫若豎，罔不照之，全我一念，豈此之外而有法相不融，更須附法作觀乎？」〔註81〕慶昭認為只觀法性便可徹見諸法實相，因為法性作為宇宙萬有的本體，無論在染在淨，在有情眾生無情眾生，其本性始終不改不變，法性乃是煩惱滅盡、達至無漏的最高境界。

在山外一系看來，法性非他乃是一心，此心即是清淨圓滿之真心，只要把握住這一真心，也就徹悟了法性。悟恩的法孫宗昱在《注法華本跡十不二門》中亦云：「一念常住之性，念念生、念念滅，良由靈知常住，鑒物不間，任運流注，法爾不停，亙古亙今，未曾間歇。」〔註82〕慶昭、宗昱此處以一念心為

〔註78〕惠洪：《石門文字禪》卷二十五，《四部叢刊·初編集部》第243冊，第1089頁。
〔註79〕惠洪：《石門文字禪》卷二十六，《四部叢刊·初編集部》第243冊，第1148頁。
〔註80〕麻天祥主編：《中日韓天台學術對話》，北京：人民出版社，2011年，第395頁。
〔註81〕知禮：《四明十義書》卷下，《大正藏》第46冊，第854頁下。
〔註82〕宗昱：《注法華本跡十不二門》，《卍續藏經》第100冊，第159頁下。

真心，視其為靈昭不昧的法性本體，而這靈昭不昧的法性本體與禪宗的清淨真心實則大同小異。慧能禪宗認為「佛向性中作，莫向身外求」〔註83〕，「即心即佛」，自心即是佛性，成佛就是識得自心，把握自性。而這一自心是清淨無染的絕對主體，一切都因之而產生，因此，若要解脫成佛，就要反觀自心。此外，山外一系主張「一一三法，無非妙性；一一妙性，盡是真源。若法若心，即金光明不思議法性，豈有如此純談法性之外別更觀心者？」〔註84〕這一提法與禪宗「青青翠竹，盡是法身；鬱鬱黃花，無非般若」〔註85〕十分相似，只不過山外派是在十種三法的體悟中領悟法性，而禪宗則是在一般事物中尋找法身。山外一系的真心觀與慧能禪宗實有異曲同工之妙，足見禪宗對天台宗的浸潤與滲透。

如果說山外派僧人對禪宗義理的引入還有些猶抱琵琶半遮面的味道，那麼，到山家派知禮後學南屏梵臻一系的僧人那裏，禪宗與天台宗的交融就不僅僅局限在義理之上，在修行方式乃至寺院的組織規劃上都與禪宗極為相似。這一點在本文第二章第一節中介紹「南屏梵臻一系的台淨合流思想」時已經涉及，此中不贅。就中興天台的四明知禮本人而言，其在與禪宗僧人展開抗辯以捍衛自宗理論之際，在對受到禪宗影響的山外派展開批評以維護天台宗祖道之時，「不立文字」「教外別傳」的禪宗對知禮還是產生了一定的影響。根據《佛祖統紀》的記載，知禮接引本如的一段對話就頗有些禪味：法師本如「嘗請益經正義，法智曰：『為我作知事三年，卻向汝道。』暨事畢，復以為請，法智厲聲一喝，復呼云：『本如！』師（本如）豁然有悟，為之頌曰：『處處逢歸路，頭頭是故鄉；本來成現事，何必待思量！』法智肯之，曰：『向來若為汝說，豈有今日？』」〔註86〕

（二）台宗與禪宗之爭競

1. 教義之爭

唐朝中後期異軍突起的慧能禪宗在宋朝發展迅猛，漸呈一枝獨秀、唯我獨尊之勢，「教外別傳」之禪宗對教門中之天台、華嚴構成了極大的威脅。隨著宗門與教門力量的此消彼長，天台宗在復興自宗之際還肩負著與禪宗的抗衡。

〔註83〕慧能：《六祖大師法寶壇經》，《大正藏》第 48 冊，第 352 頁中。
〔註84〕知禮：《釋難扶宗記》，《卍續藏經》第 95 冊，第 831 頁上下。
〔註85〕慧海：《頓悟入道要門論》卷下，《卍續藏經》第 110 冊，第 857 頁上。
〔註86〕志磐：《佛祖統紀》卷十二，《大正藏》第 49 冊，第 214 頁上。

趙宋一代，天台宗僧人與禪宗僧人書信往來頻繁，論辯激烈。經研究，「台／禪的核心議題是對言旨關係的論辯。」〔註87〕所謂的言旨關係是指語言文字與佛教宗旨之間的關係。言旨關係之辯又主要圍繞「煩惱即菩提，生死即涅槃」一句中「即」字的涵義展開。

根據知禮《十不二門指要鈔》的記載，達摩祖師門下有三人得法，但所得之法有深有淺，這可從三人對「煩惱即菩提，生死即涅槃」一句的理解上得到說明。尼僧總持認為斷除煩惱即能證得菩提，達摩以為尼僧總持得其道之皮毛。道育說迷妄即是煩惱，覺悟就是菩提，達摩的評價是道育得其道之骨肉。慧可的觀點是本來就沒有煩惱，原本就是菩提。達摩對慧可的回答甚為滿意，認為慧可得其真髓。宗門僧人指出天台宗視「煩惱即菩提」的做法與尼僧的「皮肉之見」大致相同，故而以圓頓之教相標榜的天台宗豈非無過？其原文曰：「相傳雲達摩門下三人得法而有深淺，尼總持云：『斷煩惱，證菩提』，師云：『得吾皮』。道育云：『迷即煩惱，悟即菩提』，師云：『得吾肉』。慧可云：『本無煩惱，元是菩提』。師云：『得吾髓』。今煩惱即菩提等稍同皮肉之見，那雲圓頓無過？」〔註88〕

面對禪宗僧人以「本無煩惱原是菩提」為圓頓之旨標榜自宗究竟圓滿而將天台宗所謂的「煩惱即菩提」貶斥為「皮肉之見」的做法，天台宗僧人當然不能接受，在對禪宗的挑戰奮起還擊時，天台宗僧人首先對「即」義做出了辨析。知禮在《十不二門指要鈔》中指出：「應知今家明『即』永異諸師，以非二物相合，及非背面相翻，直須當體全是方名為『即』。」〔註89〕此之謂天台宗山家一系的「即」字的涵義與其他派系是不同的，原因就在於對「即」字的理解。那麼，以知禮為代表的山家一系是如何對「即」字做出詮釋的呢？

「『二物相合』是指差異的兩個事物通過『合』的形式而實現同一，『背面相翻』則指同一事物的正反兩面通過翻轉而實現同一。」〔註90〕在知禮看來，這兩種方式都是不可取的，因為「當體全是，方名為即。」「當體」所強調的乃是世間萬物雖千差萬別而其本體為一，「全是」所揭示的則是事物雖千差萬

〔註87〕賴永海主編：《中國佛教通史》第九冊，南京：江蘇人民出版社，2010 年，第444 頁。

〔註88〕知禮：《十不二門指要鈔》卷上，《大正藏》第46 冊，第707 頁上。

〔註89〕知禮：《十不二門指要鈔》卷上，《大正藏》第46 冊，第707 頁上。

〔註90〕賴永海主編：《中國佛教通史》第九冊，南京：江蘇人民出版社，2010 年，第446 頁。

別，其轉化卻是應有盡有、無有餘漏的。「此兩點一方面強調了『即』的同一性乃指『一體』，另一方面說明『即』的同一性包含了全部的差異性。由有二者天台『即』義方得以成立。」〔註91〕在知禮這裡，事物差異性的存在正是其同一性得以實現的前提，若是廢除事物的差異性而妄求同一性，則同一性是片面而不完整的，從而也就不是真正意義上的「即」了。基於這樣的理論，再結合天台宗性具思想，知禮指出煩惱與菩提、生死與涅槃、善與惡等看似對立，實際上菩提、涅槃、善性具煩惱、生死、惡性，「只有將自身趣為對立之惡法，善法才得以實現。」〔註92〕基於此，知禮批評禪宗僧人「不明性惡，遂須翻惡為善，斷惡證善」〔註93〕，其「本無惡，原是善」的理論是不究竟的。

　　知禮對禪宗僧人有關「即」字涵義的破斥遭到了天童子凝禪師的質疑。子凝從禪宗直指人心、見性成佛的立場出發，指出知禮就「煩惱即菩提，生死即涅槃」一句中「即」字涵義大做文章乃是執著於名相之舉。在他看來，以不立文字相標榜的禪宗，言語只是一種方便，無須在文字遊戲上大費周章。知禮在給子凝的書信中也承認「法本無說」，但為「進於初學」，使之能「深於本宗」，所以須有言說。因此，知禮強調言旨之辯乃為接引眾生之故，而非著於名相。之後，知禮與子凝之間就言旨關係又有多次的書信往來，前後「往返凡二十許」，後在四明太守的斡旋之下，以知禮與子凝為代表的教禪之間的論辯才偃旗息鼓，可見其時論爭之激烈。

　　2. 譜系之爭

　　趙宋一代，隨著禪宗的興盛，宗門僧人為確立自宗在佛教譜系上的正統地位，借助於傳記、燈錄等形式的撰寫與編集為自宗地位的鞏固與提升搖旗吶喊。面對禪宗的挑戰，天台宗僧人挺身而出，編撰自宗的傳承譜系，與之一較高下。台禪之間有關譜系之爭的內容，前文第三章第二節中已有論述，此中不贅。

　　綜上所述，兩宋時期，台禪二宗之間既互相交融，又彼此爭競，而在交融與爭競之間，又以爭競為主。如果說禪僧延壽、惠洪的禪教一致說表現了他們對天台宗的主動趨向，那麼，山家一系的台僧則始終對禪宗懷有戒心，以疏離的姿態與禪宗保持著一定的距離，儘管禪宗思想在無形中對他們產生了或多

〔註91〕賴永海主編：《中國佛教通史》第九冊，南京：江蘇人民出版社，2010年，第446頁。
〔註92〕賴永海主編：《中國佛教通史》第九冊，南京：江蘇人民出版社，2010年，第446頁。
〔註93〕知禮：《十不二門指要鈔》卷上，《大正藏》第46冊，第707頁中。

或少、或隱或顯的影響。雖然知禮及其後學在義理學說上不可避免地受到禪宗思想的浸潤，但在趙宋一朝，除了四明後學梵臻一系少數僧人與禪宗親厚外，天台宗始終與禪宗劃清界限，在積極應對禪僧挑戰之時，為捍衛自宗、求得發展，從義理與法統等諸多方面與其一較高下。以偏居東南一隅的地方性宗教與遍地開花的全國性宗教相抗衡，天台宗與禪宗無論從力量上、地域上還是從組織上而言，二者之間懸殊巨大，這就要求天台宗做出相應的調整，惟有充實自身、壯大自宗，才有可能與勁敵禪宗比試一番，這就為天台宗與淨土宗的合流創造了條件。

二、台宗與賢宗之交涉

　　天台宗與華嚴宗之間互有爭競，又彼此交融。早在澄觀所處的時代，他就在尊崇華嚴教義的前提下，主張禪教之間互融互具。在《大方廣佛華嚴經隨疏演義鈔》卷二中，澄觀在交代自己究研《華嚴》、注疏經論的目的時指出：「使造解成觀，即事即行；口談其言，心詣其理。用以心傳心之旨，開示諸佛所證之門。會南北二宗之禪門，撮台衡三觀之玄趣，使教合亡言之旨，心同諸佛之心。無違教理之規，闇蹈忘心之域。」〔註94〕融合諸宗以弘揚佛法正是澄觀孜孜不倦著書立說的動因之所在。

　　澄觀雖然主張諸宗融合，但這種融合是以華嚴思想為本位對其他宗派的佛法義理展開的借鑒與吸收，當然也不乏批判與否定。澄觀對天台佛學的借鑒與吸收主要體現在他對智者性具善惡說的融攝上。天台智顗以性具善惡說獨樹一幟，《觀音玄義》中，智者如是寫道：「問：緣了既有性德善，亦有性德惡否？答：具。問：闡提與佛，斷何等善惡？答：闡提斷修善盡，但性善在；佛斷修惡盡，但性惡在。」〔註95〕一闡提人在性德善惡層面與佛並無不同，換言之斷善之一闡提人與覺行圓滿的佛在本性上是完全一致的，都是善惡兼具的。而一闡提人之所以與佛雲泥有別，原因即在於前者從惡而行，使惡性盡顯；後者修善不已，使善性畢現。不論一闡提人與佛在現實層面有多大的不同，本質上來講佛與眾生皆具善惡。

　　澄觀雖不主張佛性具惡，但他又借天台如來不斷性惡猶似闡提不斷性善的思路來講說華嚴宗真妄交徹、理事無礙的關係：「如世五蘊從心而造，諸佛

〔註94〕澄觀：《大方廣佛華嚴經隨疏演義鈔》卷二，《大正藏》第36冊，第17頁上。
〔註95〕智顗：《觀音玄義》卷上，《大正藏》第34冊，第882頁下。

五蘊亦然。如佛五蘊，餘一切眾生亦然，皆從心造。然心是總相，悟之名佛，成淨緣起；迷作眾生，成染緣起。緣起雖有染淨，心體不殊。佛果契心，同真無盡，妄法有極，故不言之。若依舊譯（晉譯《華嚴經》）云：心、佛與眾生，是三無差別。則三皆無盡，無盡則是無相之相。應云：心、佛與眾生，體性皆無盡。以妄體本真，故亦無盡。是以如來不斷性惡，亦猶闡提不斷性善。」〔註96〕此之謂佛與眾生由心所造，心體既真而無盡，亦妄而無盡。真而無盡者，因悟以作佛；妄而無盡者，因迷成眾生。而「妄體本真」，所以「如來不斷性惡」，「闡提不斷性善」。「妄體本真」者「妄體」仍然為「真」，換言之性惡雖妄而實本為真。而真妄交徹，故「如來不斷性惡」，「闡提不斷性善」。所謂「若論交徹亦合言，即聖心而見凡心，如濕中見波，故如來不斷性惡。」〔註97〕「如來不斷性惡」是在「真妄交徹」亦即理事交融的意義上言說的，與天台宗的性惡說有著本質的不同。

如果說澄觀對性善、性惡概念的運用受到了智顗性具善惡說的影響，其對天台門人荊溪湛然的無情有性說則給予了否定。無情有性說認為草木瓦石等無情識的眾生與有情識的眾生一樣皆有佛性，皆可成佛，對此澄觀不予認同。在他這裡，世間諸法莫不由真如隨緣而起。既由真如隨緣而起，世間萬法不論是有情抑或是無情皆是真如的體現，悉皆有性，因此，就理而言，無情有性這一說法似乎本也無可厚非。但在澄觀，有情眾生方能成佛，其所具之性方可稱之為佛性。無情眾生所具之性只能稱之為法性，「況經（《涅槃經》）云：佛性除於瓦石；論（《大智度論》）云：在非情數中名為法性，在有情數中名為佛性。明知非情非有覺性，故應釋言：以性從緣則情非，情異為性亦殊。」〔註98〕雖然佛性與法性皆是真如，但「以性從緣」故，即有有情眾生與無情眾生之不同，故有佛性與法性之區分。澄觀此論與湛然的無情有性說「在立論基礎上沒有不同，差別在於成佛範圍限定在有情眾生之內。」〔註99〕他的這一主張在宋朝遭到了知禮的激烈批判。

受清涼澄觀禪教一致、諸宗融合觀念的影響，華嚴五祖圭峰宗密也主張和會諸宗，他以三宗三教和會宗門與教門，認為智顗所創之天台宗與神秀之北

〔註96〕澄觀：《大方廣佛華嚴經疏》卷二十一，《大正藏》第35冊，第658頁下。
〔註97〕澄觀：《大方廣佛華嚴經隨疏演義鈔》卷一，《大正藏》第36冊，第8頁中。
〔註98〕澄觀：《大方廣佛華嚴經疏》卷三十，《大正藏》第35冊，第726頁中下。
〔註99〕魏道儒：《中國華嚴宗通史》，南京：江蘇古籍出版社，1998年，第191頁。

宗、法融之牛頭宗等同為息妄修心宗。該宗主張一切眾生悉有佛性，因無明蓋覆，故流轉生死，若能「背境觀心，息滅妄念」，必能「念盡即覺，無所不知」。天台宗既屬息妄修心宗，又與華嚴宗以及宗門直顯心性之洪州宗、菏澤宗同為一乘顯性教。「此教說一切眾生皆有空寂真心，無始以來性自清淨，明明不昧，了了常知。」〔註100〕本具佛性之眾生，若能破無明，斷煩惱，亦能解脫生死，成就佛法。禪、台、賢分屬宗、教二門，各有分際，分際之中亦不乏相侔相通之處。

兩宋時期，華嚴宗僧人對台、禪二宗的態度大相徑庭，力主並致力於自宗與禪宗融合的僧人頗多，而「在以振興華嚴宗為己任的學僧中，普遍存在著把批判的矛頭指向天台宗的傾向」〔註101〕，這種批判以道亭及慧因寺一系的僧人最為典型。道亭的《華嚴一乘教義分齊章義苑疏》在解釋法藏《五教章》頓教時就特別指出華嚴判教與天台判教有著本質的不同。《五教章》中法藏對頓教作出如是界說：「頓者，言說頓覺理性，頓顯解行，頓成一念不生，即是佛等。」〔註102〕道亭對此句的理解是：「言說頓覺等者，謂不同天台四教，絕言並令亡筌會旨。今欲頓詮言絕之理，別為一類。離念之機，不有此門；追機不足，則順禪宗。故達摩以心傳心，正是斯說。既云言絕，何言頓教？若不指一言，以直說即心是佛，心要何由可傳？故寄無言之言，直詮言絕之理，教亦明矣。」〔註103〕自唐僧慧苑以來，即有華嚴五教吸納天台四教的說法。對於這一觀點，道亭難以苟同。他認為華嚴宗的「頓詮言絕之理」是用不言之言來詮釋言絕之理，也就是說教有言而理無言，因此，華嚴之頓教既迥異於不立一言的禪宗，也有別於因言釋意、得意忘言的天台宗。

至於慧因寺一系僧人對天台宗的批判，主要圍繞同、別二教展開，當然也涉及到其他問題。比如，晉水淨源的四傳弟子善熹就曾撰寫《評金剛錍》一書來批判荊溪湛然的無情有性說，認為只有有情眾生才有智慧、才有佛性，牆壁瓦礫等無情眾生無有智慧，故無佛性，但有法性而已。他擬照明教契嵩作《非韓》之篇以護教弘法之典故，寫《辨非集》一冊，對天台宗僧人竹庵可觀所作之《金剛通論》《金剛事苑》二文予以非議評說，從而挺護自宗，流佈華嚴法

〔註100〕 宗密：《禪源諸全集都序》卷上，《大正藏》第 48 冊，第 404 頁中下。
〔註101〕 魏道儒：《中國華嚴宗通史》，南京：江蘇古籍出版社，1998 年，第 221 頁。
〔註102〕 法藏：《華嚴一乘教義分齊章》卷一，《大正藏》第 45 冊，第 481 頁中。
〔註103〕 道亭：《華嚴一乘教義分齊章義苑疏》卷二，《卍續藏經》第 103 冊，第 215 頁下。

門。又著《華嚴融會一乘義章明宗記》一卷，書中將天台宗宗依推崇的經典《法華經》視為「同教」，是《華嚴經》之外所有經典中的一部。這些經典都是《華嚴經》的「眷屬經」，它們雖有教義之別，都是從作為根本法輪的《華嚴》中流出，因此，諸部經典之中，《華嚴》為本，《法華》以及其他經典為末。即如所言：「言同教者，以同字一言立教，總明通目，一代諸眷屬經，皆名同教也。於中雖有偏圓頓實，始權愚小等教之殊，而各教下所詮教義、理事、境智、行位十法義門，皆從《華嚴》圓別根本法輪所流所自故，派本垂末故，即本同末故，故名圓教也。」〔註104〕

同教原為賢首法藏在《華嚴一乘教義分齊章》中用來區分別教的一種判教方式，所謂「初明建立一乘者，然此一乘教義分齊，開為二門，一別教，二同教。」〔註105〕也就是說一乘教有別教、同教之分，別教一乘是有別於三教教義的一乘教，華嚴宗即屬此教；同教一乘則意味著一乘教與三乘教在教義上有相同之處，天台宗即為同教。本來三乘、一乘說源自《法華經》，這部為天台宗推崇備至的經典倡導會聲聞、緣覺、菩薩三乘於一佛乘的會三歸一的思想，法藏受此影響，提出了獨具特色的判教說。

法藏後學善熹對同教的上述解讀顯然是通過貶低天台宗來高揚《華嚴》以達到維護自宗的目的。其對別教的界定也是如此，在他看來，別教經典惟《華嚴》一部而已，別教教義惟華嚴一宗而已，其他經教皆不在別教之列。而善熹的同門笑庵觀復則有不同見解：「今此一乘，具同、別二教，教義之分齊也。以下列十門釋此教義，不出三乘、一乘。若別教一乘，則三乘等本來不異；若同教一乘，則三一合明。故今雖標一乘，攝三乘等俱盡，所以統收，不異故曰一，運載合融故曰乘。」〔註106〕觀復對同、別二教的理解與法藏並無不同，此二教同屬一乘。並且，「會三歸一，即是同教；若知彼三乘等法本是一乘，即是別教。……故云：一切三乘等，本來悉是一乘也。」〔註107〕同、別二教的關係就像《法華經》中三乘、一乘的關係一樣，既然三乘會歸一乘，同、別二教亦同為一乘。觀復此舉既是對賢首法藏教判主張的回歸，也是對其師門的反叛，因此，其抑《華嚴》而揚《法華》的做法遭到了師父雲華尊者師會的批駁：「今說一乘，不知一乘乃緣起圓融無盡普法，而云不出三乘，一乘豈不妄

〔註104〕 師會：《華嚴融會一乘義章明宗記》，《卍續藏經》第 103 冊，第 6 頁上下。
〔註105〕 法藏：《華嚴一乘教義分齊章》卷一，《大正藏》第 45 冊，第 477 頁上。
〔註106〕 師會：《華嚴一乘教義章焚薪》卷上，《卍續藏經》第 103 冊，頁 330 頁下。
〔註107〕 師會：《華嚴一乘教義章焚薪》卷下，《卍續藏經》第 103 冊，第 349 頁上。

乎？……夫別教一乘，圓融具德，卓絕獨立，餘如虛空。縱收諸教，一一同圓，故曰：唯有一乘，更無餘也。」〔註108〕師會認為一乘教義是三乘所不能囊括與企及的，若說一乘「不出三乘」，則一乘即成妄言。別教一乘，圓融獨立，其他經教，皆歸一乘之外。師會的弟子善熹、希迪皆持同樣觀點，慧因寺一系僧人通過判教來提高《華嚴》在諸經中的地位，尤其是通過貶抑《法華經》的地位來高揚彰顯《華嚴經》的獨一無二，從而論證並宣示華嚴教義優勝於其他宗教，尤其是天台宗。北宋初期，教門之中，台賢二教皆有中興氣象，「華嚴學僧把批判的矛頭指向天台教義和《法華經》，具有為本派爭奪生存權的意義。」〔註109〕當然，賢首門下也有少數兼習天台和華嚴教義者，如戒環撰於宣和年間的二十卷本的《妙法蓮華經疏》就以闡揚天台教義為主。

天台宗僧人對於華嚴義學的態度與華嚴宗僧人對待天台義學的態度大致相同。兩宗之間既有爭論，也有融攝。台賢之爭始於天台宗九祖荊溪湛然之際，其時，台教不振，賢宗卻勃興壯大。為振自宗，湛然將《大乘起信論》及華嚴宗真如隨緣的思想納入天台宗教觀體系之中，提出「萬法是真如，由不變故；真如是萬法，由隨緣故」〔註110〕的主張，對智顗開創的理論體系作出調整。智顗在駁斥南北朝諸師緣起論的基礎上提出了性具實相說，湛然在繼承智顗性具理論的前提下，借鑒華嚴宗真如隨緣說，提出了「當體即實相」的主張。如此一來，諸法理體隨緣而起，諸法之間圓融無礙。因此，湛然的思想體系中既有自宗的傳統，又有別教的因素。

時至宋朝，山家山外諸師對《起信論》《華嚴經》等賢首宗宗依的典籍給予了極大的關注。知禮之師寶雲義通對上述經論就極有研究，四明本人對此也用力甚多，這一點可以從知禮的《十不二門指要鈔》《天台教與〈起信論〉融合章》等著述中得到映證。而山外一系的天台宗僧人對華嚴經論的重視自然毋庸諱言，他們的思想受到華嚴宗的影響也較為明顯。正因為如此，這也成為山家山外之爭的原因之一。

「昔者慈光恩師兼講《華嚴》，不深本教，濫用他宗，輒定一念為真，從是今宗境觀大壞亂矣。」〔註111〕知禮等人認為以慈光悟恩為首的山外派諸僧俯就了華嚴宗的觀點，將華嚴終教真如隨緣的理論視作天台圓教的基本內容，

〔註108〕師會：《華嚴一乘教義章焚薪》卷上，《卍續藏經》第 103 冊，頁 331 頁上。
〔註109〕魏道儒：《中國華嚴宗通史》，南京：江蘇古籍出版社，1998 年，第 243 頁。
〔註110〕湛然：《金剛錍》，《大正藏》第 46 冊，第 782 頁下。
〔註111〕知禮：《四明十義書》卷上，《大正藏》第 46 冊，第 831 頁上。

這是不可饒恕的。與此同時，山外派還主張別教不談隨緣，基於此，知禮提出了別理隨緣的觀點。針對山外一系所謂的別教不談隨緣的說法，知禮在《十不二門指要鈔》中明確指出「若不談體具者，隨緣與不隨緣皆屬別教。」〔註112〕這句話以體具即性具作為判定圓教與別教的標準，但凡講性具者即為圓教，否則則為別教。換言之圓教與別教的判分與隨緣與否無關。華嚴宗只講隨緣，不談性具，故為別教。

在此基礎上，知禮進一步指出圓教「既知性德本具諸法，雖隨無明變造，乃作而無作，以本具故，事既即理故，法法圓常，遍收諸法，無非法界。」〔註113〕而華嚴別教「一理隨緣，變作諸法，則非無作。」〔註114〕從天台圓教性具理論的角度來看，圓教所講之「性」或「理」包羅萬象、無所不攝，世間諸法、萬事萬物都可於「性」或「理」中找到各自的位置，雖然無明也能變造諸法，但是這種變造乃是「性」或「理」本具的，因此，「無明變造」雖「作」而「無作」。而別教華嚴宗則與此不同，華嚴宗真如隨緣觀是另有所作。換言之真如隨緣生起萬法，與「性德本具諸法」有著本質的不同。

在肯定了「別理隨緣」的基礎上，知禮認為這種隨緣不談理具，緣理斷九，有著顯而易見的局限性。依據「別理隨緣」說，既然世間諸法依真如而起，那麼，作為能造之真如與所造之九界就是截然相分的。在這一理論的指導下，別教之修行方式必然是背迷成悟，「專緣理性而破九界。」〔註115〕在知禮，別教這種把破九界作為入佛界前提的做法不僅將十界割裂開來，將九界排除在真如本體之外，而且，也與圓教之性具隨緣理論之間存在著極大的不同。

此外，華嚴宗的佛性論也是知禮不能苟同的。在《天台教與〈起信論〉融會章》中，知禮指出法藏「謬引《釋論》云無情唯有法性而無佛性，此則名雖在圓而義成別。」〔註116〕和湛然一樣，在佛性論的問題上，知禮堅持無情有性這一主張。而法藏的無情無佛性說不僅與自宗的佛性理論不相侔，而且其理論本身也自相矛盾：「終教雖立隨緣不變，而云在有情得名佛性，在無情但名法性，不名佛性。」〔註117〕既然真如隨緣不變，那麼，不論是有情抑或是無

〔註112〕知禮：《十不二門指要鈔》卷下，《大正藏》第46冊，第715頁下。
〔註113〕宗曉：《四明尊者教行錄》卷三，《大正藏》第46冊，第875頁下。
〔註114〕宗曉：《四明尊者教行錄》卷三，《大正藏》第46冊，第875頁中。
〔註115〕知禮：《十不二門指要鈔》卷上，《大正藏》第46冊，第709頁中。
〔註116〕宗曉：《四明尊者教行錄》卷二，《大正藏》第46冊，第871頁下。
〔註117〕宗曉：《四明尊者教行錄》卷三，《大正藏》第46冊，第875頁中。

情都應有佛性，而「在有情得名佛性，在無情但名法性」的觀點即表明隨緣有變。「若隨緣時改變，則不名性也」〔註118〕，既不名性，自非圓教。

雖然知禮對俯就華嚴宗的山外一系展開了猛烈抨擊，將華嚴宗安置於別教的位置之上，但這並不意味著以知禮為正宗的天台宗與華嚴宗之間就有著不可調和的矛盾。事實上，上自荊溪湛然下至四明知禮，天台宗僧人對於華嚴宗思想都是有所「攝屬」的。儘管知禮弟子淨覺仁岳在《別理隨緣十門析難書》中對湛然使用真如隨緣的說法給出了這樣的辯解：「真如隨緣本出藏疏，洎荊溪筆削，雖用其名，不同彼義，而皆在圓教耳。今四明師以名下之義，觀諸部之文，別教真如亦有是義，廣於《指要鈔》中引而伸之，故別理隨緣所以立也。」〔註119〕但不可否認的是湛然、知禮的思想中確實受到了華嚴宗的影響。天台宗與華嚴宗的交融乃是大勢所趨，這正如吳忠偉教授在《智圓佛學思想研究》一書中寫到的那樣：兩宋時期，「天台宗面臨的新的思想環境是禪宗之興盛和對教門之消融，因此，天台宗之對手不是賢首而是禪宗，因為禪賢結合得很緊密。」〔註120〕

趙宋一代，天台宗與華嚴宗之間互有爭論、互有融攝。台賢之融攝由來已久，自湛然至知禮，天台宗僧人對賢首宗理論多有「攝屬」。至於二宗之間的爭論，則主要體現在兩點上，一是天台宗山外一系僧人受賢首宗影響顯著，山內一系僧人通過對其思想之筆削，以祛除賢首宗之影響，純正天台學說；一是直接對賢首宗相關思想發起責難，指陳其是非得失，置之於別教的位置之上。台賢二宗之爭論決定了天台宗山家一系僧人四明知禮及其後學不可能在天台宗與賢首宗之間搭建起互通的橋樑。而這一時期，賢首宗與禪宗的結合也迫使天台宗不得不向其他宗派尋求外援，與淨土宗的合流正好可以助其一臂之力。

三、台宗與律宗之交涉

兩宋時期，天台宗與律宗之間關係甚洽，彼此相融。台律二宗的交融主要體現在兩個方面：一是律宗僧人曾依天台宗僧人研習教觀，由台轉律之後，台律二宗相交甚歡。二是「天台佛學為宋代律宗的宗派自覺提供了新的理論

〔註118〕宗曉：《四明尊者教行錄》卷三，《大正藏》第46冊，第876頁上。
〔註119〕仁岳：《別理隨緣十門析難書》，《卍續藏經》第95冊，第814頁上。
〔註120〕吳忠偉：《智圓佛學思想研究》，《〈法藏文庫〉碩博士學位論文》卷十六，高雄：佛光山文教基金會印行，2001年，第16頁。

基礎。」〔註121〕

宋代律宗僧人多出自天台宗門下。北宋初年，經由知禮、遵式的努力，天台懺法大盛，這在一定程度上促進了大乘菩薩律儀的發展，為天台宗僧人轉向律學提供了可能。遵式門下就有不少僧人先修懺，後習律，律學大師慈覺允堪（？～1062）、靈芝元照（1048～1116）等均出自遵式門下，與天台宗有著師承關係。

慈覺允堪錫號智圓，慶曆年間（1041～1048）主理錢塘西湖菩提寺，寫有《會正記》。靈芝元照，「餘杭唐氏，初依祥符鑒律師」，「專學毗尼」，「後與擇瑛從神悟謙師，悟曰：『近世律學中微，汝當明《法華》以弘四方』，復從廣慈才法師受菩薩戒」，「博究南山一宗頓漸律儀。」〔註122〕根據《佛祖統紀》的記載，元照為浙江錢塘人，先依律宗僧人習律，後隨處謙受教。神悟處謙係神照本如的嗣法弟子，本如初依知禮，後從遵式。遵式圓寂之後，本如繼主靈山道場，大演慈雲懺法。本如既為慈雲之門人，處謙又以本如為師，則視處謙為慈雲之法孫亦不為過。處謙以懺法名世，其門下弟子行懺法而有志於律學者頗多。如一行宗利，先隨處謙修懺三年，後往靈芝謁見元照，增受戒法。處謙頗有海納百川之氣概，其門下僧人可台律兼修。元照在處謙門下習天台教法，待其學有所成，處謙希望他以天台宗教義振興衰微之律學，建議其轉學於慧才法師。

廣慈慧才（998～1083）十三歲受具，「往學於四明」，後又從學於慈雲。慧才雖曾求教於知禮與遵式，卻以律學聞名於世，數十年操守一如，故得廣慈之稱號。慧才曾為緇素萬餘人授菩薩戒，較之於同為知禮、遵式門人的處謙，慧才顯然已經成為一個專業化的律宗僧人。正因為如此處謙才將元照介紹到慧才身邊求學。可見律師元照的師承有著極為深厚的天台宗背景，其「得以成為一代律學大師，當與此有著莫大關係。」〔註123〕慧才同時也是一位虔誠的彌陀信仰者，自法慧寶閣退居後，他「每蹺足誦大悲百八為課，又翹足一晝夜誦彌陀號。一夕夢至寶樓宮闕，有告之者曰：『淨土中品汝所生也。』」〔註124〕圓寂前，書偈贊佛，自謂「吾生淨土決矣」，泊然而化。

〔註121〕賴永海主編：《中國佛教通史》第九冊，南京：江蘇人民出版社，2010 年，第 466 頁。

〔註122〕志磐：《佛祖統紀》卷二十九，《大正藏》第 49 冊，第 297 頁中下。

〔註123〕賴永海主編：《中國佛教通史》第九冊，南京：江蘇人民出版社，2010 年，第 468 頁。

〔註124〕志磐：《佛祖統紀》卷十二，《大正藏》第 49 冊，第 215 頁下。

　　兩宋時期台律合流還表現在律宗僧人借鑒天台宗教說建構自宗的理論體系。針對當時佛教界視律學為小乘學說之偏見，律宗僧人奮起抗辯。在《大小乘論》中，元照指出：「大小二乘，半滿兩教，佛法關鍵，修行大途，世多不曉，故曲辨之。有謂學律為小乘，聽教為大乘，參禪為最上乘。經云：十方佛土中惟有一乘法，無二亦無三，豈有多歧哉！又復世人見講經論者，謂之小乘；見參禪者，謂之大乘，斯皆寡學無稽之論。」〔註125〕在指陳世人的種種謬見之後，元照將律宗僧人的大小乘觀點和盤托出：「夫大乘者，謂菩提發心，行菩薩行，忘己利物，歷劫不捨；小乘者，厭苦求樂，樂出三界，獨善一身，唯求脫離。」〔註126〕在元照，判分大小乘的標準在於是否發菩提心、行菩薩行。

　　將律學與「發菩提心、行菩薩行」關聯之後，元照借鑒天台宗授菩薩戒的相關理論，對律宗授菩薩戒儀做出了完善與發展。在《授大乘菩薩戒儀》一文中，元照指出在家眾與出家眾之受戒儀式略有分別。在家眾授菩薩戒專依《梵網經》，而出家眾在依循《梵網經》之時，亦可遵從《善戒經》。元照從戒法、戒體、戒行、戒相等四個方面規範受戒方法。此外，針對佛教界「眾生本有佛性，即菩薩戒體」之言論，元照吸收天台宗性修理論加以批評：「本有之性蠕動飛，一切皆具，菩薩戒體受者方有，不受則無此。」〔註127〕此之謂一切眾生，不論有情無情，雖有佛性，但是，菩薩戒體是惟有受菩薩戒者方才具備的，不受菩薩戒者，何來戒體？至於授菩薩戒的儀式，元照「今準天台所列六家儀式並古今諸文，參詳去取，且列十科」〔註128〕，分別是第一求師授法、第二請聖證明、第三歸佛求加、第四策導勸信、第五露過求悔、第六請師乞戒、第七立誓問遮、第八加法納體、第九說於示誡、第十歎德發願。「將此十科與遵式的《授菩薩戒儀十科》對比可見，雖節目不盡相同，但顯見其乃是元照參照遵式之儀制定而成。」〔註129〕

　　如果說天台宗與禪、賢二宗之間既互相交融，又彼此爭競，那麼，天台宗與律宗之間的關係則簡單許多，主要以融會為主。兩宋時期，享譽一方的律宗大師多出自天台宗門下，他們的思想多受到台教的薰染。因此，當這些僧人趨

〔註125〕道洵集：《芝苑遺編》卷上，《卍續藏經》第105冊，第531頁上下。
〔註126〕道洵集：《芝苑遺編》卷上，《卍續藏經》第105冊，第531頁下。
〔註127〕道洵集：《芝苑遺編》卷中，《卍續藏經》第105冊，第537頁下。
〔註128〕道洵集：《芝苑遺編》卷中，《卍續藏經》第105冊，第538頁上。
〔註129〕賴永海主編：《中國佛教通史》第九冊，南京：江蘇人民出版社，2010年，第470頁。

向律宗時，在與天台宗僧人保持良好關係之際，又能以天台宗佛學充實和豐富律宗的理論。台律二宗之間較好的互動關係不僅增強了天台宗的力量，也為天台宗與淨土宗之間的合流提供了可資示範的模板。以慈覺允堪和靈芝元照為首的律宗僧人，在借鑒天台宗思想的前提下，借助於台律合流的模式，推進了這一時期律宗的發展。以此類推，天台宗僧人積極提倡與推崇的台淨合流也必將為天台宗與淨土宗的共同發展開闢出一條新路。

第四節　小結

　　兩宋時期，天台宗與淨土宗的合流是時代發展的產物，也是天台宗僧人因應時代之發展做出的歷史性選擇。趙宋一代，儒、釋、道三教合一成為時代潮流。在三教合一的時代背景下，宋朝的統治者遵循「不使其大盛」的原則，對佛教採取扶持政策，這在一定程度上促進了佛教的發展。而三教合一的提倡，在促使佛學向儒學靠攏之際，也加劇了佛教內部各宗派之間的融合。與此同時，士大夫對佛教持有截然相反的兩種態度，以宋初三先生、北宋五子為代表的理學家們對佛教展開了猛烈的批判，以楊億、楊傑、晁迥、富弼、蘇軾、陳瓘等人為典型的達官顯貴們，或是參禪問道，或是棲心林泉，或是修懺齋僧，或是激揚酬唱，起到了護教弘道的作用。而理學家對佛教的批判也在一定程度上帶來了佛教的儒學化與世俗化。並且，在三教合一的時代潮流下，佛教內部、諸宗之間雖有爭競，但融合卻是常態，其中又以諸宗與淨土宗的合流最具典型性，由此形成了禪淨合流、賢淨合流、律淨合流以及台淨合流的局面。而天台宗與禪、賢等宗派之間的爭競也在一定程度上促進了天台宗與淨土宗、律宗之間的友好互動，畢竟為捍衛自宗，為不落人後，與淨、律二宗攜手並進以增強自身的力量亦不失為明智之舉。

　　而五代宋初的文化轉型以及高度發達的寺院經濟在造就佛教社會化、世俗化的同時也要求各宗派在自宗的發展路向上做出相應的調整以適應社會的變化、民眾的需求。天台佛學長於義理，然而，其博大精深的佛理在兩宋一朝並不受士大夫垂青，而禪宗卻以其灑脫活潑的風格與士大夫投緣，在雅文化層面獨佔一席之地。與此同時，「淨土宗也發揮了自身的優勢，在俗文化層面成了佛教的一大代表。」〔註130〕為籠絡居士、為求得發展，天台宗僧人另闢蹊

〔註130〕許穎：《近現代禪淨合流研究》，成都：巴蜀書社，2010年，第35頁。

徑，積極與淨土宗融合，通過結社念佛之舉將下層民眾吸納到自宗旗下，從俗文化層面為天台宗的立足與發展開闢出一條新路。

第六章 台淨合流的理論根源、融合模式與深層原因

第一節 台淨合流的理論根源

　　天台宗與淨土宗分屬不同宗派，在佛學理論與修行方法上有著較大的不同：淨土宗宣揚淨土佛國殊勝美好，卻在娑婆世界以西，天台宗則認為淨土在心，自性即是彌陀。淨土宗宣稱念佛即得往生，無須累世而修，天台宗則倡導止觀並重、定慧雙修。淨土宗認為自力成佛乃難行之道，依憑阿彌陀佛之救度，人人皆能去往極樂世界；天台宗則注重自度自修，通過「去丈就尺，去尺就寸」〔註1〕的實修成就自力成佛的人生價值。淨土宗強調一旦抵達極樂佛國便可永居此土，天台宗則主張眾生因應各自無明與法性的盛衰消長在十界內互轉。淨土宗以三輩九品來區分行者的修行效果，天台宗則以六即八位來鼓勵行者精進向上，直至成佛。台淨二宗雖有諸般不同，無不自佛陀的覺海悲心中流出，這就決定了彼此之間並無根本分歧，也從理論上為台淨合流提供了契機與可能。論及台淨合流的理論根源主要體現在如下幾個方面：

一、生佛無差與佛性無別

　　生佛無差與佛性無別是台淨二宗在佛性論問題上的共同之處，但在佛性問題的具體展開上則各有所述。天台宗認為性具善惡，淨土宗則強調佛性本

〔註1〕智顗：《摩訶止觀》卷五上，《大正藏》第46冊，第52頁上。

善。性具善惡是指善惡二性人人本具，換言之善惡二性乃六凡四聖先天所稟。在《法華玄義》中，智顗指出：「善惡凡聖菩薩佛，一切不出法性，正指實相，以為正體也。」〔註2〕一切眾生，不論善惡凡聖皆為實相之體現，就其實相而論則是善惡互具的。「因為十界囊括了佛教宇宙觀中的世出世間的一切萬法，所以智顗的實相論實際上表達了這樣一個普遍的原則，即世間出世間的一切萬法，雖在表相上有善惡之分，但無論是善法還是惡法，它們在實相上都是善惡互具的，即使是惡法也本具善的實相。」〔註3〕

　　與天台宗性具善惡說不同的是淨土宗主張賢聖之輩至善至美，凡俗之人則有善有惡。阿彌陀佛是西方極樂世界的教主，他色身莊嚴，心量廣大，佛法無邊，其形象完美無瑕，至高無上。如此圓滿美好的形象當然與醜惡無關，正因為如此，阿彌陀佛也才成為凡俗眾生尊崇與信仰的對象。與極樂世界阿彌陀佛等諸賢聖形成鮮明對比的是凡俗眾生有善有惡，參差不齊。比如提婆達多犯下五逆重罪，阿闍世王欲弒其父，禁囚其母，此皆傷天害理、罪大惡極之輩。當然也有從道而行、不為惡業的上品人物。

　　淨土宗聖善而凡俗有善有惡的觀點與天台宗凡聖同具性善性惡的主張固然不同，不同之中亦有相類相通之處。天台宗性具善惡的主張，尤其是諸佛佛性具惡的特點似乎與阿彌陀佛的至真至善至美針鋒相對，其實不然。所謂性具善惡是說善性與惡性是凡聖同具的，既然凡俗眾生同具善惡二性，至善之諸佛亦具惡性，斷善之闡提亦具善性，而諸佛與闡提之所以雲泥有別就在於諸佛達於惡，故不為惡染，闡提不達性善，故為惡所染。即如所言：「闡提既不達性善，以不達故，還為善所染，修善得起，廣治諸惡。佛雖不斷性惡，而能達於惡，以達惡故，於惡自在，故不為惡所染，修惡不得起，故佛永無復惡。」〔註4〕由此諸佛具惡只是理論上的具惡，因其惡性已斷，不僅能達於惡而不復惡，而且與淨土宗崇尚的阿彌陀佛一樣，具惡性的諸佛同樣也是真善美的化身。因此，「調達、闍世、頻婆、韋提皆是大權，現逆現順，利益眾生。」〔註5〕提婆達多與阿闍世王皆是作惡之徒，二人之作為皆稱逆法；頻婆沙羅與韋提希皆是向佛之輩，前者因遭逢現實之苦難而求受戒法，後者因厭棄娑婆穢

〔註2〕智顗：《法華玄義》卷一上，《大正藏》第33冊，第682頁中。
〔註3〕賴永海主編：《中國佛教通史》第六冊，南京：鳳凰出版社，2010年，第101頁。
〔註4〕智顗：《觀音玄義》卷上，《大正藏》第34冊，第882頁下。
〔註5〕知禮：《佛說觀無量壽佛經疏妙宗鈔》卷三，《大正藏》第37冊，第214頁下。

土而請佛宣說極樂佛國,二人之作為皆稱順法。順逆二法皆是大權,旨在利益眾生。二法之中又以逆法功效卓著,提婆達多與阿闍世王雖然為惡,其所作惡行並非真惡,乃是以權惡法門度脫眾生,此所謂「若菩薩行於非道,是為通達佛道」〔註6〕也。

而對於性惡之輩與作惡之流,台淨二宗無不主張此類眾生可通過棄惡向善的自新之旅洗心革面,乃至超脫成佛。天台宗的性具善惡論在肯定眾生本具善性之際強調惡性也是眾生本具之性德。「行惡者執大乘中貪欲即是道,三毒中具一切佛法,如此實語,本滅煩惱,而僻取著,還生結業。」〔註7〕貪嗔癡三毒之中深蘊佛法密諦,作惡之流倘若能夠於惡法之中修止修觀,亦能超凡脫俗,成就無上菩提。淨土宗也認為作惡之人在臨終之際經人指點稱名念佛,即能滅罪除愆,往生極樂。天台宗的性具善惡說與淨土宗的惡輩往生論在強調性惡、作惡之人皆具佛性之際無不勉勵此類眾生改過自新,轉凡成聖。

生佛無差、佛性無別是天台宗與淨土宗在佛性問題上的共同之處,而諸佛是否具有惡性是台淨二宗在佛性論問題上的分歧之所在。分歧之中亦不乏會通之因子,佛性論層面的合流因緣際會,和合而生。

二、色空相即與心境互具

佛國淨土的分類及其所在方位是天台宗與淨土宗共同關注的焦點問題之一,台淨二宗對這一問題的理解頗不相同,不同之中亦不乏共通之處。天台宗將淨土分為四類,所謂凡聖同居土、方便有餘土、實報無障礙土以及常寂光土。凡聖同居土是六凡眾生與三乘聖人共居之土,方便有餘土是證方便道的二乘與菩薩所居之所,實報無障礙土乃法身菩薩棲身之地,而常寂光土惟有自覺覺他、覺行圓滿的佛才能抵達棲居。天台宗的四土說有染淨之別、境界高下之分。比如凡聖同居土就是染淨並存、善惡共居的世界,人天二善與三乘聖人共住淨土,而四惡趣眾生則在穢土。其餘三土的清淨程度與所居者的佛學修為緊密相關,修為越高,其所在之國土世界愈發清淨。而淨土宗宣揚的佛國淨土乃是阿彌陀佛住持下的西方極樂世界。這是一方莊嚴殊勝的世外桃源:「七寶池中堪下釣,八功德水煙波渺,池底金沙齊布了,周回繞,黃金砌地為階道,白鶴孔雀鸚鵡噪,彌陀接引聲聲告,不是修行何得到。一

〔註6〕鳩摩羅什譯:《維摩詰所說經》卷中,《大正藏》第14冊,第549頁上。
〔註7〕智顗:《摩訶止觀》卷十下,《大正藏》第46冊,第136頁中。

般好，西方淨土無煩惱。」〔註8〕沒有煩惱的西方淨土實是凡聖同居土，阿彌陀佛及其領銜下的諸位菩薩乃此土之賢聖，那些初來乍到尚在一生補處的仍是凡俗眾生。西方極樂淨土乃是聖凡混居之淨土，與天台宗的凡聖同居土大致相同。相同之中亦有差異，凡聖同居土中雖不乏聖人，但此土無佛；西方極樂淨土雖是凡聖混居之所在，但此土有阿彌陀佛，此其一；其二，凡聖同居世界中所有眾生皆須依循無明即法性的軌則，即因應各自作為之好壞而在十界之內上下進退，西方極樂世界之眾生則不循此例，即便是凡夫，一旦來至此土，便為阿鞞跋致。

對於佛國淨土之所在，天台宗認為淨土在心，淨土宗則強調淨土在娑婆世界以西的彌陀佛國。依據天台宗的性具理論，三千性相在一念心中，「若無心而已，介爾有心，即具三千。」〔註9〕一念心具足百界千如、三千性相，心境之間相融無礙，十界之間相即互具，如此一來三千大千世界、十方上下諸佛國土皆在一念心中，十界眾生介爾一念心中無不具足己界至其他九界一切眾生之心，也就是說染淨諸境、善惡諸行皆在一念心中。而「心是一切法，一切法是心」〔註10〕，一念心即為淨土，淨土在一念心，故淨土在心，心淨則土淨。既然淨土唯心所具，極樂佛國的教主阿彌陀佛自然也不在他方世界，眾生的自心自性方是超拔其向上向善的阿彌陀佛。而淨土宗則堅稱彌陀淨土確在閻浮提西，「佛告長老舍利弗，從是西方過十萬億佛土，有世界名曰極樂，其土有佛，號阿彌陀，今現在說法。」〔註11〕這方「無有眾苦，但受諸樂」〔註12〕的殊勝佛國是苦難眾生夢寐以求的安養樂邦。

天台宗的唯心淨土說與淨土宗的西方淨土說迥然有別，前者「把由般若實相說發展過來的佛性完全歸之於自心自性，從而得出彌陀在自性，自性之外別無彌陀，佛國在心，心之外別無佛土的自性彌陀的唯心淨土說」〔註13〕，後者則從「中下之輩未能破相要依信佛因緣求生淨土」〔註14〕的層面為鈍根眾生大開方便之門，以使他們離苦得樂。因此西方佛國的渲染不過是權宜之計，質實

〔註8〕宗曉：《樂邦文類》卷五，《大正藏》第47冊，第228頁上。
〔註9〕智顗：《摩訶止觀》卷五上，《大正藏》第46冊，第54頁上。
〔註10〕智顗：《摩訶止觀》卷五上，《大正藏》第46冊，第54頁上。
〔註11〕鳩摩羅什譯：《佛說阿彌陀經》，《大正藏》第12冊，第346頁下。
〔註12〕鳩摩羅什譯：《佛說阿彌陀經》，《大正藏》第12冊，第346頁下。
〔註13〕賴永海：《中國佛性論》，北京：中國青年出版社，1999年，第277頁。
〔註14〕道綽：《安樂集》卷上，《大正藏》第47冊，第9頁上。

而言，「彼佛如來，來無所來，去無所去，無生無滅，非過現未來，但以酬願度生，現在西方。」〔註15〕無去無來、無生無滅的色空相即的般若境界才是淨土宗崇尚與追求的終極境界。這一終極境界正是天台宗的實相境界。正是以般若學說為基礎，淨土宗的西方彌陀淨土說得以與天台宗的唯心淨土、自性彌陀的理念相融通，天台後學幽溪傳燈甚至作專著《淨土生無生論》專門探討西方淨土與唯心淨土的融合問題。傳燈以天台宗的性具論為依據得出淨土往生實即無生的結論：「西方極樂世界乃吾心之一土耳，娑婆世界亦吾心之一土耳。約土而言，有十萬億彼此之異，約心而觀，原無遠近。」〔註16〕正因為三千之境涵攝於一念之心，不論是佛國淨土抑或是娑婆世界皆因心之一念而成。以此不可思議之一念念佛，彌陀淨域即在眼前。

三、止觀兼修與自他相濟

　　天台宗與淨土宗在解脫方法上的差異及其彼此間的互補是台淨合流的又一理論依據。天台宗注重定慧雙修、止觀並重，淨土宗則倡念佛三昧，其中又以稱名念佛最受歡迎。止觀二法是導引眾生出生死、得菩提的基本修行方法。「天台傳南嶽三種止觀：一、漸次，二、不定，三、圓頓，皆是大乘，俱緣實相，同名止觀。漸則初淺後深，如彼梯蹬；不定，前後更互，如金剛寶置之日中；圓頓，初後不二，如通者騰空。」〔註17〕漸次、不定與圓頓三種止觀獨立並存，而「圓頓止觀的觀一念心不但能實現圓頓止觀的目標，而且連帶著也能實現漸次止觀和不定止觀的目標，這就是所謂的一心三觀。」〔註18〕而止觀法門不論在名言與事相上有多少差別，質實而論皆為般若之一法，俱在一念心中，當以空、假、中三觀對世間諸法予以觀照。空觀觀諸法之性空，假觀觀諸法之假有，中觀觀諸法非空非假、亦真亦俗之中道實相。要之，「泥洹之法，入乃多途，論其急要，不出止觀二法」〔註19〕，行者「若偏修禪定福德，不學智慧，名之曰愚；偏學智慧，不修禪定福德，名之曰狂。」〔註20〕因此，天台宗崇尚止觀雙修、定慧並重。

〔註15〕法賢譯：《佛說大乘無量壽莊嚴經》卷中，《大正藏》第 12 冊，第 321 頁下。
〔註16〕傳燈：《淨土生無生論》，《大正藏》第 47 冊，第 383 頁下。
〔註17〕智顗：《摩訶止觀》卷一上，《大正藏》第 46 冊，第 1 頁下。
〔註18〕賴永海主編：《中國佛教通史》第六冊，南京：江蘇人民出版社，2010 年，第 104 頁。
〔註19〕智顗：《修習止觀坐禪法要》，《大正藏》第 46 冊，第 462 頁中。
〔註20〕智顗：《修習止觀坐禪法要》，《大正藏》第 46 冊，第 462 頁中。

　　而淨土宗則主張以念佛三昧作為轉凡成聖的必由之路。這一宗派的念佛方法歸納起來主要有觀想念佛、觀像念佛、持名念佛與實相念佛四種，觀想念佛是早期淨土信仰者的主要修持法門，持名念佛經由曇鸞、道綽、善導等人的提倡逐漸風靡教俗兩界，成為淨土宗乃至整個佛教界的基本修行法門。《安樂集》中道綽如是指出：「計今時眾生即當佛去世後第四五百年，正是懺悔修福應稱佛名號時者。若一念稱阿彌陀佛，即能除卻八十億劫生死之罪。」〔註21〕方便有多門，通往佛國世界的方法固然多不勝數，諸多法門之中持名念佛才是當然之選。道綽在弘揚這一法門之際，「坐常面西，晨宵一服，鮮潔為體，……口誦佛名，日以七萬為限，聲聲相注，弘於淨業。」〔註22〕善導認為「眾生障重，境細心粗，識揚神飛，觀難成就，是以大聖悲憐，直勸專稱名字，正由稱名易故。」〔註23〕對於一般信眾而言，持名念佛是引領他們離苦得樂的易行道，也是度脫他們轉迷成悟的終南捷徑。眾生若能「惟專念佛，一日七日，即生淨土，位居不退，速成無上菩提，乘阿彌陀佛本願力故。」〔註24〕「百億劫中生死罪，才稱名號盡消除」〔註25〕，只要稱念佛號，縱然罪孽深重，亦能消愆往生。一句話，「五蘊浮虛夢幻身，假緣空聚一堆塵。死魔一至憑何故，急念彌陀莫厭頻。」〔註26〕

　　天台宗以觀心法門指導行者之修行，淨土宗則以念佛三昧教人成佛，台淨二宗在修行方法上各行其道。然而，迥然有別的修行方法之中亦不乏相通契合之處。比如，「按照佛教的說法，念佛念到一定程度都可以入定，入定之後所得之念佛三昧境界是虛空粉碎、大地平沉，當前一念心性與十方諸佛法身融為一體，這時候便離開一切生死取捨、分別執著」〔註27〕，這正是天台宗佛學所講說的中道實相境界。因此，天台宗僧人在講說、弘揚觀心法門之際並不排斥淨土宗的念佛三昧，而是將其融攝進自宗的教觀體系之中以助益行者的修行；淨土宗的祖師大德們在力推持名念佛之時認為誦經、禪觀等方法亦能錦上添花，比如《觀經》就以讀誦大乘經典作為往生西方的條件之一，道綽也坦承雖

〔註21〕道綽：《安樂集》卷上，《大正藏》第 47 冊，第 4 頁中。
〔註22〕道宣：《續高僧傳》卷二十，《大正藏》第 50 冊，第 594 頁上。
〔註23〕宗曉：《樂邦文類》卷四，《大正藏》第 47 冊，第 210 頁上。
〔註24〕道鏡、善導：《念佛鏡》，《大正藏》第 47 冊，第 121 頁下。
〔註25〕成時節要：《淨土十要》卷八，《卍續藏經》第 108 冊，第 826 頁上。
〔註26〕道綽、善導：《念佛鏡》，《大正藏》第 47 冊，第 133 頁上。
〔註27〕賴永海：《中國佛性論》，北京：中國青年出版社，1999 年，第 303 頁。

常行念佛三昧,「非謂全不行餘三昧也」。台淨二宗在修行方法上的兼收並蓄為兩宋時期彼此間的合流提供了依據與可能。

在解脫成佛的方式上,天台宗注重以一心之修持超凡入聖,自力成佛,淨土宗則主張經由阿彌陀佛之接引直登安養樂邦。天台宗之所以崇尚自修成佛是因為眾生的介爾一念心中具足三千世間,三千世間染淨並存、凡聖共處,也就是說正相反對的無明與法性相互依存,同時存在於眾生的一念心中,所謂「一念無明法性心」是也。「無明法法性,一心一切心,如彼昏睡;達無明即法性,一切心一心,如彼醒悟。」〔註28〕對於每一個修行者來講,其一念心中既有無明,也有法性,無明與法性的權衡取捨及其力量對比決定了眾生在十界之中的位次,也就是說眾生是成佛還是入魔完全取決於其對己心之中無明與法性兩種屬性的取捨與權衡。「無明與法性皆是主體意識活動的狀態」,「當無明佔優勢時,主體就處於迷中眾生;當法性佔優勢時,主體就趨向悟中之佛。無明即法性,表明主體蘊有轉迷成悟、轉染成淨的可能性;法性即無明,表明主體若不努力就會喪失自由。天台宗通過對一念無明法性心兩種既相互對立又相互依存的趨向的分析,表明世間的苦難與出世間的解脫皆取決於主體的自由選擇。」〔註29〕

與天台宗高揚人的主體意識不同,淨土宗認為眾生不僅無明闇重,而且業力縛鎖,這就決定了眾生不能憑其一己之力跳出輪迴,而應藉助他人之超拔、諸佛之救度,這才是明智之舉、易行之道。淨土宗之所以提倡依憑阿彌陀佛之接引往生極樂世界是因為在該宗看來自力有限而佛法無邊,因此,曇鸞、道綽、善導等淨土宗僧人一再宣明佛力救度的重要性。善導強調「一切善惡凡夫得生者,莫不皆乘阿彌陀佛大願業力為增上緣也。」〔註30〕曇鸞認為「願以力成,力以就願,願不徒然,力不虛設,力願相符,畢竟不差。」〔註31〕「凡是生彼淨土及彼菩薩、人、天所起諸行皆緣阿彌陀如來本願力故,何以言之?若非佛力,四十八願便是徒設。」〔註32〕總之,凡俗眾生若想憑藉一己之力超凡脫俗是不現實的,惟有依仗阿彌陀佛之救度才能速登極樂,而阿彌陀佛在因位時曾立誓願要濟度所有願生淨土之人,眾生正可乘此願力早登極樂。

〔註28〕 智顗:《摩訶止觀》卷五上,《大正藏》第46冊,第55頁下。
〔註29〕 王雷權釋譯:《摩訶止觀》,高雄:佛光山宗務委員會印行,1997年,第354～355頁。
〔註30〕 善導:《觀無量壽佛經疏》卷一,《大正藏》第37冊,第246頁中。
〔註31〕 曇鸞:《往生論注》卷下,《大正藏》第40冊,第840頁上。
〔註32〕 曇鸞:《往生論注》卷下,《大正藏》第40冊,第843頁下～844頁上。

　　台淨二宗在解脫方式上各有側重，前者主張自力成佛，後者則倡導他力接引。天台宗之所以主張自力成佛是因為該宗的性具理論決定了介爾一念之心具足三千諸法，行者若能去無明而就法性，則自性即是彌陀，唯心就是淨土。而淨土宗則強調因眾生力量薄弱，惟有阿彌陀佛之救度方能得償所願。台淨二宗在解脫方式上看似南轅北轍，沒有交會合流的可能性，實則不然。天台宗在力主自修自為之際，並不否認藉助佛力之加持以成其道。比如，智顗就曾指出「若約觀心修三觀時，必須懺悔請十方佛。若心志者，佛即加護，自然行成」〔註33〕，認為自修與他力之結合有事半而功倍之效，行者若「但信心益，不信外佛威加益，此墮自性癡」〔註34〕，若「一向信外佛加，不內心求益，此墮他性癡。」〔註35〕因此，在以觀心法門自我修行之際，亦當輔以懺悔、念佛等事儀，在自他兼顧、內外兼修的雙重進路下成就菩提道果。而淨土宗在宣說佛力接引的同時並不廢禪觀修行，《觀無量壽佛經》中的十六種觀法便是自行自修與他力救度相結合的典範。十六觀中的前十三觀注重自修自度，比如第一日想觀，修此觀是正坐西向，諦觀落日，令心堅住，專想不移。後三觀在強調佛力加持之際亦講自我修行，比如具足「一者，慈心不殺，具諸戒行，二者，讀誦大乘方等經典，三者，修行六念，迴向發願，願生彼國」〔註36〕功德者得上品上生。此類眾生命終之際西方聖眾亦前來接引。因此，眾生得脫苦海、往生西方固然是彌陀之願力使然，而其在極樂世界的實際身份及其所得果位則是由各自生前的業力決定的。淨土宗的這一理念表明該宗雖重他力超拔亦不廢自力自度。天台宗講自度不廢他度，淨土宗尚他度而不棄自度的自他相濟的原則是台淨合流的理論依據之一。

四、六即八位與三輩九品

　　在行證位次上，天台宗與淨土宗各有所述，前者提出了六即八位說，後者則有三輩九品之論。天台宗的六即八位是以六即佛位對圓教行位加以判釋。天台宗以藏、通、別、圓四教總攝如來一代時教，四教之中惟圓教究竟圓滿，可代天台宗，也就是說圓教就是天台宗，天台宗就是圓教。圓教之行位有八，分別是：一、五品弟子位，二、十信位，三、十住位，四、十行位，五、十迴向

〔註33〕智顗：《維摩經略疏》卷一，《大正藏》第 38 冊，第 574 頁上。
〔註34〕智顗：《法華玄義》卷七上，《大正藏》第 33 冊，第 763 頁中。
〔註35〕智顗：《法華玄義》卷七上，《大正藏》第 33 冊，第 763 頁中。
〔註36〕畺良耶舍譯：《觀無量壽佛經》，《大正藏》第 12 冊，第 344 頁下。

位，六、十地位，七、等覺位，八、妙覺位。將此行位與六即佛位相對應，即有六即八位之說。六即佛位乃理即佛位、名字即佛位、觀行即佛位、相似即佛位、分證即佛位以及究竟即佛位。理即佛者一切眾生皆有佛性也；名字即佛者聞說一色一香無非中道也；觀行即佛者依教修觀，證五品弟子位；相似即佛者解行相應，證十信位；分證即佛者破一分無明，證一分中道，自初住至等覺為其修證行位；究竟即佛者究竟圓滿，證妙覺位。

　　天台宗鼓勵行者通過觀心法門之修持提升其在十界之中的位次，遂有六即八位的修行位次圖譜，而淨土宗則強調行者今生之修為決定往生之層次，也就是說上品眾生獲上品行位，中品眾生獲中品行位，下品眾生自然收穫下品行位。上、中、下三品又各分上、中、下三個層次，即成三輩九品之論。台淨二宗的行證位次看似涇渭分明，無有關涉，實則都是對行者修行效果的認定，並且這一認定皆循由染而淨、由凡而聖步步向上、節節遞陞的原則。這就為台淨二宗在修行果位上的合流提供了可能，知禮與智圓皆以自宗的六即佛位詮釋淨土宗的修行階次，四明將六即佛說擬配淨土宗的三輩九品之論，提出了獨具融合特色的三位九品說。

　　綜上所述，天台宗與淨土宗在教義與觀法上有著顯著的差異，但是，台淨二宗畢竟同出一源，這就決定了它們在基本佛法上並無分歧。正因為台淨二宗各有建樹，卓然有別，中國佛教才桃李爭輝，異彩紛呈，這就為台淨合流創造了機遇，提供了平台；正因為台淨二宗一體同源，本質相侔，分屬不同陣營的佛教宗派才會愈走愈近，漸趨合流。一言以蔽之，台淨二宗在理論層面雖有諸多差異，彼此之間絕非參商相隔，而是異中有同，同中有異，既相互包容，又彼此滲透，這就為台淨二宗的合流奠定了理論基礎。

第二節　台淨合流的融合模式

　　天台宗與淨土宗的交會合流肇端於陳隋之際的智顗時代，北宋初年，知禮、遵式與智圓等人正式開啟台淨合流的歷史進程，經由知禮後學四明三家的承續，終在宗曉與志磐所處的南宋中晚期達到高潮。元明以降，台淨二宗交互前行，彼此之間的關係，較之於前朝有所變化與調整。在不同的歷史節點上，台淨之間的融合模式亦各有千秋，歸納起來，主要有藉淨助台、攝淨歸台、導台向淨、台淨互參以及攝台歸淨等五種融合模式。

藉淨助台模式是在雙修止觀之際藉淨土行門之助力以開顯諸法實相的融合模式，這一模式的踐行推進者乃是天台宗的實際創始人智顗。智顗既是佛國淨土的信仰者、思慕者，也是往生彌陀淨域的積極修行者。不僅如此，對於佛國淨土的分類、方位及其修證方法，智顗都有相關論述。他將佛國淨土分為凡聖同居土、方便有餘土、實報無障礙土以及常寂光土〔註37〕，而佛國淨土不在他方，乃在一念心中。基於性具理論，既然一念心具足三千性相，那麼，凡俗眾生所在的娑婆穢土與諸佛菩薩棲居的安養樂邦也就相即互具於一念心中。佛國淨土既在一念心中，唯心淨土、自性彌陀便是智顗淨土理念的必然結果。而四土「永寂如空，不可說示」，為濟世度人，故說四土。

至於修證方法，藉助於淨土行門以助益實相開顯者，智顗講說的止觀法門中主要有常坐三昧與常行三昧兩種。三昧乃梵文音譯，意為定或正定，強調排除雜念，專注一境，從而心氣平和，精神集中。常坐三昧又名一行三昧〔註38〕，

〔註37〕凡聖同居土乃六道眾生與三乘聖人同居之土，六道眾生鄙穢，為染為凡，三乘見真，為淨為聖。六道眾生又分四惡趣與人天二善，聖居眾生又有實聖與權聖之分。實聖者乃是聲聞四果、辟支佛、通教六地、別教十住、圓教十信後心，此類聖者「通惑雖斷，報身猶在」。權聖者包括方便有餘土三乘人、實報有餘土與常寂光土的法身大士及妙覺佛，此類聖者「受偏真法身」，為利有緣，願生同居。此就該土所居聖凡眾生而言，若就所居國土而論，又有染淨之別。四惡趣共住穢土，如娑婆世界；人天二善與權實二聖共住淨土，如西方極樂世界。染淨凡聖同居土乃智顗依《思益經》所言而立。方便有餘土為二乘及菩薩證方便道者所居之土。此類眾生雖修空、假二觀，斷盡通惑，故名「方便」；但別惑、無明未斷，受法性身，存變易生死，故名「有餘」。此土乃智顗依《大智度論》和《法華經》而立。實報無障礙土又名真實果報土，「實報」者乃是「以觀實相，發真無漏」所得之果報；「無障礙」者乃謂「一世界攝一切世界，一切世界亦如是。」此為別教初地以上、圓教初住以上法身菩薩所居之土。此土眾生破無明、顯法性、觀實諦，得真實果報，但無明尚未斷盡，潤無漏業，受法性報身。此土是智顗依《仁王般若經》《法華經》《華嚴經》《大智度論》《攝大乘論》等經論而說。至於常寂光土，又名法性土，妙覺極智佛一人所居。此土是智顗依《仁王般若經》《普賢觀經》所立。

〔註38〕常坐三昧的修行方法是：「端坐正念，蠲除惡覺，捨諸亂想，莫雜思維，不取相貌，但專繫緣法界，一念法界。繫緣是止，一念是觀。」（智顗：《摩訶止觀》卷二上，《大正藏》第46冊，第11頁中。）強調身形端坐而心意專注。「端坐」相當於「止」，「正念」相當於「觀」，「觀」者理觀也。「理觀的核心就是證得法界實相，故知眾生與一切諸佛平等無二，無差別相，念一佛而見一切佛。」（潘桂明，吳忠偉：《中國天台宗通史》，南京：江蘇古籍出版社，2001年，第204～205頁。）正因為「一切法皆是佛法，無前無後，無復際畔，無知者，無說者」（智顗：《摩訶止觀》卷二上，《大正藏》第46冊，第11頁中。），如是等一切法才能與法界無二無別。

其特點是身形端正，心意專注於法界，以實相念佛與唯心念佛為其主要特色。常行三昧又名般舟三昧〔註39〕。般舟三昧乃梵文音譯，漢譯為諸佛現前三昧、佛立三昧。這一法門注重持名念佛與觀想念佛，以阿彌陀佛作為持名念佛的主要內容。行、坐兩種三昧與淨土宗倡導的念佛三昧並無二致。此外，智顗制定的懺儀懺法中亦將觀像念佛與持名念佛相結合，所謂口稱阿彌陀佛之名號，意觀阿彌陀佛之相好光明。

　　作為天台宗的實際創始人，智顗兼收並蓄，博採眾長，其對淨土宗念佛三昧的融攝便是一例。他以染淨四土指分佛國淨土，而四土「永寂如空」，自性即是彌陀，唯心就是淨土。他將淨土宗的行持法門融攝於自宗的修行體系之中，構築起天台宗博大而圓融的止觀體系。他依據性具理論融貫佛國淨土、藉助淨土行門開顯諸法實相，這種藉淨助台的融合模式從源頭上奠定了台淨合流的基調，即天台宗為主而淨土宗為次。換言之台淨二宗的融合是基於天台宗的本位立場有選擇有目的地擷取淨土宗的相關義理為天台宗的理論建設與宗教修行服務。藉淨助台是智顗關於台淨關係的根本性洞見，由此洞見才有後來的台淨合流。智顗是天台宗的創始人而非台淨合流的啟幕者，但他在創宗立派的過程中吸納淨土宗的相關理論確是不諍的事實，其藉淨助台以啟實相的做法實際上蘊含著台淨融通的因子，為兩宋時期天台宗僧人倡導與推動台淨合

〔註39〕常行三昧這一法門出自《般舟三昧經》，《般舟三昧經》又名《佛立三昧經》。「佛立」有三義：「一、佛威力，二、三昧力，三、行者本功德力。能於定中見十方現在佛在其前立，如明眼人清夜觀星，見十方佛亦如是多，故名佛立三昧。」（智顗：《摩訶止觀》卷二上，《大正藏》第46冊，第12頁上。）修行此種三昧可使十方諸佛皆立於其前，如同視力好的人夜晚看到星星一樣。而能見到十方諸佛的關鍵則有賴於佛的威力與行者的功德力，換言之修常行三昧而能見佛是佛之外力與行者之內力共同作用的結果。至於具體的修行方法要做到持名念佛與觀像念佛，「口常唱阿彌陀佛名，無休息」（智顗：《摩訶止觀》卷二上，《大正藏》第46冊，第12頁中。），此即持名念佛；「心常念阿彌陀佛，無休息」（智顗：《摩訶止觀》卷二上，《大正藏》第46冊，第12頁中。），此即觀想念佛。於修常行三昧者而言，觀想念佛與持名念佛須等同待之，「或唱念俱運，或先念後唱，或先唱後念」（智顗：《摩訶止觀》卷二上，《大正藏》第46冊，第12頁中。），正所謂「步步、聲聲、念念唯在阿彌陀佛。」（智顗：《摩訶止觀》卷二上，《大正藏》第46冊，第12頁中。）自智者以來，稱念佛號以求生淨域成為天台宗的一大傳統，天台宗寺院甚至專門建立了淨土院。元和初年永州龍興寺重修淨土院，大文豪柳宗元為作《永州龍興寺修淨土院記》一文。龍興寺奉天台教觀，為台宗寺院，可知李唐一朝天台宗僧人就較為普遍地持修淨業了。

流提供了參考，指示了方向。從這個意義上來講，智顗確是台淨合流的肇始人物，其倡導的藉淨助台模式是台淨二宗交會融通的首要模式。

一、攝淨歸台模式

攝淨歸台模式是基於天台宗的本位立場，以該宗的性具理論與觀心法門為依據對淨土宗的教義及其念佛方法加以和會的融合樣態。台淨之間，以台為主，以淨為次。四明知禮、慈雲遵式與孤山智圓是這一模式的主要倡導者。

論及台淨合流，作為這一歷史事件正式開啟者的知禮、遵式、智圓等天台宗僧人首先需要面對與回應的便是淨土宗的判教問題。淨土宗到底是小教權乘還是大乘了義之法？針對僧俗兩界視淨土之教為小教權乘的觀點，知禮、遵式等人認為可就權實不二的角度來看待這一問題。「言極樂之界，蓋覺皇示權者，經論既以淨土之教為勝方便，驗知是如來善巧權用也」〔註40〕，淨土教確是佛陀為度脫眾生施設的權宜方便，然而，「權名不局，實理亦通」〔註41〕，彌陀極樂之土、釋迦往生之門不過是「善巧之權方」，三千諸法、淨域穢邦皆在介爾一念心中，由心發明。三千諸法、淨域穢邦既在介爾一念心中，淨土之教「即與《法華》微妙方便無二無別。」〔註42〕淨土之權巧方便既然與《法華》之微妙方便一般無二，皈依淨土又何愁不能證悟實相？證悟實相也即往生淨土，往生淨土亦即證入涅槃。就此而言，淨土教與天台宗皆為大乘了義教法。知禮等人以性具理論為依託為淨土宗決疑正名，在判別、論證其身份之際，更是基於天台宗的立場來看待西方極樂世界，唯心淨土、自性彌陀是他們在佛國淨土問題上的必然結論。

而要真正實現台淨合流，在知禮看來，須以一心三觀為舟航，以性具實相論為依據來彌合二者之間的分歧與殊異，其對淨土宗經典《觀經》的注疏《觀經融心解》《觀經疏妙宗鈔》等典籍就是以台解淨的典範。他以自宗的約心觀佛、唯心淨土、蛣蜣六即等理念來詮釋淨土宗的十六觀法、西方淨土、三輩九品等主張，頗具和會二宗、融貫台淨的特色。比如，知禮就認為《觀經》中所述之十六觀緣彼極樂世界之依正莊嚴而應修之以一心三觀。知禮說：「觀者，總舉能觀，即十六觀也。無量壽佛者，舉所觀要，攝十五境也。且置能說，略明所說。能觀皆是一心三觀，所觀皆是三諦一境。……是故今觀若依若正，乃

〔註40〕宗曉：《四明尊者教行錄》卷五，《大正藏》第 46 冊，第 899 頁上。
〔註41〕宗曉：《四明尊者教行錄》卷五，《大正藏》第 46 冊，第 899 頁上。
〔註42〕宗曉：《四明尊者教行錄》卷五，《大正藏》第 46 冊，第 899 頁上。

法界心觀法界境，生於法界依正色心，是則名為唯依唯正、唯色唯心、唯觀唯境。故釋觀字，用一心三觀；釋無量壽，用一體三身。體、宗、力用，義並從圓，判教屬頓。」〔註43〕按照五重玄義的釋經體例，知禮認為淨土宗三經之一的《觀無量壽經》無論是從釋名、顯體、明宗而言抑或是就論用、判教而論皆屬圓頓，其十六觀法皆以一心三觀而為修證，也就是說要以圓教的一心三觀作為觀想之法來觀照《觀經》中所述的十六種觀境。知禮通過一心三觀將台淨二宗的觀法銜接溝通起來，為實修實證提供了理論支撐。四明又將自宗的修行位次與淨土宗的修行階位相比配，提出了三位九品說。至於佛國淨土的問題，知禮秉承智者大師性具唯心淨土的理念，認為西方極樂淨土是方便權說，通過一心三觀所證之自性彌陀方是實說，由此西方佛國便在介爾一念心中。可見，知禮對淨土宗的融貫是以自宗的性具理論與觀心法門為基點展開的，以台攝淨、攝淨歸台不僅是知禮和會台淨二宗的基本原則，也是台淨合流的基本模式。

知禮的師弟慈雲遵式亦以攝淨歸台作為台淨合流的基本模式，他的《往生淨土懺願儀》「就是以天台教觀相攝的懺儀架構為主體，再將淨土思想導入其中。」〔註44〕《懺願儀》中的坐禪之法就是「以淨土往生觀導入天台一心三觀的融合觀行。」〔註45〕坐禪法有普觀與直觀兩種，普觀法的要領是行者自想生在佛國淨土，因應耳目之所見所聞作與之相應的觀想。直觀法則是直接觀想阿彌陀佛之形象。先對阿彌陀佛之莊嚴色身作觀想，然後再對觀想阿彌陀佛莊嚴色身所形成的對象作進一步觀想，從而了悟因緣無實、性空象有的真諦。因緣而起，即無自性，無自性故空；既已緣起，即為象有，象有非真，故假；既認識空，又把握假，即中。而三千諸法皆在介爾一念心中，若能經由一心三觀證得諸法實相，便能成就念佛三昧。直觀法中直想阿彌陀佛之形象屬於觀想念佛，而在觀想念佛基礎上的再觀想則為實相念佛。遵式的實相念佛以一心三觀為理論指導，將淨土宗的念佛法門與自宗的觀心法門融貫起來，從懺儀懺法的角度為台淨合流開闢了一條新路。

和知禮、遵式一樣，孤山智圓亦以攝淨入台的姿態來融通台淨二宗。與知禮以五重玄義的法則詮釋《觀經》一樣，智圓亦以此法來解讀淨土宗經典《佛說阿彌陀經》，認為「方等實相為經正體」〔註46〕，而實相之體多諸名字，彌

〔註43〕知禮：《佛說觀無量壽佛經疏妙宗鈔》卷一，《大正藏》第 37 冊，第 195 頁上中。
〔註44〕聖凱：《慈雲遵式的懺法實踐與思想》，http://blog.sina.com.cn/puyinbuddhist。
〔註45〕聖凱：《慈雲遵式的懺法實踐與思想》，http://blog.sina.com.cn/puyinbuddhist。
〔註46〕智圓：《佛說阿彌陀經疏》，《大正藏》第 37 冊，第 352 頁上。

陀佛號實為實相之異稱。彌陀佛號既為實相之異稱，執持阿彌陀佛之名號便是執持實相。他以心具理論看待西方淨土，認為淨穢國土、凡聖眾生皆為一心所造，若就心性之體而言，除心而外，別無其他。他以實相念佛與持名念佛作為「復本而達性」〔註47〕的方式方法，又以智顗創設的六即佛說解釋《彌陀經》，把對該經的信、願、行分別視作理即佛、名字即佛、觀行即佛。一旦抵達佛國淨土，即得相似即佛位。相似即佛並非究竟成佛，因應修證階位的不同可得相應佛果，此之謂分證即佛。及至由等覺而入妙覺，則名究竟即佛。總之，惟有通過精進不已的修行才能復歸唯心無境的明靜狀態。

　　知禮、遵式與智圓是北宋初期天台宗發展史上舉足輕重的三位大家，知禮與智圓雖分屬山家山外，對自宗相關問題的理解雖有分歧與爭論，但在天台宗與淨土宗的合流問題上，二人的觀點不謀而合，皆主張基於天台宗的本位立場來融攝淨土宗的相關理論，即以自宗的性具理論與觀心法門對淨土宗的教理教觀加以詮釋與融通。而遵式對台淨合流路向及其模式的理解與之如出一轍，並無二致。攝淨歸台模式是對智者大師藉淨助台模式的承續與發展，台淨之間的主次關係一以貫之，孰輕孰重自不待言。

二、導台向淨模式

　　導台向淨模式是台淨合流發展至第三階段的融合模式，由知禮後學四明三家及其門人弟子共同推出。這一模式以台淨二宗觀行法門的此消彼長為主要特點，隨著淨土宗念佛法門尤其是持名念佛這一修行方法的大行其道，天台宗的觀法漸趨旁落，智顗、知禮時代台淨互動關係中天台宗的主導性地位在台淨二宗進一步合流的歷史進程中逐漸式微，淨土宗行持法門的殊勝性與優越性日益彰顯，四明三家在接續知禮法席、推進台淨合流之際，多以淨土宗的念佛法門為依歸，台淨融合模式也由早期的藉淨助台、攝淨歸台一變而為導台向淨。

　　本如一系門人多思慕西方，願生淨土，本如自己就是虔誠的淨土信仰者，其弟子櫔庵有嚴「專事淨業，以安養為故鄉。」〔註48〕對於去往安養樂邦的路徑，有嚴認為有事修與理修兩種選擇，理事二修又以事修為上佳之選。「內憑願力，外仗佛威，一剎那間便到七寶蓮花池。」〔註49〕在有嚴看來，信、願、

〔註47〕智圓：《佛說阿彌陀經疏》，《大正藏》第 37 冊，第 350 頁下。
〔註48〕志磬：《佛祖統紀》卷十三，《大正藏》第 49 冊，第 218 頁中。
〔註49〕宗曉：《樂邦文類》卷二，《大正藏》第 47 冊，第 182 頁上。

行是通往彌陀淨域的必要保證，對於中下根器的眾生而言，生起信心、願生淨土、持名念佛至關重要。而上根眾生當修無相行，無相行與「內憑願力，外仗佛威」的有相行，也即理事二修本是相輔相成的。有嚴重事修而輕理修的傾向與知禮理事兼修的主張並不一致，可視作對知禮所倡導的台淨合流路向的一種偏離。

德藏擇瑛是本如門下第三世孫，他也是彌陀淨域的虔誠信仰者。在擇瑛看來，成佛之路有橫出與豎出兩條，豎出實難而橫出較易。橫出又有專修與雜修之別，「專修者，身須專禮阿彌陀佛，不雜餘禮；口須專稱阿彌陀佛，不稱餘號，不誦餘經咒；意須專想阿彌陀佛，不修餘觀。」〔註50〕也就是說一心專禮阿彌陀佛，口專稱彌陀佛號，意專想彌陀佛像，心、口、意相合，即能得生淨土佛國。而雜修淨土者，因修行散漫，效果大打折扣，百千人中得生淨域者不過三五人而已。因此，通過與天台宗觀心法門一一比對之後，擇瑛認為應「直觀事境而取往生」，即通過對彌陀佛像的至誠觀想實現聖境現前的修行目標。擇瑛觀事而行的主張偏離了知禮理事兼修的原初構想，其對淨土宗念佛法門的提倡無疑會將台淨合流導入重他宗而輕自宗的融合路向。

作為本如門下六世孫的澤山與咸力主以理事兼修的方式方法導引眾生去往極樂世界。對於解了第一義者，當以真淨之心求生淨土；對於中下根機的眾生而言，當於事相上用心，經由精進不已的持戒修善之舉，必能登臨佛國淨域。因應眾生根器之差異，修行法門的擇取也各不相同。與咸對理事兼修的強調可視作對知禮學說的復歸，亦可視作其對有嚴、擇瑛等人以淨土宗念佛法門替代自宗觀心法門的一種批評。只是隨著時代的演進，以無生平等之理為觀照對象的理觀修行並不適合文化素養並不很高的普通民眾的宗教需求。台淨合流進程中觀照對象由觀心轉向觀佛也是勢所難免，導台向淨模式因此而形成。

尚賢乃知禮座下上首弟子，其門人亦多企慕極樂淨土，常以持名念佛與彌陀懺法之修行作為往生安養的舟航。比如，鑒文「日課佛祖號千聲，夜禮千拜」〔註51〕；繼忠亦以行懺與念佛並重齊修；惟湛在講說天台教觀之際亦不廢彌陀懺法之修行。鑒文傳法於明智中立，中立一方面致力於止觀講習，一方面用心於淨土修行。受中立之影響，其弟子覺先以持名念佛作為行持法門，介然亦以念佛三昧作為往生之要徑。又造十六觀堂，以使「修觀之士有

〔註50〕宗曉：《樂邦文類》卷四，《大正藏》第 47 冊，第 210 頁上中。
〔註51〕志磐：《佛祖統紀》卷十三，《大正藏》第 49 冊，第 217 頁上。

所依託」。繼忠的三傳弟子道琛在專修念佛三昧之際亦以慧解見長，提出了別具一格的唯心淨土觀：「唯心、淨土一而已矣，良由彌陀悟我心之寶剎，我心具彌陀之樂邦，雖遠而近，不離一念；雖近而遠，過十萬億剎。譬如青天皓月，影臨眾水，水不上升，月不下降，水月一際，自然映照。」〔註52〕彌陀淨土與唯心淨土如同水月關係彼此映照，互融為一。道琛並不否認西方淨土的實在性，認為一心之中能具此土，這與祖師前賢倡導的性具唯心淨土頗不相同。尚賢一系雖能踐行台淨合流的發展路向，卻未能完整而圓滿地將知禮以台攝淨的融合模式繼承下來，「淨土法門及各種懺法的實踐已愈趨明顯地表現出取代止觀修持的傾向。」〔註53〕

四明三家之中，梵臻入知禮門庭最晚，受教亦淺，其對天台教說的信仰程度與理解深度相對要薄弱一些。也許正因為如此，梵臻一系的僧人對自宗教義不滿者有之，對祖師文章筆削者有之，與宗門僧人頻繁互動、仿其道而行者亦有之。當然，梵臻門下亦不乏願生淨土、專修念佛之人。慧覺齊玉是梵臻的再傳弟子，他興建蓮社，領眾修淨業；竹庵可觀則倡導唯心念佛：「須知西方念佛三昧甚易修行，只在日用一心不亂，繫念彼佛，彼佛願力，自念佛力，任運相應。」〔註54〕可觀所謂的念佛三昧是要在日用之中一心念佛，此佛乃心中之佛。這與知禮的念佛主張並不相侔，說明「天台宗的淨土論已從性具論意義上的淨土轉向唯心論意義上的淨土。」〔註55〕梵臻的四傳弟子雪溪睎顏晚年棄天台教觀，專事念佛；法宗則以懺法之修行作為往生極樂之要徑，並「建淨土道場，刻西方三像，爇五指供佛。每月集四十八人同修淨業，名卿賢士多預其會。」〔註56〕梵臻一系的僧人對禪宗義理與淨土宗念佛法門頗多興趣，專事念佛者亦多傾心於淨土宗講說的念佛法門，天台宗的觀法連同教義逐漸為這一系的僧人棄之不顧。

「南屏晚見法智，其所立義有時而違」〔註57〕，誠如志磐對梵臻的評價，南屏一系自梵臻以來即未能完全沿著知禮的學說路線前進。不僅南屏一系如

〔註52〕 志磐：《佛祖統紀》卷十六，《大正藏》第 49 冊，第 230 頁下。
〔註53〕 董平：《天台宗研究》，上海：上海古籍出版社，2002 年，第 305 頁。
〔註54〕 宗曉：《樂邦文類》卷四，《大正藏》第 47 冊，第 208 頁中。
〔註55〕 潘桂明、吳忠偉：《中國天台宗通史》，南京：江蘇古籍出版社，2001 年，第 608 頁。
〔註56〕 志磐：《佛祖統紀》卷十三，《大正藏》第 49 冊，第 219 頁下。
〔註57〕 志磐：《佛祖統紀》卷十四，《大正藏》第 49 冊，第 219 頁上。

此，本如與尚賢兩家在秉持知禮台淨合流方針之際亦未能很好地繼承四明的原初構想與既定規劃。四明三家在宗教實踐上多以淨土宗的念佛法門作為自度度人的法寶，而將自宗的觀法體系束之高閣，對知禮以自宗觀心法門統攝淨土宗念佛三昧的融合模式亦多視而不見。而在淨土問題的把握上，亦不似知禮等人以權實相平衡，而是就唯心與淨土的相即關係加以討論。台淨之間的融合模式亦隨之而發生變轉，導台向淨模式形成。

三、台淨互參模式

台淨互參模式是教歸天台、行歸淨土的融合模式，天台宗的教法與淨土宗的行門平分秋色，互參交融。台淨合流進程中兩個宗派的地位發生根本性轉變，智顗、知禮時代天台宗的絕對主導性地位在四明三家及其弟子手中受到較大程度的弱化，天台宗對淨土宗的解釋權尤其是天台宗觀心法門對淨土宗念佛法門的解釋權逐漸旁落，代之以簡便易行的念佛三昧，尤其是持名念佛。合流進程中台淨二宗主次地位的此消彼長必然帶來融合模式的變更，教宗天台、行歸淨土格局的形成是佛學發展的邏輯必然。

及至宗曉、志磐生活的南宋中晚期，台淨合流發展至二宗互參階段。宗曉「用天台教理統攝淨土，最終完成台淨的合流。」〔註58〕宗曉不僅為淨土宗設立祖師，認許其為一教派，而且判分其為實教。宗曉以《法華經》為依據指出釋迦牟尼與阿彌陀佛既然皆因過去世同聽《法華》而各自成佛，那麼，釋迦牟尼於《法華經》中提倡的會三歸一的教理與阿彌陀佛的淨土宣教在本質上並無不同，如此一來，西方極樂淨土也就是「稱性實言」。不過，「稱性實言」的極樂淨土，宗曉是從性具層面給出的：「實際理地不少一塵，佛事門中不立一法。何則？由實際理具一切法，豈少一塵乎？由佛事門離一切相，豈存一法乎？如此則方見理事一如，空有不二矣。」〔註59〕至於往生安養樂邦的修行方法，宗曉收集編撰的淨土文獻《樂邦文類》《樂邦遺稿》中主要有約心觀佛、修定習觀、持名念佛、觀想念佛以及修懺往生、持咒往生等幾類。

志磐乃山家後學，對於天台宗與淨土宗的合流，他主張理事兼修，理觀與事儀皆能導引眾生轉凡成聖，解脫成佛。「然則若定若散，若智若愚，無一機

〔註58〕潘桂明，吳忠偉：《中國天台宗通史》，南京：江蘇古籍出版社，2001 年，第 610 頁。

〔註59〕宗曉：《樂邦遺稿》卷下，《大正藏》第 47 冊，第 241 頁上中。

之或遺，雖登台之有金銀，入品之有上下，至於趣無生而階不退，則一概云耳。悠悠末代，憑願行而升安養，自廬山而來，傳往生者才三百人，意邈方外域不及知者，奚若河沙之多。是知此方學佛道者，機疏障重，未聞有成，而獨於念佛之法，無問僧俗，皆足以取一生之證，信矣哉！」〔註60〕畢竟眾生根機有別，更何況末代眾生原本「機疏障重」，因理觀而證悟佛法這條路徑顯然不適合於他們，「由五濁以登九品者，唯念佛三昧之道為能爾。」〔註61〕理觀與事儀固然皆能引人入勝、導人成佛，但在志磐所處的時代，隨著淨土社會的形成，越來越多的普通民眾加入到淨土修行中來。對於此類眾生而言，度脫他們往生極樂的上佳之選並非天台宗的一心三觀，而是淨土宗的念佛法門。

儘管宗曉與志磐都努力用自宗的教理教觀來統攝淨土宗，但時移世易，在他們生活的年代，智者大師倡導的止觀雙修以及知禮以自宗的觀心法門融攝淨土宗念佛法門的修行模式因曲高和寡而逐漸為淨土宗的念佛三昧取而代之，教宗天台、行歸淨土的互參模式因此形成。天台宗教觀體系半壁江山的淪喪固然是其修行理論不合時宜、不容於世的必然結果，也是天台宗僧人因應現實做出的當然之選。

攝台歸淨模式與攝淨歸台模式正相反對，是要以淨土宗的念佛法門來統攝天台教觀。元明以來，天台義學不振，持續衰微，雖有幽溪傳燈復興天台宗之舉，但隨著晚明佛教叢林對淨土信仰的全面皈依，教門天台還是身不由己地歸向淨土宗，攝教歸淨格局最終形成。

早在優曇普度〔註62〕（1255～1330）生活的元代，攝教歸淨模式已初露端倪。作為元代白蓮宗的代表人物，作為慈照子元的忠實追隨者，普度認為淨土

〔註60〕 志磐：《佛祖統紀》卷二十六，《大正藏》第49冊，第261頁上。
〔註61〕 志磐：《佛祖統紀》卷一，《大正藏》第49冊，第130頁中。
〔註62〕 關於普度的生平，《蓮宗寶鑑》序文中有如是記載：「優曇和尚，浙之丹陽蔣氏，家世事佛，積善生而敏銳，弱冠則厭俗緣，投簪剃髮。初參龍華寶山慧禪師，一見器之，誠其歷叩諸老之門，琢磨淘汰，達心淨土，見性彌陀，深惜祖道湮微，述集念佛警要，目之曰《蓮宗寶鑑》。」（普度：《廬山蓮宗寶鑑》卷一，《大正藏》第47冊，第303頁下。）可知普度以淨業之修持為一生之歸趣，為振興祖道，他探賾先賢念佛要言，編成《蓮宗寶鑑》十卷。每一卷皆以「正」字命名，卷一為念佛正因卷，卷二為念佛正教卷，卷三為念佛正宗卷，卷四為念佛正派卷，卷五為念佛正信卷，卷六為念佛正行卷，卷七為念佛正願卷，卷八為念佛往生正訣卷，卷九為念佛正報卷，卷十為念佛正論卷。普度以「正」字冠於每卷之首，除了以正法振作「湮微」之祖道白蓮教外，還表明淨土宗之念佛法門為佛法之正道，禪教諸宗實可會歸於這一「真宗」之中。

宗不僅優勝於台、禪諸宗，而且統攝權實諸教，乃名副其實之「真宗」〔註63〕。淨土宗不僅有掙脫天台宗影響之態勢，更有統攝整個佛教之雄心。只可惜普度對白蓮宗之中興如曇花一現，旋即歸於沈寂。

　　普度以淨土宗念佛法門統攝諸教的理念以及淨土宗的一度中興表明天台宗對淨土宗的影響力日趨衰退，以淨統台的格局呼之欲出。朱明一朝，經由幽溪傳燈〔註64〕（1554～1628）的努力，天台義學呈現復興跡象。但終究不敵諸宗會歸淨土宗的大勢所趨，攝教歸淨模式最終在藕益智旭〔註65〕（1599～

〔註63〕普度對蓮宗之為「真宗」的論證如下：首先，他並不贊同宗、教之爭：「束教者不知佛之微旨妙在乎言外，諸禪者不諒佛之所詮概見乎教內。」（普度：《盧山蓮宗寶鑒》卷三，《大正藏》第47冊，第317頁上。）在普度看來，以天台宗、禪宗為代表的教禪之爭，其實是各守一偏，各執一端。天台宗偏執於言教，禪宗固守於妙悟，台禪二宗這種抱殘守缺的做法並不符合佛陀教旨。而淨土宗以念佛三昧攝一切人，其「念佛之法，有實有權，有頓有漸，皆以顯如來所證之實理，廓眾生自性之本源。」（普度：《盧山蓮宗寶鑒》卷三，《大正藏》第47冊，第317頁中。）普度說：「佛者心也，念佛念心，心心不二。心既不二，佛佛皆然。一念貫通，無前後際。三際俱斷，是真道場；塵塵顯示，剎剎全影，是謂入於如來正遍知海，具足如來一切種智，念佛之旨大略如斯。」（普度：《盧山蓮宗寶鑒》卷三，《大正藏》第47冊，第317頁中。）在普度，「心為萬法之宗」，以念佛三昧為舟航，何慮彌陀淨域不至，何愁無生法忍不得？況且「功高易進者唯念佛一門」，有鑑於此，「天台智者大師乃示三觀證乎一心，總綰三乘之要行，普收五性之機，宜直付觀行之真財，悟入如來之知見。」（普度：《盧山蓮宗寶鑒》卷三，《大正藏》第47冊，第317頁下。）天台智顗之所以以觀心法門統攝念佛三昧即在於念佛有凝神移性之功效，積習累修能至如來境地。「故知念佛之要旨由《觀經》為標指也。……此之念佛三昧法門權實頓漸折攝，悟迷圓攝，一切會歸真宗。」（普度：《盧山蓮宗寶鑒》卷三，《大正藏》第47冊，第317頁下。）「真宗」者淨土宗也，此宗超拔於禪教之上，實為佛法正宗。

〔註64〕傳燈，俗姓葉，字無盡，別號有門，浙江衢州人。傳燈早年習染儒學，因讀佛典，得悟人生無常，遂落髮出家，從真覺習天台教觀。萬曆十四年（1586），傳燈入天台山幽溪高明寺，弘揚天台學說，並經多方努力，重建幽溪道場，振興天台祖庭。又建不瞬堂，堂中供奉西方三聖像，以修淨業。傳燈自萬曆十三年（1585）開講《法華經》於四明阿育王寺至天啟五年（1625）歸老天台山，前後四十二年間「年有重席，歲無虛筵」，弘法於蘇杭台湖各地。崇禎元年（1628）入滅，為中興天台之三十祖。傳燈博通內典，著述頗豐，六卷本的《性善惡論》與一卷本的《淨土生無生論》為其代表作。前者著重闡發了天台性具善惡思想，後者則以天台宗的性具理論對淨土宗加以詮釋。《淨土生無生論》是明代倡導台淨合流的重要典籍。

〔註65〕智旭，俗姓鍾，字際明，自號藕益、八不道人等，蘇州木瀆人。二十四歲依德清弟子雪嶺出家，三十二歲擬疏《梵網經》，不知以何宗解之，遂作四鬮問佛：一曰宗賢首，二曰宗天台，三曰宗慈恩，四曰自立宗。頻拈頻得天台宗鬮，於

1655）手中形成。

作為天台門人，傳燈承續智者大師的性具理念，提出淨土往生即無生〔註66〕的觀點，主張性具唯心淨土。在修持法門的擇取上仍與前代之尊宿一脈相承，即主張以稱名念佛與觀想念佛為念佛正行。不論是稱名念佛抑或是觀想念佛皆有理事二修〔註67〕。傳燈的性具唯心淨土觀以及以持名念佛與觀想念佛並

是究心天台。智旭早年學無常師，於禪律諸宗皆有所涉獵，惟對天台宗鍾情不已，以天台私淑弟子自稱。因有感於佛門衰頹，欲以天台一教力挽狂瀾，救佛教於倒懸。智旭在《靈峰宗論·示如母》一文中寫道：「予二十三歲即苦志參禪，今輒自稱私淑天台者，深痛我禪門之病，非天台宗不能救耳。」（智旭：《靈峰宗論》，明學主編：《藕益大師全集》第八冊，成都：巴蜀書社，2020年，第136頁。）藕益之所以如此看重天台宗，歸根究底，原因不外乎「教觀之道不明，天下無真釋；如學思之致不講，天下無真儒也。」（智旭：《靈峰宗論》，明學主編：《藕益大師全集》第八冊，成都：巴蜀書社，2020年，第398頁。）崇禎九年（1636）三月，智旭主理九華山華嚴寺，後移錫溫州、湖州、漳州等地。清順治十二年（1655）一月二十一日示寂。

〔註66〕傳燈對淨土往生即無生主張的論述如下：在《淨土生無生論》中，傳燈寫道：「一真法性中，具足十法界，依正本融通，生佛非殊致。」（傳燈：《淨土生無生論》，《大正藏》第47冊，第381頁中。）正因為一真法性理具十法界，而一真法性又是眾生本有之心性，由此不僅心土相即，心佛亦是不二。「十萬億遠之佛土，居於凡夫介爾之心，即心是土，即土是心」（傳燈：《淨土生無生論》，《大正藏》第47冊，第382頁中。）正因為一念心本具三千，則十萬億佛土亦在介爾之心中，由此吾介爾之一念心即為諸法圓融之法界體，是以「西方極樂世界，乃吾心之一土耳，娑婆世界亦吾心之一土耳。約土而言，有十萬億彼此之異，約心而觀，原無遠近。」（傳燈：《淨土生無生論》，《大正藏》第47冊，第383頁下。）正因為三千境界涵攝於一念之心，故佛土、佛身、因法、果法、正法、依法，皆由我心之一念而圓成。以此不可思議之一念念佛，則彌陀樂邦即在目前，往生淨土實即無生。換言之極樂淨域不是他土，實為自心淨土；西方彌陀非是他佛，實為自心本具。總之，在傳燈，「惟極樂世界念佛一門為究竟，言言闡淨土之唯心，句句演彌陀之本性。悟此者，達生心與佛心平等，心土與佛土無差；修此者，獲妙觀與妙境相符，自力與他力兼濟。」（成時節要：《淨土十要》卷九，《卍續藏經》第108冊，第858頁下。）傳燈以天台性具理論為依託推演出心土相即、心佛不二的主張。這一主張「既具有當下同一又具有當下超越的特徵，因此在淨土修行論上為淨土念佛、淨土往生思想提供了極為簡易的可實踐性。」（陳永革：《從智慧到信仰：論晚明淨土佛教的思想轉向》，《浙江學刊》，1998年第2期。）

〔註67〕以觀想念佛為例，傳燈指出：「作此想者，亦有事理，事則以心繫佛，以佛繫心」（成時節要：《淨土十要》卷九，《卍續藏經》第108冊，第861頁上。），次第觀照阿彌陀佛之丈六金身；理一心者則是對諸佛如來之法界身加以觀照，以此念佛時「是心作佛」、「是心是佛」。「此義具明微妙三觀，如《觀經疏妙宗鈔》中說。」（成時節要：《淨土十要》卷九，《卍續藏經》第108冊，第861

重而進的修行法門是對智顗、知禮等祖師先賢學說的繼承與發揚。經由傳燈的努力，沈寂良久、處在疲敝頹勢狀態中的天台宗佛學一度得以中興。然而，及至傳燈所處的晚明時代，隨著彌陀淨土信仰的深入人心，佛教叢林已然「走向對佛教淨土信仰的全面皈依。」〔註68〕儘管傳燈以天台宗的立場詮釋西方淨土，表現出天台宗對淨土宗的主導優勢，然而，晚明佛教還是不可避免地呈現出攝教歸淨的傾向。淨土宗以其簡便易行的特點以及宗教性、信仰性的特徵贏得明末佛教叢林的全面皈依，自此佛教修持方法的有效性不再是一個理論問題，而是一個實踐修行的信仰問題，中國佛教也由早期對佛法智慧的追尋體證走向對佛國世界的虔誠信仰。〔註69〕

　　曾以天台私淑弟子自稱的藕益智旭雖然對天台宗鍾情不已，推崇有加，卻主張攝教歸淨，即融會諸宗攝歸於淨土宗。藕益認為禪為佛心，教為佛語，律為佛行，提倡戒、定、慧三學一體，統歸一念〔註70〕；又強調超脫生死之捷徑莫過於淨土一門，往生淨土之良方莫過於念佛一法。念佛法門之中又以約信觀

頁上。）「然此二種正行，當相須而進。凡行住睡臥時，則一心稱名；凡趺坐時，則心心作觀。行倦則趺坐以觀佛，坐出則經行以稱名。苟於四威儀中修之不間，往生西方必矣。」（成時節要：《淨土十要》卷九，《卍續藏經》第108冊，第861頁上下。）在修證方法上，傳燈注重持名念佛與觀想念佛的相須並重，其理事兼修的修持方法一方面表明作為天台傳人的幽溪並未放棄自宗的止觀法門，強調以自宗的一心三觀對彌陀淨土之依正莊嚴加以觀照，即如知禮所倡導的一樣主張約心觀佛；另一方面又注重持名念佛對觀想念佛、約心念佛的互補作用。而對於那些障深業重又想往生淨域的眾生而言，務須以正念修心，信願持名，若能如此，「自然心開，見十方佛，一切淨土，隨願往生。」（傳燈：《淨土生無生論》，《大正藏》第47冊，第383頁下。）

〔註68〕陳永革：《從智慧到信仰：論晚明淨土佛教的思想轉向》，《浙江學刊》，1998年第2期。

〔註69〕陳永革：《從智慧到信仰：論晚明淨土佛教的思想轉向》，《浙江學刊》，1998年第2期。

〔註70〕《靈峰宗論》中智旭如是寫道：「究此現前一念心性，名為參禪；達此現前一念心性，名為止觀；思維憶持此現前一念心性，名為念佛。蓋念者，始覺之智；佛者，本覺之理也。」（智旭：《靈峰宗論》，明學主編：《藕益大師全集》第八冊，成都：巴蜀書社，2020年，第290頁。）此之謂西方淨土不出一念之心，參禪、止觀、念佛均離不開「此現前一念心性」。如此一來，娑婆世界與極樂淨土無差無別，十界染淨源自一心：「心既豎窮橫遍，土亦豎窮橫遍。既不信佛土之實，又寧知心性非虛！若真悟心性本源，則了達十界染淨咸由一心。心染，故六趣升沉，娑婆之惡境宛然；心淨，故一道清寧，極樂之莊嚴法爾。奈何於娑婆則見其有，於極樂則惑其無？」（智旭：《靈峰宗論》，明學主編：《藕益大師全集》第八冊，成都：巴蜀書社，2020年，第395頁。）

佛〔註71〕為要。要之，「禪觀行演出台賢教，台賢教行歸淨土門」，「私淑天台」的智旭將參禪悟道歸於天台教觀，又將天台教觀應用於念佛法門，以融宗歸淨統攝如來一代時教。具體到天台宗與淨土宗的關係，智旭立足於淨土宗本位來融通台淨關係，並對此作出了全新解讀，「以為二者之間乃行與解、修與悟之關係，而非傳統意義上的法門之別。」〔註72〕

　　元明兩朝，天台宗與淨土宗的關係此消彼長，進退有時。發端於南宋初年的白蓮教經由優曇普度的振作在元朝一度中興，頗有掙脫天台影響、統攝佛教之雄心，後因朝廷之打壓而未能如願。及至明朝，作為天台傳人的幽溪傳燈高揚淨土往生即無生的主張，倡導理事相須並重的修行法門，為疲敝頹廢的天台宗注入活力，以天台教說解釋淨土宗的教理教觀，表現出以台攝淨的主導優勢。而私淑天台的蕅益智旭雖然對天台宗情有獨鍾，卻將諸宗攝歸淨土一宗。攝教歸淨模式的形成標誌著天台宗自此融入淨土宗。

　　台淨二宗的合流肇端於南朝末年、隋朝初年的智顗時代，開啟在北宋早期，知禮、遵式與智圓從理論論證與宗教修行兩個層面積極倡導台淨合流。知禮後學踵武賡續，將台淨合流推進向前。及至宗曉與志磐所處的南宋中晚期，台淨合流達到高潮，其融合模式也相應由藉淨助台模式、攝淨歸台模式、導台向淨模式演變為台淨互參模式。藉淨助台模式與以台攝淨模式皆以天台宗為本位對淨土宗的相關理論加以取捨融通，從源頭上與原則上確立了二宗合流的基本路向，而導台向淨模式則將台淨之間的交融路線導向淨土宗一邊，偏離了知禮的預設，其結果便是教宗天台、行歸淨土的二宗互參模式的

〔註71〕 對於約信觀佛，智旭有如下論述：「若欲速脫輪迴之苦，莫如持名念佛，求生極樂世界；若欲決定得生極樂世界，又莫如以信為前導，願為後鞭。信得決，願得切，雖散心念佛，亦必往生。信不真，願不猛，雖一心不亂，亦不得生。」（智旭：《靈峰宗論》，明學主編：《蕅益大師全集》第八冊，成都：巴蜀書社，2020年，第232頁。）在智旭這裡，無論是散心抑或是定心都不是往生淨土的關鍵，它們只決定往生淨土的層次，惟有信願念佛才得超脫。而「所持之佛名，無論悟與不悟，無非一境三諦；能持之念心，無論達與不達，無非一心三觀。只為眾生妄想執著，情見分別，所以不契圓常。殊不知能持者即是始覺，所持者即是本覺。今直下持去，持外無佛，佛外無持，能所不二，則始覺合乎本覺，名究竟覺矣。」（智旭：《靈峰宗論》，明學主編：《蕅益大師全集》第八冊，成都：巴蜀書社，2020年，第232頁。）所謂的持名念佛實際上就是以一心三觀觀一境三諦，而能所不二，本來一體，因此，所持之名與能持之心亦是二而不二的關係，若能「直下持去」，即可破無明，得解脫。

〔註72〕 潘桂明，吳忠偉：《中國天台宗通史》，南京：江蘇古籍出版社，2001年，第763頁。

形成。元明以降，隨著僧俗兩界對彌陀淨土信仰的全面皈依，台淨互參模式讓位於攝教歸淨格局。攝教歸淨模式的形成可以說是對知禮等人台淨合流路向的全面放棄。

第三節　台淨合流的深層原因

兩宋時期，禪、賢、律、淨等諸宗並存，天台宗何以但與淨土宗合流而置其他宗派於不顧？台淨合流有其深層原因，要而言之主要有如下幾點：

一、歷史必然性

台淨合流有其歷史必然性。首先，三教合一成為兩宋時期的時代主題。趙宋一朝雖然自始至終奉行「不使其大盛」的國策對佛教採取既扶持又限制的措施，但佛教畢竟有「勸人之善，禁人之惡」的社會功能，因此，統治者多從三教「跡異而道同」的角度認可並提倡儒、釋、道三教合一。士大夫們毀佛者有之，護佛者亦有之，分屬不同陣營的士大夫們，其對佛教的態度看似針鋒相對，其實不然，毀譽雙方都是主張三教和會的。護佛一方推崇三教合一順理成章，毀佛者何以秉持同一主張？以張載、二程、朱熹等為代表的理學家們雖對佛教不屑一顧，批判貶斥甚多，但他們無不出入佛老，對佛教義理知之甚多，得之甚深，一旦驪珠在握，即以習得的佛教理論充實儒家學說。「中國傳統儒學自唐宋之後發生的最大變化則是在思維模式方面逐漸由天人合一論變為本體論，此中之緣由……是由於受到佛學之本體論思維模式的影響。」〔註73〕從這個角度來講，毀佛的理學家們與護佛的士大夫們一樣都是三教合一的推進者。這正如洪修平教授指出的那樣「佛教在中國的傳播與發展始終與中國固有的以儒、道為代表的思想文化處在相互衝突和相互融合的複雜關係之中，儒、佛、道三教在衝突中融合，在融合中發展，這就構成了漢代以後中國思想文化發展的主要內容。……源遠流長的中國思想文化經過數千年的遞嬗演變最終形成了以儒家為主、以佛、道為輔的三教合一的基本格局。」〔註74〕

在三教合一的時代潮流下，佛教各宗派都積極與儒、道二教展開友好互動。比如，宗門僧人明教契嵩擬照儒家之《孝經》寫作《孝論》，文中契嵩在

〔註73〕賴永海：《中國佛教與哲學》，北京：宗教文化出版社，2004年，第18頁。
〔註74〕洪修平：《中國佛教與儒道思想》，北京：宗教文化出版社，2004年，第329頁。

感念父母「昊天罔極」的深恩之際，表明要通過該論「發明吾聖人大孝之奧理密意，會夫儒者之說，殆矣盡矣。吾徒之後學亦可以視之也。」〔註75〕也就是要通過對佛教深奧難明的孝親觀的解說與闡發來實現與儒家孝道觀念的互融相通，從而為信眾建立起儒佛合一的孝道規範。天台宗僧人宗曉為《三教出興錄》一文作注，從本跡的角度看待三教關係，就教跡而言，儒、釋、道互異；若論孔、佛、老三聖之本心，則同。在三教合一的時代潮流下，佛教內部各宗派之間也走上了和會融通的路徑，台、賢、禪、律各宗派紛紛與淨土宗合流，形成淨土一宗和會諸宗的局面。而台、賢、禪、律各宗派亦在相互爭競之際互相滲透，遂成彼此交融之勢。三教合一的時代背景以及佛教內部各宗派之間的互爭互融在一定程度上促成了天台宗與淨土宗的合流。

其次，兩宋時期，寺院經濟高度發達，高度發達的寺院經濟帶來佛教的社會化與世俗化，而佛教的社會化與世俗化又在一定程度上推進了台淨合流。宋代寺院經濟呈現出不同於前朝的諸多特徵，比如各大寺院不再享有經濟特權而是納入國家賦役軌道；寺院所屬寺田由隋唐時期的莊客制轉變為莊佃制，寺田以佃客耕作為主，僧人耕作為輔；寺院普遍開設具有商業性質的盈利機構，諸如店鋪、碾磑、倉庫等，寺院內部的職事分工日趨細密，上下等級愈發嚴明。〔註76〕而那些小門小戶的寺院，為確保常住經濟上的正常運轉，僧尼須像普通勞動者一樣每日出工，清晨立於橋頭市街巷口待人尋喚。《東京夢華錄‧修整雜貨及齋僧請道》條中有如是記載：「倘欲修整屋宇，泥補牆壁，生辰忌日，欲設齋僧尼道士，即早辰橋市街巷口皆有木竹匠人，謂之雜貨工匠，以至雜作人夫、道士僧人，羅立會聚，候人請喚，謂之羅齋。竹木作料，亦有鋪席。磚瓦泥匠，隨手即就。」〔註77〕僧人之入世已然如此，「羅齋」之設雖為迎合民眾之需，然而，僧道之舉與雜作人夫之行又有何異？「宋代佛教世俗化色彩極為濃厚。民俗佛教一方面以寺院活動為中心，僧俗共同慶祝佛教節日（浴佛節、臘八節、盂蘭盆會等）；另一方面，佛事活動日益介入家庭生活、社區生活，被摻雜進各種民間宗教。」〔註78〕正是為了佛教僧團的鞏固與發展，兩宋時期，隨著佛教的社會化與世俗化進程，天台宗

〔註75〕契嵩：《鐔津文集》卷三，《大正藏》第 52 冊，第 660 頁中。
〔註76〕以上內容參考自賴永海主編《中國佛教通史》第十冊，南京：江蘇人民出版社，2010 年，第 148 頁。
〔註77〕孟元老撰，鄧之誠注：《東京夢華錄注》，北京：中華書局，1982 年，第 125 頁。
〔註78〕李四龍：《民俗佛教的形成與特徵》，《北京大學學報》，1996 年第 4 期。

也因應時代之變遷須要做出相應的調整，比如知禮、遵式、本如等天台宗僧人通過與緇素兩界的結社念佛之舉將台淨合流的理論構想落實在日常修行之中。

　　第三，唐宋之交的文化轉型也是推動台淨合流的歷史性因素。人類學家雷德菲爾德在《鄉民社會與文化》一書中提出文化的大傳統與小傳統理論，認為「大傳統是都市上層階層以及知識分子的以文字記載的文化，小傳統主要是在小規模共同體特別是鄉村中通過口頭傳承的文化。」〔註 79〕余英時先生的《士與中國文化》一書中將大、小傳統引入，以精英文化指稱大傳統，以通俗文化呼應小傳統。隋唐時期是以大傳統即精英文化為主導的時代，門閥士族階層以及少數通過科舉考試實現階層躍升的新興知識分子階層是這一時期社會文明的掌控者與代言人。隨著李唐王朝的覆滅，門閥士族階層也退出歷史舞台，宋朝統治者重文抑武、包容開放的政策使得越來越多的庶民子弟有機會接觸書本甚至有望通過讀書實現人生理想，以民眾為主體的通俗文化形態逐漸形成。通俗文化的興起必然會帶來佛教傳播內容以及弘法對象的變革與調整。隋唐時期，佛教八大宗派先後登上歷史舞台，台、禪、賢、慈等宗派多以義學稱雄一時，亦以獨具特色的佛教理論為人所知。及至兩宋，基數龐大而文化素養並不很高甚至目不識丁的普通民眾成為佛教的信仰主體，以義理佛學來度化此類眾生顯然是不合時宜的，淨土宗的念佛法門尤其是持名念佛乃易行之道，不僅簡便易行，更兼佛力加持，能助眾生早脫苦海，速登極樂，是與當時的社會現狀、民眾的宗教需求適配度最高的宗教理論。而作為義理佛學代表性宗派的天台宗，若想在實踐佛學大行其道的社會裏謀得一席之地，就必須轉變思路，與淨土宗會盟合流，攜手並進。

二、邏輯必然性

　　天台宗與淨土宗的合流是佛學發展的內在邏輯與自身規律作用的必然結果。台淨二宗分屬不同宗派，在教理教觀與行持模式上有著較大的差異，但彼此皆以自利利他的菩薩情懷為宗旨濟世度人。天台宗的解行相應、止觀並進與淨土宗的彌陀淨土念佛可至的主張都是要以信、願、行為前提來導引眾生出離生死苦海，證得實相涅槃。因此，台淨二宗在教義內容上各有各的講說，但在

〔註 79〕轉引自張榮華：《文化史研究中的大小傳統關係論》，《復旦學報》，2007 年第
　　　　1 期。

自覺覺他的宗教情懷與基本理論框架上並無分歧，這就從理論層面為台淨合流奠定了基礎。

首先，台淨二宗在教理教觀的內容闡述上各有各的特色，但在本質內涵上並無不同。天台宗強調止觀並重、定慧雙修，淨土宗提倡經由念佛三昧往生彌陀淨域，《觀經》中的十六觀法正是念佛三昧的具體展開。淨土宗的十六觀法與天台宗的修行法門雖有差異，卻不出禪觀範疇。正因為如此，台淨二宗在修行法門上可以銜接會通，知禮就以自宗的觀心法門來解釋融通淨土宗的十六觀法，視其為圓教不可思議之妙觀。天台宗提倡通過持之以恆的精進修行破無明、證中道、升行位，淨土宗雖然宣說依憑佛力之救度可速登極樂淨土，但三輩九品的設立表明即便得生安養仍需努力向前。台淨二宗皆以相應階位來區分行者的修行效果，這為二宗的合流提供了依據，知禮就用自宗的六即佛位來比配淨土宗的修行果位，提出了三位九品說。同時，淨土宗構建的西方極樂淨土與天台宗宣揚的唯心淨土並非鴻溝難越，實可對接合流。基於性具理論，十界互含，既然佛界與其餘九界互具，那麼，「淨土不淨，因為其『性』具穢土；穢土不穢，緣由他『性』有淨土。」〔註80〕「介爾有心，即具三千」，因此依報世界的淨穢與否就在於一念心之真妄與否。「隨其心淨則國土淨」，因此，極樂淨土「當於眾生心行中求。」〔註81〕而「一心三觀導一切行，辦一切事也。以一切法空故，捨穢必淨；一切法假故，取淨無遺；一切法中故，無取無捨。」〔註82〕空觀、假觀、中觀相即互具，經由一心三觀即得唯心淨土、自性彌陀。

其次，天台宗的性具善惡說與淨土宗的惡悲往生論亦不乏相通之處。《觀經》認為一切眾生皆能成佛，即便是大奸大惡之徒於臨終之際幡然悔悟、稱名念佛，亦能往生安養樂邦。天台宗認為善惡二性是眾生本具之性德，為非作歹之性惡眾生若能修止修觀，亦能棄惡向善，轉迷成悟。再者，遵式、知禮大力推闡並且身體力行的懺法也是台淨二宗在理論上得以合流交會的中介。行者通過發露懺悔、禪觀修行等過程觀達實相，而淨土宗構建的西方佛國正好為行者的修行提供了觀想對象，「由有淨土，方可欣彼厭此，趣證實相世界。」〔註83〕

〔註80〕潘桂明，吳忠偉：《中國天台宗通史》，南京：江蘇古籍出版社，2001 年，第582 頁。

〔註81〕遵式述，慧觀編：《天竺別集》卷中，《卍續藏經》第 101 冊，第 272 頁上。

〔註82〕宗曉：《四明尊者教行錄》卷五，《大正藏》第 46 冊，第 900 頁上。

〔註83〕潘桂明，吳忠偉：《中國天台宗通史》，南京：江蘇古籍出版社，2001 年，第599 頁。

　　第二，淨土宗通俗易懂的教理與簡便易行的法門恰可補天台宗佛學難解難行之處。天台宗以教觀雙美聞名於世，然而，堪稱完美的天台宗卻因其教理之高深、觀法之繁複而不合時宜。天台宗實際創始人智者大師的天台三大部可謂是智顗「說即心中所行法門」的代表作，不僅內容宏富博大，而且思想精深微妙，非一般人所能探得其中三昧，即便是對像智者兄長一類的從小受到良好文化教育的知識分子而言，天台的著述也是難於閱讀與進入的，不然智顗何以在講完大止觀後還要再為其兄另說小止觀呢？柳顧言乃智顗門下居士，曾為智者的《淨名義疏》奉酬文義，這部論典柳氏「服讀八遍，粗疑略盡，細闇難除。」〔註84〕像柳顧言這樣的文化精英尚且對天台佛學一知半解，對於文化素養不高甚至於目不識丁的普通信眾來說，天台教說更是世外天書，不知所云。正因為如此才有荊溪湛然對天台典籍刪繁就簡以便流通的舉措。其實，早在湛然為自宗理論因曲高和寡而大費周章之前，天台宗三祖慧思、四祖智顗已經意識到其為眾人講說、導人成佛的教觀體系並不那麼受歡迎。慧思曾在身前「苦切呵責」諸弟子，要他們修持佛法三昧，並許以承諾：「若有十人，不惜生命，常修法華、般舟、念佛三昧、方等懺悔，常坐苦行者，隨有所須，吾自供給，必相利益。如無此人，吾當遠去。」〔註85〕可見慧思時代願以止觀為舟航者少有其人。及至智顗領眾修行、弘化一方之時，這一情形並未改觀。智者入滅前曾有這樣一番感慨：「吾常說四種三昧是汝明導，教汝捨重擔，教汝降三毒，教汝治四大，教汝解業縛，教汝破魔軍，教汝調禪味，教汝折慢幢，教汝遠邪濟，教汝出無為坑，教汝離大悲難」〔註86〕，然而，「餘僧三百許，日於江都行道，亦復開懷待來問者，……而不見一人求禪求慧，與物無緣，頓至於此。」〔註87〕馬克思在《〈黑格爾法哲學批判〉導言》中指出：「理論在一個國家實現的程度總是取決於理論滿足這個國家需要的程度。」〔註88〕天台宗教觀體系因其難解難行令人望而卻步，其門下弟子尚且如此，更遑論一般信眾了。兩宋時期，實踐佛學將義理佛學取而代之，普通民眾成為宗教信仰的主體，信眾的宗教需求也隨之發生改變。天台宗教觀體系的調整乃至於變革勢所必然，淨土宗

〔註84〕志磐：《佛祖統紀》卷九，《大正藏》第49冊，第200頁下。
〔註85〕道宣：《續高僧傳》卷十七，《大正藏》50冊，第563頁下。
〔註86〕灌頂：《隋天台智者大師別傳》，《大正藏》第50冊，第196頁中。
〔註87〕灌頂：《國清百錄》卷三，《大正藏》第46冊，第809頁下。
〔註88〕中央編譯局編譯：《馬克思恩格斯選集》第一卷，北京：人民出版社，1995年，第11頁。

教義之簡潔、觀法之簡便正能解救天台宗之急難。其實，智顗在講說常行三昧與常坐三昧兩種法門時就曾藉淨土宗的念佛法門來助成諸法實相的體證，而這兩種三昧的講說尤其是常行三昧「這一行法顯然與當時社會環境下興起的末法觀念有關，從而以稱名念佛的簡便修行補充智慧解脫，以他力往生配合自力覺悟，這為天台宗的後繼者們提倡台淨合一開了先河，對後世的淨土信仰有很大影響。」〔註89〕受此影響，知禮、遵式、智圓等天台宗僧人開啟了台淨合流的歷程。

　　第三，天台宗僧人普遍信仰彌陀淨域，誓願通過修行往生安養樂邦。縱觀天台宗的發展歷史，不論是慧思、智顗、知禮、遵式之類的祖師大德抑或是本如、尚賢、宗曉、志磐一類的晚輩後學皆以信仰彌陀淨土、誓生極樂佛國為畢生之所願。天台宗僧人的共同信仰也在無形之中助推著台淨二宗的合流。知禮、遵式、智圓等天台宗僧人在信仰彌陀淨土之際，還從教理教觀、懺儀懺法等層面為台淨合流作理論上的論證與指導。而天台宗僧人之所以以求生彌陀樂邦為共同信仰還在於淨土宗有「一種特殊的信仰魅力」：「一般而言，宗教理論、思想體系的構成要素有三：一是分析論證現實人、現實社會、現實世界，通常是作負面的、否定性的判斷、論定；二是預設理想未來、理想人生、理想世界，通常是描繪為極其美好、崇高而神聖；三是設計由現實通往理想，實現人的轉化、提升、飛躍的道路、方法、手段。淨土宗的彌陀淨土學說較之於其他各佛教宗派來說，其理想極其美好崇高，而實現理想的方法又極為直截簡易，這就形成了一種特殊的信仰魅力。」〔註90〕正是在這種「特殊的信仰魅力」的感召下，天台宗僧人在信仰彌陀淨土之際也造就了兩個宗派的交會合流。

三、危機必然性

　　天台宗與淨土宗的合流還與兩宋時期天台宗面臨的現實困境有關。其時，宗派競爭激烈，禪、賢二宗一直對天台宗虎視眈眈，天台宗內部也是紛亂不斷，不僅有同道之間的義理之爭，更有門人弟子的倒戈相向。為擺脫困境，突出重圍，天台宗僧人順應歷史潮流與淨土宗合流結盟，在充實壯大自身之際，亦可與禪、賢二宗相抗衡。

〔註89〕王雷泉釋譯：《摩訶止觀》，高雄：佛光山宗務委員會印行，1997年，第328頁。

〔註90〕方立天：《彌陀淨土理念：淨土宗與其他重要宗派終極信仰的共同基礎》，《學術月刊》，2004年第11期。

　　首先，禪、賢二宗對天台宗的威脅不小。兩宋時期，禪宗寺院遍地開花，發展勢不可擋，這對偏處東南一隅的天台宗而言壓力頗大。為求得自宗的鞏固與發展，台禪之間就佛學義理、譜系傳承、居士爭奪、地盤搶佔等方面展開競爭。如果僅就義理與譜系兩個層面進行抗辯論爭，作為教門翹楚的天台宗自然不會遜色於教外別傳的禪宗，但若就居士之爭與地盤之爭的角度來看，較之於禪宗，天台宗之不足立竿見影。作為佛門外護的居士佛教是佛教發展史上不可或缺的一環，以精英知識分子為主體的「上層居士佛教的突出貢獻不在信仰，而在對佛教所作的理性化認識，從中國傳統文化主流的角度對佛教進行理性改造。」〔註91〕大乘佛教之所以在華夏大地生根成長、發揚光大，除了佛門二眾的孜孜努力外，更是得益於上層居士的配合與支持。以般若學說為核心理念的大乘佛教如果沒有具備相當文化素養的居士參與解讀與闡揚，南北朝隋唐時期大乘佛教能否繁榮以及宗派佛學能否成熟就值得考量推敲了。有鑑於此，台禪二宗的高僧大德都將對上層居士的爭取與籠絡作為弘道護教的重要內容。楊岐方會乃禪門有道高僧，上堂之時直言不諱：「某此際榮幸，伏遇知府、龍圖、通判、駕部及諸官僚，請住雲蓋道場，可謂諸官願弘深廣，為國忠臣，建立法幢，上嚴帝祚。然願諸官壽齊山嶽，永佐明君，作大股肱，為佛施主。諸院尊宿，在會信心，生生世世，共營大事。」〔註92〕知禮在《延慶寺二師立十方住持傳天台教觀戒誓辭》中也說「願國主皇帝、諸王輔相、職權主任、州牧縣官、大勢力人同垂衛護，令得此處永永傳法，繩繩靡絕。」〔註93〕然而，兩宋時期天台佛學並不像禪宗那般受到士大夫的垂青，門下居士屈指可數，與此形成鮮明對比的是皈依在禪宗門庭的官僚知識分子多若繁星。「當禪宗因與中國士大夫文化投緣，在雅文化層面上得以獨佔一席之地時，淨土宗也發揮了自身的優勢，在俗文化層面成了佛教的一大代表。」〔註94〕既然雅文化層面的道路難以走通，那就得另謀出路，與淨土宗合流，為其立祖設教，通過結社念佛之舉措將下層民眾吸納到天台宗旗下亦不失為明智之舉，其效果便是從俗文化層面為天台宗謀得一片廣闊天地。至於台禪之間的地盤之爭，在宋代，天台宗的祖庭國清寺易教為禪，直到元朝才在佛海性澄的努力下還其本來面目。而天台宗與華嚴宗之間，整個趙宋一朝，也是論爭不斷。不過二者論爭的焦點

〔註91〕潘桂明：《中國居士佛教與中國傳統文化》，《佛學研究》，1999 年。
〔註92〕守端：《楊岐方會和尚語錄》，《大正藏》第 47 冊，第 641 頁中。
〔註93〕宗曉：《四明尊者教行錄》卷六，《大正藏》第 46 冊，第 909 頁上。
〔註94〕許穎：《近現代禪淨合流研究》，成都：巴蜀書社，2010 年，第 35 頁。

在於台賢二教孰優孰劣、孰高孰下，換言之就是通過對台賢二教的判分為各自的發展尋找理論依據。

其次，天台宗內部暗潮洶湧、危機四伏。先是錢塘系與四明系就義理問題進行了長達十數年的論爭，後有知禮門人對四明學說的倒戈相向，這就是天台宗發展史上的山家山外之爭。山家山外之爭歷時久，影響大。第一次論爭有先後兩個階段，第一階段發生在宋真宗咸平三年（1000）至景德四年（1007），梵天慶昭與四明知禮以書信往返，綿歷七載；第二階段起自景德三年（1006），終於天熙二年（1018），前後持續十二年。這一次論戰由智圓發起，知禮應戰並最終獲勝。第二次論爭由知禮門下弟子淨覺仁岳的反叛師說事件拉開帷幕。仁岳本是知禮高足，在與山外諸師的論戰中他曾翼贊知禮，貢獻卓著。後來因與四明意見不合，不僅盡棄所學，另投名師，而且反戈相擊。神智從義乃知禮之法孫，他與仁岳一樣，先是恪守祖師教導，然後棄之不用，進而執持山外教說。開始於知禮晚年的後山家山外之爭耗時半個多世紀，這場曠日持久的論爭在豐富繁榮天台義學之際，也給天台宗帶來不利影響。知禮曾對仁岳的「叛逃」事件作過這樣一番評價：「小子（仁岳）狂簡，輒起邪思，執非為是，以偽駁真，恐世人遭伊起謗，紊亂大途，故吾勉強書兩十紙解之，俾伊略知得失。只為伊在講下雖久，逐句記錄，待作爭端，莊嚴我見，全不諳審大體，唯恐毀謗教門。」〔註95〕知禮擔心仁岳的「叛逃」之舉會令不明就裏之人生起對山家學說的誤解之心，從而造成大途紊亂、教觀難傳的局面。

最後，知禮後學對天台宗教觀體系的承續多是擇其二三而非全盤接納，天台宗的觀心法門隨著時代的演進逐漸被淡忘，代之而起、備受推崇的則是淨土宗的念佛三昧。比如，本如、尚賢及其弟子門人雖能奉持天台教觀，但在實踐上多以淨土宗的念佛法門為指導，自宗的止觀行門幾乎無人問津。梵臻一系走得更遠，其門下某些僧人不僅對自宗的佛學興味索然，而且有所批評，更有甚者廢卷禪坐，行事風格，頗類禪僧，足見梵臻一系所立之義不時有違於天台教說。兩宋時期，天台宗處境堪虞，內外交困，為化解危機，求得發展，不得不做出相應的調整以適應社會的發展以及信眾的需求。在諸多因素的共同作用下，天台宗與淨土宗走向合流。

總而言之，台淨合流是諸多因素共同作用的結果。美國宗教學者約翰斯通在《社會的宗教》一書中指出宗教群體並不是封閉的，而是一個開放的系統，

〔註95〕宗曉：《四明尊者教行錄》卷五，《大正藏》第 46 冊，第 904 頁下。

其開放性不僅體現在其他社會群體所構成的周圍環境可能會對宗教群體發生影響，而且還體現在宗教群體會自覺地與周圍的社會環境不斷地相互作用與影響。〔註96〕兩宋時期，天台宗與淨土宗的合流既是歷史發展之必然、是佛學發展之必然，也是天台宗僧人因應時勢以及信眾的實際宗教需求作出的必然選擇。

第四節　小結

天台宗與淨土宗在兩宋時期走向合流有其理論根源與深層原因。台淨二宗無不主張一切眾生皆有佛性，皆能成佛，儘管彼此對佛性問題的具體展開各有各的特色；台淨二宗無不崇尚佛國淨土，皆以極樂世界的登臨作為自宗的修行目標，儘管彼此對佛國世界的理解各有各的特點；台淨二宗無不倡導經由禪觀修行實現轉凡成聖的人生訴求，儘管各有側重。天台宗與淨土宗在佛性論、佛國論、修行論等問題上迥然有別，但在基本佛法上並無分歧，這就為彼此之間的合流提供了理論上的依據。

而天台宗與淨土宗的合流除了佛法理論上的兼容互補外，也是佛學發展的內在邏輯與自身規律作用的必然結果。與此同時，三教合一的時代背景，高度發達的寺院經濟以及唐宋之交的文化轉型也在潛移默化之中塑造推動著台淨合流。此外，天台宗外有禪、賢二宗與之爭競，內有門人弟子的離心反叛，可謂內憂外患，舉步艱難。在諸多因素的共同作用下，天台宗僧人選擇與淨土宗合流，最終走上了教宗天台而行歸淨土的和會之路。

至於二宗之間的融合模式，歸納起來共有藉淨助台、攝淨歸台、導台向淨、台淨互參以及攝台歸淨等五種模式。五種模式的形成是台淨關係變化調整的結果。藉淨助台模式是台淨合流的首要模式，由天台智顗倡導，智顗雖非台淨合流的啟幕者，但他藉助淨土行門以啟實相的做法為兩宋時期的台淨合流提供了思路，奠定了基調。知禮、遵式與智圓等天台宗僧人正是沿著智顗以台攝淨、藉淨助台的路向以自宗的性具理論與觀心法門與淨土宗交會合流，從而形成攝淨歸台的融合模式。及至四明三家分燈續法，台淨二宗的觀法漸呈此消彼長之勢，淨土宗的念佛三昧頗受青睞而天台宗的觀心法門則備

〔註96〕羅納德・L・約翰斯通著，尹今黎等譯：《社會的宗教》，成都：四川人民出版社，1991年，第93頁。

受冷落，導台向淨模式呼之欲出。而在宗曉、志磐生活的南宋中晚期，淨土
行門愈發深入人心，台淨融合模式也悄然變轉為天台宗之教法與淨土宗之行
門交融互參的模式。元明兩朝，台淨關係再起變化，攝台歸淨模式形成，天
台宗自此融入淨土宗。

結　語

　　兩宋時期，天台宗與淨土宗的合流是天台宗發展史上的大事。台淨二宗的合流肇端於天台智顗時代，正式開啟於四明知禮、慈雲遵式與孤山智圓所處的北宋初年，後經知禮後學四明三家分燈續法，終在石芝宗曉、大石志磐所處的南宋中晚期達到高潮。元明以降，彌陀淨土信仰愈演愈烈，隨著晚明佛教叢林對彌陀淨土信仰的全面皈依，諸宗會歸淨土宗，天台宗也不例外。

　　作為天台宗實際創始人的智顗，從嚴格意義上來講，並不是台淨合流的啟幕者，但其在創宗立派過程中吸納淨土宗理論助推自宗行者修行以證悟諸法實相的做法實際上蘊含著台淨融通的因子，並由此奠定了台淨二宗合流的基調，即天台宗為主，淨土宗為次。智顗以染淨四土指分佛國淨土，主張自性彌陀，唯心淨土；他將淨土宗的念佛法門融攝於自宗的修行之中，構建起天台宗博大而圓融的教觀體系。智顗藉淨助台以啟實相的做法為兩宋以降台淨合流提供了可能，指示了方向。

　　正是沿襲智者大師以台攝淨、攝淨歸台的合流路向，四明知禮、慈雲遵式與孤山智圓從理論交融與宗教實踐兩個維度積極探討、論證天台宗與淨土宗合流的可能性與可行性。三人基於天台宗的本位立場，以自宗的性具理論與觀心法門融通淨土宗，從理事權實的角度彌合彼此之間的分歧與殊異，正式開啟台淨合流。慈雲從懺儀懺法的角度展開，四明和孤山則以天台宗的教觀體系對淨土宗的教義與觀法加以會通。二人雖然分屬山家山外，但在倡導台淨和會融通這一點上不謀而合。三人之中又以知禮與遵式的台淨合流思想對後世影響巨大。

作為天台佛學在趙宋一朝的中興人物，知禮從義學的角度探討台淨二宗的融合。在《觀經融心解》《觀經疏妙宗鈔》中，四明以自宗的一心三觀對彌陀淨土之依正莊嚴予以觀照，通過對彌陀世界的觀想證悟實相。而實相境界即是佛國淨土，西方彌陀唯心所具。知禮又以觀心法門統攝十六觀法，以性具善惡理論詮釋阿闍世王、提婆達多的為惡之舉，以六即佛說比配三輩九品，從實踐論、佛性論以及果位論等層面探討台淨合流。不過，四明以自宗一心三觀觀照彌陀淨土以證悟實相的努力終因曲高和寡而淡出歷史舞台，彌陀淨土信仰與持名念佛法門正以銳不可當之勢征服僧俗兩界，新興的民眾佛學將訴諸理性以求證諸法實相的義理佛學取而代之。

知禮在從理論上為台淨二宗的合流論證造勢之際，還屢屢投身到懺法修行中以求生彌陀淨域。其師弟慈雲遵式不僅與之結懺共修淨業，還制定各類懺法，消除眾生之罪障，助其超脫苦海，早登極樂。他的《往生淨土懺願儀》《往生淨土決疑行願二門》一經問世，便很快風靡僧俗兩界，即便是在遵式及其門人弟子俱已謝世的千百年後，這兩部經典依然是信眾行修西方的實踐指南。

此外，知禮、遵式師兄弟二人還通過結社念佛的形式領眾修行，專期西方。知禮組建了念佛施戒會，遵式則創立了淨土懺儀會。同為念佛機構的念佛施戒會與淨土懺儀會在組織架構、修行法門上有著較大的不同。前者面向普通信眾，倡導稱名念佛，走民眾路線；後者則不乏官員的身影，推行觀想念佛、實相念佛，與慧遠白蓮社相類，偏向於精英佛學的路數。儘管四明與慈雲倡導的蓮社在人員結構、行持模式上有著很大的不同，但都對宋代社會產生了深刻影響。他們不僅開啟了宋代彌陀淨土信仰與修行的進程，而且為之後的淨土社團提供了運作的模板，推動了淨土社會的形成及其繁榮。然而，慈雲與四明開啟的念佛機構也為天台宗帶來一系列問題。隨著蓮社的不斷湧現，作為後起之秀的念佛團體往往游離於天台宗寺院的監管之外，不受制約。而這些機構卻往往又是在天台制度與天台教義的背景下展開，慈照子元的白蓮懺堂便是典型代表。南宋中後期，淨土宗歷代祖師的判立由天台宗僧人提出可視作天台宗寺院對淨土社會監管不能的表現之一。而天台宗內部在修行法門的擇取以及淨土的有無權實等問題上也存在分歧。這些分歧並沒有因淨土社團的欣欣向榮而消弭於無形，反倒呈現出各有所執、多端發展的路向。

慈雲、知禮之後，四明三家主持天台門庭，廣智尚賢、神照本如與南屏梵臻三系雖能祖述知禮之學，積極提倡並踐行台淨合流，但四明三家皆未能系統

而圓滿地承繼知禮學說。知禮主張以理修與事修的雙重進路求證諸法實相，既提倡以心觀佛，亦不廢念佛三昧。其後學多以念佛法門與懺法修行作為往生安養的實踐法門，本如一系門人櫨庵有嚴、德藏擇瑛都對四明的觀心法門予以淡化，主張觀事而行。而有嚴、擇瑛的後輩弟子澤山與咸則上承知禮之學說，強調利鈍並被，理事兼修，可以說是對知禮台淨融合路向的復歸。至於唯心與淨土的關係，四明後學側重於就二者之相即展開論述，不似知禮以理事權實相平衡。此外，四明三家還通過結社念佛的形式與緇素共期西方，共修淨業。台淨合流的模式也由知禮、遵式時代的攝淨歸台一變而為導台向淨。

及至石芝宗曉、大石志磐所處的南宋中晚期，台淨合流達到高潮，教宗天台、行歸淨土的互參模式形成。正是由於這一時期淨土社會的迅猛發展，作為天台宗門人的宗曉與志磐在他們編纂與撰寫的著述中為淨土宗設立祖師譜系。淨土宗祖師譜系由天台宗僧人提出表明隨著淨土活動的日益頻繁，合流進程中台淨二宗之間的主次關係呈現出此消彼長的態勢，淨土宗的教義尤其是念佛法門逐漸將知禮提倡的觀心法門取而代之。並且，遵式、知禮、智圓等人一再強調的性具唯心淨土也已讓位於西方彌陀淨土。儘管宗曉與志磐都將知禮的理念承續下來，主張理觀與事儀之並舉，但就客觀而言，淨土宗的念佛三昧不僅成為當時淨土社會也是其時天台宗僧人日常修行的常規操作。知禮倡導的台淨合流理念為門人弟子所繼承，而其為台淨合流用心打造的攝淨歸台、以台導淨的融合模式卻如空花水月，歸於失敗。

元明以降，天台義學日益衰微，逐漸喪失了對淨土宗的解釋權，淨土宗在優曇普度的努力下不僅有掙脫天台宗影響之趨勢，更有超拔、統攝整個佛教之雄心。至晚明幽溪傳燈、藕益智旭之時，傳燈以一己之力中興天台，儘管賡續傳承智顗、知禮等祖師先賢以台攝淨的傳統，但隨著晚明佛教叢林對淨土信仰的全面皈依，攝教歸淨的格局最終在私淑天台的藕益智旭手中完成，教門天台自此攝歸於天台宗僧人為其立祖、認許其為一教派的淨土教中。

要之，兩宋時期天台宗與淨土宗的合流是在三教合一成為時代潮流的背景下，在文化轉型與寺院經濟的共同作用下，天台宗僧人因應時代之發展、宗教之現狀以及信眾之需求做出的歷史性選擇，也是佛教演進歷程中內在邏輯與自身規律作用的必然結果。

佛教把探索意義與確立秩序的兩種功能分別賦予了魏晉六朝隋唐時期的義理佛學與宋元明清數代的民眾佛學，然而，僅有抽象意義卻缺乏秩序建構的

宗教形態難以持久發展，義理佛學在兩宋及其之後的數百年間讓位於轟轟烈烈的民眾佛教是歷史的必然。那麼，信仰至上的民眾佛教是否就是中國佛教發展的向上一途呢？民間佛教在片面強化宗教的神聖秩序之際卻忽略了意義的營建，致使中國民間社會對於佛教長期陷於一種「知其然而不知其所然」的狀態。民間佛教與義理佛學的兩相結合才是佛教發展的正道。〔註1〕天台佛學自創立以來就以義理見長，北宋初年，知禮、遵式等人在勾勒摹畫台淨二宗合流的前景時亦倡理事兼修，只是在實際的宗教實踐中，理事二分並且理觀修行逐漸淡出歷史舞台。時至當下，在台淨合流已然成為傳統與共識的前提下，如何將天台宗的深邃意義與淨土宗的簡易法門和會融貫在一起，這是值得思考與探究的重要課題。

〔註 1〕李四龍：《民俗佛教的形成與特徵》，《北京大學學報》，1996 年第 4 期。

參考文獻

一、參閱佛教典籍

（一）印度佛教典籍

1. 《妙法蓮華經》，姚秦鳩摩羅什譯，《大正藏》第九冊。

2. 《大方廣佛華嚴經》，東晉佛馱跋陀羅譯，《大正藏》第九冊。

3. 《佛說無量壽經》，曹魏康僧鎧譯，《大正藏》第十二冊。

4. 《佛說大乘無量壽莊嚴經》，宋法賢譯，《大正藏》第十二冊。

5. 《佛說觀無量壽佛經》，劉宋畺良耶舍譯，《大正藏》第十二冊。

6. 《佛說阿彌陀經》，姚秦鳩摩羅什譯，《大正藏》第十二冊。

7. 《大般涅槃經》，北涼曇無讖譯，《大正藏》第十二冊。

8. 《佛說大般泥洹經》，東晉法顯譯，《大正藏》第十二冊。

9. 《般舟三昧經》，後漢支婁迦讖譯，《大正藏》第十三冊。

10. 《文殊師利問經》，梁僧伽婆羅譯，《大正藏》第十四冊。

11. 《維摩詰所說經》，後秦鳩摩羅什譯，《大正藏》第十四冊。

12. 《大智度論》，龍樹菩薩造，後秦鳩摩羅什譯，《大正藏》第二十六冊。

13. 《十住毗婆沙論》，龍樹菩薩造，後秦鳩摩羅什譯，《大正藏》第二十六冊。

14. 《無量壽經優婆提舍願生偈》，世親著，元魏菩提流支譯，《大正藏》第二十六冊。

15. 《大乘起信論》，馬鳴菩薩造，陳真諦譯，《大正藏》第三十二冊。

（二）中國佛教典籍

1. 《觀無量壽佛經疏》，唐善導集記，《大正藏》第三十七冊。

2. 《觀無量壽佛經疏》，隋智顗說，《大正藏》第三十七冊。

3. 《觀無量壽佛經疏妙宗鈔》，宋知禮述，《大正藏》第三十七冊。

4. 《阿彌陀經疏》，宋智圓述，《大正藏》第三十七冊。

5. 《維摩經玄疏》，隋智顗著，《大正藏》第三十八冊。

6. 《無量壽經優婆提舍願生偈注》，北魏曇鸞注解，《大正藏》第四十冊。

7. 《摩訶止觀》，隋智顗說，《大正藏》第四十六冊。

8. 《摩訶止觀輔行傳弘訣》，唐湛然撰，《大正藏》第四十六冊。

9. 《南嶽慧思大禪師立誓願文》，陳慧思撰，《大正藏》第四十六冊。

10. 《國清百錄》，隋灌頂纂，《大正藏》第四十六冊。

11. 《安樂集》，唐道綽撰，《大正藏》第四十七冊。

12. 《觀念阿彌陀佛相海三昧功德法門》，唐善導集記，《大正藏》第四十七冊。

13. 《龍舒增廣淨土文》，宋王日休撰，《大正藏》第四十七冊。

14. 《讚阿彌陀佛偈》，後魏曇鸞撰，《大正藏》第四十七冊。

15. 《往生禮讚記》，唐善導記，《大正藏》第四十七冊。

16. 《金剛錍》，唐湛然撰，《大正藏》第四十六冊。

17. 《四明十義書》，宋知禮撰，《大正藏》第四十六冊。

18. 《十不二門指要鈔》，宋知禮撰，《大正藏》第四十六冊。

19. 《四明尊者教行錄》，宋宗曉編，《大正藏》第四十六冊。

20. 《樂邦文類》，宋宗曉編，《大正藏》第四十七冊。

21. 《樂邦遺稿》，宋宗曉編，《大正藏》第四十七冊。

22. 《往生淨土懺願儀》，宋遵式撰，《大正藏》第四十七冊。

23. 《往生淨土決疑行願二門》，宋遵式撰，《大正藏》第四十七冊。

24. 《淨土生無生論》，明傳燈撰，《大正藏》第四十七冊。

25. 《佛祖統紀》，宋志磐著，《大正藏》第四十九冊。

26. 《廬山蓮宗寶鑒》，元普度集，《大正藏》第四十七冊。

27. 《淨土境觀要門》，元懷則著，《大正藏》第四十七冊。

28. 《金剛錍顯性錄》，宋智圓集，《卍續藏經》第一百冊。

29. 《閒居篇》，宋智圓著，《卍續藏經》第一百零一冊。

30. 《天竺別集》，宋遵式述，慧觀編，《卍續藏經》第一百零一冊。

31.《金園集》，宋遵式述，慧觀編，《卍續藏經》第一百零一冊。

32.《復宗集》，宋與咸述，《卍續藏經》第一百零一冊。

33.《天台宗精英集》，宋普容集，《卍續藏經》第一百零一冊。

34.《釋門正統》，宋宗鑒集，《卍續藏經》第一百三十冊。

35.《釋難扶宗記》，宋知禮撰，《卍續藏經》第九十五冊。

36.《別理隨緣十門析難書》，宋仁岳撰，《卍續藏經》第九十五冊。

37.《三千有門頌略解》，明真覺略解，《卍續藏經》第一百零一冊。

38.《注法華本跡十不二門》，宋宗昱述，《卍續藏經》第一百冊。

39.《叢林盛事》，宋道融撰，《卍續藏經》第一百四十八冊。

40.《林間錄》，宋惠洪集，《卍續藏經》第一百四十八冊。

41.《居士傳》，清彭際清述，《卍續藏經》第一百四十九冊。

42.《慧日永明寺智覺禪師自行錄》，宋文沖重校編集，《卍續藏經》第一百一十一冊。

43.《芝苑遺編》，宋道洵集，《卍續藏經》第一百零五冊。

44.《淨土十要》，明成時評點節要，《卍續藏經》第一百零八冊。

45.《石門文字禪》，宋惠洪撰，《四部叢刊·初編集部》第二百四十三冊。

二、主要參考書目

（一）漢語專著

1. 賴永海：《中國佛性論》，中國青年出版社 1999 年版。

2. 賴永海：《中國佛教文化論》，中國青年出版社 1999 年版。

3. 賴永海：《中國佛教與哲學》，宗教文化出版社 2004 年版。

4. 賴永海：《湛然》，台灣東大圖書公司 1993 年版。

5. 賴永海：《中國佛教通史》（第六冊、第九冊、第十冊、第十一冊、第十三冊），江蘇人民出版社 2010 年版。

6. 洪修平：《中國儒佛道三教關係研究》，中國社會科學出版社 2011 年版。

7. 牟宗三：《佛性與般若》，吉林出版集團有限責任公司 2010 年版。

8. 牟宗三：《圓善論》，吉林出版集團有限責任公司 2010 年版。

9. 余英時：《士與中國文化》，上海人民出版社 2005 年版。

10. 印順法師：《淨土與禪》，中華書局 2011 年版。

11. 牟鍾鑒：《儒佛道三教關係簡明通史》，人民出版社 2018 年版。

12. 潘桂明，吳忠偉：《中國天台宗通史》，江蘇古籍出版社 2001 年版。

13. 魏道儒：《中國華嚴宗通史》，江蘇古籍出版社 1998 年版。

14. 陳揚炯：《中國淨土宗通史》，江蘇古籍出版社 2000 年版。

15. 潘桂明：《中國居士佛教史》（上下），中國社會科學出版社 2000 年版。

16. 王雷泉校釋：《摩訶止觀》，佛光山宗務委員會印行 1997 年版。

17. 李四龍：《天台智者研究——兼論宗派佛教的興起》，北京大學出版社 2003 年版。

18. 王志遠：《宋初天台佛學窺豹》，中國建設出版社 1980 年版。

19. 張曼濤主編：《現代佛教學術叢刊》（第 55 冊、第 56 冊、第 57 冊、第 58 冊、第 64 冊、第 65 冊、第 66 冊、第 67 冊、第 68 冊、第 70 冊），台灣大乘文化出版社 1979 年版。

20. 董平：《天台宗研究》，上海古籍出版社 2002 年版。

21. 陳堅：《天台學研究》，宗教文化出版社 2017 年版。

22. 吳忠偉：《圓教的危機與譜系的再生：天台宗山家山外之爭研究》，吉林人民出版社 2007 年版。

23. 吳忠偉：《智圓佛學思想研究》，佛光山文教基金會印行 2001 年版。

24. 吳忠偉：《宋代天台佛教思想研究》，宗教文化出版社 2017 年版。

25. 聖凱法師：《晉唐彌陀淨土的思想與信仰》，中國社會科學出版社 2009 年版。

26. 麻天祥主編：《中日韓天台學術對話》，人民出版社 2011 年版。

27. 朱封鰲：《中國佛學天台宗發展史》，漢語大辭典出版社 1996 年版。

28. 汪志強：《印度佛教淨土思想研究》，巴蜀書社 2010 年版。

29. 顧偉康：《禪淨合一溯源》，上海社會科學院出版社 2012 年版。

30. 黃公元：《杭州淨土文化》，浙江古籍出版社 2013 年版。

31. 許穎：《近現代禪淨合流研究》，巴蜀書社 2010 年版。

32. 王孺童：《智顗淨土思想之研究》（上下），宗教文化出版社 2007 年版。

33. 張廷仕：《智顗的淨土思想》，佛光山文教基金會印行 2001 年版。

34. 孟元老撰，鄧之誠注：《東京夢華錄注》，中華書局 1982 年版。

35. 智旭：《靈峰宗論》，明學主編：《藕益大師全集》第八冊，巴屬書社 2020 年版。

36. 吳明：《淨土五經述要》，北京圖書館出版社 1998 年版。

37. 吳聰敏：《知禮〈觀經疏妙宗鈔〉探微》，台中蓮社印行 2011 年版。

38. 趙俊勇：《天台學與淨土思想》，宗教文化出版社 2017 年版。

（二）外文專著

1. 望月信亨著，印海譯：《中國淨土教理史》，台北慧日講堂 1974 年版。

2. 安騰俊雄：《天台學論集——止觀と淨土》，平樂寺書店 1975 年版。

3. 高雄義堅著，陳季菁譯：《宋代佛教史研究》，華宇出版社 1986 年版。

4. 福島光哉：《宋代天台淨土教の研究》，文榮堂 1995 年版。

5. Peter N. Gregory and Daniel A. Getz, Jr, Buddhism in the Sung, University of Hawai'i Press, 2002.

（三）論文

1. 方立天：《彌陀淨土理念：淨土宗與其他宗派的共同基礎》，《學術月刊》2004 年第 11 期。

2. 方立天：《天台宗心性論述評》，《東南文化》1994 年第 2 期。

3. 方立天：《〈法華經〉與一念三千說》，《世界宗教研究》1998 年第 2 期。

4. 潘桂明：《中國居士佛教與中國傳統文化》，《中國佛學》1999 年版。

5. 潘桂明：《宋代居士佛教初探》，《復旦學報》1991 年第 1 期。

6. 王雷泉：《天台止觀學說述評》，《中國社會科學》1987 年第 1 期。

7. 李四龍：《民俗佛教的形成與特徵》，《北京大學學報》1996 年第 4 期。

8. 楊維中：《天台宗「性具善惡」觀論析》，《人文雜誌》2004 年第 3 期。

9. 楊維中：《「宗派」分野與「專業分工」——關於隋唐佛教成立宗派問題的思考》，《河北學刊》2020 年第 5 期。

10. 陳永革：《從智慧到信仰：論晚明淨土佛教的思想轉向》，《浙江學刊》1998 年第 2 期。

11. 韓煥忠：《台禪二宗的分與合》，《五台山研究》2004 年第 1 期。

12. 韓煥忠：《三教合一新論》，《武漢科技大學學報》2010 年第 5 期。

13. 陳堅：《也談知禮論天台宗的「即」》，《宗教學研究》1997 年第 1 期。

14. 楊惠南：《孤山智圓〈金剛錍顯性錄〉中的山外主張——色不具三千》，《中華佛學學報》2006 年第 19 期。

15. 曾其海：《淨土思想對天台宗的影響》，《台州師專學報》1996 年第 5 期。

16. 曾其海：《天台知禮與子凝禪師論爭簡析》，《台州學院學報》2009 年第 2 期。

17. 聶士全：《宋代寺院生活的世俗轉型》，《蘇州鐵道師範學院學報》2001 年第 4 期。

18. 黃啟江：《北宋時期兩浙的彌陀信仰》，《故宮學術季刊》1996 年第 1 期。

19. 黃啟江：《淨土決疑論——宋代彌陀淨土的信仰與辯議》，《佛學研究中心學報》1999 年第 4 期。

20. 聖凱法師：《慈雲遵式的懺法實踐與思想》，
http://blog.sina.com.cn/puyinbuddhist。

21. 張雲江：《寧波延慶寺的「十六觀堂」》，可祥主編：《天台佛學研究》第三輯，宗教文化出版社 2021 年版。

22. 張玉璞：《宋代「三教合一」思想述論》，《孔子研究》2011 年第 5 期。

23. 譚偉：《中國居士佛教之歷史與未來》，《四川大學學報》2001 年第 2 期。

24. 陳昱昊：《〈樂邦文類〉研究》，武漢大學博士學位論文 2019 年 5 月。

後　記

　　《兩宋時期台淨合流研究》是我的博士論文。2011 年我考取南京大學哲學系博士研究生，師從賴永海教授。論文選題自敲定到寫作到完成，用了兩年多的時間。畢業後，擱置了幾年才著手修改。待修改完畢，準備出版之際，距離博士畢業已有十載春秋，真是光陰荏苒，歲月不居啊！

　　還記得十年前的初秋時分，在南大圖書館裏寫下的那篇短小的論文後記就是以「光陰荏苒，歲月不居」開篇的。那時候，有種特別的感傷，這感傷主要與別離有關。「樂莫樂兮新相知，悲莫悲兮傷別離」，誰捨得離開愜意自在的校園生活，走進紛繁複雜的現實社會？何況那裏還有那麼多美好記憶！

　　在南大讀博的三年多時光裏，懂得為學艱辛，知道做人不易，而導師賴永海先生的言傳身教給予我的除去論文寫作過程中的指引與教誨外，更多的則是為人處事時所應持有的那份寬容淡定以及謙卑而不自卑的積極向上的人生態度。這樣的人生態度也將融入我的血脈，隨同我的腳步走向我未來的人生旅途。

　　非常感謝我的碩士生導師上海社會科學院的夏金華研究員，自到上海讀書，夏老師就十分關心我的學習與生活。去南京上學的日子裏，夏老師的關懷一如既往，未嘗間斷。

　　那幾年，洪修平教授、楊維中教授、王月清教授、徐小躍教授、李承貴教授、聖凱法師等南大的老師們也給予了我很多指導與幫助；宏正法師、李雲、馬玉歡、丁建華、董甲河、袁大勇、張愛萍、譚利思、楊權、雷琳等同學，韓傳強、胡勇、洪燕妮、張仲娟等師兄師姐也給我帶來了提點與啟示；碩士階段

的同學張文俊、周浩翔、董漢玲、連翠營等人也給了我很多的關心與呵護；尤其是馬玉歡同學，室友三年，閨蜜數載，對我關懷備至，在此一併表示感謝。

最後，非常感謝我的父親王松宏、母親駱紅蘭，感謝他們對我的培養，感謝他們對我的體諒，讀博期間很少回家，雖然回家的路途並不遙遠；非常感謝我的姐姐駱海霞，感謝她的付出，作為家中長女，她肩負起贍養父母、照顧家人的重擔，一直無怨無悔地支持我，尤其是在精神上，很多時候，姐姐就是我的精神支撐；非常感謝我的姐夫王昌成，二十二年前決意考研，在選擇學校與專業時，就是他「報考南大，做賴永海的學生」的一句話讓我走到了那裏，感謝他這麼多年來對家庭做出的貢獻；感謝我的小侄子駱王晗，因為要給不諳世事的青春期少年樹立起積極上進的榜樣，在讀博的道路上，縱然遇見再多的挫折與磨難，也總要挺直腰杆，微笑著向前。

駱海飛

2024 年 1 月 8 日